Heiko Faust

**Vergleichende Kulturgeographie –**

**empirische Befunde regionaler Integrationsprozesse in tropischen Agrarkolonisationsräumen Boliviens, der Elfenbeinküste und Indonesiens**

# GÖTTINGER GEOGRAPHISCHE ABHANDLUNGEN

Herausgegeben vom Vorstand des Geographischen Instituts
der Universität Göttingen
Schriftleitung: Karl-Heinz Pörtge

Heft 116

Heiko Faust

Vergleichende Kulturgeographie

–

empirische Befunde regionaler Integrationsprozesse in
tropischen Agrarkolonisationsräumen Boliviens,
der Elfenbeinküste und Indonesiens

Mit 10 Abbildungen und 13 Tabellen

Göttingen 2007

Verlag Erich Goltze GmbH & Co. KG, Göttingen

Die vorliegende Arbeit wurde im Wintersemester 2004/2005 von der Fakultät für Geowissenschaften und Geographie der Universität Göttingen unter dem Titel „Perspektiven einer integrativen Kulturgeographie – Ein empirischer Vergleich regionaler Kontexte und handlungsorientierter Prozesse in tropischen Agrarkolonisationsräumen Boliviens, der Elfenbeinküste und Indonesiens" als Habilitationsschrift angenommen.

Im Text wird nicht explizit zwischen weiblichen und männlichen Wortformen unterschieden. Falls nicht anders hervorgehoben, wird die ausgeschlossene Geschlechtsform miteinbezogen.

ISBN 3884521160
Umschlag: F. Schröder / S. Schäfer
Fotos: H. Faust
Druck: Erich Goltze GmbH & Co. KG, Göttingen

## Vorwort

Eine Vielzahl von Aufenthalten in den Tropen stand am Anfang der Überlegungen für diese Untersuchung. Durch die Mitarbeit im Sonderforschungsbereich 552 „Stabilität von Randzonen tropischer Regenwälder in Indonesien" wurden die Planungen für die eigene Arbeit vertieft und im Jahre 2000 war das konkrete Forschungskonzept ausgearbeitet. Die Umsetzung erfolgte durch mehrere Forschungsaufenthalte in den Untersuchungsgebieten, die finanziell durch die DFG, das BMBF und den DAAD ermöglicht wurden. Allen Organisationen sei an dieser Stelle für ihre Unterstützung gedankt. Aus der großen Zahl derjenigen, die wesentlich zum Zustandekommen dieser Untersuchung beigetragen haben, möchte ich nur einige Personen hervorheben. Besonderen Dank schulde ich Michael Hoppe, Nina Sachau und Johannes Winter, die mit ihren Diplomarbeiten zur Umsetzung des Forschungskonzeptes und der empirischen Feldarbeit beigetragen haben. In diesem Zusammenhang danke ich allen befragten Personen, insbesondere den Bewohnern von El Progreso, San Martín, Azoumanakro, Soubré 3, Siliwanga und Mekarsari.

Darüber hinaus gilt mein außerordentlicher Dank Prof. Werner Kreisel für seinen unermüdlichen Zuspruch und für die Forschungsfreiräume, die er mir ermöglichte, Herrn Prof. Gerhard Gerold für die Unterstützung und Förderung der Arbeiten in der Elfenbeinküste und Indonesien, Frau Dr. Elke Fischer für die Hilfe bei der Organisation der Feldarbeiten in der Elfenbeinküste und Herrn Georg Krekeler für die Hilfe bei der Organisation der Feldarbeiten in Bolivien. Herzlich bedanken möchte ich mich bei meinen Kollegen Dr. Robert Weber, Dr. Tobias Reeh und Dr. Michael Waibel für anregende Diskussionen und konstruktive Hinweise.

Für ihre Hilfsbereitschaft bei Korrekturen sei Wolfgang Fritsch, Dr. Frank E. Hees, Sebastian Schäfer, Friederike Schröder, Franziska Woellert und Anett Liebscher herzlich gedankt. Außerdem bin ich meiner Familie und meinen Freunden besonders dankbar dafür, dass sie mich nicht nur unterstützt, sondern auch so lange Toleranz und Nachsicht mit mir gezeigt haben.

Göttingen, im März 2007                                      Heiko Faust

# Inhaltsverzeichnis

| | | |
|---|---|---|
| **1** | **FRAGESTELLUNG, THEORETISCHE UND METHODISCHE GRUNDLAGEN DER UNTERSUCHUNG** | **1** |
| **1.1** | **Einführung in das Thema** | **1** |
| 1.1.1 | Problem- und Aufgabenstellung | 1 |
| 1.1.2 | Ziele und Forschungsbedarf | 3 |
| 1.1.3 | Fragestellungen und Hypothesen | 8 |
| 1.1.4 | Aufbau der Arbeit | 9 |
| 1.1.5 | Begriffe und Definitionen | 11 |
| **1.2** | **Theoretischer Rahmen** | **17** |
| 1.2.1 | Regionale Geographie: Kulturlandschaft, Länderkunde, Kulturerdteile | 18 |
| 1.2.2 | „New Regional Geography", handlungstheoretische und pragmatische Ansätze der Regionalen Geographie | 25 |
| 1.2.3 | Konzepte der sozialwissenschaftlichen Integrationsforschung | 28 |
| 1.2.3.1 | Migration als Voraussetzung von Integration | 28 |
| 1.2.3.2 | Systemintegration als Teil der Gesellschaftstheorie | 35 |
| 1.2.3.3 | Soziale Integration als Handlungstheorie | 42 |
| 1.2.4 | Konzepte des Vergleichens | 46 |
| 1.2.4.1 | Vergleichen und Vergleichbarkeit | 46 |
| 1.2.4.2 | Vergleichende Länderkunde | 48 |
| 1.2.4.3 | Kulturvergleich | 50 |
| **1.3.** | **Konzeption der Arbeit** | **52** |
| 1.3.1 | Konzepte der Kulturgeographie zur Analyse nationaler und regionaler Kontexte sowie zur Systemintegration | 52 |
| 1.3.2 | Integrationsforschung zur Analyse lokaler Prozesse des Zusammenlebens | 54 |
| 1.3.3 | Integrativer Ansatz von Kulturgeographie und Sozialwissenschaft zur kulturräumlichen Differenzierung und zum Kulturraumvergleich | 54 |
| **1.4** | **Vorgehensweise und Methoden** | **56** |
| 1.4.1 | Sekundärmaterial | 56 |
| 1.4.2 | Untersuchungsdesign: Makroebene und Mikroebene | 59 |
| 1.4.3 | Auswahl der Untersuchungsdörfer | 61 |
| 1.4.4 | Empirische Methoden: quantitative und qualitative Befragungen | 66 |
| 1.4.5 | Feldforschung: Vorgehensweise und Probleme | 68 |

| | | |
|---|---|---|
| 2 | **ANALYSE DER NATIONALEN UND REGIONALEN RAHMENBEDINGUNGEN DER INTEGRATIONSPROZESSE IN AGRARKOLONISATIONEN** | **70** |
| 2.1 | **Der Handlungsrahmen auf der Makroebene: Physischer und anthropogener Kontext** | **70** |
| 2.1.1 | Bolivien: Untersuchungsregion | 70 |
| 2.1.1.1 | Allgemeine Landeskunde | 70 |
| 2.1.1.2 | Physisch-geographische Grundlagen der Region San Julián | 72 |
| 2.1.1.3 | Anthropogeographische Strukturmerkmale der Region San Julián | 73 |
| 2.1.1.4 | Kolonisation in der Region San Julián | 75 |
| 2.1.2 | Elfenbeinküste: Untersuchungsregion | 81 |
| 2.1.2.1 | Allgemeine Landeskunde | 81 |
| 2.1.2.2 | Physisch-geographische Grundlagen der Südwestregion: Taï Nationalpark | 83 |
| 2.1.2.3 | Anthropogeographische Strukturmerkmale der Südwestregion | 84 |
| 2.1.2.4 | Kolonisation in der Südwestregion | 87 |
| 2.1.3 | Indonesien – Untersuchungsregion | 91 |
| 2.1.3.1 | Allgemeine Landeskunde | 91 |
| 2.1.3.2 | Physisch-geographische Grundlagen der Lore Lindu Region | 93 |
| 2.1.3.3 | Anthropogeographische Strukturmerkmale der Lore Lindu Region | 95 |
| 2.1.3.4 | Kolonisation in der Lore Lindu Region | 97 |
| 2.2 | **Der Handlungsrahmen auf der Makroebene: Historisch-politischer Kontext** | **102** |
| 2.2.1 | Politische und historische Rahmenbedingungen der Agrarkolonisation in Bolivien | 102 |
| 2.2.1.1 | Bolivianische Agrarreform von 1953 | 103 |
| 2.2.1.2 | Maßnahmen infolge der Agrarreform | 106 |
| 2.2.1.3 | Erschließung Ost-Boliviens | 109 |
| 2.2.1.4 | Kritischer Rückblick | 111 |
| 2.2.1.5 | Aktuelle Politik und Probleme | 113 |
| 2.2.2 | Politische und historische Rahmenbedingungen der Agrarkolonisation in der Elfenbeinküste | 115 |
| 2.2.2.1 | Agrarorientierte Entwicklung des Einparteienstaates | 115 |
| 2.2.2.2 | „Demokratisierungsprozess" und „Strukturanpassung" | 117 |
| 2.2.2.3 | Ivoirité | 119 |
| 2.2.2.4 | Traditionelle und moderne Bodenrechte | 121 |

| | | |
|---|---|---|
| 2.2.2.5 | Aktuelle Politik und Probleme | 123 |
| 2.2.3 | Politische und historische Rahmenbedingungen der Agrarkolonisation in Indonesien | 128 |
| 2.2.3.1 | „Kolonisasi" und „Transmigrasi" | 128 |
| 2.2.3.2 | Umsiedlungspolitik in der Suharto Ära | 131 |
| 2.2.3.3 | Kritische Betrachtung der Umsiedlungspolitiken | 132 |
| 2.2.3.4 | Bodenrecht und „adat" | 134 |
| 2.2.3.5 | Aktuelle Politik und Probleme | 135 |
| **2.3** | **Vergleich der Untersuchungsregionen** | **139** |
| 2.3.1 | Vergleich der physischen und anthropogenen Kontexte | 139 |
| 2.3.2 | Vergleich der historisch-politischen Kontexte | 142 |
| 2.3.3 | Vergleich der Untersuchungsregionen in Hinblick auf die Systemintegration | 144 |
| **3** | **ANALYSE DER LOKALEN INTEGRATIONSPROZESSE IN AGRARKOLONISATIONEN** | **149** |
| **3.1.** | **Der Handlungsrahmen auf der Mikroebene: Strukturmerkmale der sechs Untersuchungsdörfer** | **149** |
| 3.1.1 | Die Untersuchungsdörfer El Progreso sowie San Martín (Bolivien) | 149 |
| 3.1.1.1 | Bevölkerungsstruktur und Migration | 150 |
| 3.1.1.2 | Gesellschaftliches Zusammenleben | 153 |
| 3.1.1.3 | Landnutzung und Landbesitz | 154 |
| 3.1.2 | Die Untersuchungsdörfer Azoumanakro und Soubré 3 (Elfenbeinküste) | 156 |
| 3.1.2.1 | Bevölkerungsstruktur und Migration | 157 |
| 3.1.2.2 | Gesellschaftliches Zusammenleben | 166 |
| 3.1.2.3 | Landnutzung und Landbesitz | 169 |
| 3.1.3 | Die Untersuchungsdörfer Siliwanga und Mekarsari (Indonesien) | 176 |
| 3.1.3.1 | Bevölkerungsstruktur und Migration | 177 |
| 3.1.3.2 | Gesellschaftliches Zusammenleben | 184 |
| 3.1.3.3 | Landnutzung und Landbesitz | 187 |
| **3.2** | **Der Handlungsrahmen auf der Mikroebene: Kulturation als Teilaspekt der sozialen Integration in den Untersuchungsdörfern** | **189** |
| 3.2.1 | Kulturation der Bewohner von El Progreso und San Martín | 190 |
| 3.2.2 | Kulturation der Bewohner von Azoumanakro | 193 |
| 3.2.3 | Kulturation der Bewohner von Soubré 3 | 197 |
| 3.2.4 | Kulturation der Bewohner von Siliwanga | 201 |
| 3.2.5 | Kulturation der Bewohner von Mekarsari | 204 |

| | | |
|---|---|---:|
| 3.3 | **Der Handlungsrahmen auf der Mikroebene: Platzierung als Teilaspekt der sozialen Integration in den Untersuchungsdörfern** | **208** |
| 3.3.1 | Platzierung der Bewohner von El Progreso und San Martín | 208 |
| 3.3.2 | Platzierung der Bewohner von Azoumanakro | 211 |
| 3.3.3 | Platzierung der Bewohner von Soubré 3 | 213 |
| 3.3.4 | Platzierung der Bewohner von Siliwanga | 216 |
| 3.3.5 | Platzierung der Bewohner von Mekarsari | 218 |
| 3.4 | **Der Handlungsrahmen auf der Mikroebene: Interaktion als Teilaspekt der sozialen Integration in den Untersuchungsdörfern** | **221** |
| 3.4.1 | Interaktion der Bewohner von El Progreso und San Martín | 222 |
| 3.4.2 | Interaktion der Bewohner von Azoumanakro | 224 |
| 3.4.3 | Interaktion der Bewohner von Soubré 3 | 226 |
| 3.4.4 | Interaktion der Bewohner von Siliwanga | 229 |
| 3.4.5 | Interaktion der Bewohner von Mekarsari | 234 |
| 3.5 | **Der Handlungsrahmen auf der Mikroebene: Identifikation als Teilaspekt der sozialen Integration in den Untersuchungsdörfern** | **241** |
| 3.5.1 | Identifikation der Bewohner von El Progreso und San Martín | 241 |
| 3.5.2 | Identifikation der Bewohner von Azoumanakro | 248 |
| 3.5.3 | Identifikation der Bewohner von Soubré 3 | 251 |
| 3.5.4 | Identifikation der Bewohner von Siliwanga | 255 |
| 3.5.5 | Identifikation der Bewohner von Mekarsari | 257 |
| 3.6 | **Der Handlungsrahmen auf der Mikroebene: Soziale Integration im Vergleich** | **259** |
| 3.6.1 | Zur sozialen Integration in den Untersuchungsdörfern | 259 |
| 3.6.2 | Vergleich der Untersuchungsdörfer in Hinblick auf die soziale Integration | 263 |
| **4** | **DISKUSSION DER ERGEBNISSE** | **267** |
| **4.1** | **Hypothesen und Ergebnisse** | **267** |
| **4.2** | **Schlussfolgerungen** | **272** |
| **4.3** | **Reflexion der Ziele** | **274** |
| **4.4** | **Summary** | **278** |
| | **LITERATURVERZEICHNIS** | **279** |
| | **ANHANG** | **313** |

# Verzeichnis der Abbildungen

| Abb. 1: | Die vier Dimensionen der sozialen Integration und ihre Abgrenzung zur Systemintegration | 36 |
| Abb. 2: | Die Untersuchungsregion San Julián im Tiefland Boliviens | 63 |
| Abb. 3: | Das Untersuchungsgebiet in der Südwestregion der Elfenbeinküste | 64 |
| Abb. 4: | Das Untersuchungsgebiet in der Lore Lindu Region von Zentralsulawesi, Indonesien | 65 |
| Abb. 5: | Die Entwicklungen des HDI über einen Zeitraum von 28 Jahren im Vergleich | 141 |
| Abb. 6: | Ethnische Zugehörigkeit der Personen in San Martín | 152 |
| Abb. 7: | Ethnische Zugehörigkeit der Bewohner in Azoumanakro | 160 |
| Abb. 8: | Ethnische Zugehörigkeit der befragten Haushalte in Soubré 3 | 163 |
| Abb. 9: | Ethnische Zugehörigkeit der befragten Haushalte in Siliwanga | 178 |
| Abb. 10: | Ethnische Zugehörigkeit der befragten Haushalte in Mekarsari | 181 |

# Verzeichnis der Tabellen

| | | |
|---|---|---|
| Tab. 1: | Sozioökonomische Rahmenbedingungen im Vergleich | 141 |
| Tab. 2: | Jahr der Ankunft in Mekarsari und Migrationstyp der Haushalte | 183 |
| Tab. 3: | Französischkenntnisse der Haushaltsvorstände von Azoumanakro | 194 |
| Tab. 4: | Dioulakenntnisse der Haushaltsvorstände von Azoumanakro | 194 |
| Tab. 5: | Französischkenntnisse der Haushaltsvorstände von Soubré 3 | 198 |
| Tab. 6: | Dioulakenntnisse der Haushaltsvorstände von Soubré 3 | 198 |
| Tab. 7: | Ersuchen um Hilfeleistungen von anderen Akteuren aus Sicht der Balinesen in Siliwanga | 233 |
| Tab. 8: | Ersuchen um Hilfeleistungen von anderen Akteuren aus Sicht der Balinesen in Mekarsari | 236 |
| Tab. 9: | Ersuchen um Hilfeleistungen von anderen Akteuren aus Sicht der Javaner in Mekarsari | 237 |
| Tab. 10: | Bewertungen einzelner Gesellschaftsbereiche durch die befragten Haushaltsmitglieder in El Progreso | 244 |
| Tab. 11: | Bewertungen einzelner Gesellschaftsbereiche durch die befragten Haushaltsmitglieder in San Martín | 246 |
| Tab. 12: | Eigene Einschätzung der Situation der befragten Personen in Azoumanakro | 251 |
| Tab. 13: | Eigene Einschätzung der Situation der befragten Personen in Soubré 3 | 254 |

# Verzeichnis der Abkürzungen

| | |
|---|---|
| APPDT | Alokasi Pemukiman Penduduk Daerah Transmigrasi |
| ARSO | L'Autorité pour l'Aménagement de la Région du Sud-Ouest |
| BAPPEDA | Badan Perencanaan Pembangunan Daerah |
| BPD | Badan Perwakilan Desa |
| BID | Banco Interamericano de Desarrollo |
| BPS | Badan Pusat Statistik Indonesia |
| CFA | Communauté Financière Africaine |
| CBF | Corporación Boliviana de Fomento |
| CEDEAO | Communauté Economique des Etats de l'Afrique de l'Ouest |
| CIA | Central Intelligence Agency |
| CIAT | Centro de Investigación Agrícola Tropical |
| CIFOR | Centre for International Forestry Research |
| CIPCA | Centro de Investigación y Promoción del Campesinado |
| CIU | Comité de Iglesias Unidas |
| COB | Central Obrera Boliviana |
| CRE | Cooperativa Rural de Electrificación |
| COMIBOL | Corporación Minera de Bolivia |
| CSI-ADCP | Central Sulawesi Integrated Area Development and Conversation Project |
| DFR | Droit foncier rurale |
| ECOWAS | Economic Community of West African States |
| FAO | Food and Agricultural Organisation of the United Nations |
| FECSJ | Federación Especial de Colonizadores de San Julián |
| FIDES | Fundación Integral para el Desarrollo |
| FPI | Front Populaire Ivorien |
| HDI | Human Development Index |
| IBRD | Internationale Bank für Wiederaufbau und Entwicklung |
| ILO | International Labour Organisation |
| INC | Instituto Nacional de Colonización |
| INRA | Instituto de la Reforma Agraria |
| INE | Instituto Nacional de Estadística de Bolivia |
| IWF | Internationaler Währungsfond |
| KFW | Kreditanstalt für Wiederaufbau |
| KKN | Korruption, Kollusion und Nepotismus |
| LKMD | Lembaga Ketahanan Masyarakat Desa |

| | |
|---|---|
| MNR | Movimiento Nacionalista Revolucionario |
| MPCI | Mouvement Patriotique de la Côte d'Ivoire |
| MST | Movimiento Sin Tierra |
| NADEPA | Núcleos asociados de Producción Agropecuario |
| OCM | Organización Común de Mujeres |
| PDCI | Parti Démocratique de la Côte d'Ivoire |
| PNT | Parc National de Tai |
| RDR | Rassemblement des Républicains |
| SACOA | Servicios de Asesoría a Comunidades Agrarias |
| SNRA | Servicio Nacional de Reforma Agraria |
| TNC | The Nature Conservancy |
| UNDP | United Nations Development Program |
| UNESCO | United Nations Educational, Scientific and Cultural Organisation |
| UNWFP | United Nations World Food Program |
| UPT | Unit Pemukiman Transmigrasi |
| USAID | United States Agency for International Development |
| WALHI | Wahana Lingkungan Hidup |
| WHO | World Health Organisation |

# 1 FRAGESTELLUNG, THEORETISCHE UND METHODISCHE GRUNDLAGEN DER UNTERSUCHUNG

## 1.1 Einführung in das Thema

### 1.1.1 Problem- und Aufgabenstellung

Die Transformation der Naturlandschaft zur Kulturlandschaft bzw. die Weiterentwicklung der Kulturlandschaft durch individuelle Akteure, Gruppen und Gesellschaften zur Befriedigung der Daseinsgrundbedürfnisse und zur Verbesserung der Lebensbedingungen ist ein immanenter weltweiter dynamischer Prozess. In vielen tropischen Flächen- und Inselstaaten werden Naturwaldgebiete gerodet und kultiviert, um einer wachsenden Bevölkerung in traditionellen ländlichen Kulturräumen, deren Tragfähigkeit zunehmend ausgelastet ist, Entfaltungsmöglichkeiten zu geben. Als Folge kommt es zu einer Migration aus diesen Regionen entweder in oftmals infrastrukturell und ökonomisch überlastete urbane Zentren oder in neu zu erschließende rurale Kolonisationsgebiete. D.h., es findet neben dem weltweit anhaltenden allgemeinen Trend der Land-Stadt-Wanderung auch eine deutlich erkennbare Land-Land-Wanderung innerhalb tropischer Entwicklungsländer statt. In der Regel vollziehen sich die Wanderungen von dicht besiedelten ländlichen Gebieten in dünn besiedelte Gebiete mit Flächenressourcen, in denen sich für die Migranten eine ökonomische Perspektive zu bieten scheint.

Die Binnenmigration in wenig berührte Naturräume führt mit der Neulandgewinnung für Siedlungen, Verkehrswege, Ackerbau und Viehzucht zur Abholzung der Naturwaldflächen. Diese Prozesse sind seit Jahrzehnten in Südamerika (z.B. Bolivien, Brasilien), Afrika (z.B. Elfenbeinküste) und Asien (z.B. Indonesien) zu beobachten. Sie waren zunächst als praktische Lösung der Ressourcenknappheit in den Herkunftsgebieten angesehen worden und mit Kolonisations- und (Trans-) Migrationsprogrammen staatlich geplant und dirigiert. Da die Programme meist nicht die gewünschten Erfolge brachten, die Probleme in den Herkunftsgebieten nur wenig linderten, hohe Investitionskosten verursachten und darüber hinaus zu neuen ökologischen und sozialen Problemen in den Zielgebieten führten, werden gegenwärtig nur noch wenige Umsiedlungsprogramme durchgeführt. Parallel zu dieser geplanten und geförderten Migration verläuft eine weitere spontane Wanderungsbewegung. Individuell eigenständige Migranten kommen ohne direkte Programmanbindung sowohl aus weiter entfernten Quellregionen als auch insbesondere aus der regionalen und lokalen Umgebung der Kolonisationsgebiete. Als Konsequenz beider Zuwanderungsprozesse entstehen in den Kolonisationsräumen neue Dorfgemeinschaften.

Vor dem Hintergrund aktueller interdisziplinärer Diskussionen zur Bedeutung dieser Prozesse in Hinblick auf die natürliche Umwelt (z.B. Degradation, Artenverlust) stellen sich aus kulturgeographischer Perspektive eine Reihe zentraler Forschungsfragen. Beispielsweise ist zu klären, wie die Migranten im Rahmen ihrer kulturellen, sozialen und wirtschaftlichen Aktivitäten auf lokale Strukturen einwirken und somit insbesondere Einfluss auf die Landnutzung und den Zugang zu natürlichen Ressourcen nehmen. Dafür wiederum ist zu betrachten, wie sich soziokulturelles Zusammenleben und wirtschaftliche Beziehungen innerhalb der Siedlungen, zwischen Migranten unterschiedlicher Herkunft, Religion und ethnischer Zugehörigkeit, darstellen. Denn in der Regel geht mit dem Prozess der Integration der Zuwanderer ein Prozess der sozialen und ethnischen Schichtung einher. Die Folge davon ist, dass einzelne Akteure und Gruppen mehr Einfluss auf den Zugang und die Nutzung von Land haben als andere, woraus der Schluss gezogen werden kann, dass die ethnische Stratifikation erheblichen Einfluss auf die Entwicklung der Kulturlandschaft hat. Außerdem ist zu analysieren, welche Wechselbeziehungen zwischen den Zugewanderten und der lokalen Bevölkerung der umliegenden Siedlungen bestehen. Fragen nach wirtschaftlichem Austausch, sozialen Beziehungen und kulturellen Kontakten zwischen den Migranten und der lokalen Bevölkerung sollen darüber Klarheit verschaffen, inwiefern die neu entstandenen Siedlungen und ihre Akteure als regional integriert betrachtet werden können.

Der Fokus der Forschungsarbeit liegt daher auf den Prozessen von gesellschaftlicher Integration in ausgewählten Kolonisationsgebieten. Diese werden im regionalgeographischen Kontext untersucht, um die Hintergründe und Auswirkungen auf die Kulturlandschaftsentwicklung, insbesondere auf die Landnutzung, einschätzen zu können. Die Bewertung der Integrationsprozesse und ihrer Auswirkungen findet anhand der Ergebnisse aus sechs Einzelfallstudien statt. Es ist daher eine bedeutende Aufgabe des verfolgten Forschungsansatzes zu vergleichen, ob die jüngeren Entwicklungen (ca. 20 Jahre) in physisch und anthropogen ähnlich strukturierten Kolonisationsdörfern Boliviens, der Elfenbeinküste und Indonesiens unterschiedlich oder gleich verlaufen. Unabhängig vom Ausgang dieser Analyse geht die Frage nach dem „warum" damit einher. Dabei gilt es zu differenzieren, inwieweit kontextuelle nationale Bestimmungsfaktoren im Verhältnis zu regionalen kulturellen Einflüssen für die Handlungsentscheidungen der Akteure von Bedeutung sind.

Die Konzepte der Kulturgeographie stehen im Vordergrund bei der Umsetzung der Arbeit, da eine vergleichende Studie regionaler Prozesse und ihrer Raumwirksamkeiten angestrebt wird. Die in diesem Sinne zunächst länderkundliche Betrachtung der Rahmenbedingungen (Makroebene) in den Untersuchungsräumen bildet die Voraussetzung der problemorientierten Auseinandersetzung mit nachhaltiger Ressourcennutzung und stabilen Mensch-Umwelt-Beziehungen auf der Akteursebene. In der vorliegenden Untersuchung werden diesbezüglich die Beziehungen zwischen Bevölkerungsentwicklung und Landnutzung in tropischen Agrarkolonisationsräumen auf einer fundierten empirischen Basis dargelegt. Die methodische Umsetzung der Fragestellungen auf der Mikroebene orientiert sich an den sozialwissenschaftlich definierten Teilaspekten der Integration. Durch diesen neuen forschungsintegrativen Ansatz in der Kulturgeographie werden nicht nur die Prozesse der Migration, Agrarkolonisation und Integration beschrieben und erklärt, sondern es wird eine hoch aufgelöste kulturräumliche Differenzierung erreicht, die einerseits eine Vergleichbarkeit ermöglicht und andererseits den modernen Ansprüchen einer akteursbezogenen Kulturlandschaftsforschung gerecht wird.

### 1.1.2 Ziele und Forschungsbedarf

**Ziel 1: Erfassung des Kontextes und der regionalen Prozesse von Migration und Integration**

Das erste Ziel der vorliegenden Arbeit ist die Erfassung der Prozesse und Auswirkungen der geplanten und spontanen Migration in ausgewählten tropischen Kolonisationsgebieten. Anhand von sechs ausgewählten Siedlungen in Agrarkolonisationsgebieten von Bolivien, der Elfenbeinküste und Indonesien werden die Einflüsse der Kolonisation auf die Ressourcennutzung und die Kulturlandschaftsentwicklung nachvollzogen. Dieser Aspekt der Arbeit beinhaltet die Identifizierung kultureller, sozialer, demographischer und wirtschaftlicher Veränderungen durch die Aktivitäten der Migranten. Die Beschreibungen der Untersuchungsräume sowie der nationalen und regionalen Kontexte, z.B. der sozioökonomischen Rahmenbedingungen und der lokalen administrativen und politischen Strukturen (Makroebene), lehnen sich an die Konzepte der Regionalen Geographie an.

**Ziel 2: Analyse der Integrationsprozesse**

Die Analyse des gesellschaftlichen Zusammenlebens wird anhand des Integrationsschemas für die ausgewählten Untersuchungsdörfer durchgeführt (Mikroebene). Sie dient der Beschreibung der Regionalkulturen und der

Beantwortung der prinzipiellen Frage, ob der Prozess der Integration bzw. der Segmentation der durch die Zuwanderungen entstandenen Dorfgemeinschaften in unterschiedlichen Kulturräumen ähnlich verläuft. Über den Vergleich der systemischen Rahmenbedingungen auf nationaler bzw. regionaler Ebene sowie der Gegenüberstellung der sozioökonomischen Bedingungen auf Dorf- bzw. Haushaltsebene (Mikroebene) wird die Bedeutung von regionalen kulturellen Aspekten für die Integration und ihre Wirkungen auf die Landnutzung eingeschätzt. Die tropischen Untersuchungsregionen mit ihren Migrantengesellschaften sind drei potentiell vergleichbare Regionen, da sie sich in ihrer Genese sehr ähneln. Die Beschreibung und Erklärung der Migrationsprozesse selbst bilden den Hintergrund der Untersuchung. Die empirische Forschung vor Ort basiert auf der Dekonstruktion der sozialen Systeme anhand des theoretischen Konzeptes der „sozialen Integration und ethnischen Schichtung" von Hartmut ESSER (1980, 2001). Danach finden einerseits systemische Aspekte wie die Betrachtung der politischen und ökonomischen Rahmenbedingungen eines sozialen Gebildes in der Gesellschaft bzw. des Nationalstaates Berücksichtigung, andererseits wird die Integration innerhalb des sozialen Gebildes anhand von vier Kategorien analysiert. Diese sind:

1. die Kulturation der Akteure (z. B. Wissen, Kompetenz, Humankapital)
2. die Platzierung der Akteure (z. B. Rechte, Positionen, Akzeptanz, politisches und ökonomisches Kapital)
3. die Interaktion zwischen den Akteuren (z.B. Netzwerkposition, kulturelles und soziales Kapital)
4. die Identifikation der Akteure (z.B. Werte, Bürgersinn, Hinnahme).

**Ziel 3: Vergleich**

Ein weiteres Ziel der vorliegenden Arbeit ist, die Möglichkeiten einer modernen Kulturgeographie anhand des Vergleichens verschiedener Regionalkulturen darzustellen. Aus der Erfassung des Kontextes und der regionalen Prozesse von Migration und Integration sowie der Analyse der Integrationsprozesse erfolgt die Ableitung der Bestimmungsfaktoren, die einerseits die Aspekte der politischen, kulturellen, sozialen und ökonomische Kontexte in den untersuchten Staaten umfassen, andererseits die Merkmale der sozialen Integration auf der Mikroebene bestimmen. Der angestrebte Vergleich erfolgt auf der Basis der Primärdatenerhebungen in den Haushalten der Untersuchungsdörfer. Die Datenerhebungen sind sowohl quantitativ durch standardisierte Haushaltsbefragungen als auch qualitativ mit Interviews von Schlüsselinformanten in allen sechs Untersuchungsdörfern im Jahr 2002 durchgeführt worden.

**Forschungsbedarf**

Die vorliegende Untersuchung thematisiert eine wichtige Fragen der Geographie, die in der Gegenwart zu großer Aufmerksamkeit zurückgefunden hat, nämlich die Frage „...der Räumlichkeit für kulturelle Aspekte der menschlichen Existenz" (WERLEN 2003: 1). Dabei stellt sich insbesondere die Frage, ob „Kultur" eine klar identifizierbare und räumliche Existenz aufweisen kann. In der Geschichte der kulturgeographischen Forschung ist die Vorstellung verankert, dass Kulturen ihren räumlich eindeutig verortbaren Ausdruck finden. Dies zeigt sich auch noch in den ethnologischen und geographischen Kulturkreislehren, die in jüngerer Zeit durch Samuel P. HUNTINGTONS Thesen zu einem Kulturkampf (1997) populistisch in den Vordergrund gebracht worden sind und zum Teil zur Grundlage von Politik erhoben wurden. Auch hierbei werden Kulturen als Entitäten behandelt, vergleichbar der Länderkunde, die lange Zeit den wichtigsten Bereich der Kulturgeographie bildete. Hierbei stehen die räumlichen Komponenten der Kulturforschung im Vordergrund und nicht die ethnischen Aspekte.

Das Erkennen und Herausfiltern der kulturellen Aspekte in einer raumzentrierten Wirklichkeitsdarstellung wird jedoch stetig komplizierter. Die alltagsweltliche Basis ist durch die Verknüpfung mit Schlagworten wie Individualisierung, Multikultur oder Globalisierung in Auflösung begriffen, besonders im urbanen Raum. Es handelt sich in erster Linie um die Veränderung der traditionell und institutionell durchgängig geregelten räumlichen Gebundenheit kultureller Praxis, woraus WERLEN (2003: 2) ableitet:

„Mit dem Verlust der alltagsweltlichen Basis allumfassender Territorialisierung des Kulturellen werden die Konsequenzen der Essentialisierung von Kultur noch problematischer, als sie zuvor waren."

Jüngere kulturräumliche Forschungsinitiativen werden aber umso bedeutsamer, da regionalistische, nationalistische und fundamentalistische Argumentationsformen der Kulturraumforschung Verbreitung finden. In diesem Zusammenhang der Diskussionen um den Kulturbegriff fragt MEYER (2000) nach dem Forschungsbeitrag der Kulturgeographie, denn bereits vor etwa zehn Jahren warnte POPP in den Auseinandersetzungen um die Perspektiven der Kulturgeographie vor zunehmendem Desinteresse (zitiert in MEYER 2000: 148):

„Der Kulturbegriff hat Konjunktur – und die deutsche Kulturgeographie beteiligt sich nicht an der aktuellen wissenschaftlichen Diskussion. [...] Aber auch innerhalb des Gebäudes der deutschen Geographie hat die Kulturgeographie heute nur noch eine marginale Stellung. Ihre Ansätze gelten als veraltet, und sie wurde weitgehend durch eine sich dynamisch entwickelnde Wirtschafts- und Sozialgeographie ersetzt. Angesichts eines daraus resultierenden Desinteresses an der Kulturgeographie und einer allenfalls noch traditionellen und unreflektierten Verwendung der Bezeichnung Kulturgeographie warnt Popp (1993) davor, den Kulturbegriff zu vergessen und den Terminus Kulturgeographie ganz abzuschaffen. Aus seiner Perspektive wäre dies disziplinpolitisch ungeschickt und ein Hinweis darauf, neuen Anforderungen nicht gerecht zu werden."

Die Möglichkeiten und die Perspektiven der Kulturgeographie reflektiert auch WIRTH (1998) in seinem Aufsatz „Handlungstheorie als Königsweg einer modernen Regionalen Geographie", WIRTH (1998: 63):

„Die wissenschaftstheoretische Diskussion bezüglich der Regionalen Geographie spielte sich seit Kiel überwiegend in einem Wolkenkuckucksheim ab – in von der empirischen Realität und erst recht vom Alltag weit abgehobenen Gefilden. Süffisant vorgetragene Rabulistik, wirklichkeitsfremde Sprachspiele, gedankliche Konstrukte und Spitzfindigkeiten bestimmten die Diskussion; hohe interpretative Flexibilität beim Ausfechten von Kontroversen sowie ideengeschichtliche Spekulationen waren sehr beliebt. Diese Entwicklung ohne die geringste gesellschaftliche Relevanz hätte die Kieler Studenten auf die Barrikaden getrieben! Wissenschaftstheorie sollte nicht spintisieren, wie die wortgewandten Philosophen des hohen Mittelalters in Byzanz, sondern sie sollte Problemlösungs-Strategien anbieten. Dazu muss sie im Kontakt mit der Geographie als einer auf die reale Welt bezogenen Erfahrungswissenschaft bleiben. Kritik an völlig überholten, heute ohnehin nicht mehr ernst genommenen Positionen langweilt nur noch; auch ein aus dem Ärmel geschüttelter Rückgriff auf mehrere Jahrhunderte zurückliegendes Ideengut bringt die Geographie nicht weiter. Für eine philosophisch-ideengeschichtliche Analyse der Werke von Leibniz oder Kant fehlt den meisten Geographen ohnehin jede Kompetenz. Deshalb die nachdrückliche Forderung, sich mit empirisch gehaltvollen Theorien wieder stärker der realen Welt und dem Hier und Heute zuzuwenden."

Diese Auseinandersetzungen mit den Aussichten und dem Nutzen der Kulturgeographie haben die vorliegende Arbeit inspiriert. Die Ausführungen von WIRTH fordern, in der Neukonzeption einer sozialwissenschaftlich orientierten Regionalen Geographie nicht nachzulassen. Auch MEYER (2000) fordert, über die Perspektive der Kulturgeographie nachzudenken und sich der brennenden Frage nach sozialer Integration und ihrer räumlichen Dimension intensiv zu widmen, denn sie ist vor dem Hintergrund der Migration und des Bevölkerungswachstums hoch aktuell.

> […] Es sollten vielmehr auch für die Geographie Inhalte und Tragweiten neuer theoretischer Konzepte geprüft werden und – wo es sinnvoll erscheint – aufgegriffen werden. Schließlich lässt sich nicht übersehen, dass es einen alltagsweltlichen Diskurs über kulturelle Differenz in der Form der Abgrenzung gegenüber Menschen, die als fremd und anders wahrgenommen werden, gibt; dafür ist er zu allgegenwärtig und wird oft politisch instrumentalisiert. Außerdem ist die Frage der sozialen Integration mit ihren räumlichen Dimensionen, die heute sehr eng mit der Frage nach kollektiven Identitäten und kulturellen Differenzen verbunden ist, aktueller denn je – insbesondere vor dem Hintergrund von Migration und Bevölkerungswachstum." (MEYER 2000: 149)

Der gegenwärtige Diskurs zur „Neuen Kulturgeographie" (Leipzig 2004) führte zu einer gründlichen Reflexion der eigenen Arbeiten in den Tropen, die zwar bei der Tagung 2004 in Leipzig als Regionalkulturen Berücksichtigung fanden, aber nicht als „neu" aufgefasst wurden. Dennoch unterstützten die kritischen Anmerkungen von BLOTEVOGEL und WEICHERT die Ansprüche und den zeitgemäßen Wert der vorliegenden Arbeit (BLOTEVOGEL 2004, zit. n. REDEPENNING und WARDENGA 2004: o.S.):

> „Wenn die Neue Kulturgeographie nicht nur ein hübscher Blumenstrauß unterhaltsamer Themen feuilletonistischer Art, sondern eine ernst zu nehmende Wissenschaft sein wolle, müsse das Anspruchsniveau sowohl auf der Ebene der Theoriebildung als auch hinsichtlich der empirischen Methoden deutlich angehoben werden. […] Nach seiner Einschätzung besitze die Neue Kulturgeographie ihre besten Entwicklungspotenziale in interdisziplinären Regionalstudien, vor allem unter Einschluss inter- und transkultureller Fragestellungen."

Mit dem integrativen Forschungsansatz von Regionaler Geographie und sozialwissenschaftlicher Handlungsorientierung legt die Untersuchung eine Neukonzeption vor, die eine relative Vergleichbarkeit und Gewichtung kultureller Aspekte für Handlungen eines Akteurs oder einer Gruppe erreicht.

Diese erfährt in der jüngeren Forschungsgeschichte der Kulturgeographie, vielleicht aufgrund der schwierigen Analyse, nur wenig Berücksichtigung. Diesem Mangel wirkt die vorliegende Arbeit entgegen, denn sie versucht, einen empirisch fundierten Beitrag zu Möglichkeiten und Grenzen der „Kultur und Raum"- Diskussion zu leisten. Die alltagsweltliche Basis ist im Gegensatz zur Komplexität urbaner Strukturen noch erkennbar und eine umfassende empirische Datenerhebung ist auf der Haushaltsebene möglich. Daher wurden Agrarkolonisationen ausgewählt, um eine Dekonstruktion und Einschätzung kultureller Aspekte zu erreichen und nicht in der Komplexität und Beliebigkeit von „Kultur" eine Umsetzung der Forschungsfragen unmöglich zu machen. Die vorliegende Arbeit soll daher einen Weg aufzeigen, wie eine moderne integrative Kultur- und Sozialgeographie, die sowohl Konzepte der Regionalen Geographie als auch der handlungstheoretischen Sozialwissenschaft anwendet, in teilweise pragmatischer Weise zur Lösung aktueller humanökologischer Fragestellungen einen bedeutenden Beitrag leisten kann.

### 1.1.3 Fragestellungen und Hypothesen

Mit der Agrarkolonisation wird Naturlandschaft kultiviert, es entstehen neue ländliche Siedlungen und neue Dorfgemeinschaften. Die Individuen, sozialen Gruppen und die Gemeinschaft wirken auf die Kulturlandschaft, insbesondere im Prozess der Verteilung und dem Zugang zu natürlichen Ressourcen, aber auch auf die Form der Landnutzung. Anknüpfend an die Einführung und die Zielformulierungen wird der Forschungsgegenstand anhand von Fragen und Hypothesen folgendermaßen konkretisiert:

- Welche regionalgeographischen Faktoren nehmen Einfluss auf die Entwicklung der Kolonisationen?
- Welche Faktoren bestimmen die soziale Integration?
- Wie groß ist der Einfluss der regionalen Kontexte auf die Handlungsprozesse?
- Wie unterscheiden sich die Regionalkulturen in ihren Landnutzungsentscheidungen?
- Wie können konkrete Einzelfälle in Verbindung mit einem allgemeinen Deutungsrahmen gebracht werden?

Für die Umsetzung der Forschungsfragen wurden die Arbeitshypothesen folgendermaßen formuliert:

1. Regionalgeographische physische und anthropogenen Aspekte sowie die historisch-politischen Rahmenbedingungen der Makroebene bestimmen die Prozesse der ökonomischen, politischen, gesellschaft-

lichen und kulturellen Systemintegration der Agrarkolonisationsgebiete.
2. Die regionalgeographischen Kontexte üben einen wesentlichen Einfluss auf die Prozesse der sozialen Integration auf der Mikroebene aus.
3. Die Prozesse von Migration und ihre Auswirkungen auf die Landnutzung verlaufen in den ausgewählten Regionen ähnlich, kulturelle Unterschiede spielen dafür kaum eine Rolle.
4. Die Soziale Integration und kulturelle Orientierung sind unterschiedlich in Bolivien, Elfenbeinküste und Indonesien, da die regionalen Kontexte unterschiedlich sind.
5. Je größer die soziale und ökonomische Integration der zugewanderten Gruppen ist, desto nachhaltiger ist ihr Ressourcenmanagement.

Folgende Synthesen sind aufgrund der Fragestellungen und der Hypothesen denkbar:

- Die Prozesse der Integration unterscheiden sich zwischen den Kulturräumen und die Kulturlandschaftsentwicklung ist jeweils unterschiedlich.
- Die Prozesse der Integration unterscheiden sich zwischen den Kulturräumen, aber die Kulturlandschaftsentwicklung ist ähnlich.
- Die Prozesse der Integration sind ähnlich zwischen den Kulturräumen und die Kulturlandschaftsentwicklung ist ähnlich.
- Die Prozesse der Integration sind ähnlich zwischen den Kulturräumen, aber ihre Kulturlandschaftsentwicklungen sind unterschiedlich.
- Die Prozesse der Integration sind sowohl gleich als auch unterschiedlich zwischen den Kulturräumen, und ihre Auswirkungen in der Kulturlandschaftsentwicklung sind sowohl ähnlich als auch unterschiedlich.

### 1.1.4 Aufbau der Arbeit

Der erste Teil der Untersuchung erläutert die Fragestellung sowie ihre theoretischen und methodischen Grundlagen (1.). Nach einer Einführung in das Thema und die Problemstellung werden die Ziele und Fragestellungen als Hypothesen formuliert. Anschließend wird die theoretische Konzeption (1.2) dargestellt, um den wissenschaftstheoretischen Rahmen der Untersuchung zu geben. Dabei werden die klassischen Konzepte der Kulturgeographie den so genannten neuen Ansätzen gegenübergestellt. Veränderungen der Bevölkerungsstruktur bedeuten Veränderungen in den sozialen Systemen. Diese wiederum wirken sich auf die Landschaft aus, die von der jeweiligen lokalen Bevölkerung gestaltet wird. Die sozialen Akteure als Indikatoren für Erneuerungen in der Landschaft stehen im Mittelpunkt der Arbeit, die sich im Wesentlichen mit den Mensch-Umwelt Beziehungen beschäftigt. Es folgt die Diskussion der klassischen und modernen Forschungsansätze zur Migration, da die Art und Weise der Wanderungsströme den nachfolgenden Integrationsprozess beeinflusst. Wesentlich ist dabei der Aspekt, dass die Wanderungen freiwillig erfolgten.

Integrationsbegriffe und –vorstellungen der Politik unterliegen einem permanenten Wandel und sorgen mit Schlagwörtern wie „Leitkultur", Assimilation oder „Multi-Kulti" besonders in den aufnehmenden Gesellschaften für Verwirrung. Daher werden Integrationskonzepte und ihre Auswirkungen auf die Systemstabilität diskutiert. So gibt es unterschiedliche Positionen, welche Art von Integration nötig ist, um die Systemstabilität zu gewährleisten. Parallel dazu verläuft die Diskussion um Chancengleichheit und Exklusionsmechanismen. Eine wesentliche Rolle bei Abgrenzungsmaßnahmen spielt die Ethnizität, ein Begriff, der von vielen Akteuren im Integrationsprozess instrumentalisiert wird. Die Diskussion um Ansätze des Vergleichens, die Konzeptionen einer forschungsintegrativen Kultur- und Sozialgeographie (1.3) und die Möglichkeiten zur Dekonstruktion der Integration zur Analyse von Kultur, Handlung und Raum schließen an den theoretischen Rahmen an.

Es folgt die Vertiefung des Forschungsdesigns über die Darlegung der Vorgehensweisen und Methoden (1.4). Es werden die Untersuchungsebenen vorgestellt und die Auswahl von Indikatoren für den ländlichen Untersuchungsraum beschrieben. Darüber hinaus erläutert das Kapitel die Notwendigkeit einer Verschneidung von quantitativen und qualitativen Untersuchungsmethoden für die empirische Feldforschung. Die Probleme, die bei den Feldarbeiten aufgetreten sind, finden ebenso ihre Berücksichtigung in diesem Kapitel.

Der anschließende Teil der Untersuchung bemüht sich um die Dekonstruktion des Handlungsrahmens anhand regionalgeographischer Analysen (2.), da dafür angemessene theoretische Konzepte vorliegen. Die politischen, historischen, ökonomischen, kulturellen und sozialen Rahmenbedingungen werden für die Nationalstaaten beschrieben. Anschließend werden die Untersuchungsräume in einer landeskundlichen Form vorgestellt. Die politisch-ökologischen Rahmenbedingungen spiegeln sich in den physischen, anthropogenen und historisch-politischen Schwerpunkten wider. Sowohl die nationalen und regionalen Einflüsse als auch die lokalen Einflussfaktoren für die Landnutzung, insbesondere das Bodenrecht, werden aufgezeigt. Dies geschieht für die Agrarkolonisationsgebiete in Bolivien, der Elfenbeinküste und Indonesien. Ein Vergleich der Systemintegration der Untersuchungsgebiete in den nationalen Kontexten schließt dieses Kapitel ab.

Der folgende Teil (3) enthält die empirischen Ergebnisse der Untersuchungen auf der Mikroebene. Sie werden anhand der Dekonstruktion der sozialen Integration dargelegt und spiegeln kulturgeographische Gegebenheiten wider. Dies wird anhand der Aspekte der Kulturation, der Platzierung, der Interaktion und der Identifikation für die Siedlungen in Bolivien, El Progreso und San Martin, für die Siedlungen in der Elfenbeinküste, Azoumanakro und Soubré 3, und die Siedlungen in Indonesien, Siliwanga und Tamadue, vollzogen. Zum Abschluss dieses Kapitels werden die wesentlichen Erkenntnisse in einer Ergebnisübersicht zusammengefasst.

Danach werden im vierten Teil die Integrationsergebnisse und ihre Auswirkungen auf die Kulturlandschaft interpretiert. Hierbei werden sowohl die Ergebnisse der Analysen zum Kontext als auch zur sozialen Integration zusammengebracht. Der anschließende Teil der Arbeit beschäftigt sich mit dem Vergleich und der Diskussion der Ergebnisse unter Berücksichtigung der Ziele, Fragestellungen und Ausgangshypothesen. Das Kapitel bemüht sich, die Ergebnisse bezüglich der Hypothesen und Fragestellungen in Form von Synthesen zu interpretieren. Darüber hinaus fasst das Kapitel die wesentlichen Züge der Arbeit zusammen und formuliert Schlussfolgerungen, die sich für eine vergleichende Kulturgeographie ergeben.

### 1.1.5 Begriffe und Definitionen

**Migration**

Unter Migration (lat. migrare = wandern, wegziehen) versteht man alle Zu- und Abwanderungen, die mit einer längerfristigen räumlichen Verlagerung des Wohn- und Lebensstandortes einhergehen. Dazu zählen nicht jene Wanderungsbewegungen, die von kurzer Dauer bzw. häufiger Wiederholungen sind, z.B. das Pendeln zwischen Wohnung und Arbeitsplatz, der innerörtliche Umzug, saisonaler Nomadismus oder die Urlaubsreise ins In- oder Ausland. Zu unterscheiden sind die Binnenwanderung („internal migration") von der Außenwanderung („international migration"). Erstgenannte meint die Wohnsitzverlagerung innerhalb der nationalstaatlichen Grenzen, letztgenannte die zwischen zwei Staaten. Des Weiteren ist für die folgende Untersuchung die Differenzierung von dirigierter, d.h. staatlich gelenkter, semi-dirigierter, also der Kombination aus staatlicher Lenkung und der Eigeninitiative der

Siedler, sowie spontaner Migration, gleichbedeutend mit freiwilliger, ungelenkter Migration, wichtig. Sowohl (semi-)dirigiert als auch spontan ablaufen können die Pioniermigration („pioneer migration"), welche die Wanderung der ersten Mitglieder einer sozialen Gruppe in eine unbekannte Zielregion meint, sowie die Kettenmigration („chain migration"), unter welcher die Folgewanderung weiterer Mitglieder in dasselbe Zielgebiet verstanden wird. Etappenwanderung („step-wise migration") meint dagegen den phasenhaften Wanderungsprozess, bei dem der Migrant in kleinen Etappen über die nächst größere Stadt in das endgültige Zielgebiet gelangt (BÄHR 2003: 4f; NAUCK 2002: 362f; KRENNERICH 2000: 519f).

**Integration**

Der Begriff der Integration wird sehr unterschiedlich benutzt und oft nur vage abgegrenzt. In der frühen US-amerikanischen Migrationsforschung wurde unter Integration Assimilation verstanden. Dabei geben Einwanderer ihre ursprünglichen Gebräuche in einem Prozess auf und passen sich den Werten und Normen der Mehrheit an (GIDDENS 1999: 260). Erst seit den 1960er Jahren wuchs langsam die Kritik an diesen Modellen in den USA. In der europäischen Migrationsforschung spielten Assimilationstheorien keine ganz so dominante Rolle. Sowohl in Europa als auch in den USA wird auch das Konzept der multikulturellen Gesellschaft, bei dem der Druck der Migranten zur Angleichung wegfällt, kontrovers diskutiert.

Die Auseinandersetzung mit der Integration von Individuen und Gruppen in eine Gesellschaft, sei es in die für die sozialen Akteure bereits bekannte oder sei es in eine neue Aufnahmegesellschaft, erfordert zunächst einmal die Klärung des Integrationsbegriffes. Etymologisch leitet er sich vom lateinischen „integrare" ab, das soviel heißt wie „wiederherstellen, ergänzen" und von „integer" (unversehrt, unberührt, unbescholten) abstammt (KLUGE 1999: 403). Das Abstraktum Integration (lat. „integratio") meint folglich die Wiederherstellung einer Ganzheit, die zuvor durch neu hinzukommende Elemente „gestört" oder in einer anderen Weise modifiziert worden ist. Integration kann erreicht werden, indem die neuartigen Teile „in ein System so aufgenommen werden, dass sie sich danach von den alten Elementen nicht mehr unterscheiden als diese untereinander" (ENDRUWEIT 1989: 307, zit. nach GEENEN 2002: 247f).

Verlässt man die sprachwissenschaftlichen Definitionen und wendet sich der Soziologie als zentraler Wissenschaft zur Erforschung des gesellschaftlichen Zusammenlebens zu, so konkretisieren sich Verständnis und Inhalt des Integrationsbegriffes. Vorab erfolgt eine klare Trennung von Systemintegration und sozialer Integration. Diese Differenzierung geht auf den britischen Soziologen David LOCKWOOD zurück. In seinem 1964 erstmals veröffentlichten Beitrag „Social Integration and System Integration" heißt es: „Während beim Problem der sozialen Integration die geordneten oder konfliktgeladenen Beziehungen der Handelnden eines sozialen Systems zur Debatte stehen, dreht es sich beim Problem der Systemintegration um die geordneten oder konfliktgeladenen Beziehungen zwischen den Teilen eines sozialen Systems" (LOCKWOOD 1971: 125).

Auch LUHMANN (1997, zit. n. FRIEDRICHS & JAGODINSKI 1999: 15) kritisiert am Gedanken der Einheit orientierte Integrationsbegriffe als „alteuropäische Denkweise" und versteht unter Integration:

„...die Reduktion der Freiheitsgrade von Teilsystemen, die diese den Außengrenzen des Gesellschaftssystems und der damit abgegrenzten internen Umwelt verdanken." (LUHMANN 1997, zit. n. FRIEDRICHS & JAGODINSKI 1999: 15)

Die Integration steigt dann mit der Zahl der Handlungsrestriktionen, die den Subsystemen durch ihre gesellschaftsinterne und -externe Umwelt auferlegt werden. Geht man von einem solchen Begriffsverständnis aus, dann integrieren FRIEDRICHS und JAGODINSKI (1999: 15) zufolge Konflikte und Kooperation gleichermaßen. In einem Fall erfolgt die Restriktion im Wesentlichen durch die Androhung von negativen Sanktionen, im anderen Fall durch positive Belohnungen. Der Vorteil dieser Begriffsbestimmungen ist ihre Wertneutralität: Integration ist nicht länger etwas Positives, für die Gesellschaft Unentbehrliches. Umgekehrt bedroht Desintegration das System nicht, weil sich keinerlei Feststellungen darüber treffen lassen, von welchem Punkt an ein weiterer Zuwachs an Freiheitsgraden die Systemstabilität gefährdet. Der Nachteil dieses Integrationsbegriffs ist jedoch, dass man die mit diesem Begriff assozierten Fragestellungen aus dem Blick verliert. Es kann dann nicht mehr darum gehen, unter welchen Bedingungen der Wertepluralismus die gesellschaftliche Einheit bedroht, es kann allenfalls darum gehen, wie sich die Integration zweier Teilsysteme auf die Integration anderer Teilsysteme auswirkt.

Systemintegration als makrosoziologischer Ansatz bezieht sich auf den „Zusammenhalt eines sozialen Systems in seiner Ganzheit" (ESSER 2001: 16). In Anlehnung an Ferdinand TÖNNIES' (1887) Differenzierung von „Gesellschaft" und „Gemeinschaft" analysiert die Systemintegration die Formen der „Vergesellschaftung", also die indirekten und abstrahierten Beziehungen der Akteure über Organisationen, Großgruppen und Subsysteme wie Wirtschaft, Politik, Bildungs- und Sozialsystem. Nicht das individuelle Handeln steht im Mittelpunkt der Betrachtung, sondern das generalisierte, idealtypische Verhalten von Akteuren und Gruppen in unterschiedlichen

Entscheidungs- und Handlungssituationen einerseits, in ihrer spezifischen Rolle als Teil eines Subsystems (PARSONS 1976), das sich gegenüber anderen Systemen abgrenzt, andererseits. Jürgen FRIEDRICHS und Wolfgang JAGODINSKI (1999: 20) haben in diesem Zusammenhang eine Liste von Indikatoren für die Makroebene erstellt. Systemische Integration äußert sich demnach z.B. in einer ausgeglichenen Einkommensverteilung, einer hohen Einschulungsquote oder einer niedrigen Kriminalitätsrate, während die Existenz von gewaltsamen Konflikten, eine große Zahl an extremistischen Parteien oder eine hohe Selbstmord- und Scheidungsrate für eine tendenzielle Desintegration der Akteursgruppen und Teilbereiche der Gesellschaft sprechen.

Demgegenüber bezieht sich die soziale Integration auf die „Vergemeinschaftung", d.h. die unmittelbaren Kontakte und das soziale Handeln konkreter Akteure sowie das Maß der Integration von Individuen und Kleingruppen in die unterschiedlichen Subsysteme der Gesellschaft. In einem Zweiebenen-Schema spiegelt die soziale Integration den mikrosoziologischen Ansatz wider, der anhand der Kulturation des Handelnden, seiner gesellschaftlichen Platzierung, seiner sozialen Interaktionen und seiner Identifikation mit dem System, in dem er lebt (vgl. Formen der Sozialintegration nach ESSER 2001: 8-15), den Grad der Inklusion dieses konkreten Einzelnen bestimmt.

**Ethnizität**

Ebenso wie die Theorie der gesellschaftlichen Schließung geht die Theorie der *ethnischen Schichtung* und *Ethnisierung* von einem Prozess aus, der Migranten aus bestimmten gesellschaftlichen Bereichen ausschließt. Ethnizität bedeutet zunächst die sich selbst zugeschriebene, gefühlsmäßige Zugehörigkeit zu einer Gruppe, deren Mitglieder kulturelle Gemeinsamkeiten, gemeinsame geschichtliche und aktuelle Erfahrungen und deshalb ein Identitäts- und Solidaritätsbewusstsein haben. Sie weisen jedoch nicht unbedingt Gruppenstrukturen auf; der Glaube an die Gemeinsamkeit ersetzt das Handeln der realen Gemeinschaft. Die wichtigsten Unterscheidungsmerkmale einer ethnischen Gruppe – als subjektive Abgrenzung – sind sichtbare Unterschiede im Lebensstil, wie Wohn- und Ernährungsweise, Stil der Bekleidung oder der Haartracht, die typische Art der Arbeitsteilung der Geschlechter und Kriterien wie Sprache, Geschichte, Vorfahren und Religion (WEBER, zit. n. TREIBEL 1999; WEBER, zit n. MINTZEL 1997: 119). Ethnische Unterschiede sind laut GIDDENS (1999: 60f) jedoch „zur Gänze" gelernt, obwohl sie manchmal, vor allem als diskriminierende Abgrenzung, als angeboren betrachtet werden.

## Kultur

Angesichts des komplexen Terminus Kultur ist es wenig verwunderlich, dass nicht nur in populärwissenschaftlichen Publikationen, sondern auch in der Fachliteratur zwar oft von Kultur gesprochen wird, eine klare und greifbare Definition, jedoch nie erschöpfend formuliert wird. Oft wird dieser Begriff gänzlich ohne Erklärung verwendet oder es wird nur eine einzelne Komponente, z.B. Religion, benannt, die eine Kultur ausmacht (vgl. BLUM & DUDLEY 2001, BARRO & MCCLEARY 2003). Belina (2003) kritisiert zum einen die Neigung postmoderner Ansätze wie bei MITCHELL (2000), alles zu Kultur zu erklären, weil damit nur noch eine tautologische Definition von Kultur möglich ist. Andererseits offenbart sich bei ihm, wie auch bei den anderen Beiträgen des Lehrbuchs „Kulturgeographie" (GEBHARD et al. 2003), eine weitgehend allgemeine Behandlung des Kulturbegriffs anstelle einer Benennung der einzelnen Faktoren, die zusammen Kultur ausmachen. BELINA führt stattdessen vor allem aus, dass Kultur aufgrund der Einbettung menschlichen Verhaltens in die politisch-ökonomischen Rahmenbedingungen, anders als in der Definition von WILLIAMS (1988), nicht im Gegensatz zur Ökonomie steht. Unter Bezugnahme auf SEGALL (1983, 1984) diskutieren STRAUB u. THOMAS (2003) die Ansicht, dass Kultur aufgrund des diffusen und abstrakten Charakters ihrer Begrifflichkeit als Ganzes betrachtet keine messbare Variable darstellt. Vielmehr könne man nur versuchen, einzelne Aspekte des „überkomplexe[n] Konstrukt[s]" (STRAUB u. THOMAS 2003: 34) Kultur für die empirische Forschung zu operationalisieren. Auch WHITING (1976, zitiert in Straub u. THOMAS 2003) legt nahe, den schwer fassbaren Begriff Kultur in operational handhabbare Kulturvariablen zu zerlegen.

Bereits diese Begriffsbestimmung verdeutlicht, wie schwierig es ist, den Terminus Kultur vollständig und umfassend zu erklären. Esskultur, Jugendkultur, Kulturkreis, Kulturveranstaltung – all diese Gegenstandsbereiche unterscheiden sich voneinander, stützen sich aber auf ein und denselben Begriff. Es wird klar, dass Kultur ein Abstraktum darstellt, das von einer bestimmten Gruppe geteilte Glaubensvorstellungen, Verhaltens- und Lebensweisen zusammenfasst. Solche Lebensweisen enthalten einen „spezifischen Bestand von Fertigkeiten, Werten und Bedeutungen [...], die tagtäglich durch materielle und symbolische Bräuche gelebt werden" (KNOX u. MARSTON 2001: 230f). Ein gelungener Kriterienkatalog hinsichtlich der terminologischen Aufschlüsselung und der Operationalisierbarkeit von Kultur findet sich bei KRÜGER u. MEYER (2001). Des Weiteren ist das Konzept von Alexander THOMAS (1999) sehr hilfreich zur Dekonstruktion von Kultur, da Kultur als Orientierungssystem betrachtet wird und Kulturstandards als Bauteile.

**Kulturlandschaft**

Unter Landschaft versteht man in der Allgemeinen Geographie ein System erdräumlich relevanter Funktionszusammenhänge zwischen Geosphäre, Biosphäre und Anthroposphäre. Enthalten ist in dieser Definition ein ökologischer Systemzusammenhang, der die (Natur-) Landschaft als „Wirkungsgefüge des Naturhaushaltes" (WIRTH 1979: 56) versteht. Die Kulturlandschaft umfasst den vom Menschen gestalteten und beeinflussten Raum, d.h. die Anthroposphäre. Hier ist auf die Landschaftskonzeption der „Berkeley School" unter Carl O. SAUER (1925) hinzuweisen. Diese ist daher erwähnenswert, da sie zum einen die Abkehr vom Geodeterminismus bedeutete, zum anderen die Grundlage für die heutige akteursbezogene Kulturlandschaftsforschung darstellt. In seinem Grundlagenwerk „The morphology of landscape" formuliert SAUER (1925: 46) diesen Sachbestand wie folgt: „Culture is the agent, the natural area is the medium, the cultural landscape the result". Die Kulturlandschaft ist folglich die bearbeitete Naturlandschaft als Ergebnis menschlichen Handelns.

**Agrarkolonisation**

Nach VAN DER GLAS (1998: 23) gilt folgende allgemeine Definition für den Begriff Agrarkolonisation: „Agricultural colonisation is a process in which unused or marginally used land is reclaimed for permanent agriculture through the settlement of farmers." Der Prozess und die Ausprägungen der Kolonisation selbst können unter verschiedenen Gesichtspunkten betrachtet werden, z.B. nach der Größe der zur Verfügung gestellten Fläche pro Siedler oder nach der finanziellen und technischen Unterstützung, die als Voraussetzung der Kulturnahme notwendig ist. Darüber hinaus wird unterschieden zwischen spontaner Kolonisation, einer Kolonisation, die von den Siedlern in Eigeninitiative und ohne Hilfe von staatlichen Organisationen durchgeführt wird, und dirigierter oder gelenkter Kolonisation, die durch staatliche Schirmherrschaft geplant und gefördert wird und wobei den Siedlern in den Kolonisationsräumen organisatorische und logistische Unterstützung zukommt (SCHOOP 1970: 6-8). Daneben sind zahlreiche Misch- und Übergangsformen denkbar, z.B. selbständige Kolonien, die ehemals staatlich dirigiert wurden, dann in die Selbstverwaltung übergegangen sind, aber immer noch Unterstützung erhalten, oder Kolonien, die zunächst dirigiert angelegt wurden, später von spontanen Migranten erweitert wurden.

Die Ausweitung der landwirtschaftlichen Nutzfläche ist eng verbunden mit politischen und ökonomischen Rahmenbedingungen und Entwicklungen. DE KONINCK u. DÉRY (1997: 1f) legen besonderes Augenmerk auf die strategischen Aspekte der Agrarkolonisation als ein Mittel zum Schutz des

Staatsterritoriums und des „nation building", als Beispiel dient ihnen Indonesien:

1. Die Kolonisation von Landflächen dient, ob staatlich geplant und gelenkt oder nicht, als „Sicherheitsventil" für Probleme in der Agrarwirtschaft, welche aus unangemessener oder ungerechter Landverteilung resultieren. Sie kann angewendet werden, um Landreformen und Umverteilungen vorzunehmen.
2. Die territoriale Ausweitung der Agrarwirtschaft ist eine Antwort auf eine interne oder externe Nachfrage nach landwirtschaftlichen Produkten – insbesondere „Cash Crops", wobei diese Nachfrage überwiegend aus den Industrieländern kommt.
3. Geopolitische Strategien sind ebenso für die Ausweitung von Agrarflächen verantwortlich. So gab es Umsiedlungen und Kolonisationen zur Festigung des Staatsterritoriums, beispielsweise in Vietnam und Indonesien.
4. Ebenfalls der geopolitischen Strategie zuzuordnen ist die Agrarkolonisation im Sinne einer Verbreitung des „national mainstream" der ethnischen Hauptgruppe eines Landes. D.h., Kolonisten werden als Pioniere in periphere Regionen angesiedelt, nicht nur um den Naturraum zu kultivieren, sondern auch die dort ansässige Bevölkerung.
5. Alle zuvor genannten Motive und Hintergründe führen zum zentralen und sichtbaren Prozess der Umverteilung von Bevölkerung zur Entwicklung marginaler Gebiete innerhalb eines Staates.

## 1.2 Theoretischer Rahmen

Den theoretischen Rahmen der Arbeit bilden ausgewählte kulturgeographische Konzepte zum System Mensch-Umwelt. Die Beziehungen zwischen Mensch und materieller Umwelt gehören zu den Grundfragen der Geographie, aber auch anderer Disziplinen. Um den forschungsintegrativen Charakter der Untersuchung zu verdeutlichen, werden sowohl das Kulturlandschaftskonzept und das länderkundliche Konzept der Geographie als auch der „New Regional Geography" und der Soziologie berücksichtigt. Wesentlich für die theoretische Einbindung der Arbeit ist nicht die ausschließliche Anlehnung an eine Theorie, sondern die Integration eines handlungstheoretischen sozialwissenschaftlichen Konzeptes in die Kulturgeographie, um die Forschungsfragen bearbeiten und beantworten zu können. Im Wesentlichen sollen ländliche Migrantengesellschaften, also neu gewachsene Regionalkulturen, vor dem Hintergrund des Integrationsprozesses beschrieben und in ihrer Umgehensweise mit der Naturlandschaft verglichen werden. Die drei zu vergleichenden Regionen befinden sich in Agrarkolonisationsräumen der Tropen.

### 1.2.1 Regionale Geographie: Kulturlandschaft, Länderkunde, Kulturerdteile

Im Folgenden werden wesentliche Konzepte der Regionalen Geographie vorgestellt, dabei werden Begrifflichkeiten wie Länderkunde, Landeskunde, (Kultur-) Landschaft verwendet in dem Bewusstsein, dass auf die Konstruktion einer strengen begrifflichen Unterscheidung verzichtet wird.

„Das Verhältnis Naturraum-Mensch bzw. Ökosystem Mensch-Erde in unterschiedlichen Maßstabsdimensionen war ein grundlegendes Paradigma bei der Entwicklung des Faches [Geographie]und gilt weiterhin für die Einheit der Geographie als Wissenschaft festhaltenden Fachvertreter. Gerade die Regionale Geographie hat diesen Ansatz entscheidend mitgetragen." (MAYR 1996: 19)

Der Regionalen Geographie geht es um die Zusammenschau der Strukturen und Funktionen von Räumen unterschiedlichen Maßstabs, von kleinsten Raumeinheiten über Landschaften, Regionen, Länder, Ländergruppen bis hin zu Subkontinenten und Kontinenten. Die Strukturen und Funktionen werden individuell erfasst und spiegeln die jeweiligen unverwechselbaren räumlichen Spezifika auf den verschiedenen räumlichen Aggregationsebenen wider. Der Begriff Regionale Geographie hat in jüngerer Zeit die früher dominierende Bezeichnung Länderkunde als Oberbegriff verdrängt. Die Begriffe Regionale Geographie, Länderkunde, Landeskunde und auch Kulturlandschafts- und Regionalforschung werden oftmals synonym verwendet, großflächige Studien werden eher als Länderkunde bezeichnet und Analysen regionaler substaatlicher Einheiten als Landeskunde. Die Kulturlandschaft als charakteristisches und materialisiertes Ergebnis der komplexen Wechselwirkungen zwischen einer Gruppe von Menschen und der natürlichen Umwelt bildet kleinere Raumeinheiten ab, und „Persistenz und Wandel in der Kulturlandschaft lassen vielfach eine klare räumliche Differenzierung in stabile, stagnierende Standorte oder Regionen einerseits und mobile, dynamische Standorte oder Regionen andererseits erkennen" (WIRTH 1979: 98).

**Kulturlandschaftskonzept**

Das Konzept der Kulturlandschaft ist seit langem Gegenstand der Geographie, insbesondere der Kulturgeographie. Die Wechselbeziehungen zwischen Mensch und Kultur sowie zwischen Raum und kultureller wie natürlicher

Umwelt stehen dabei im Mittelpunkt. Als einer der einflussreichsten Wissenschaftler der angelsächsischen Geographie gilt Carl SAUER (1899-1975). Er unterschied Kulturlandschaft und Naturlandschaft und „betonte, dass die Kulturlandschaft eine vermenschlichte [humanized] Version der Naturlandschaft sei, in dem Sinne, dass menschliche Aktivität zu einer erkennbaren und für die Akteure sinnvollen Änderung der natürlichen Umwelt führe" (GEBHARDT et al. 2001: 235). Sein besonderes Interesse galt den gegenständlichen Manifestationen von Kultur, die er vor allem anhand ihrer landschaftlichen Ausprägungen zu verstehen suchte. Mit SAUERS eigenen Worten klingt die Definition von Kulturlandschaft wie folgt (SAUER 1962; zit. n. GEBHARDT et al.: 235):

„Eine Kulturlandschaft wird von einem Kulturkreis aus einer natürlichen Landschaft geformt. Kultur ist das Agens, die natürliche Umwelt das Medium, die Kulturlandschaft das Resultat. Unter dem Einfluss einer Kultur, die im Laufe der Zeit selbst Veränderungen unterworfen ist, erfährt die Landschaft eine Entwicklung, die stufenweise abläuft und zuletzt wahrscheinlich das Ende ihres Zyklus' erreicht. Mit der Einführung einer anderen, das heißt fremden Kultur erfolgt eine Verjüngung der Kulturlandschaft oder aber die Überlagerung der Reste einer älteren durch eine neue Kulturlandschaft."

Im Laufe der 1970er Jahre entwickelte sich eine Kontroverse über den Ansatz von SAUER. Kritiker warfen ihm vor, er würde Kultur als einen „superorganic actor" (CRANG 1998: 21) ansehen, als eine Einheit, welche die (Kultur-)Landschaft einer bestimmten Region präge. Sie vermissten in seinem Konzept jedoch eine klare interne Differenzierung von Kultur: „The landscape or regional model also tends to downplay individual human agency – by focusing on the collective shaping of landscape" (CRANG 1998: 22). Die Betrachtung der Interaktion verschiedener Gruppen und ‚Kulturen' innerhalb einer Region und die hieraus resultierende Prägung der Kulturlandschaft kommt bei SAUER zu kurz.

In Deutschland war die „Auffassung der irdischen Wirklichkeit unter dem Gesichtspunkt der räumlichen Anordnung" (HETTNER 1927: 123) das Ziel der geographischen Forschung. Nach WIRTH (1998: 63) sollte aber die viel kritisierte Konzeption des länderkundlichen Schemas im Kontext „des lebenslangen Kampfes Hettners um Anerkennung der Kulturgeographie gegenüber der damals fast übermächtigen Physischen Geographie" gesehen werden. Das gleiche gilt für den physiognomisch orientierten Begriff „Kulturlandschaft" bei Otto Schlüter und Robert Gradmann."

Erst nach dem Zweiten Weltkrieg rückte die Humangeographie zunehmend von der überwiegend deskriptiven Landschafts- und Länderkunde ab und entwickelte sich zur Gesellschaftswissenschaft mit räumlichem Bezug. In diesem Zusammenhang sind Hans BOBEK (1948) und Wolfgang HARTKE (1959) zu nennen, die sich um die Hinwendung zum Menschen als Betrachtungsmittelpunkt bemühten. Für die Sozialgeographie, die sich neben der Wirtschaftsgeographie als eigenständige Teildisziplin innerhalb der Anthropogeographie herauskristallisierte, bildeten fortan die menschlichen Aktivitäten im Raum und die soziokulturellen Einflussfaktoren die wissenschaftliche Grundlage. Hans BOBEK (1903-1990) entwickelte für die Geographie eine Integrationsstufenlehre. Die Landschaft wird als Integrationspunkt der Geofaktoren gesehen, wobei die höchste Stufe der Integration die Kulturlandschaft ist. Dabei versteht BOBEK „unter Integration die Verschmelzung verschiedener Elemente zu einem neuen Ganzen, dem Eigenschaften zukommen, die die Elemente im Einzelnen nicht besitzen" (BOBEK 1957: 126; zit. n. Gebhardt et al. 2001: 235). BOBEK betrachtet nicht nur den Naturraum, sondern in enger Verbindung damit den Menschen, der in seiner gesellschaftlichen und wirtschaftlichen Entfaltung die Kulturlandschaft prägt.

Den genannten Ansätzen – wie auch dem von Paul VIDAL DE LA BLACHE (1845-1919) aus der französischen Kulturgeographie – ist gemein, dass sie die Kulturlandschaft ins Zentrum ihres Interesses rücken, d.h. die Gestaltung eines abgrenzbaren Raumes oder einer Region durch das gesellschaftliche und wirtschaftliche Handeln einer ‚Kultur'. Die Kulturlandschaft verändert sich über lange Zeitperioden hinweg. Die Kulturen, welche die Naturlandschaft oder eine bereits entwickelte Kulturlandschaft (über-) prägen, werden dabei jeweils als eine „single entity" (CRANG 1998: 21) betrachtet. Eine interne Differenzierung der Kulturen und das Hervorheben individueller Akteure oder sozialer bzw. ‚kultureller' Gruppen und deren sozialer und kultureller Wechselbeziehungen untereinander findet keine ausdrückliche Betrachtung. Ebenso werden rapide Veränderungen innerhalb der demographischen und gesellschaftlichen Strukturen, die sich in der Veränderung der Kulturlandschaft niederschlagen, nicht hinreichend berücksichtigt.

Die Abkehr von der deskriptiven Landschaftsinterpretation bedeutete partiell auch den Verlust des real greifbaren Forschungsgegenstandes. Vom anthropogeographischen Standpunkt her ließ sich die Landschaft nicht mehr allein anhand sichtbarer, d.h. materieller Phänomene erforschen. Im Gegenteil, „cultural geography [...] has looked away from material spaces and seen landscape as ideology, as representation" (CRESSWELL 2003: 279). Repräsentiert werden durch die Kulturlandschaft die persistenten und dynamischen Elemente menschlicher Aktivitäten. Unter Persistenz sind im geographischen Sinne die Hinterlassenschaften vorangegangener Generationen und Epochen zu verstehen, die heutiges Handeln beeinflussen. Dynamik meint in diesem Zusammenhang die rezente Weiterentwicklung der Kulturlandschaft infolge ihrer Beeinflussung und Nutzung durch soziale Akteure.

### Länderkundliches Konzept

Länderkundliche Forschung hat sich in verschiedenen Ansätzen mit dem komplexen Kausalitätsgefüge von Räumen unterschiedlicher Größe befasst, wobei Methodik und Stellenwert nie unumstritten waren. Landes- und Länderkunde sind aufgrund ihrer Komplexität nicht in dem Maße kausal oder genetisch orientiert wie die klassischen Ansätze in der Kulturlandschaftsforschung. Als bekannteste Darstellungsmethoden sind nach MAYR (1996: 20) die folgenden vier zu nennen:

1. das insgesamt deutlich dominierende länderkundliche Schema nach Alfred Hettner, auch Hettner´sches Schema genannt,

2. die dynamische Länderkunde nach Hans Spethmann,

3. der geographische Formenwandel nach Herrmann Lautensach und

4. die vergleichende Länderkunde nach Otto Maull und insbesondere Norbert Krebs.

Mit der zunehmenden Entkopplung von Physio- und Anthropogeographie sowie der „quantitativen Revolution" innerhalb des Faches einerseits und der Rezeption sozialwissenschaftlicher und anderer wissenschaftstheoretischer Ideen bei gleichzeitiger Entwicklung eigener theoretischer Ansätze (z.B. BARTELS 1968, HARD 1973) andererseits, kam es zu einer Grundlagendiskussion in der Regionalen Geographie, insbesondere auf dem Geographentag in Kiel 1969. Die seit den 1930er Jahren vorherrschende Länderkunde wurde von den Kritikern als additiv, enzyklopädisch, statisch, deskriptiv, physiognomisch und theorielos bezeichnet (STEWIG 1979: 16). Bei der Neuorientierung wurde weitestgehend der Ansatz der problemorientierten Geographie gewählt. Dabei beschränkt sich die Länderkunde auf die wesentlichen Grundzüge der Geofaktoren und gezielt ausgewählte herausragende Aspekte, während die Inhalte der Physiogeographie zurücktreten und als Bezugsrahmen angesehen werden. Die seit den 1960er Jahren an Bedeutung gewinnende Betrachtungsweise der Sozialgeographie führte zu einer Neukonstituierung des Raumbegriffes, der veränderbar und als gesellschaftliches oder individuelles Konstrukt angesehen wird (BLOTEVOGEL 1996). Der Aktionsraum sozialer Gruppen und ihrer raumwirksamen Daseinsgrundfunktionen bildet die Grenzen der Untersuchungsräume ab.

Seit den 1980er Jahren fanden nach der Kritik an der quantitativen Geographie Methoden der qualitativen Sozialforschung Eingang in die Anthropo- und Regionale Geographie. Darüber hinaus entstand eine sich rasch ausbreitende „New Regional Geography", in der Handlungen unter bestimmten Bedingungen im lokal-regional-globalen Spannungsfeld untersucht und stark mit dem wirtschaftlichen und sozialen Wandel in räumlicher und zeitlicher Differenzierung betrachtet werden (MAYR et al. 1996: 129f). Regionale Geographie bemüht sich daher gegenwärtig noch stärker, Kenntnisse von Eigenarten und spezifischen Lebenswirklichkeiten zu vermitteln und aus ihren jeweiligen Rahmenbedingungen heraus zu verstehen und zu achten. Problem- und öffentlichkeitsorientierte regionalgeographische Darstellungen von Ländern im Ausland enthalten sachgerechte und verständliche Analysen über die komplizierten Kausalitätsgeflechte dieser Räume; sie tragen damit auch zum Verstehen anderer Völker und Kulturen bei und fördern die vorurteilsfreie interkulturelle Kommunikation (POPP 1996: 144f).

Länderkunde als Kulturraumforschung (BAHRENBERG 1996: 26) wurde besonders von MÜLLER-WILLE (1952) und SCHÖLLER (1974 und 1983) vertreten. Sie gehen von der Existenz von Kulturräumen aus, die nur bedingt als Ergebnis einer Anpassung an die jeweilige Naturausstattung interpretiert werden, sondern eher von zentralörtlichen Beziehungen gebildet werden. Darüber hinaus stellt SCHÖLLER eine weitgehende Kompatibilität der von Historikern proklamierten Geschichtslandschaften im Sinne von Kulturlandschaften mit den funktionalen Räumen der Kulturgeographie fest. Dahinter steht die Idee einer über lange Zeiträume hinweg stabilen kulturräumlichen Ordnung der Welt. Die Stabilität wiederum beruht auf tradierten funktionsräumlichen Verflechtungen, die auf das Zugehörigkeitsbewusstsein der Bevölkerung gründen. Im Mittelpunkt dieser Kulturraumforschung stehen daher Fragen der „Raumbildung und des Raumbewusstseins, der regionalen Verbundenheit und territorialen Betroffenheit" (BAHRENBERG 1996: 26f). Kultur wird nicht mehr als Ausprägungen verschiedener Bereiche wie z.B. Sprache, Religion, Ethik, Institutionen thematisiert, und es wird auch nicht untersucht, ob diese Ausprägungen im Kulturraum spezifisch sind, sondern es wird vorausgesetzt, dass sich aus dem Zusammenwirken der vielfältigen Teilaspekte zentralörtliche Hierarchien und politisch-administrative Gliederungen ergeben haben. Kritisch zu hinterfragen bleiben die Ermittlung eines Regionsbewusstseins und die Beziehung zu einer gemeinsamen Kultur. Die Reduktion von Kultur auf Zusammengehörigkeitsgefühl haben die Fragen, die zur Verortung von Kultur entstehen, nicht lösen können (BAHRENBERG 1996: 27).

**Kulturerdteillehre**

Als großräumiger kulturgeographischer Ansatz zur Differenzierung der Erde sind die Kulturerdteillehren im Sinne von HETTNER (1923), SCHMITTHENNER (1951) und besonders KOLB (1962) zu nennen. Nach EHLERS (1996: 343) wohnen diesen Ansätzen Potentiale sowie Defizite zur Einschätzung von Kulturräumen und Konfliktpotential inne. Zu den Potenzialen des Kulturerdteil-Ansatzes gehört, dass die traditionell beschriebenen Kulturerdteile als ausgegliederte Einheiten keineswegs in sich statisch monolithische Blöcke sind, sondern vielfältig geographisch-historisch-kulturell differenzierte Gebilde. Diese Vielfalt von Kulturerdteilen ist bisher weder genutzt noch für die Erklärung regionaler Konflikte berücksichtigt worden. „Hier stärker und engagierter als bisher auch breitenwirksam tätig zu werden, sollte Aufgabe einer modernen und gegenwartsbezogenen Kulturgeographie sein" (EHLERS 1996: 344). Die Defizite der Konzeption liegen nach OßENBRÜGGE und SANDNER (1994) in einer unscharfen Fassung der Kriterienkataloge für einen Kulturerdteil, in die auch dynamische Komponenten aufgenommen werden sollten, und in der mangelnden Auseinandersetzung mit theoretischen Konzepten. Dabei muss es um die Einbeziehung politischer und ökonomischer Analysen gehen und um eine verstärkte interdisziplinäre Zusammenarbeit im geisteswissenschaftlichen Bereich. Das Konzept der Kulturerdteile bietet dafür beste Möglichkeiten.

Auch wenn davon ausgegangen werden kann, dass Kulturerdteile in sich differenzierter und kleinräumiger sind als die Gliederungen nach KOLB oder HUNTINGTON, ist das Konzept der Kulturerdteile insofern zu berücksichtigen, als die Untersuchungsregionen nicht nur vom staatlichen Kontext bestimmt werden, sondern auch von den Einflüssen auf den Nationalstaat durch die Lage in unterschiedlichen Kontinenten. Transnationale Migrationen machen diese Situation beispielhaft deutlich.

Kulturerdteile sind – anders als die physischen Kontinente – nicht starr, sondern verändern sich langsam im Laufe der Geschichte. Sie weisen häufig breite Überschneidungssäume auf. Die Betrachtungsweise der Kulturerdteile ist nicht auf die Tagespolitik ausgerichtet, sondern auf die "langen Wellen" der Entwicklung. Kulturerdteile sind Glieder eines weltweiten raumzeitlichen Netzes menschlicher Lebensformen von fast kontinentalem Ausmaß auf der Grundlage ihrer natürlichen Umwelt. Sie gehen zum Teil fließend ineinander über und bilden auch keine in sich geschlossenen Räume, sondern können weiter gegliedert werden, z.B. in Regionalkulturen und Minderheitengebieten (NEWIG 2004).

Diese Einschätzungen von NEWIG bauen auf der klassischen Definition auf, die A. KOLB (1962) entworfen hat:

„Unter einem Kulturerdteil [wird] ein Raum subkontinentalen Ausmaßes verstanden, dessen Einheit auf dem individuellen Ursprung der Kultur, auf der besonderen einmaligen Verbindung der landschaftsgestaltenden Natur- und Kulturelemente, auf der eigenständigen, geistigen und gesellschaftlichen Ordnung und dem Zusammenhang des historischen Ablaufes beruht."

Kulturerdteile verändern sich allmählich im Laufe der Zeit. Andererseits besitzen sie aber – in menschlichen Vorstellungen gemessen – eine recht große Konstanz, so dass sie zumeist viele Jahrhunderte überdauern. Aus diesem Grunde werden auch eine Reihe historischer Elemente mit aufgenommen. Bedingung ist, dass sie auch in der Gegenwart Einfluss haben. Diese raumzeitliche Vernetzung der Kulturerdteile eignet sich besonders gut für den fächerübergreifenden Unterricht in Erdkunde, Geschichte, Wirtschaft/Politik und Religion.

An HUNTINGTONS (1997) „Kampf der Kulturen" scheiden sich die Geister. Eine gute Zusammenfassung der Diskussion hat EHLERS (1996) mit seinem Beitrag: "Kulturkreise – Kulturerdteile – Clash of Civilizations. Plädoyer für eine gegenwartsbezogene Kulturgeographie" gegeben. Man muss HUNTINGTON vorwerfen, dass er die zu diesem Thema vorhandene Fachliteratur nur teilweise zur Kenntnis nimmt bzw. nicht adäquat diskutiert. So fehlt eine Auseinandersetzung mit den Ansätzen von SPENCER u. THOMAS (1973) sowie vor allem mit der deutschen Literatur, z. B. mit dem Konzept von KOLB (1962). Das Konzept der Kulturerdteile geht im Gegensatz zu dem von HUNTINGTON von der Möglichkeit eines friedlichen Wettstreits der Kulturen aus. Es betrachtet alle Kulturen als prinzipiell gleichwertig, unabhängig von ihrem militärischen oder ökonomischen Einfluss. Während eine Konjunkturwelle nach KONDRATIEV (1935) rund fünfzig Jahre dauert, haben wir es bei den Kulturen mit Zyklen von tausend Jahren oder noch viel mehr zu tun. Aus diesem Grunde ist die angemessene Berücksichtigung der historischen Dimension eines der Kennzeichen des Konzepts der Kulturerdteile.

In einer aktuellen Reflexion der Kulturerdteilslehren für den Unterricht weist POPP (2003b) darauf hin, dass die Kulturerdteile abstrakte Konstrukte sind und nicht per se als Realität existieren. Also darf besonders die Frage der Abgrenzung nicht sehr wichtig genommen werden. „Es genügt vollkommen, von einem typenhaften Nebeneinander von Kulturerdteilen auszugehen, ohne daraus gleich eine flächendeckende Gliederung der Welt zu machen" POPP (2003b: 38). Des Weiteren stellt sich aber die Grundsatzfrage, ob pauschalierende Aussagen auf der Maßstabsebene von Kulturerdteilen getroffen werden dürfen, wobei POPP dies zwar nicht für Fragen der Neuen Kulturgeographie, aber für die Zwecke des Unterrichts unter zu präzisierenden Voraussetzungen für geeignet hält. Aber es sollte unbedingt beachtet werden, dass zwar die „europäische Sozialisation" der jungen Menschen berücksichtigt werden muss, aber dass „die ihnen mitgeteilten Botschaften vorurteilsfrei, neutral und ohne die implizite Annahme der kulturellen und geistigen Überlegenheit Europas erfolgen" POPP (2003b: 39). Darüber hinaus bietet die Kulturerdteilslehre gerade die Möglichkeit, das normative Ziel der interkulturellen Kommunikation und des Erschließens des „Fremden" durch Annäherung und Sympathiewerbung zu erreichen, allerdings nur unter der Prämisse des Verstehens und Respektierens der Andersartigkeit von Menschen.

### 1.2.2 „New Regional Geography", handlungstheoretische und pragmatische Ansätze der Regionalen Geographie

In den achtziger Jahren gab es eine Entwicklung hauptsächlich in den französisch und englisch sprechenden Ländern sowie in den Niederlanden, die als Tendenz zurück zu der Studie des Besonderen gekennzeichnet werden kann, eine Renaissance der Regionalen (Human-) Geographie (GILBERT 1988, PUDUP 1988). Diese Tendenz kann als Reflexion einer Anzahl von Entwicklungen gesehen werden. Der Ausgangspunkt dafür war die Überzeugung, dass in der allgemeinen und räumlichen Analyse nur unzulängliche Werkzeuge für geographische Studien vorlagen. Die Kritik bezog sich auf die Hauptströmungen in der Geographie der 1960er und 1970er Jahre, die dazu neigte, die Handlungsorientiertheit des Menschen zu vernachlässigen und den Raum als soziales Konstrukt zu betrachten. Außerdem gab es Denkanstöße für eine moderne Geographie dadurch, dass geographische Schlüsselkonzepte eine zunehmende Bedeutung in den benachbarten Disziplinen fanden, z. B. in den Arbeiten des Soziologen Anthony GIDDENS (1984).

Darüber hinaus brachte der Zeitgeist der Postmoderne einen allgemeinen sozialen Trend, der dem Besonderen, dem Spezifischen (Idiographischen) eine große Bedeutung zumaß und die Verschiedenartigkeit von Regionalkulturen in „ways of life" betonte. Die bis dahin geltenden Betrachtungsweisen von Gesellschaften, Ökonomien und Kulturen wurden infrage gestellt, und die regionalen Besonderheiten standen im Mittelpunkt methodologischer Annäherungen. Nach MASSEY (1984: 120, zit. n. WOOD 2001: 4) gibt es weder reine räumliche Prozesse noch gibt es irgendwelche nicht-räumlichen sozialen Prozesse. Die Tatsache, dass Prozesse im Raum stattfinden, die Faktoren Distanz und Nähe, die geographischen Variationen zwischen Bereichen und die besondere Bedeutung bestimmter Orte und Regionen sind Wesensmerkmale der sozialen Prozesse selbst. Über die vielfach verzweigten

Ansätze dieser „New Regional Geography" hat Gerald WOOD berichtet (1996, 2001).

Die Entwicklungen in der deutschsprachigen Geographie hat WIRTH (1998) so zusammengefasst, dass sich die „New Regional Geography" genau wie die traditionelle Länderkunde schwerpunktmäßig mit „regional and local particularities" beschäftigt, und zwar in einer genau definierten Phase historischer oder aktueller Entwicklung. Auch hier werden in Anlehnung an GIDDENS (1984) Regionen in ihrer unverwechselbaren Individualität als das Produkt sozialer Interaktion unter je spezifischen raum-zeitlichen Rahmenbedingungen angesehen. Umgekehrt gibt es keine Gesellschaft ohne räumliche Prägung und Differenzierung. Als Beispiele für die empirische Umsetzung dieser Konzeption führt WOOD (1996) eine ganze Reihe von Arbeiten anglophoner Geographen an; in ihnen werden die durch die Industrielle Revolution ausgelösten ökonomischen und sozialen Umbrüche regionsspezifisch neu interpretiert und in ihrem wechselseitigen Bedingungsgefüge analysiert. Diese Untersuchungen haben aber wenig mit dem gemein, was unter Länderkunde verstanden wird, da Aspekte der Physischen Geographie weitgehend ausgeschaltet bleiben und auch von den kulturgeographischen Sachverhalten nur diejenigen berücksichtigt werden, die für die jeweilige speziellere Fragestellung von Interesse erscheinen. Daher stellt WIRTH (1998) es in Frage, dass die Arbeiten der „New Regional Geography" die „klassischen" Länderkunden mit ihrem breitem Themenspektrum ersetzen können.

**Sozialgeographie alltäglicher Regionalisierungen**

In diesem Zusammenhang steht auch die Diskussion und Anerkennung der handlungsorientierten Ansätze einer zukunftweisenden Geographie des Menschen. Dies gilt vor allem für die umfangreichen Veröffentlichungen von POHL (1986) und WERLEN (1997). Der handlungstheoretische Ansatz von Benno WERLEN (1993 und 1995) geht davon aus, dass im Zeitalter der Globalisierung die weltweiten Angleichungen und Verflechtungen dazu führen, dass klar abgrenzbare Räume und Regionen immer undeutlicher werden, wodurch ihre Eigenarten verloren gehen. In der groben Gegenüberstellung wird nicht berücksichtigt, dass schon in der traditionellen Vormoderne viele regionsübergreifende Beziehungen und Interaktionssysteme wirksam waren. Des Weiteren werden die immer noch raum- und regionsprägenden Kräfte und Prozesse der Gegenwart unterschätzt. POHL (1993), BLOTEVOGEL (1996: 47ff) und WARDENGA (1997) haben dazu ausführlich Stellung genommen. Man wird WERLEN aber nicht gerecht, wenn man es bei seinem Plädoyer gegen die traditionelle Länderkunde beließe. Was er an deren Stelle setzen möchte, ist ein interessantes handlungsorientiertes Konzept: In ihrem Alltagshandeln sind die Menschen keineswegs ohne Bezug zum Raum; sie machen ihre eigene Geographie.

„Einer solchen „Sozialgeographie der Regionalisierung [...] geht es um die Rekonstruktion der Regionalisierungen auf lokaler und globaler Ebene, die durch bestimmte Lebensformen und -stile vollzogen werden: einerseits über das, was hergestellt, konsumiert und reproduziert wird, andererseits aber auch über die unterschiedliche Verfügungsgewalt der Handelnden über personelle und materielle Ressourcen" (WERLEN 1993: 241, 253).

Die darauf aufbauenden zeitlich, räumlich und sachlich eingegrenzten Spezialuntersuchungen der handlungsorientierten Sozialgeographie können allerdings niemals das ersetzen, was von einer Länderkunde oder Regionalen Geographie erwartet wird (WIRTH 1998: 60f).

**Pragmatische Ansätze**

Nach WIRTH (1998) sind die handlungsorientierten Ansätze fruchtbar und lohnend für die Geographie. Aber sie ersetzen nicht, was nach traditioneller oder moderner Konzeption von einer Länderkunde erwartet wird. Der „Studienführer Geographie" formuliert deren Aufgabenstellung folgendermaßen: „Beschreibung und Erklärung spezifischer, also individueller regionaler Strukturen, Prozesse und Entwicklungsmuster" sowie „vernetzende Analyse und Bewertung der naturräumlich-ökologischen, der ökonomischen, sozio-demographischen, politischen und kulturell bestimmenden Faktoren, die den zu untersuchenden Raum und seine Entwicklung prägen" (HEINRITZ u. WIESSNER 1994: 34).

Letztlich billigt diese Beschreibung die enzyklopädische Ausrichtung der „klassischen" Länderkunden. Nicht in der theoretischen Begründung, aber in der Reihenfolge der Kapitel ist auch noch die Abfolge des „HETTNER'schen Schemas" zu erkennen, das nach wie vor sinnvoll und vernünftig ist (WARDENGA 1987: 204). Zwar gewichten in jüngerer Zeit viele Länderkunden stärker, sie setzen Schwerpunkte, aber alles, was wesentlich und wichtig erscheint, wird abgehandelt. Nach WIRTH (1998) ist eine solche enzyklopädische Ausrichtung wissenschaftstheoretisch nur schwer zu begründen, denn ein „Paradigma", eine Grundkonzeption oder Fragestellung erzwingt immer eine Auswahl, eine Siebung von Sachverhalten und damit die Nichtberücksichtigung vieler anderer. Zur Rechtfertigung der länderkundlichen Monographien dürfte eine wissenschaftstheoretische Untermauerung aber nicht erforderlich sein (ebd.: 61):

"Deshalb stehe ich nach wie vor zur These 9 meines Aufsatzes von 1970: Vielleicht sollte man die Frage nach dem Wissenschaftscharakter der Länderkunde zunächst einmal ausklammern. Denn völlig unabhängig von der Antwort darauf sind Länderkunden nötig. Die interessierte Öffentlichkeit fordert kritische und ausgewogene länderkundliche Information.

In dieser pragmatischen Argumentation sind mir in den 80er und 90er Jahren insbesondere *Peter Schöller, Klaus Wolf, Günter Heinritz, Herbert Popp und Wolfgang Taubmann* gefolgt. Ihre Beiträge wurden nicht im Elfenbeinturm sich elitär gebärdender Wissenschaftstheorie geschrieben, sondern im nüchternen Alltag geographischer Praxis. Auch sie betonen: Länderkundliche Information wird von sehr unterschiedlichen Zielgruppen nachgefragt. Für die geographische Wissenschaft ist die gesellschaftliche, didaktische und ethische Relevanz ihres Tuns zum Überleben ebenso wichtig wie die wissenschaftliche."

Einen alle Interessenten gleichermaßen befriedigenden Typ geographischer Länder- und Landeskunden kann es aber nicht geben. Deshalb wird es sich empfehlen, geographische Information künftig stärker auf die Interessenhorizonte der Nachfrager auszurichten und damit unterschiedliche Typen von Länderkunde anzubieten. Darauf hat schon POPP (1983 und 1997) in zwei Arbeiten nachdrücklich hingewiesen.

### 1.2.3 Konzepte der sozialwissenschaftlichen Integrationsforschung

#### 1.2.3.1 Migration als Voraussetzung von Integration

Die Mehrzahl der Migrationstheorien geht davon aus, dass sowohl die Struktur des Herkunftslandes als auch die des Aufnahmelandes für die Migrationsentscheidung ausschlaggebend sind. Dabei wird versucht, diese Entscheidungen sowohl auf Makroebene, auf nationalstaatlicher oder regionaler Ebene, als auch auf individueller Entscheidungsebene zu betrachten und zu erklären. Die Mesoebene versucht den Mikro-Makro-Dualismus zu überwinden und verbindet beide Ebenen.

In der gegenwärtigen Diskussion der „neuen Migrationstheorien" wird dem Phänomen der Binnenmigration in ländliche Räume nur wenig Beachtung geschenkt, vielleicht dadurch begründet, dass sich auf Grund aktueller Prozesse der transnationalen Wanderungen insbesondere im westeuropäischen Raum die meisten Forschungsarbeiten entweder auf diese Migrationsform konzentrieren oder auf die Auswirkungen der Land-Stadt-Migration in urbanen Zentren. Die Betrachtung der Bevölkerungsverschiebungen in ausgewählten tropischen Entwicklungsländern zeigt aber, dass die Binnenmigration, sowohl Land-Stadt-Migration als auch Land-Land-Migration, immer noch die numerisch größere Veränderung von Bevölkerungsstruktur und –verteilung darstellt, wobei sich die daraus folgenden raumprägenden Prozesse, z.B. Rodung und Besiedlung, von einer überwiegend dirigierten Planung und Steuerung zu einer dynamischen spontanen Kulturlandschaftsveränderung gewandelt haben. Dieses gilt insbesondere entlang von neu geschaffener Verkehrsinfrastruktur.

**"Klassischer" Ansatz: Die drei Phasen des Wanderungsprozesses**

Ein hinsichtlich seiner Erklärungskraft immer noch aktuelles Modell zur Prozesshaftigkeit von Migration ist die Theorie von Samuel Noah EISENSTADT (1952a: 225f; 1952b: 374ff; 1954: 1-11). Der israelische Soziologe unterscheidet drei idealtypische Phasen des Wanderungsprozesses:

I. Motivbildung zur Auswanderung
II. Umsetzung und soziale Struktur des Migrationsvorganges
III. Absorption des Immigranten in die Aufnahmegesellschaft

Mit dieser Einteilung unterstreicht EISENSTADT, dass die Integration des Einwanderers im Kontext des gesamten Migrationsvorganges betrachtet werden muss. Faktoren wie Motiv und Anlass der Zuwanderung spielen in Hinblick auf Integrationsfähigkeit und Eingliederungsbereitschaft des Migranten eine wesentliche Rolle. Die erzwungene, unfreiwillige Umsiedlung des Einzelnen schafft gänzlich andere Voraussetzungen bezüglich der Erfolgsaussichten des Integrationsvorhabens als die aus eigenem Antrieb heraus entstandene Zuwanderung.

Die Motivbildung ist beim potentiellen Migranten von „some feelings of inadequacy and insecurity within the old social system, and by the hope to resolve this insecurity in the new one" geprägt (EISENSTADT 1952a: 225). Derartige Gefühle der Unsicherheit und Unzulänglichkeit werden produziert durch die „mere necessity to act in a new, relatively strange social field [...] [and] a considerable shrinking of the immigrants' social life and participation" (ebd.: 1952a: 225). Hinzu kommen das Wissen von einer Abwanderungsoption (z.B. einem Umsiedlungsprogramm) sowie spezifische Gefühle und Erwartungen hinsichtlich der Rolle und des Status in der Zielregion, die vom Abwanderungswilligen i.d.R. positiver eingeschätzt werden als seine derzeitigen Lebensumstände. ESSER (1980: 60) stellt heraus, dass

„...sowohl die Frustration wie auch der Bereich der speziellen Erwartungen immer nur partiell sind; dass von daher zunächst im Aufnahmesystem eine Eingliederung immer nur partiell (nämlich: in den mit den speziellen wanderungsauslösenden Frustrationen verbundenen Bereichen) angestrebt wird; und dass für die anderen Handlungsbereiche ein hohes Ausmaß an nur diffusen Erwartungen und Ansprüchen besteht".

Als Konsequenz dessen sieht EISENSTADT (1954: 6) „the reforming of his [migrant] entire status-image and set of values" als erforderlich an. Dahinter verbirgt sich, dass der Einwanderer im Rahmen des Integrationsprozesses insbesondere die nötigen Regeln und Kompetenzen erlernen und dabei die aus der Herkunftsregion bereits internalisierten ersetzen soll, diesen Vorgang bezeichnet EISENSTADT als Resozialisation. Demgegenüber drückt der Entschluss zur Abwanderung eine mehr oder weniger gewollte Bereitschaft zur „desocialization" (ebd.: 4) aus, worunter Verluste in allen vier Dimensionen der sozialen Integration zu verstehen sind, insbesondere auf der Ebene der Kulturation, Platzierung und Interaktion. Dahingegen spiegelt die mangelnde Bereitschaft zur Hinnahme der Gesellschafts- und Lebensform in der Herkunftsregion die nur noch geringe Identifikation mit dem System zum Zeitpunkt der Motivbildung wider.

Der zweite Abschnitt des Wanderungsprozesses beinhaltet den Wohnortwechsel, begleitet von einer Vielzahl an radikalen sozialpsycholgischen Veränderungen für den Migranten. Diese können sich im Zustand der Frustration und Unsicherheit äußern, jedoch auch in einer generellen Angst vor der Zukunft, die durch die sukzessive Desozialisation noch verstärkt wird. Das zuvor ausgemalte Szenario von den negativen Folgen der Auswanderung scheint sich nun – zumindest ansatzweise – zu verwirklichen. In Anlehnung an EISENSTADT formuliert der Migrationsforscher Petrus HAN (2000: 179) diesen Sachverhalt wie folgt:

„In diesem Prozess verlieren die mitgebrachten Wertvorstellungen, Verhaltensnormen und Rollenmuster [...] ihre gesellschaftliche und soziokulturelle Gültigkeit. Dadurch werden die Immigranten gerade in der Anfangsphase ihres Einlebens weitgehend orientierungslos bzw. in ihrer Orientierung grundlegend gestört".

Der Prozess der Desozialisation, der vom Moment des Fortgangs aus der vertrauten Umwelt einsetzt, erlangt seinen Höhepunkt im dritten und letzten Abschnitt des Wanderungsprozesses, in der Phase der Absorption des Immigranten in die Aufnahmegesellschaft. In diesem Moment der Unstrukturiertheit und Orientierungslosigkeit sucht der Migrant die relative Nähe zur neuen Umgebung. Dieser Moment der Resozialisierung lässt sich anhand von drei Dimensionen der Absorption erläutern. Dazu EISENSTADT (1952a: 226):

„The immigrants' integration within the new country may, then, be visualized as a process of extension of the immigrants' field of social participation through mutual adaption of their role-expectations and the institutionalized norms of the absorbing society. Through this process the immigrants may find solutions to the double social and psychological insecurity in which they are involved".

Die drei Komponenten der Absorption werden im Folgenden näher beleuchtet, da sie eine zentrale Funktion innerhalb dieser Migrationstheorie einnehmen. Die benutzten Begriffe zeigen die Anlehnung und inhaltliche Orientierung der Integrationskonzepte an Formen der Migrationstheorie von EISENSATDT:

- Die „Institutionalisierung der Rollenerwartung" des Einwanderers richtet sich vorrangig an das Erlernen von Werten, Normen, kulturellen Fertigkeiten wie Sprache, Verhaltens- und Handlungstechniken sowie neuer sozialer Rollen und der adäquaten „performance of roles". Die konsequente Umsetzung dieser Anforderungen durch den Immigranten mündet in seiner weitgehenden **Akkulturation**. Dahingegen drückt fehlende „institutionalization of role-expectation and behavior" die Unfähigkeit aus, sich in die gesellschaftliche Ordnung einzufügen und – als Konsequenz dessen – die partielle oder vollkommene Desintegration (EISENSTADT 1954: 7-12).

- Die „persönlich zufrieden stellende Anpassung" des Immigranten an die zentralen institutionellen Bereiche der aufnehmenden Gesellschaft hängt einerseits von der Bereitschaft des Aufnahmesystems ab, dem Einwanderer eine gewisse **Platzierung** (Rechte, Positionen, Akzeptanz etc.) zu gewähren; andererseits bestimmt der Neuankömmling das Maß der Absorption in bestimmten Punkten selbst mit. Neben der Überwindung eigener Frustration und Desorganisation wird von ihm erwartet, dass er die sozialen **Interaktionen** und Partizipationen nicht nur auf seine familiären und ethnischen Primärgruppen beschränkt (HAN 2000: 49), sondern auf die absorbierenden sozialen Gruppen ausweitet:

„Only as these channels of communication between the immigrants' primary groups and the absorbing social structure develop and continue to function smoothly, do we witness the continuation of the institutionalization of the immigrants' behavior" (EISENSTADT 1952: 374).

- Die „institutionelle Dispersion" (EISENSTADT 1954: 13) des Immigranten meint dessen psychosoziale Verschmelzung mit der Aufnahmegesellschaft und deren Subsystemen (vgl. A.G.I.L.-Schema von PARSONS 1976): Politik, Wirtschaft, Gesellschaftliche Gemeinschaft, Kulturelles Treuhandsystem). Darunter ist zu verstehen, dass der Einwanderer nicht nur seine Interaktionen über die Primärgruppen hinweg ausweitet, sondern zusätzlich die ursprünglichen ethnisch und sozial gebundenen Gruppenidentifikationen sukzessive abbaut. Er verliert dadurch zumindest teilweise seine spezifische Identität der Herkunftsregion und ersetzt diese durch eine mehr oder weniger tiefgründige Identifikation mit der neuen sozialen Umwelt bzw. dem System.

Zur richtigen Einordnung des Theoriekonzeptes von EISENSTADT sei darauf verwiesen, dass seine Theorie über „The process of absorption of new immigrants in Israel" in die Zeit der Wachstums- und Modernisierungstheorien der 1950er und 1960er Jahre fällt. Deutlich wird das anhand der abnehmenden Einstellung bezüglich des Wertes und der Notwendigkeit der Erhaltung einer herkunftsbezogenen Identität. Die „full absorption" des Immigranten ist nach EISENSTADT (1954: 13) erreicht, wenn die ursprüngliche Gruppenidentität vollständig abgelegt worden ist.

Milton GORDON (1964: 72), als weiterer wichtiger Vertreter der „Chicago School", unterstreicht, dass die ethnischen Einwanderergruppen in den USA dazu angehalten sind, sich an die Kern- bzw. Leitkultur („core culture") und Kerngesellschaft („core society") der dominanten Mehrheit der weißen Bevölkerung, die überwiegend angelsächsischer Herkunft und protestantischer Religionszugehörigkeit ist, anzupassen (Assimilation). Nach dieser Darstellung stellt sich die vollkommene Absorption als das primäre Ziel des Aufnahmesystems dar. Es können jedoch sowohl Teile der absorbierende Gesellschaft als auch Teile der immigrierenden Gruppe diesen Idealzustand erfolgreich verhindern, indem sie eine oder mehrere Dimensionen der Sozialintegration zu blockieren versuchen, beispielsweise aus dem bloßen Wunsch nach Erhalt und Pflege des „Eigenen". Das Traditionelle, das für den Erneuerungsprozess als hinderlich angesehen wird, verschwindet zugunsten von funktionaler Differenzierung, Rationalisierung und Individualisierung. Es ist nach Hans-Joachim HOFFMANN-NOWOTNY (1998: 328) „…als Verkörperung des Herrschaftsanspruchs des Nordens über den Süden oder gar als Inbegriff des Herrschaftsanspruches der weißen Rasse" zu werten. Auch wenn diese Interpretation sehr weit geht, so unterstreicht sie doch die Verarbeitung und Dominanz des modernisierungstheoretischen Gedankenguts in den Geistes- und Wirtschaftswissenschaften in den ersten beiden Nachkriegsdekaden. Die Analyse der empirischen Untersuchungen orientiert sich nicht an der vollkommenen Absorptionsvorstellung der „Chicago School", sondern am Modell der Wanderungsprozesse nach EISENSTADT als Differenzierungsmuster bezüglich der Dimensionen der Sozialintegration nach ESSER.

**Neoklassische Modelle**

Die Lohndifferenzialhypothese, ein neoklassisches Makromodell, das besagt, die Wahrscheinlichkeit einer Migration wachse mit dem Lohndifferenzial zwischen Herkunfts- und Zielregion, wird vor allem zur Vorhersage kurzfristiger Migrationsbewegungen verwendet. Da diesem Gesetz folgend, jedoch die größten Migrationsströme zwischen Entwicklungs- und Industrieländern stattfinden würden, scheint es losgelöst von anderen Faktoren unbrauchbar (PRIES 2001: 14). Gravitationsmodelle gehen davon aus, dass die Stärke der Migrationsströme von der Bevölkerungszahl und der räumlichen Distanz zwischen Herkunfts- und Zielgebiet, also demographischen und geographischen Zusammenhängen, bestimmt wird. Zwischen Nachbarländern ist demnach Migration wahrscheinlicher als zwischen weiter entfernten Gebieten. Insgesamt ist laut SEIFERT (2000: 29) die Korrelation zwischen Distanz und Migrationsströmen zwar nicht sehr hoch; Entfernung, Transportmöglichkeiten und –kosten können jedoch auch nicht vernachlässigt werden (PRIES 2001: 26).

Im Allgemeinen spiegeln Migranten in einem Land nicht repräsentativ das Herkunftsland wider. Migration geht also mit einem Selektionsprozess einher, bei dem Lohnniveau und Arbeitsangebot, räumliche Nähe und Migrationssystem eine große Rolle spielen. Doch um die Frage zu klären, warum ein Individuum zu einem bestimmten Zeitpunkt die Migrationsentscheidung trifft, ist auch die Mikroebene zu berücksichtigen: Warum entscheidet sich ein Individuum, von Region A nach Region B zu wandern, während ein anderes Individuum in gleicher Situation dieses nicht tut? Warum besteht bei der Mehrzahl der Individuen von Region A eine Präferenz für Region B und nicht für eine strukturell ähnliche Region C? Bevor sich ein Individuum für oder gegen eine Migration entscheidet, benötigt es Informationen über die Einreisebestimmungen, die Beschäftigungschancen, das Lohnniveau und die Aussicht auf eine Unterkunft. Generell kann davon ausgegangen werden, dass mit zunehmender Distanz zur Zielregion und dem Fehlen von direkten Kontaktpersonen in der Region die Informationsmöglichkeiten schlechter werden. Anhand der vorliegenden Informationen werden günstige oder ungünstige Entwicklungsannahmen über das eigene Leben in der potenziellen Zielregion getroffen. Insbesondere die Beschäftigungschancen dürften dabei im Vordergrund stehen.

Damit wird die Lohndifferenzialtheorie entscheidend modifiziert. Denn nicht die reale Lohndifferenz zwischen zwei Regionen spielt die ausschlaggebende Rolle, sondern die Informationen, die der Migrant hat, und die Annahmen, die er daraus über seine Beschäftigungschancen trifft. Für jene, die beabsichtigen, nur temporär zu migrieren, spielt auch die Größe der Lohndifferenz eine entscheidende Rolle, die es ihnen möglich machen muss, in einem überschaubaren Zeitraum genügend Geld zu verdienen. Für alle sind die unmittelbaren Kosten (Reisekosten und Kosten für die erste Zeit in der Zielregion) und die Einreisebestimmungen von entscheidender Bedeutung, um die Migrationsabsicht auch tatsächlich in die Tat umsetzen zu können (SEIFERT 2000: 37). Vorhandene soziale Netzwerke können die Kosten der Migration entscheidend senken (beispielsweise durch die Möglichkeit, die erste Zeit eine Unterkunft zu haben) und die Suche auf dem Arbeitsmarkt erheblich erleichtern. Ethnische Netzwerke können eine mögliche soziale Isolation verhindern und vor allem bei einer größeren Anzahl von Mitgliedern auch eine entsprechende Infrastruktur wie religiöse Einrichtungen oder soziale Treffpunkte bieten. Netzwerke haben demnach einerseits eine adaptive Funktion, indem sie die Eingliederung von Migranten erleichtern, andererseits eine selektive Funktion, indem sie nur bestimmten Gruppen, z.B. Angehörigen, Freunden, Mitgliedern derselben ethnischen oder religiösen Gruppe, die Migrationsoption bieten (SEIFERT 2000: 36ff).

Migrationsnetzwerke können vor allem auf der Mesoebene betrachtet werden. Kettenmigration ist ein die Migrationstheorien der Mikro- und Makroebene verbindendes Phänomen. Am Anfang stehen Pionierwanderer, die aus ökonomischen Motiven ihr Land verlassen und später Landsleute, meist Angehörige, nachholen, die wiederum selbst Angehörige nachziehen lassen. So wird ein kontinuierlicher Migrationsfluss initiiert, in dessen Rahmen gezeigt werden kann, dass Migration nicht nur nach rein ökonomischen Gesichtspunkten stattfindet: Mit der Kettenmigration lässt sich die Präferenz für eine bestimmte Zielregion erklären. PORTES und RUMBAUT (1990) versuchen ebenfalls, Makro- und Mikroebene zu verbinden. Migration ist ein sozialer Prozess, an dessen Beginn wirtschaftliche Beziehungen stehen, die jedoch nur die Voraussetzung und nicht die Ursache von Migration sind. Migration wird als eine von vielen Möglichkeiten der Lebensgestaltung gesehen, deren Wahl mit dem Vorhandensein bestimmter Opportunitätsstrukturen wahrscheinlicher wird. Nach Auffassung dieser Autoren spielt staatliche Migrationssteuerung dabei keine Rolle, da ihre Möglichkeiten sehr begrenzt seien. Sie führe im negativen Fall lediglich zur Abdrängung der Migranten in die „Illegalität" und sei mit Exklusion bestimmter Gruppen verbunden (SEIFERT 2000:40ff).

Konflikte und soziale Schichtungen in Gesellschaften entstehen demnach nicht, weil sich die Kulturen so sehr unterscheiden. Vielmehr ist die Bedeutung der ethnischen Herkunft in der Öffentlichkeit abhängig vom erreichten

Status der Mitglieder der Aufnahmegesellschaft, von den ethnischen Orientierungen und Neugruppierungen der Zugewanderten sowie von den Machtunterschieden zwischen Zugewanderten und Einheimischen. Somit nutzen die Einheimischen die Zugehörigkeit der Zuwanderer zu einer anderen Kultur und Ethnie als Argument, um sie auszuschließen. Aufgrund dessen hat die ethnische Zugehörigkeit in der Öffentlichkeit diese besondere Bedeutung und nicht wegen tatsächlicher „kultureller" Unterschiede. Laut ELLAS und SCOTSON (1990: 234) und TREIBEL (1999: 217) lässt sich eine Abwehr der Einheimischen quasi prognostizieren, wenn drei Faktoren zusammentreffen: erstens, die Zugewanderten sind leicht zu ethnisieren, zweitens, es handelt sich um eine große Gruppe von Zuwanderern, drittens, sie sind eine erst kürzlich eingewanderte Gruppe.

HOFFMANN-NOWOTNYS (1973, zit. n. PRIES 2001: 42) Theorie struktureller und anomischer Spannungen legt nicht nur einen Ansatz zur Untersuchung der Voraussetzungen internationaler Migrationprozesse, sondern auch ihrer Folgen vor. Mitglieder einer Gesellschaft erfahren demnach strukturelle Spannungen, wenn das Verhältnis zwischen Macht und Prestige nicht als ausgeglichen erlebt wird. Macht wird als Gradmesser der Teilhabe an zentralen sozialen Werten (Reichtum, Ansehen etc.) verstanden. Prestige ist der Legitimitätsgrad dieses Anspruchs an der Teilhabe und ist damit die Basis von Macht. Problem vieler Gesellschaften ist, dass ihre Mitglieder zwar ihrem Prestige nach Anspruch auf bestimmte Güter (Einkommen, Bildung, etc.) hätten, diesen aber nicht durchsetzen können. Dieses Auseinanderfallen von Macht und Prestige bezeichnet HOFFMANN-NOWOTNY (1973, zit. n. TREIBEL 1999: 200) als „strukturelle Spannung", überschreitet diese eine bestimmte Grenze, wird sie zur „anomischen Spannung". Internationale Migration wird in dieser Theorie als eine Form von Spannungstransfer verstanden. Migranten wandern demnach aus Gesellschaften mit höheren Spannungen in Gesellschaften mit niedrigeren Spannungen ab.

### 1.2.3.2 Systemintegration als Teil der Gesellschaftstheorie

Mit den Begriffen soziale Integration (s.u. Kap.1.2.2.3) und Systemintegration werden zwei Sichtweisen des Integrationsbegriffes unterschieden, bei denen entweder die „Teile des Ganzen" oder das „System als Ganzes" im Mittelpunkt der Analyse stehen. Als soziale Integration bezeichnet man „the orderly or conflictual relationships between the actors", während unter Systemintegration „the orderly or conflictual relationships between the parts" (LOCKWOOD 1964; zit. n. ESSER 2001: 3) verstanden wird. Bei ersterem sind die Akteure bzw. die Bevölkerung und die verschiedenen Gruppen der Bezugspunkt, bei letzterem ist es das System, welches betrachtet wird. Die Systemintegration ist damit jene Form des Zusammenhalts der Teile eines sozialen Systems, die sich unabhängig von den speziellen Motiven und Beziehungen der individuellen Akteure und oft genug sogar auch gegen ihre Absichten und Interessen, sozusagen „über ihre Köpfe hinweg" durchsetzt. Die soziale Integration hat hingegen unmittelbar mit den Motiven, Orientierungen, Absichten und insbesondere den Beziehungen der Akteure zu tun. Es gilt somit die Begriffe Systemintegration und soziale Integration und die verschiedenen Mechanismen, die zu der einen oder anderen Integration führen, zu unterscheiden (s. Abb. 1).

Übergeordnet soll die Systemintegration, d.h. der Zusammenhalt eines sozialen Systems in seiner Gesamtheit mit Hilfe des AGIL-Schemas von Talcott PARSONS (1976: 20ff) erfasst werden. Dazu gehören vier funktionale Oberziele, die nach PARSONS für jede Gesellschaft erfüllt sein müssen: „Adaption (A) – Goal-Attainment (G) – Integration (I) – Latent Pattern Maintenance (L)". Diese vier Größen stehen mit den Subsystemen der Gesellschaft, nämlich ökonomisches System, politisches System, kulturelles Treuhandsystem und gesellschaftliche Gemeinschaft (soziales System) in Relation.

**Abb. 1:** Die vier Dimensionen der sozialen Integration und ihre Abgrenzung zur Systemintegration, verändert nach ESSER (2001: 16) und PARSONS (1976: 20)

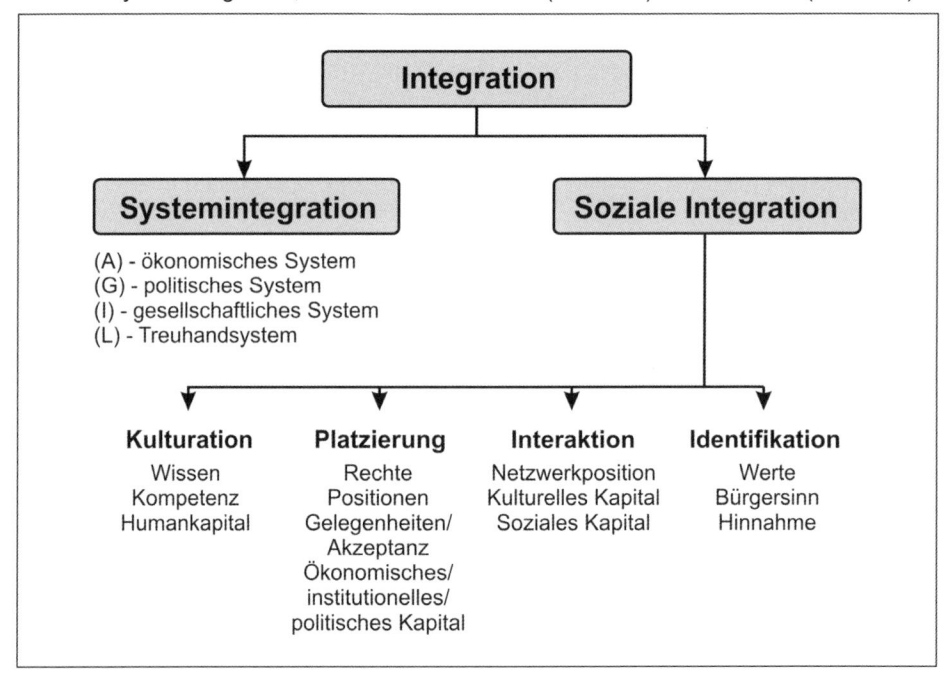

```
                          Integration
                         /           \
              Systemintegration      Soziale Integration
              (A) - ökonomisches System
              (G) - politisches System
              (I) - gesellschaftliches System
              (L) - Treuhandsystem
                         |
        ┌────────────┬───────────┬────────────┐
        ▼            ▼           ▼            ▼
    Kulturation  Platzierung  Interaktion  Identifikation
    Wissen       Rechte       Netzwerkposition  Werte
    Kompetenz    Positionen   Kulturelles Kapital  Bürgersinn
    Humankapital Gelegenheiten/ Soziales Kapital  Hinnahme
                 Akzeptanz
                 Ökonomisches/
                 institutionelles/
                 politisches Kapital
```

Die „Anpassung" (Adaption) sozialer Akteure und Gruppen bezieht sich auf das ökonomische System. Eine Gesellschaft ist genötigt, sich fortwährend an die äußere Umwelt anzupassen und v.a. von dieser die Mittel und Ressourcen für ihr Überleben zu beziehen. Das Geld als zentrales Medium des ökonomischen Systems erhöht den Handlungsspielraum von Individuen oder Kollektiven. Die „Zielerreichung" (Goal-Attainment) bezieht sich auf das politische System. Zur Erfüllung der für das unmittelbare Überleben wichtigen Ziele, d.h. zur Durchsetzung und Abstimmung von Einzel- und Kollektivinteressen ist die Ausbildung spezifischer Einheiten (Parteien, Verbände etc.) von Nöten, die den Umsetzungsprozess aktiv fördern. Als zentrales Medium dient die Staatsmacht. Sie ist die Sicherheit dafür, ein Einverständnis für kollektiv bindende Entscheidungen zu erhalten, ohne Sanktionen erleiden zu müssen. Die „Integration" bezieht sich auf die gesellschaftliche Gemeinschaft. Dieses hat im Sozialsystem die Aufgabe, differenzierte soziale Einheiten aufeinander abzustimmen, d.h. zu integrieren.

Als zentrales Medium dient der Einfluss als Mittel der Meinungsbildung und Überzeugung innerhalb von Familie bzw. Primärgruppen. Mit dem Begriff Einfluss soll keine Form der Überprüfung oder Reglementierung ausgedrückt werden, sondern die Vermittlung von Vertrauen und Glaubwürdigkeit. Komplettiert wird das AGIL-Schema nach PARSONS durch die „latente Strukturerhaltung" (Latent Pattern Maintenance), die sich auf das kulturellen Treuhandsystem, aber auch auf die Strukturerhaltung der weiteren Subsysteme bezieht. Durch die steuernde Wirkung von Werten und expressiven Symbolen ist die Erhaltung der grundlegenden Strukturen des Handelns und der Subsysteme gegeben. Die Internalisierung gemeinsamer Werte und Normen, die bei einer Missachtung persönlichkeitsinterne Sanktionen (Schuldgefühle) erzeugen, erfolgt über Multiplikatoren in Universität, Schule, Kirche, Vereinen und sonstigen gemeinnützigen Einrichtungen.

Die Systemtheorie des amerikanischen Soziologen Talcott PARSONS rückt die Handlungen der Akteure und ihre damit verbundenen Entscheidungsdilemmata in den Mittelpunkt der Betrachtung. Jede Handlung, ob aus einer bewussten, d.h. manifesten oder unbewussten, also latenten Motivation heraus, setzt sich aus vier strukturellen Komponenten zusammen, die in Abhängigkeit von der speziellen Situation, in der sich der Handelnde befindet, variieren (STAUBMANN 2001: 150):

- den *Bedingungen* des Handelns,
- den *Mitteln* des Handelns,
- den *Zielen* des Handelnden sowie
- den *Normen* der Gesellschaft.

Daraus folgt, dass der Handelnde in jeder Situation vor eine Reihe von Entscheidungen gestellt wird, welche er für sich auf dem Weg zur Zielverwirklichung treffen muss. Integrationsfördernd ist es, wenn die Handlungsentscheidung nach gemeinsam geteilten Wertorientierungen einer speziellen Gruppe (Familie, Gemeinde, Vereinigung etc.) erfolgt, also die eigenen Bedürfnisse den kollektiven untergeordnet werden. Umgekehrt hat die Missachtung kollektiver Werte und Ziele verbunden mit einer Sanktionierung ein gewisses Maß an Desintegration für den Akteur zur Folge. Wie er entscheidet, hängt unmittelbar von jenen soziokulturellen Elementen ab, die im Rahmen der Sozialisation für das Individuum prägend waren. Allerdings dienen erlernte Verhaltensweisen lediglich als Orientierungshilfe, nicht als verbindliche Handlungsentscheidungen. PARSONS (1951: 58ff) spricht in diesem Zusammenhang von „pattern variables", welche die einzelnen Schritte im Entscheidungsprozess anhand von zwei konträren Begriffspaaren dokumentieren. Zu diesen fünf „main dilemmas of choice in situations where it was not possible for action to go in all directions at once" (PARSONS u. BALES 1981: 66) zählen:

1. Gefühlserregung („Affectivity") vs. affektive Neutralität („Affective neutrality")
   ▶ Dilemma: Den eigenen Gefühlen nachzugeben (Lustgewinn) oder sie zu kontrollieren (Affektkontrolle);

2. Selbstorientierung („Self-orientation") vs. Kollektivorientierung („Collectivity-orientation")
   ▶ Dilemma: Den individuellen Interessen nachzugehen (Eigennutzorientierung) oder kollektiven Interessen Vorrang einzuräumen (Gemeinwohlorientierung);

3. Universalismus („Universalism") vs. Partikularismus („Particularism")
   ▶ Dilemma: Den allgemeingültigen Normen, Bedürfnissen und Verhaltenserwartungen nachzukommen (Orientierung an universalen Werten) oder speziellen Bedingungen der jeweiligen Subjekt-Objekt-Beziehungen zu entsprechen (Orientierung an speziellen Werten);

4. Zuschreibung („Ascription") vs. Eigenleistung („Achievement")
   ▶ Dilemma: Den Eigenschaften und der Herkunft einer Person oder eines Objekts Bedeutung zuzumessen (Eigenschaftsorientierung) oder den Leistungen und dem Nutzen derselben bzw. desselben Beachtung zu schenken (Leistungs-/ Nutzenorientierung);

5. Spezifizität („Specificity") vs. Diffusität („Diffuseness")
   ▶ Dilemma: Die voreingenommene Orientierung an spezifischen Aspekten eines Objekts (z.B. Vertragsverpflichtung) und die damit

verbundene Handlung (Vertragserfüllung) oder die unvoreingenommene Orientierung am Objekt (z.B. Freundschaftsbeziehung) und eine Handlung nach Bedarf (Nachbarschaftshilfe);

(s.a. PARSONS u. SHILS 2001: 77; PARSONS u. BALES 1981: 65ff; JENSEN 1980a: 58-61)

Während das erste und fünfte Dilemma relevant für die Motivorientierung der Akteure sind und das dritte und vierte Dilemma größere Bedeutung für die Wertorientierung der Handelnden besitzen, spielt das zweite Begriffspaar „self-orientation" vs. „collectivity-orientation" für beide Entscheidungsbereiche eine Rolle (MIKL-HORKE 2001: 217). Dies wird im sozialen System anhand der tiefgründigen Ambivalenz der Akteure hinsichtlich ihrer Entscheidungen zugunsten eigener oder kollektiver Interessen ersichtlich. Für die Integrationsforschung ist daher diese Verhaltensalternative von besonderer Bedeutung. PARSONS interpretiert jede einzelne Handlung als Konstrukt aus verschiedenen Elementen, die als Subsysteme eines übergeordneten Handlungssystems fungieren und spezifische Funktionen erfüllen (PARSONS 1976: 12; 1961: 40). In Hinblick auf die Integrationsprozesse bedarf das kulturelle System einer fortwährenden Berücksichtigung, da die von diesem repräsentierten Werte, Normen und Symbole im sozialen System institutionalisiert sind. D.h., sie sind über den Staat als Garant und Ursprung des Rechts sowie die Geisteshaltungen und Religionen (Animismus, Christentum, Islam, Hinduismus) als moralische Instanzen zu ethischen Prinzipien, Normen und Tugenden eingebettet.

ESSER (2001: 2) unterteilt die Möglichkeiten gesellschaftlicher Integration in die Integration über den Mechanismus des Marktes, über die geplante Organisation eines sozialen Gefildes bzw. über die Ausübung der Herrschaft und in jene über gewisse (Wert-) Orientierungen der Akteure. Obwohl die Systemintegration eine Eigenschaft des jeweiligen „Kollektivs" ist, bezieht sich der Hintergrund jeder funktionierenden Systemintegration wieder auf die Akteure und deren Beziehungen zueinander (ESSER 2001: 16). Die Mechanismen der Systemintegration werden bei dieser Untersuchung auf nationaler Ebene betrachtet.

Die Integration über den Markt vollzieht sich über materielle Interdependenzen. Je höher der Wert der kontrollierten Güter (oder auch der Arbeitskraft) für die jeweils anderen Akteure ist, umso integrierter ist das System. Es handelt sich um eine spontan entstehende, ungeplante horizontale (System-) Integration, die sich gerade dann ergibt, wenn niemand der beteiligten Akteure sie selbst im Auge hat oder beabsichtigt. Die Integration über die Ausübung von Herrschaft geschieht über die Etablierung, Durchsetzung und Legitimation von institutionellen Regeln, meist vor dem Hintergrund einer staatlichen Autorität. Sie sind die formellen und informellen Normen, die die Beziehungen zwischen den Positionen in den sozialen Systemen wirksam regeln und die gegebenenfalls von Sanktionen unterstützt werden. Die Geltung dieser Regeln ist z. T. bedingt durch die Legimitation, die sie bei den Akteuren besitzen.

Die politische Ordnung des Nationalstaats und die Positionierung einzelner Subsysteme wird bewusst geplant und in gewisse institutionelle Regeln gebracht, die die vertikale Integration der Migranten bestimmt (ESSER 2001: 16-18). Bei der Integration über Medien handelt es sich nicht um die integrative Wirkung von „Massenmedien", sondern um kulturelle Orientierungen, die sich aus gemeinsam geteilten gedanklichen Modellen über typische Abläufe in typischen Situationen und über legitimierende Erklärungen der geltenden institutionellen Regelungen zusammensetzen. Bestimmte gesellschaftliche Werte verbunden mit gewissen Loyalitäten und Identifikationen, welche nicht selten in politischen Grundsätzen oder religiösen Überzeugungen verankert sind, bilden die wichtigste Form dieser kulturellen Orientierungen, ESSER nennt sie Interpenetration. Die Integration über die gemeinsam geteilten kulturellen Orientierungen der Akteure gibt es in verschiedenen Graden des dabei zum Ausdruck kommenden gedanklichen Kollektivismus. Die am wenigsten kollektive Form der Integration über kulturelle Orientierungen ist das gemeinsam geteilte Repertoire gewisser kultureller Fertigkeiten, zu denen insbesondere die Sprache gehört, aber auch gemeinsam geteilte „soziale Drehbücher" über die wichtigsten Typen alltäglicher Situationen, bei der Arbeit oder in der Öffentlichkeit. Die wichtigste Funktion solcher kultureller Fertigkeiten ist die Senkung von „Transaktionskosten" bei den alltäglichen Abläufen. Diese Fertigkeiten müssen keineswegs mit irgendeiner Art von kollektiver Orientierung, Wertbindung oder Loyalität verbunden sein.

Eine weitere Form der systemischen Integration durch mediale Vermittlung ist der Mechanismus über so genannte symbolisch generalisierte Medien. Mit symbolisch generalisierten Medien sind automatisierte Mechanismen eines Systems gemeint. ESSER (2001: 8) nennt sie „Spezialsprachen", die bewirken, dass die Akteure bei ihrem Einsatz ganz selbstverständlich bestimmte Handlungen ausführen. Dieser Mechanismus soll den Zusammenhalt des Systems sichern. Als Beispiel nennt ESSER (2001: 8) das Geld:

„Wenn es angeboten wird, wird es, egal welche speziellen Wünsche und Motive die Menschen jeweils haben, so gut wie immer und sofort genommen. Und jeder weiß dabei, dass es um wirtschaftliches Tun geht und nicht um, sagen wir, ein wissenschaftliches Argument, dass man ja, ebenso wenig wie Liebe, mit Geld kaufen kann." (ESSER 2001: 8)

Voraussetzung für diese Form der Systemintegration ist, dass die Akteure an den wirtschaftlichen Prozessen teilnehmen können. Die am stärksten kollektive Form der Integration über kulturelle Orientierungen wären ausschließlich auf die Gesellschaft oder das „Ganze" bezogene kollektive Werte. Das sind meist kaum noch bewusst bedachte, Vorstellungen und Identifikationen, bei denen der einzelne Akteur sich nicht mehr als Individuum, sondern als Teil des jeweiligen Kollektivs versteht und darin aufzugehen meint und somit eine kollektive Identität besitzt. Zwischen diesen Extremformen individueller und kollektiver kultureller Orientierungen und kollektiver Loyalitäten gibt es eine Vielzahl von Schattierungen. Für interethnische Beziehungen in einem interpenetrierten System hieße das, dass die Akteure zwar ihre kulturellen Eigenheiten betonen, dabei jedoch auch gewisse Rücksichten, als Teil der Normen, die ihr Handeln leiten, auf die Eigenheiten der anderen nehmen. Damit bricht die Interpenetration mit Fundamentalismus in den sozialen Beziehungen (ESSER 2001: 7f). Es versteht sich, dass in den realen Gesellschaften die genannten Mechanismen jeweils nur in einer typischen Mischung vorkommen, wobei sich Gesellschaften danach unterscheiden lassen, ob jeweils der Markt, die Organisation durch institutionelle Regeln oder die kulturelle Orientierung dominiert. In modernen, demokratisch verfassten Gesellschaften ist ohne Zweifel der Mechanismus des Marktes dominierend, während in (noch) nicht demokratisch gefestigten Gesellschaften die staatliche Organisation und kulturelle Orientierungen eine stärkere Position einnehmen (ESSER 2001: 2ff).

Das „Ganze", das „System" grenzt sich durch diesen Zusammenhalt der Teile von einer bestimmten Umgebung ab und wird in dieser Umgebung als System erkennbar. Der Integration steht der Begriff der Segmentation gegenüber. Hier stehen die Teile beziehungslos nebeneinander und bilden kein in der Umgebung identifizierbares System. Die Integration eines Systems ist somit über die Existenz von bestimmten Beziehungen der wechselseitigen Abhängigkeit zwischen den Einheiten und der Abgrenzung zur jeweiligen Umwelt definiert. Ein System kann mehr oder weniger integriert sein, je nach Struktur dieser Beziehungen. Das eine Extrem ist die völlige Abhängigkeit des Verhaltens der Teile voneinander und die strikte Abgrenzung zur Umwelt, das andere ist die komplette Unabhängigkeit der Teile. Bei Integration haben das Verhalten und die Zustände der Teile Auswirkungen auf das System insgesamt und auf die es tragenden Teile, während dies bei der Segmentation nicht der Fall ist. Dort sind die Teile unabhängig und existieren nebeneinander (Esser 2001: 1). Diese sehr allgemeine Definition von Integration und Segmentation lässt sich auf verschiedene Arten von Systemen anwenden, wie Moleküle oder lebende Organismen, jedoch auch auf soziale Systeme und ganze Gesellschaften oder Teile davon:

> „Soziale Systeme, und damit auch Gesellschaften, konstituieren sich über soziale Relationen. Das sind u.a. wechselseitig aufeinander bezogene Orientierungen und Akte, soziale Kontakte, Interaktionen, Kommunikation, soziale Beziehungen oder Transaktionen aller Art, die man zusammenfassend auch als soziales Handeln bezeichnet" (ebd.).

### 1.2.3.3 Soziale Integration als Handlungstheorie

Unter Zuhilfenahme der Theorie zur Integration und ethnischen Schichtung von Hartmut ESSER (2001: 16) soll die für die Untersuchung besonders relevante soziale Integration der Migranten und fremdethnischen Gruppen in den Agrarkolonisationsgebieten untersucht werden. Soziale Integration meint das Einbeziehen der Akteure in das gesellschaftliche Geschehen, etwa in Form der Gewährung von Rechten, des Erwerbs von Sprachkenntnissen, der Beteiligung am Bildungssystem und am Arbeitsmarkt. Der Prozess und das Maß der sozialen Integration soll anhand von vier Teilaspekten der Sozialintegration untersucht werden (zit. n. ESSER 2001: 8ff).

Während die Systemintegration auf das Funktionieren der Gesellschaft als Ganzes abzielt, bezieht sich die soziale Integration auf die Inklusion eines Individuums oder einer Gruppe in die Gesellschaft sowie auf die Beziehungen und das Zusammenleben der sozialen Akteure innerhalb der Gesellschaft. Die vier Formen der Sozialintegration, Kulturation, Platzierung, Interaktion und Identifikation, drücken aus, wie differenziert Integration verstanden werden muss. Weder materieller Wohlstand noch die für die Interaktion benötigten Kompetenzen genügen alleine, um ein hohes Maß an sozialer Integration herzustellen. Nur die Kombination aus den vier Aspekten schafft beim „Aufnehmenden" wie auch beim „Hinzukommenden" das Gefühl, einbezogen und akzeptiert zu sein. Die folgenden Erläuterungen zur Theorie ESSERS (2000 u. 2001) sollen diesbezüglich Klärung bringen. Die aufgeführten Thesen dienen dazu, das theoretische Konzept zu erläutern:

(1)   *Kulturation* als Form der Sozialintegration meint nach Hartmut ESSER (2000: 272; 2001: 8f) den Prozess des Erwerbens „wichtiger Regeln für typische Situationen und die Beherrschung der dafür nötigen (kulturellen) Fertigkeiten, insbesondere sprachlicher Art". Derartiges Wissen und Kompetenzen werden bereits von Kind auf im Rahmen der Sozialisation des Menschen sukzessive angeeignet; in diesem Fall spricht man von Enkulturation.

Für die Integration von Einwanderern von besonderer Relevanz ist allerdings die Akkulturation. Darunter wird die einseitige oder wechselseitige Übernahme von Wissen und Kompetenzen einer anderen Kultur verstanden. Die im Akkulturationsprozess im Aufnahmeland vermittelten Inhalte können für den Migranten eines anderen Kulturkreises im Widerspruch zu den während des Enkulturationsprozesses erworbenen Fähigkeiten im Herkunftsland stehen. Daher sind das Zuwanderungsalter des Migranten und sein neues soziales Umfeld für die Akkulturation von wesentlicher Bedeutung.

▶ Je niedriger das Einreisealter und je intensiver die interkulturellen Kontakte des Migranten am Zielort, desto größer die Chance der Akkulturation und damit auch seiner sozialen Integration.

(2) *Platzierung* als Form der Sozialintegration versteht sich nach ESSER (2000: 272f; 2001: 9f) als die „Besetzung einer bestimmten gesellschaftlichen Position durch einen Akteur". Durch diese Inklusion in ein bereits bestehendes gesellschaftliches Subsystem werden dem Akteur gewisse Rechte verliehen, etwa das Staatsbürger- und Wahlrecht, dank derer er eine Position in der Gesellschaft einnimmt, die ihm neue Möglichkeiten des Handelns und Interagierens bringen. Daraus leitet sich der soziale Status des Einzelnen ab, also seine hierarchische Stellung in der Gesellschaft, die abhängig ist von Mitgliedschaft in einer Verwandtschaftsgruppe, persönlichen Eigenschaften, Leistungen, Eigentum, Autorität und Macht (LAMNEK 2002: 575f). Welchen sozialen Status der soziale Akteur erreicht, liegt nicht allein in seinen Händen. Die im Enkulturationsprozess erworbenen Kompetenzen und das kulturspezifische Wissen beeinflussen entscheidend die Platzierung des Einzelnen im sozialen System. Wem aus finanziellen Gründen eine höherqualifizierende Ausbildung versagt bleibt und dadurch nur begrenzte sprachliche und orthographische Fähigkeiten zuteil werden, der wird nur unter besonderen Umständen eine hohe berufliche Position und damit breite soziale Akzeptanz erreichen. Umgekehrt hat eine niedrige gesellschaftliche Platzierung wiederum Auswirkungen auf das Erlangen ökonomischen und institutionellen Kapitals (Rechte, Handlungsmöglichkeiten).

▶ Je stärker die Akkulturation des Migranten, ausgedrückt durch die Aneignung der für die Aufnahmegesellschaft bedeutsamen Kompetenzen und Wissensbestände, desto höher die Wahrscheinlichkeit der sozialen Akzeptanz und, daraus resultierend, desto größer die Chance auf eine hohe, gefestigte gesellschaftliche Platzierung.

(3) Interaktion als Form der Sozialintegration meint nach ESSER (2000: 273f; 2001: 10ff) das „wechselseitig über Wissen und Symbole aneinander Orientieren", welches – ebenso wie durch das Handeln – Relationen zwischen den Akteuren entstehen lässt. Realisiert werden Interaktionen durch Kommunikation, gedankliche Orientierung am anderen (Koorientierung) sowie symbolische Interaktion (Gestik, Mimik u.a.). Aufeinander abgestimmte Handlungen können in unterschiedlicher Weise zielgerichtetes Verhalten, d.h. soziales Handeln, ausdrücken: Einerseits lassen Interaktionen soziale Beziehungen entstehen, die wiederum integrativ wirken; andererseits treten Interaktionen in Form von Transaktionen auf, die für die Handelnden zumindest eine ökonomische Inklusion bewirken können. Entscheidend ist, dass das zielgerichtete Verhalten an sozialen Normen und Werten orientiert ist und sich auf wahrgenommene bzw. vermutete Erwartungen des Interaktionspartners bezieht (MESSING 2002: 211). Ergänzend möchte ich an dieser Stelle auf die „Pattern variables" von PARSONS verweisen. Dem zufolge steht jeder, der sich in eine Interaktion begibt, vor mindestens einem der fünf oben beschriebenen Dilemmata.

▶ Je ausgeprägter Normen, Kompetenzen (v.a. Sprache!) und Zwangsmechanismen, die eine Gesellschaft konstituieren und zusammenhalten, vom Migranten im Akkulturationsprozess internalisiert werden, desto höher sind seine Chancen auf interkulturelle Interaktionen, die gegenseitige Akzeptanz implizieren, und desto heterogener ist sein soziales Netzwerk.

(4) Identifikation als Form der Sozialintegration bezeichnet nach ESSER (2000: 275) eine gedankliche und emotionale Beziehung zwischen dem einzelnen Akteur und dem sozialen System als „Ganzheit" bzw. als „Kollektiv", die bei dem einzelnen Akteur als Orientierung mit einem kollektiven Inhalt besteht, etwa als Nationalstolz oder als Wir-Gefühl zu den anderen Mitgliedern der Gesellschaft. Identifikation impliziert ein Sich-Wiederfinden in einer bestimmten Rolle, verbunden mit der affektiven Orientierung an anderen Personen und dem Erlernen von Fähigkeiten, die an diese Rolle gekoppelt sind. Ein Wir-Gefühl ergibt sich nicht aus der bloßen Mitgliedschaft in einer Gruppe oder einem Verein, sondern infolge weitgehender Gleichsetzung der eigenen Vorstellungen mit den kollektiven.

▶ Je stärker die mentale und emotionale Bindung des Migranten an die Aufnahmegruppe und je intensiver seine Orientierung an kollektiven Interessen, Werten und bereits existierenden Gesellschaftsstrukturen, desto höher ist seine Identifikation mit dem Ganzen und desto integrations- und stabilitätsfördernder wirkt sich das auf das Gesellschaftssystem aus.

Die immer wiederkehrende Diskrepanz zwischen der Selbst- und Kollektivorientierung hat auch den französischen Gesellschaftsforscher Émile DURKHEIM (1965, 1992) beschäftigt. Er sah die Ursache für das geringer werdende Kollektivbewusstsein in einer kritischeren und vor allem rationaleren Auseinandersetzung mit allgemeinen Werten (FRIEDRICHS u. JAGODZINSKI 1999: 23). Diese Werte werden während der Sozialisationsphase vom Individuum noch als „soziale Tatbestände" akzeptiert und internalisiert:

„Wenn ich meine Pflichten als [...] Bürger erfülle [...], so gehorche ich damit Pflichten, die außerhalb meiner Person und der Sphäre meines Willens im Recht und in der Sitte begründet sind. Selbst wenn sie mit meinen persönlichen Gefühlen im Einklange stehen und ich ihre Wirklichkeit im Innersten empfinde, so ist diese doch etwas Objektives. Denn nicht ich habe diese Pflichten geschaffen, ich habe sie vielmehr im Wege der Erziehung übernommen" (DURKHEIM 1965: 15f).

Diese traditionale Legitimation verliert jedoch in modernen Gesellschaften auf kollektiver wie auch auf individueller Ebene an Bedeutung – und zwar dann, wenn überkommene Werte einer rationalen Diskussion unterzogen werden. Während ESSER (2001: 13) die integrative Kraft des Bürgersinns im Sinne einer unverbindlichen Unterstützung demokratischer Werte und Prinzipien herausstellt, spricht DURKHEIM (1992: 449) auch von den desintegrativen Konsequenzen der rationalen Auseinandersetzung mit allgemeinen Werten:

„Da zum anderen das Kollektivbewusstsein sich abschwächt, können die Reibungen, die auf diese Weise entstehen, auch nicht mehr vollständig neutralisiert werden. Die gemeinsamen Gefühle haben nicht mehr die gleiche Kraft, um das Individuum weiterhin an die Gruppe zu binden; subversive Tendenzen, die kein entsprechendes Gegengewicht finden, treten leichter zu Tage. Indem die soziale Organisation immer mehr ihren transzendenten Charakter verliert, der sie über die menschlichen Interessen stellte, hat sie gerade zu dem Zeitpunkt nicht mehr die gleiche Widerstandskraft, zu dem sie immer mehr angegriffen wird". Identifikation kann folglich in Form von Bürgersinn sowohl stabilisierend als auch destabilisierend wirken.

Wichtig ist die Unterscheidung der Motivation für inaktives gruppenbezogenes Handeln. ESSER (2000: 276f; 2001: 14) differenziert zwischen der so genannten Verkettungsintegration und der Deferenzintegration. Erstgenannte resultiert aus der Individualisierung der modernen, funktional differenzierten

Gesellschaften in Verbindung mit der Auflösung traditionaler Grenzen. Die Fragmentierung der Gesellschaften und ihrer Subsysteme als Gegenentwicklung zur weltweiten Standardisierung und Homogenisierung (MENZEL 1998: 46-48) erschwert den nationalen Konsens, da gemeinsame Themen bevölkerungsübergreifend immer schwieriger zu finden sind. Die Hinnahme des Vorhandenen ersetzt die Bereitschaft zur Umwälzung, da der Status quo als akzeptabel angenommen wird. Demgegenüber kann das Gefühl, die strukturellen Gegebenheiten aus eigener Kraft nicht verändern zu können und sie daher hinnehmen zu müssen, einen Zustand der Hoffnungslosigkeit und Apathie erzeugen.

### 1.2.4 Konzepte des Vergleichens

#### 1.2.4.1 Vergleichen und Vergleichbarkeit

Wenn man an Vergleichen denkt, fällt zumeist als Standardsituation der übliche Vergleich zwischen zwei Merkmalen oder Merkmalslisten ein. Genau genommen fließen aber in viele dieser Vergleiche die eigenen Wünsche, Gefühle, Ziele und Wertvorstellungen ein. Ähnlichkeitsbestimmungen beruhen auf Vergleichsprozessen. ROSCH et al. (1976) haben gezeigt, dass der Vergleich dominierender Merkmalseigenschaften eine bedeutsame Rolle beim Zustandekommen von Ähnlichkeitsurteilen spielt. Ähnlichkeitsbestimmungen sind Urteile, die über die Perzeption oder über die Datenbasis des Gedächtnisses gebildet werden. Daher können verschiedene Aspekte bezogen auf dieselbe Objektmenge verschiedene Merkmale akzentuieren und dadurch zu verschiedenen Ähnlichkeitsurteilen führen (z.B. Pflanzen nach Aussehen, Genießbarkeit, Heilkraft usw.). Davon abgesehen, können besonders bedeutsame oder gebrauchshäufige Ähnlichkeitsurteile auch fest gespeichert werden. SPONSEL (2004) merkt zum Problem des Vergleichens, bezogen auf Quantität und Qualität, folgendes an:

> „Im Volksmund gibt es das geflügelte Wort man könne Äpfel nicht mit Birnen vergleichen. Warum eigentlich nicht? Natürlich kann man Äpfel mit Birnen vergleichen, z.B. bezüglich Geschmack, Gewicht, Preis, Nährwert, Herkunft, Größe, Beliebtheit, saisonaler Verfügbarkeit, Form, Bestandteilen, Aufbau und Struktur usw. Was also ist der Sinn des geflügelten Wortes, man könne nicht Äpfel mit Birnen vergleichen? Nun, der Sinn ist klar. Das geflügelte Wort will sagen: Äpfel und Birnen sind etwas Unterschiedliches, qualitativ Verschiedenes: was immer man auch unternimmt: ein Apfel, bleibt ein Apfel und eine Birne eine Birne."

Zur Methodologie und Technik des Vergleichens finden sich aktuelle Auseinandersetzungen insbesondere in den Kulturwissenschaften sowie in der Psychologie und Psychotherapie. Im "Fachlexikon der Psychologie" (CLAUß 1995: 237) findet sich ein Eintrag "vergleichen" mit einem Querverweis zu "kognitiven Operationen.", wo unter anderem ausgeführt wird:

"... Beim Vergleichen werden mindestens zwei Objekte gedanklich in Beziehung gesetzt, um hinsichtlich ihrer Merkmale und Relationen Ähnlichkeiten, Unterschiede oder Gemeinsamkeiten nach bestimmten Aspekten zu bestimmen. Auf dieser Grundlage lassen sich z. B. Ordnungen bilden, d. h. Gruppierungen oder Rang- bzw. Reihenfolgen nach einem oder mehreren inhaltlichen oder formalen Merkmalen. Dabei können Klassen gebildet werden, die in bestimmten Beziehungen der Neben-, Über- oder Unterordnung stehen (> Klassifizierung)."

Prozeduren des Merkmalsvergleichs liegen auch den Ober-Unter-Begriffsbildungen zugrunde. Zunächst gilt: Je differenzierter ein Merkmalssatz für die Beschreibung der internen Struktur eines Begriffs, um so weniger Objekte gehören als Begriffsinhalt dazu - und umgekehrt: je weniger Merkmale zur Klassifizierung herangezogen werden, um so »abstrakter« ist die Kategorie und um so mehr Objekte (oder Gedankeninhalte) gehören zur Klasse.

Eine Umschau bei EISLER (1927-1930), ergab folgenden, nicht nur historisch interessanten Eintrag zum Begriff Vergleichung:

„Vergleichung ist die Findung, Konstatierung von Ähnlichkeiten und Verschiedenheiten durch Apperception (s. d.) zweier Inhalte. Sie ist eine ursprüngliche Funktion der Aufmerksamkeit, kommt in einem Urteil zum Ausdruck, ist durch Gefühle bedingt. Auf der Grundlage identischer Reaktion des eigenen Ich gegenüber den Reizen (s. d.) setzt das Denken Eindrücke, Inhalte als »gleich«, »ähnlich« oder als »ungleich«, »verschieden« (s. Unterscheidung). Sowohl für die Klassifikation der Qualitäten als auch für die quantitative Messung ist der Akt des Vergleichens Grundbedingung. Er ist eine Quelle von Kategorien."

Vergleichen heißt, Ähnlichkeiten oder Unterschiede oder beides finden. Zwei oder mehrere Dinge bzw. Aspekte werden der Reihe nach daraufhin beleuchtet, ob sie sich und in welchen Beziehungen sie sich ähnlich sind oder voneinander unterscheiden. Die Vergleichung ist somit beispielsweise das aufeinander folgende Richten der Aufmerksamkeit auf Merkmale zweier oder mehrerer Regionen, um zu sehen, in welchen Beziehungen dieselben stehen. Zur Gewinnung allgemeiner Ergebnisse werden mit Hilfe vergleichender

Beobachtungen Erscheinungen, die übereinstimmen, und solche, die nicht übereinstimmen, gesammelt und nach Graden ihres Unterschieds abgestuft.

### 1.2.4.2 Vergleichende Länderkunde

Otto MAULL (1950: 161) legt in seinem Aufsatz „Wesen und Wege der vergleichenden Länderkunde" dar, dass der Vergleich in der Geographie als Arbeitsmethode schon bei Herodot und Hippokrates eine Rolle spielt. Es war im Wesentlichen der Versuch bei verschiedener oder gleicher Landesnatur auf die Entwicklung der Völker Rückschlüsse zu ziehen. Der Begriff der „vergleichenden Erdkunde" taucht bei Carl RITTER erstmalig auf, ohne dass sich RITTER selbst dieses Verfahrens eindringlich bedient. Auch Alexander VON HUMBOLDT betont (1807), dass es „ein belohnendes, wenngleich schwieriges Geschäft der allgemeinen Länderkunde sei, die Naturbeschaffenheit entlegener Erdstriche miteinander zu vergleichen und die Resultate der Vergleichung in wenigen Zügen darzustellen." Oskar PESCHEL und VON RICHTHOFEN widmen sich in ihren Vorlesungen dem Vergleich der Geomorphologie und bemühen sich um eine weltweite Ausdehnung, von DRYGALSKI und HETTNER stellen das Klima und die Pflanzenwelt in den Vordergrund der Landschaftstypen. Des Weiteren beschreibt MAULL (1950: 161f) wie die vergleichende Länderkunde in nur wenigen Arbeiten fortgeführt wurde, z.B. LAUTENSACH (1945) vergleicht die Urlandschaften von Portugal und Korea und TROLL (1941) beschränkt seine vergleichende Untersuchung der Hochgebirge auf das Physisch-Geographische.

Zum Problem des Vergleichens in der Geographie schreibt Norbert KREBS (1966: 5f) in der Einführung seiner vergleichenden Länderkunde:

„In gewisser Hinsicht bedarf der Titel einer Klärung. Das Wort ´vergleichend´, [...], das in der wissenschaftlichen Literatur der letzten zweihundert Jahre oft verwendet, aber in der verschiedensten Weise gedeutet wurde, soll hier nichts weiter besagen als die Gegenüberstellung zweier Räume oder zweier Erscheinungen mit der Fragestellung nach ihrer Ähnlichkeit oder Verschiedenheit. Ich verwende es im selben Sinne, wie man etwa zwei verschiedene Kunstwerke auf ihre ästhetische Wirkung prüft oder zwei Maschinentypen auf ihre Nützlichkeit und spezielle Eignung. Niemals werden zwei Länder oder Landschaften sich völlig gleichen. Sie mögen ähnlich sein in ihrer physischen Ausstattung oder der erreichten Kulturstufe ihrer Bewohner, selten in beiden zugleich, oft auch nur im Klima und im Pflanzenkleid, in der Lage oder der herrschenden Wirtschaftsform."

Daraus entspringt die Frage, warum bei der Übereinstimmung von einigen Komponenten der Vergleich bei anderen nicht passt. Der Vergleich setzt eine gute Kenntnis der Länder voraus. Er selbst soll aber als Form der Untersuchung zu einer Vertiefung der Erkenntnis und zu neuen Ergebnissen führen (KREBS 1966: 6). Für einen Vergleich sind nach KREBS die Kontinente zu groß, daher muss man kleinere Teile der Erde betrachten, um erfolgreiche Vergleiche durchzuführen, allerdings nicht so kleine, dass das Individuelle, Einmalige das Übergewicht über das Typische erlangt. Die Hauptaufgabe des Vergleichens bleibt die „Wesenheit" des ausgegliederten Raumes, seines ihm innewohnenden Wertes, der keineswegs immer voll erkannt und genutzt ist. Gerade auf diesem Gebiet führt der Vergleich zur erstrebten Vertiefung (ebd.: 7). Otto MAULL (1936) verweist beim Vergleich der immerfeuchten tropischen Länder auf eine Entwicklungsreihe, die die Länderkunde in einem Nebeneinander erfasst, die sich aber geschichtlich zu einem Nacheinander zusammenfassen lässt.

Im Lexikon der Geographie (BRUNOTTE et al. 2001: 420) findet sich folgende Beschreibung zur vergleichenden Länderkunde:

„Die vergleichende Länderkunde verfolgt das Ziel einer geographischen Typisierung von Ländern durch generalisierende und vergleichende Herausarbeitung von Gesetzmäßigkeiten. Die idiographische oder individuelle Ausrichtung der Länderkunde steht allerdings Typisierungen entgegen. Die vergleichende Länderkunde kann dennoch einerseits Besonderheiten aufzeigen, andererseits Parallelen, die aus der vergleichenden Betrachtung erwachsen".

Mit der allgemeinen Infragestellung der Länderkunde wurde auch die vergleichende Länderkunde weniger beachtet. Während die länderkundliche Geographie der 1930er und 1940er Jahre mit ihren Bestandsaufnahmen von ‚Land und Leuten' der sich konstituierenden Raumplanung noch durchaus nützliche Daten zu liefern vermochte, geriet die Geographie der 1950er und besonders der 1960er Jahre, die in weiten Teilen nach wie vor an ihrer traditionellen Länder- bzw. Landschaftskunde festhielt, schließlich in zunehmendem Maße in die Kritik:

"Die Geographie hatte es einstmals übernommen, den Raum wissenschaftlich zu erklären und eine wirkliche ‚Kunde' von der Mensch-Raum-Beziehung zu liefern. Für den Verfasser ist es aber immer mehr fraglich geworden, ob die angeführten ‚bevölkerungs-, sozial- und wirtschaftsgeographischen Fakten' nicht im letzten nur eine Beschreibung dieser Erscheinungen in Gestalt landeskundlicher Aussagen sind, während sie über die Ursachen und Entwicklungen dieses Geschehens im Raum wenig oder nichts auszusagen vermögen." (HUNKE 1964: 12)

Die Reaktionen der so kritisierten Geographen ware unterschiedlich: Der wachsenden Kritik von verschiedenen Seiten wurde einerseits mit Trotz, Durchhalteparolen, Unverständnis oder einer "Vogel-Strauß-Taktik" begegnet (SCHULTZ 1980: 266-268). Auf der anderen Seite mehrten sich die Stimmen der so genannten Modernisierer, die mit wachsender Eindringlichkeit für eine mehr oder weniger umfassende inhaltliche Neuorganisation und Umgestaltung des Faches eintreten. Eine Orientierung an gesellschaftlichen Problemlagen wurde dabei von Pragmatikern (z.B. GANSER 1970) wie Theoretikern (z.B. BARTELS 1969) gleichermaßen gefordert.

Anfang der 1970er Jahre setzte sich der raumwissenschaftliche Ansatz zunehmend durch. Der vornehmlich von BARTELS formulierten "Forderung nach (möglichst exakter) Beschreibung räumlicher Verteilungen" entsprach die Entwicklung der „spatial analysis" von Methoden und Modellen der Darstellung und Verarbeitung raumbezogener Informationen. Diese begann zunächst mit der Anwendung traditioneller Techniken der Statistik, führte aber schon bald über deren Erweiterung um die räumliche Dimension zur Geostatistik („spatial statistics") und zu raumwissenschaftlichen Modellen als Instrumenten weiterer Theorieentwicklung und des Vergleichens.

### 1.2.4.3 Kulturvergleich

Vergleichende Perspektiven in den Geschichts- und Kulturwissenschaften sind von der Globalisierungsdiskussion nicht unbeeinflusst geblieben. Sie lassen zunehmend die Ebene eines Vergleichs zwischen Nationalgeschichten, -kulturen und -gesellschaften hinter sich. Stattdessen tritt ein Interesse an den transnationalen Beziehungen zwischen Gesellschaften und Kulturen innerhalb wie außerhalb Europas und deren spezifischer historischer Wirksamkeit in den Vordergrund. Dies verändert nicht nur den Fokus der Untersuchung einzelner Gesellschaften, sondern auch die Art und Weise des Vergleichens zwischen ihnen. Den Vergleichen zwischen Gesellschaften und Kulturen innerhalb und außerhalb Europas muss die Untersuchung ihrer Beziehungsgeschichten zur Seite stehen bzw. vorangehen. Mikro-historische und alltagsgeschichtliche Perspektiven sind hierbei unerlässlich. Ursprünge und Fortschritte dieser Diskussion und ihrer theoretisch-methodischen Ansätze seit den klassischen Arbeiten von Marc BLOCH (1928) bilden die Grundlage des Vergleichens. Eine jüngere vergleichende Arbeit aus der Geschichtswissenschaft ist die von Jürgen OSTERHAMMEL (2001), die sich mit Studien zu Beziehungsgeschichte und Zivilisationsvergleich beschäftigt.

Insbesondere in der Ethnologie ist die Methode des Kulturvergleichs geläufig und anerkannt. Sie gewährleistet, dass sich das Verhältnis von Theorie und Empirie nicht nur auf das Vorgehen der Generalisierung vom Einzelfall der ethnographischen Feldforschung beschränkt. Sie erhebt den Anspruch, Generalisierungen nicht nur durch die Auseinandersetzung des partikularen Einzelfalls mit der theoretischen Argumentation zu ermöglichen, sondern auch durch die Konfrontation partikularer Einzelfälle Generalisierungen abzuleiten. Hierbei ist darauf zu achten, dass sich das Verhältnis von dichter ethnographischer Feldforschung und kulturvergleichendem Vorgehen als spannungsreich erwiesen hat. Denn ein Vergleich muss immer vom Besonderen absehen, um das Allgemeine deutlich zu machen, die ethnographische Feldforschung betont aber gerade das Besondere (HAUSER-SCHÄUBLIN u. DICKHARDT 2003: 21). Das Problem besteht nun darin, aus dem besonderen Einzelfall, der auch durch einen Kontext geprägt ist, eine Dekontextualisierung zu erreichen, um eine Vergleichbarkeit zu erzielen. Am Einzelfall müssen demnach die Aspekte erkannt werden, die von allgemeiner Bedeutung und in ihrer konkreten Ausformung beschreibbar sind. Um einen Kulturvergleich zu ermöglichen, ist es wünschenswert, sowohl einen dekontextualisierenden Vergleich des Allgemeinen als auch eine kontextualisierende Beschreibung des Besonderen zu erreichen.

MEYER (2000) sieht im Zusammenhang mit dem Niedergang der Kulturgeographie eine aktuelle Perspektive in einer kulturvergleichenden Geographie. Diese sollte sich auch als eine neu formulierte Kulturgeographie verstehen, sich auf die Kulturbegegnung konzentrieren und stärker über Fremdheitsverhältnisse und Repräsentationen reflektieren. „Es sollten aber auch Ansätze einer modernen Sozialgeographie aufgegriffen und weitergeführt werden." (MEYER 2000: 155). Nach MATTHIES 1992 (zit. n. MEYER 2000: 156) sollte das Augenmerk darauf gerichtet sein, dass Fremd- und Selbstbestimmung ein wechselseitiger Prozess in der Bestimmung von Kulturen ist. Dieser Prozess vollzieht sich einerseits in der Kulturbegegnung, andererseits im Bemühen, systematisch und methodisch einen Kulturvergleich durchzuführen. Der Kulturvergleich wird nicht als ein Paarvergleich durch Gegenüberstellung verstanden, sondern als eine empirische Analyse und theoretische Reflexion über die Wechselseitigkeit der Bestimmung von Kulturen.

Die moderne kulturvergleichende Geographie sollte sich von der Vorstellung lösen, dass eine räumlich gebundene traditionelle Kultur besteht, denn jede Kultur besteht aus Fremdem und Eigenem (ebd.: 159). Angesichts der Globalisierung ist dies gegenwärtig wohl leichter vorstellbar als noch vor 80 oder 100 Jahren – obwohl bereits Alfred HETTNER von einer Europäisierung der Erde, von einer Weltkultur und von Mischkulturen gesprochen hat. Kulturen sind keine hermetisch geschlossenen Gebilde, z.B. war auch der Modernisierungsprozess kein Vorgang, der sich autochthon zunächst in England vollzog, sondern er lässt sich über zahlreiche Außenbezüge erklären. Nach dieser Grundannahme geraten die klassischen geographischen Begriffe wie Kulturerdteile und Kulturräume und die damit verbundenen generalisierenden Konzepte ins Wanken. Eine kulturvergleichende Geographie sollte sich von diesen Begriffen und simplifizierenden Konzepten wie Kulturerdteilen oder „civilizations" loslösen und sich zu einer gegenwartsbezogenen Kulturgeographie entwickeln (EHLERS 1996). Im Mittelpunkt sollte nach MEYER (2000: 160f) „die Kulturbegegnung als Programm einer kulturvergleichenden Geographie" stehen.

## 1.3. Konzeption der Arbeit

### 1.3.1 Konzepte der Kulturgeographie zur Analyse nationaler und regionaler Kontexte sowie zur Systemintegration

In der Humangeographie hat sich ein Forschungsbereich etabliert, den man mit „Landnutzung und räumliche Ordnung gesellschaftlicher Aktivitäten" umschreiben kann (BAHRENBERG 1996: 29). Diese Aufgabenbeschreibung der Länderkunde als Regionaler Geographie macht sich die vorliegende Arbeit zu Nutzen. Landnutzung und räumliche Ordnung lassen sich nicht erklären ohne explizite Berücksichtigung der spezifischen gesellschaftlichen, insbesondere der politischen Rahmenbedingungen, die von Land zu Land, Region zu Region und Kommune zu Kommune variieren. Trotz oder gerade wegen der zunehmenden Globalisierung und Homogenisierung tritt das wissenschaftliche, politische und ökonomische Interesse an der Idiographie von Regionen wieder in den Vordergrund. Es scheint sich der Trend zu bestätigen, dass je standardisierter die Lebenswelten werden, desto aufmerksamer werden die feinen Unterschiede registriert. Eben diese dynamischen Faktoren sind jedoch von zentraler Bedeutung bei der Betrachtung eines Raumes, der durch verschiedene Phasen spontaner und gelenkter Migration in zeitlich kurzer Abfolge geprägt ist. Denn die Zuwanderungen haben zu hoher ethnischer, religiöser und zugleich kultureller Vielfalt der Bevölkerung geführt. Zugleich kommt der Interaktion der verschiedenen Gruppen und ihrer individuellen Akteure eine wesentliche Rolle bei der Analyse der Einflussfaktoren für die Veränderungen des Raumes zu.

Daher sind die geographischen Konzepte der Kulturgeographie grundlegend für das Verständnis der regionalen Kontexte. Diese Kontexte sind „geographische", was bedeutet, es werden sowohl anthropogene als auch physische Aspekte der Untersuchungsregionen berücksichtigt, die auf das Handeln der einzelnen Akteure einen Einfluss haben. Im Speziellen führt die weiterführende Fragestellung der Untersuchung nach den Auswirkungen der Migration auf die Kulturlandschaftsentwicklung von den konkreten Individuen und Gruppen wieder zurück zum Kontext und zur Region, also zu einer abstrahierenden Untersuchung realer und potenzieller Konsequenzen der Zuwanderung für den vom Menschen beeinflussten Raum. Die Kulturlandschaft des Untersuchungsgebietes ist als Resultat räumlichen Agierens der dortigen Bevölkerung einerseits wahrnehmbare Realität, andererseits bleibt das Konzept von der Kulturlandschaft ein Modell, welches diejenigen allgemeinen und abstrakten Merkmale der sozialen Umwelt darstellt, die für den geographischen Forschungsgegenstand von Bedeutung sind.

Derartige Charakteristika sind etwa der Raum als Bezugssystem sozialen Handelns, die Naturlandschaft als umgebende Umwelt sowie die menschlichen Gruppen und Gesellschaften, die diese Naturlandschaft im Rahmen der Ausführung der Daseinsgrundfunktionen verändern. Die Entwürfe der regionalen Geographie abstrahieren vom konkreten sozialen Akteur und wenden sich seinen Grundbedürfnissen und kulturell beeinflussten Handlungsentscheidungen und deren Konsequenzen zu. Daher sind für die Forschungsfrage neben den Handelnden der Kolonisationsgesellschaften auch die durch jegliches menschliches Handeln beeinflussten Subsysteme Wirtschaft, Politik, Treuhandwesen und gesellschaftliche Gemeinschaft als systemische Teile der Kontexte von Relevanz.

Talcott PARSONS handlungsorientierte Systemtheorie fungiert aufgrund ihrer Abstraktheit mehr als Orientierungs- und Ordnungsmuster idealtypischer Handlungsprozesse denn als Bezugsgrundlage empirischer Forschung. Das A.G.I.L.-Schema basiert nicht auf der Empirie, sondern einzig und allein auf der Theorie. Daher bedarf es zusätzlicher Werkzeuge, um Operationalisierbarkeit und Datenanalyse zu erleichtern. Ebenso ermöglicht die Theorie zur sozialen Integration und ethnischen Schichtung von Hartmut ESSER (2000; 2001) eine schwierige anwendungsbezogene Konkretisierung nicht allen der Systemintegration, sondern vielmehr der vier Dimensionen der Sozialintegration, mit Hilfe derer Integration quantitativ und qualitativ „messbar" gemacht werden kann. Die Systemintegration der Migranten und Migrantengesellschaften wird daher durch die Konzepte der Regionalen Geographie operationalisiert. D.h., die Frage nach der Systemintegration wird über die Analyse des räumlichen Kontextes auf der Makroebene bearbeitet, und die Frage nach der sozialen Integration durch die Analyse der sozialen sowie kulturellen Praxis auf der Mikroebene.

## 1.3.2 Integrationsforschung zur Analyse lokaler Prozesse des Zusammenlebens

Die Prozesse der sozialen Integration von Einwanderern und die daraus resultierenden Konsequenzen für die Entwicklung der Kulturlandschaft sind die zentralen Untersuchungsschwerpunkte dieser Arbeit. Durch den politischen Kontext der staatlichen Förderungen und Umsiedlungsprogramme sind die Agrarkolonisationen und damit eine umfangreiche Binnenmigration entstanden. Integration setzt Migration voraus, in den konkreten Untersuchungsregionen z.B. von den Departamentos Potosí und Chuquisaca nach San Julián, von Bokanda und Dimbokro sowie Burkina Faso in den Südwesten der Elfenbeinküste, von Java und Bali nach Zentral-Sulawesi. Die Klärung der sozialen Prozesse, die sich z.B. in der Ressourcennutzung und im Zugang zu Ressourcen äußern, macht eine Auseinandersetzung mit der Integration von Einzelnen und Gruppen erforderlich.

Für die Untersuchung, welche Bedeutung die Art und Weise der Integration von Migranten für die Kulturlandschaft hat, wurden im Rahmen dieser Arbeit Integrationsdimensionen gewählt, die sowohl auf sozialer als auch auf systemischer Ebene liegen. Das Integrationskonzept von ESSER (2001) scheint am besten geeignet, da es die Untersuchungsebenen kombiniert und klare, für die komplexe Untersuchung von Integration sinnvolle Orientierungen formuliert. Diesem Gerüst folgend werden sowohl primäre qualitative und quantitative Daten als auch Sekundärdaten gesammelt. Die Analyse der sozialen Integration von Einwanderungsgruppen konzentriert sich auf den Grad der Inklusion der Handelnden in die Aufnahmegesellschaft. Im Mittelpunkt der Betrachtung stehen dabei die messbaren Interaktionen zwischen den Gruppenmitgliedern der Kolonisationsgesellschaft. Zwischen den vier Elementen der sozialen Integration (Kulturation, Platzierung, Interaktion, Identifikation) bestehen Interdependenzen, folglich ist kein Aspekt ganz unabhängig von dem anderen. Das kulturelle und soziale System sollen daher nicht aus dem Verbund herausgelöst, sondern lediglich akzentuiert werden. Im empirischen Teil geht es um die Bewertung der sozialen Integration der befragten Haushaltsmitglieder in den Agrarkolonisationsgebieten.

## 1.3.3 Integrativer Ansatz von Kulturgeographie und Sozialwissenschaft zur kulturräumlichen Differenzierung und zum Kulturraumvergleich

Ausgangspunkt für die Arbeit ist die sich stark verändernde Sichtweise von „Raum", wie sie in der Humangeographie und in den Humanwissenschaften in den letzten zwei Jahrzehnten diskutiert wird. Aus unterschiedlichen Perspektiven werden ontologische, epistemologische und methodologische

Fragen vor dem Hintergrund einer sich rapide verändernden Raumerfahrung und −wahrnehmung diskutiert. Aufgrund der Vielzahl von Ansätzen und der Vielfalt dessen, was „räumlich" beschrieben wurde, stellt sich die Frage, was überhaupt ein spezifisch kulturgeographischer Beitrag zur Konzeptionalisierung von Räumlichkeit und zum Vergleich sein kann. Die Fragestellung führt über die Grundlagen der Wissenschaft, also das wechselwirksame Verhältnis von theoretischer Begriffsbestimmung und methodisch reflektierter Umsetzung dieser Bestimmungen zum Erkenntnisgewinn.

In der methodischen Umsetzung müssen sich theoretische Überlegungen bewähren und ihren Erkenntniswert beweisen. Die angestrebte Beschreibung von Kulturräumen und ihr Vergleich sind daher so angelegt, dass die unterschiedlichen Bereiche kulturgeographischer und sozialwissenschaftlicher Forschung aufeinander bezogen und in ihren Möglichkeiten ausgeschöpft werden. Dabei sind die theoretischen und methodischen Möglichkeiten der Kulturgeographie und der Sozialwissenschaften beträchtlich. Im Bereich der Theorie stehen hinsichtlich der Kontextualisierung der regionalen Lebensbedingungen und der fundamentalen Grundlagen menschlicher Existenz sowohl grundlegende Konzepte der Geographie als auch der Sozialwissenschaften zur Verfügung.

Die Methode des Vergleichs gewährleistet, dass sich das Verhältnis von Theorie und Empirie nicht nur auf das Vorgehen der Generalisierung vom Einzelfall aus beschränkt. Der Vergleich von Kulturräumen erhebt letztlich den Anspruch, Generalisierungen nicht nur durch die Auseinandersetzung des partikularen Einzelfalls mit der theoretischen Argumentation zu ermöglichen, sondern auch durch ein Vorgehen, das aus der Konfrontation partikularer Einzelfälle Generalisierungen abzuleiten versucht. Der grundsätzlichen Gefahr des Vergleichens qualitativer Erfahrungen, die auf formale Kodizes und systematisch hergeleitete Vergleichskriterien verzichten, wird in der vorliegenden Arbeit durch die Kombination mit quantitativen Daten begegnet. Das bedeutet, die notwendigen Bedingungen für das Vergleichen sind in der Analyse der Primärdaten gegeben.

Es handelt sich im vorliegenden Fall prinzipiell um einen Vergleich von nur wenigen und weit voneinander entfernten Kulturen, der in der konkreten Anwendung auch ein Regionalvergleich ist. Ein unvermeidbarer Nachteil besteht darin, dass die Generalisierbarkeit der Folgerungen relativ niedrig ist. Da der Vergleich auf Primärdatenanalysen und −quellen beruht, sind die Datenqualität und die Informationsdichte als sehr gut anzusehen. Dies bedeutet, dass keiner der angestrebten Forschungsgegenstände aus Gründen fehlender Dokumentation herausfällt, wie es häufig bei der Verwendung von Sekundärquellen der Fall ist. Was die herangezogenen Untersuchungseinheiten betrifft, so sind Auffassungsunterschiede und intrakulturelle Variationen seitens der Informanten zu beachten, da in jedem der zu vergleichenden Fälle zwei lokale Dorfgemeinschaften als Hauptquelle dienen, während die Mehrheit aller gegebenen Dörfer nicht berücksichtigt ist. In Bezug auf Vergleichsaussagen steht nicht die Erklärung von Gemeinsamkeiten und Unterschieden im Sinne von Ursachen und Wirkungen im Vordergrund, sondern die Interpretation und die Herleitung prozessualer wie symbolhafter Zusammenhänge in spezifischen Untersuchungsbereichen.

## 1.4 Vorgehensweise und Methoden

### 1.4.1 Sekundärmaterial

Es liegen eine Reihe regionalgeographischer Arbeiten zu den Tropen (MANSHARD u. MÄCKEL 1995; BREMER 1999) und zu tropischen Staaten und Kulturräumen vor, außerdem belegen eine Reihe von Veröffentlichungen deutschsprachiger Autoren die Auseinandersetzung mit verschiedenen Aspekten der Migrationsproblematik. Verstädterungs- und Metropolisierungsprozesse in Staaten der Dritten Welt sind vielfach quantitativ analysiert worden, z.B. von HEROLD 1972, SCHOLZ 1979, KOHLHEPP 1982, SCHÖLLER 1983, BRONGER 1984, MERTINS 1987. Dabei ging es auch um die Verknüpfung aktueller Migrationstrends mit Entwicklungstheorien, z.B. BLENCK 1982, STEWIG 1983, VORLAUFER 1984, denn Land-Stadt-Wanderungen sind verbunden mit "push"- und "pull"-Faktoren.

Der geringe Entwicklungszustand des ländlichen Raumes mit seinem unzureichenden Arbeitsplatzangebot wird bei den meisten Autoren als ein entscheidendes Abwanderungsmotiv in die Stadt gesehen, z.B. BÄHR 1975, STEWIG 1980, HEIDEMANN 1981, MERTINS 1982, BREHM 1986. Das bedeutet allerdings nicht, dass sich der Bevölkerungsdruck in einer grundsätzlich einheitlichen Abwanderungsbewegung äußert. Sie kann nämlich nach sozialen Gruppen sehr unterschiedlich sein, z.B. BÄHR 1975, STEWIG 1980, BREHM 1986) und oftmals wird sie sogar spontan ausgelöst, z.B. HEINRITZ u. EL MANGURI 1986. Hinweise auf derartige Zusammenhänge geben temporäre Abwanderungen und Rückwanderungen, denen aber in den Entwicklungsländern bisher wenig Aufmerksamkeit geschenkt wurde, z.B. KOPP 1977, MEYER 1986. Die Problematik der Binnenmigration in nicht-städtische Räume ist im Gegensatz zu den zahlreichen Arbeiten zur Land-Stadt-Migration vergleichsweise wenig behandelt worden, z.B. FAUST (1996) zu Stadt-Umland-Beziehungen in einem tropischen Inselstaat.

Es gibt einige Arbeiten zur Agrarkolonisation weltweit, auch zur Agrarkolonisation in den Tropen und zu Bolivien, Elfenbeinküste und Indonesien. Von den deutschen Arbeiten zur Agrarkolonisation kann nur eine Auswahl wiedergegeben werden, zu nennen sind beispielsweise die Arbeiten von KOHLEPP (1976, 1979, 1984, 1986) in Brasilien, von SCHOOP (1970) sowie MONHEIM (1982) in Bolivien, aktuell von ELBERS (2002) im Alto Beni, von SCHAAF und MANSHARD (1987, 1988) im tropischen Afrika, insbesondere in Ghana und der Elfenbeinküste, von KEBSCHULL (1984, 1986, 1987) und SCHOLL (1992) in Indonesien. Die Arbeiten beschäftigen sich mit den Planungs- und Entwicklungsprozessen bei der Umsetzung der Kolonisation, den Motiven, die besonders durch die Überwindung von räumlichen Disparitäten gegeben sind, sowie mit den Unterschieden zwischen gelenkter und ungelenkter Kolonisation. Des Weiteren zeigen sie die Möglichkeiten und Grenzen der Landwirtschaft im Entwicklungsprozess auf und diskutieren die Tragfähigkeit von tropischen Agrarräumen. Einige jüngere Arbeiten beschäftigen sich mit den wirtschaftlichen, politischen und sozialen Auswirkungen von Agrarkolonisation, HETZEL (1988) und FIEGE (1991) für die Elfenbeinküste, KREKELER (1987) und BÜNGENER (1990) sowie ELBERS (2002) in Bolivien, HEIGL und SCHWARZ (2000) in Indonesien.

Arbeiten, die im Zusammenhang mit Agrarkolonisation integrative Aspekte in den Vordergrund stellen, sind kaum zu finden. In den Sozialwissenschaften beziehen sich die Arbeiten im Wesentlichen auf den Diskurs über die Aktualität des Konzeptes der Assimilation (ESSER 2003) und auf Integrationskonzepte für Industriestaaten (-gesellschaften), bezogen auf Zuwanderungen aus Osteuropa und Staaten der so genannten Dritten Welt. Ebenso verhält es sich mit Untersuchungen zum Kulturvergleich, es gibt kaum empirische Arbeiten, und wenn, dann eher aus ethnologischer oder ethnographischer Sicht. Dazu sind insbesondere die jüngeren Forschungsarbeiten von HAUSER-SCHÄUBLIN, DICKHARDT, HESSE und RÖSSLER (1997-2001) zur Theorie der Räumlichkeit und zum Kulturvergleich zu nennen.

Statistische Daten und Materialien zu den Untersuchungsgebieten finden sich in staatlichen sowie nicht-staatlichen nationalen und internationalen Einrichtungen und Organisationen. Z.B. wurden bei Literatur- und Datenrecherche in Santa Cruz de la Sierra die Institutionen CIAT (Centro de Investigación Agrícola Tropical), CIPCA (Centro de Investigación y Promoción del Campesinado), INE (Instituto Nacional de Estadística), INRA (Instituto de la Reforma Agraria) und SACOA (Servicios de Asesoría a Comunidades Agrarias) aufgesucht. In der Elfenbeinküste wurden z B. Interviews mit Experten aus der Verwaltung Soubrés geführt. Mitarbeiter der „Eaux et Forêt" erläuterten in einem Gespräch die Entwicklung des Tai-Nationalparks und die existierende Probleme des Untersuchungsgebiets. Ein Gespräch mit dem Unter-Präfekten von Soubré über Konflikte in der Region war jedoch relativ unergiebig. Ein vom Landwirtschaftsministerium zur Durchführung des neuen Bodenrechts beauftragter Mitarbeiter gab Auskunft über Recht und dessen Umsetzung. Beim statistischen Amt der „Région Bas-Sassandra" in San Pédro wurden vergebens Daten der Untersuchungsdörfer angefordert. In einem Telefongespräch mit einem Botschaftsmitarbeiter in Bonn konnten Informationen über Ausländer -und Bodenrecht gewonnen werden. Die Bitte um schriftliche Auszüge aus den entsprechenden Gesetzestexten und um ein persönliches Gespräch in Bonn wurde jedoch nicht erfüllt. In Indonesien wurden Informationen beispielsweise bei der Entwicklungsplanungsbehörde BAPPEDA (Badan Perencanaan Pembangunan Daerah), im Amt für Statistik BPS (Badan Pusat Statistik Indonesia), im „Center for International Forestry Research" (CIFOR), bei TNC (The Nature Conservacy), bei WALHI (Wahana Lingkungan Hidup), dem Dachverband indonesischer NGO, sowie vom „Central Sulawesi Integrated Area Development and Conservation Project" (CSIADCP) eingeholt.

Von den internationalen statistischen Quellen soll eine hervorgehoben werden, und zwar der „Human Development Index" (HDI) in Kombination mit dem „Human Development Report" der UNDP. Der HDI setzt sich aus der Lebenserwartung bei der Geburt, dem Bildungsniveau (kombiniert aus doppelt gewerteter Analphabetenquote und einfach gewerteter Gesamteinschulungsquote auf allen Bildungsstufen) sowie dem Einkommensindex (reales Bruttoinlandsprodukt pro Kopf in US$ bei Kaufkraftparität) zusammen. Der Idealwert von 1 errechnet sich bei einer Lebenserwartung von 85 Jahren, einem Bildungsgrad von 100 % sowie einem realen BIP pro Kopf von 40.000 US$ (SANGMEISTER 2000: 867). Anhand des HDI und seiner Indikatoren bemüht sich die UNDP, eine kontinuierliche jährliche Fortschreibung der Entwicklungen für alle Staaten der Vereinten Nationen durchzuführen und mit ihrer Veröffentlichung eine größere Transparenz zu erzielen. Dieses geschieht auf der bestmöglichen Datenbasis, die aber für viele Staaten sehr unterschiedlich ausfällt und sowohl in der Qualität der Verlässlichkeit als auch in der Quantität variiert. Aus der Erfahrung vieler Jahre heraus sind die aktuellen Indikatoren auf die verlässlichsten und aussagekräftigsten reduziert, um eine Vergleichbarkeit gewährleisten zu können.

Der "Human Development Report" hat die Hauptaufgabe, den Stand der globalen Entwicklungen darzustellen und darüber hinaus eine kritische Analyse der aktuellen Prozesse und ihrer Auswirkungen zu geben. Dies geschieht in der Regel durch die Betrachtung von jährlich wechselnden konkreten Themen, wie zum Beispiel Armut und Ernährungssicherung. Eine Kombination von politischer Analyse und Länderdaten konzentriert sich auf die Lebensbedingungen und nicht allein auf ökonomische Daten. Die wachsende Zahl der Indikatoren reflektiert die erheblich gewachsene Informationsmenge. Sie erlaubt eine immer bessere Vergleichbarkeit von zeitlichen und räumlichen Prozessen und Trends.

### 1.4.2 Untersuchungsdesign: Makroebene und Mikroebene

Der allgemeine regionalgeographische Rahmen mit dem Schwerpunkt auf den historisch-politischen Bedingungen soll zeigen, wie die Bevölkerung in den Agrarkolonisationen durch Entscheidungen auf der Makroebene in einen vorgegebenen Handlungsrahmen gesetzt wurde und sich bei verändernden politischen und ökonomischen Rahmenbedingungen anpassen muss. Damit ist auch die Frage nach der Systemintegration angesprochen, die darauf abzielt, inwieweit „über die Köpfe der Akteure hinweg", zum Beispiel durch Markt und Herrschaft, Anpassungsprozesse geschehen. Um klären zu können, wie individuelle Akteure und Gruppen mit diesem extern bestimmten Handlungsrahmen umgehen, sind die lokalen Handlungskontexte differenziert zu betrachten. Daher wird eine Analyse der nationalen und regionalen Rahmenbedingungen für die Untersuchungsdörfer und ihre Regionen auf der Makroebene durchgeführt. Nationale und regionale Rahmenbedingungen werden zusammengefasst und nicht in eine weitere Ebene (Mesoebene) unterteilt. Zunächst werden die politischen, ökonomischen und sozialen Bedingungen im nationalen Kontext statistisch beschrieben, und anschließend werden die physischen und anthropogenen Rahmenbedingungen auf regionaler Ebene dargestellt.

Weiterhin werden die Aspekte der Sozialintegration, also die Inklusion der Akteure in die jeweiligen lokalen sozialen Systeme, sowie die Handlungen der ländlichen Bevölkerung auf der Mikroebene sowohl anhand von quantitativen standardisierten Befragungen als auch darauf aufbauenden qualitativen Leitfaden-Interviews untersucht. Für die vorliegende Untersuchung stellen sich angesichts dieser Komplexität die Fragen, wie sich der Vielfältigkeit des Untersuchungsgegenstandes in einer begrenzten Zahl von Fallstudien gerecht werden lässt, und wie die Relevanz lokaler Fallstudien für die Gesamtheit der Agrarkolonisationen in den Tropen belegt werden kann (MÜLLER-MAHN 2001: 71).

Die erhobenen Daten bilden einen quantitativen Rahmen zur statistischen Beschreibung demographischer, sozialer und ökonomischer Strukturen der Untersuchungsdörfer. Die primären Rahmendaten ermöglichen es, die untersuchten Siedlungen untereinander auf quantitativer Basis zu vergleichen und in Beziehung zu statistischen Angaben auf übergeordneter bzw. nationaler Ebene zu setzen. Darüber hinaus lässt sich für die einzelnen Untersuchungsdörfer die Relevanz bestimmter Probleme und der bäuerlichen Handlungsstrategien beurteilen, so dass aus der quantitativen Beschreibung Hinweise für die weitgehend qualitative Analyse kausaler Zusammenhänge abgeleitet werden können. Die standardisierte Befragung bildet das systematische Untersuchungsraster, auf das sich die Hypothesenbildung und die Formulierung der Leitfragen für weiterführende qualitative Untersuchungen beziehen.

### Differenzierungen der Merkmale nach Untersuchungsebenen

Die Orientierung der Merkmale auf der Makroebene lehnt sich an die Konzepte der Regionalen Geographie und der Systemintegration (Subsysteme: Politik, Ökonomie, Gesellschaft, Kultur) durch Literatur, Statistiken und Befragung von Schlüsselpersonen an. Dazu gehören:

- Lage des Untersuchungsraumes und allgemeine Landeskunde
- naturgeographische Bedingungen im Untersuchungsraum
- humangeographische Struktur im Untersuchungsraum
- regionale Entwicklungen und Prozesse im Untersuchungsraum
- historische Grundlagen für jüngere Entwicklungen und Prozesse
- politische Rahmenbedingungen der jüngeren Entwicklungen und Prozesse

Auf der Mikroebene (Dorf- und Haushaltsebene) lehnt sich die Auswahl der Aspekte an das Konzept der Sozialen Integration von ESSER (2003: 7) an:

- sozioökonomische Strukturen der Untersuchungsdörfer
- Prozesse der Kulturation als die Übernahme von Wissen, Fertigkeiten und kulturellen Vorstellungen und „Modellen"
- Prozesse der Platzierung als die Übernahme von Rechten und die Einnahme von Positionen in relevanten Bereichen des jeweiligen sozialen Systems, etwa in Bildung und Arbeitsmarkt, im ländlichen Raum im Flächenmarkt
- Prozesse der Interaktion als die Aufnahme von sozialen (Primär-) Beziehungen und die Inklusion in Netzwerke
- Prozesse der Identifikation, als die Übernahme gewisser Loyalitäten zum jeweiligen sozialen System und zu seinen Werten

## 1.4.3 Auswahl der Untersuchungsdörfer

Auf der Basis zahlreicher Feldaufenthalte und Vorstudien einerseits, andererseits aufgrund der Überlegungen, zu einer ausgewogenen Mischung von quantitativ messbaren und qualitativ interpretierbaren Datenbasis zu gelangen, wurden nach eingehender Reflexion der vor Ort gesammelten Erfahrungen eine Reihe von Merkmalen isoliert, die für die Auswahl der Untersuchungsregionen und -dörfer bestimmend sind. Darüber hinaus ist es für die Vergleichbarkeit der Erhebungen, aber auch für die Machbarkeit der Untersuchungen notwendig, dass alle Untersuchungsregionen und -dörfer gleichermaßen die folgenden Kriterien erfüllen:

- tropische Agrarkolonisationsgebiete
- nicht älter als 30 Jahre
- andauernde spontane Migration
- ethnische Stratifikation
- Überschaubarkeit in der Größe
- Zugang zum Untersuchungsgebiet
- politische Machbarkeit der Untersuchung vor Ort, Sicherheit
- Sozialisation der Untersuchungen durch lokale Projektmitarbeiter
- Zugang zu sozialen Gruppen und Haushalten
- möglichst Anbindung an andere Forschungsprojekte

Als Untersuchungsregion wurde in Bolivien im Tiefland die Region San Julián ausgewählt, da sie im Wesentlichen die oben aufgeführten Merkmale erfüllt (s. Abb. 2). Darüber hinaus wurden einerseits El Progreso aufgrund seiner peripheren Lage innerhalb der Untersuchungsregion und seiner ethnisch homogenen Zusammensetzung, andererseits San Martín wegen seiner geographischen Zentralität, seiner ethnischen Heterogenität und seiner Gesundheitsstation ausgesucht. Denn einen entscheidenden Beitrag zum Zugang zur Bevölkerung und zur Sozialisation der Untersuchung leistete die Nichtregierungsorganisation SACOA (SERVICIOS DE ASESORÍA A COMUNIDADES AGRARIAS), die im Gesundheits- und Bildungssektor des Untersuchungsgebietes tätig ist und die notwendigen Kontakte zu den lokalen Haushalten und den in der Region aktiven Institutionen herstellte.

Für die Untersuchung in der Elfenbeinküste wurden die zwei Nachbardörfer Azoumanakro und Soubré 3 im Südwesten der Elfenbeinküste (s. Abb. 3), direkt an der östlichen Grenze des Tai-Nationalparks, in den Distrikten

Méaguie und Buyo (in etwa vergleichbar mit einer Landkreisverwaltung) gewählt. Die Siedlungen boten sich insbesondere aus zwei Gründen an: Erstens erfüllen sie die interethnische Stratifikation und zweitens liegen sie in der Nähe der Untersuchungsstationen des Forschungsprojekts „Charakterisierung des Nährstoffhaushaltes eines Einzugsgebietes im Westen der Elfenbeinküste" von G. GEROLD und E. FISCHER, Geographisches Institut Göttingen, Abteilung Landschaftsökologie, das die empirischen humangeographischen Arbeiten vor Ort organisatorisch und logistisch unterstützt hat. Die Siedlungen sind in den 1970er Jahren entstanden und bilden jeweils Einheiten mit vom Kerndorf unabhängiger politischer Organisation. Soubré 3, eine Siedlung von Loboville (ca. 20 km enfernt) ist 1974 durch die Besiedlung autochthoner Bété aus Loboville auf „ihrem" Land und durch den späteren Zuzug sowohl von Burkinabé einer benachbarten, aufgelösten Holzwirtschaftsfläche als auch aus Burkina Faso, entstanden. Azoumanakro, eine Siedlung von Méagui (ca. 60 km enfernt), wurde schon 1970 von zugewanderten Bauolé aus dem Landeszentrum der Elfenbeinküste gegründet. Vor allem in den 1990ern zogen Migranten aus Burkina Faso nach.

Die Transmigranten-Siedlungen Siliwanga und Mekarsari gehören zur Untersuchungsregion des Sonderforschungsbereiches 552 „Stabilität von Randzonen des tropischen Regenwaldes – STORMA" (s. Abb. 4). Sie gehören zu drei Siedlungen, die Ende der 1980er Jahre geplant und Anfang der 1990er Jahr im Naputal angelegt worden sind. Das Naputal wiederum liegt in der Provinz Zentral-Sulawesi, im Bezirk Poso, im Distrikt Lore Utara. Siliwanga und Mekasari wurden ausgewählt, weil sie zwei verschiedene Typen von Transmigrantendörfern repräsentieren, Siliwanga ein „transmigrasi umum" und Mekarsari ein „ransmigrasi bandep". Im erst genannten Programm übernimmt die Regierung alle Kosten der Umsiedlung. Die Umsiedler werden zum Zielgebiet transportiert und erhalten zwischen zwei und fünf ha Land und ein Wohnhaus sowie finanzielle und materielle Anfangsunterstützung für die ersten acht bis zwölf Monate (KEBSCHULL 1986: 12; RIGG 1991: 89). In der anderen Form der Umsiedlungen, „bandep", wird die Ansiedlung an eine bereits bestehende Siedlung angegliedert und nach etwa zwei Jahren übergeben, im vorliegenden Fall betrifft dies Mekasari, das an Tamadue angegliedert ist und deshalb auch Tamadue II genannt wird.

**Abb. 2:** Die Untersuchungsregion San Julián im Tiefland Boliviens

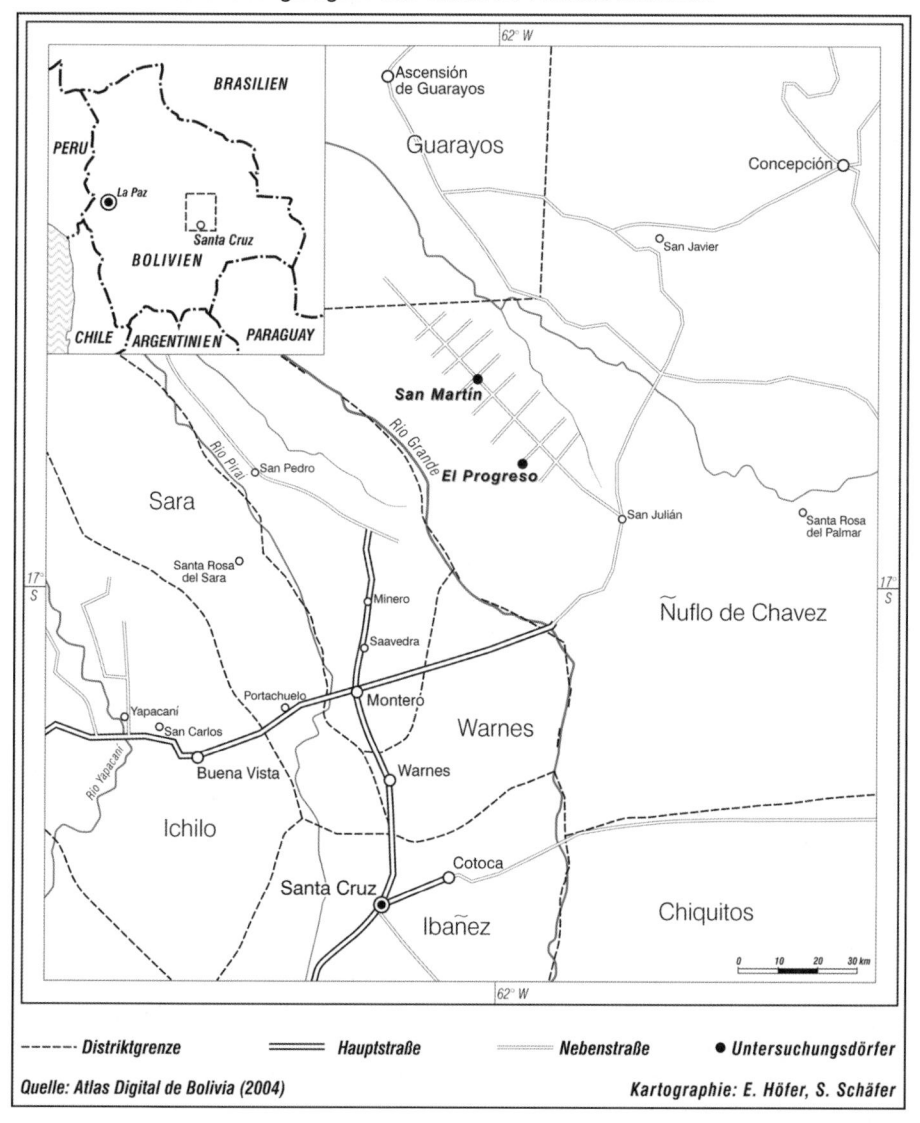

------- *Distriktgrenze*   ===== *Hauptstraße*   ===== *Nebenstraße*   ● *Untersuchungsdörfer*

*Quelle: Atlas Digital de Bolivia (2004)*   *Kartographie: E. Höfer, S. Schäfer*

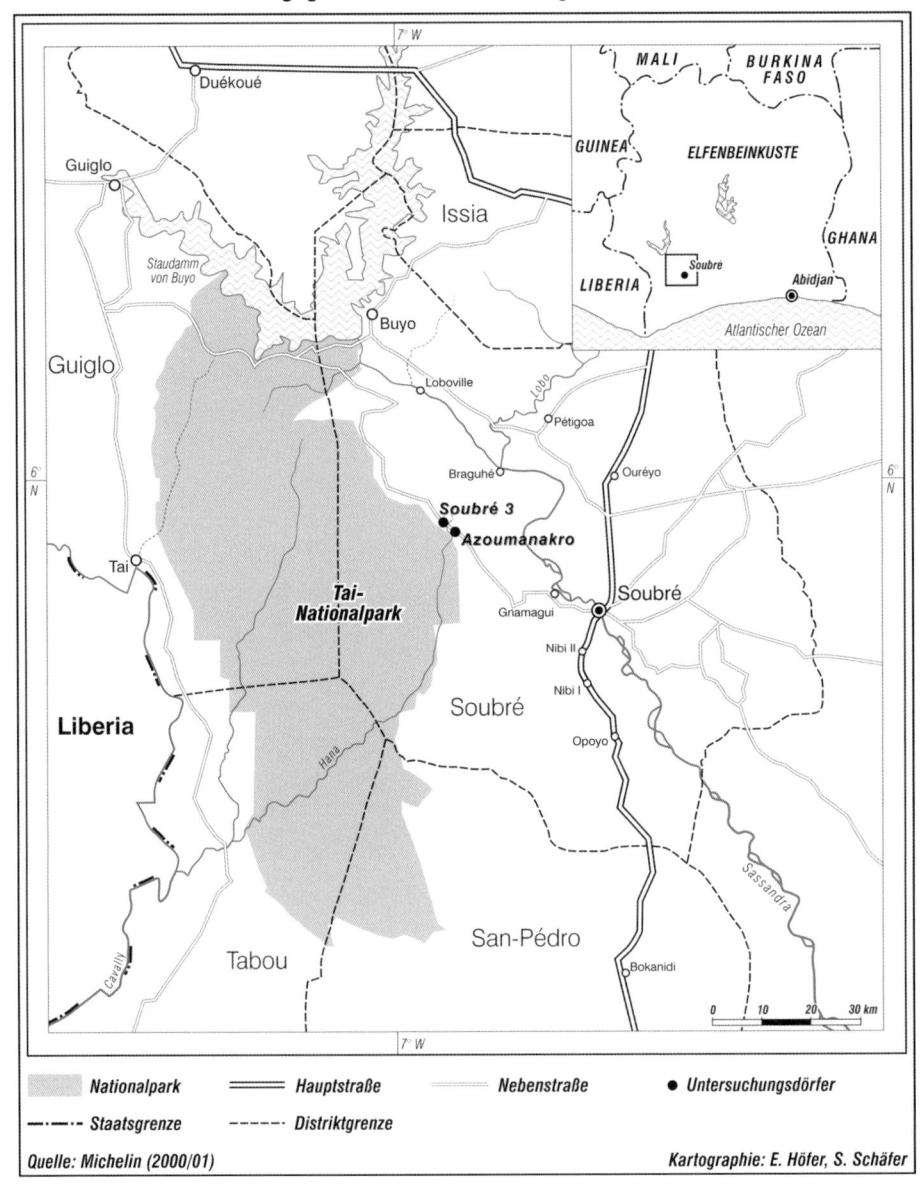

**Abb. 3:** Das Untersuchungsgebiet in der Südwestregion der Elfenbeinküste

**Abb. 4:** Das Untersuchungsgebiet in der Lore Lindu Region von Zentralsulawesi, Indonesien

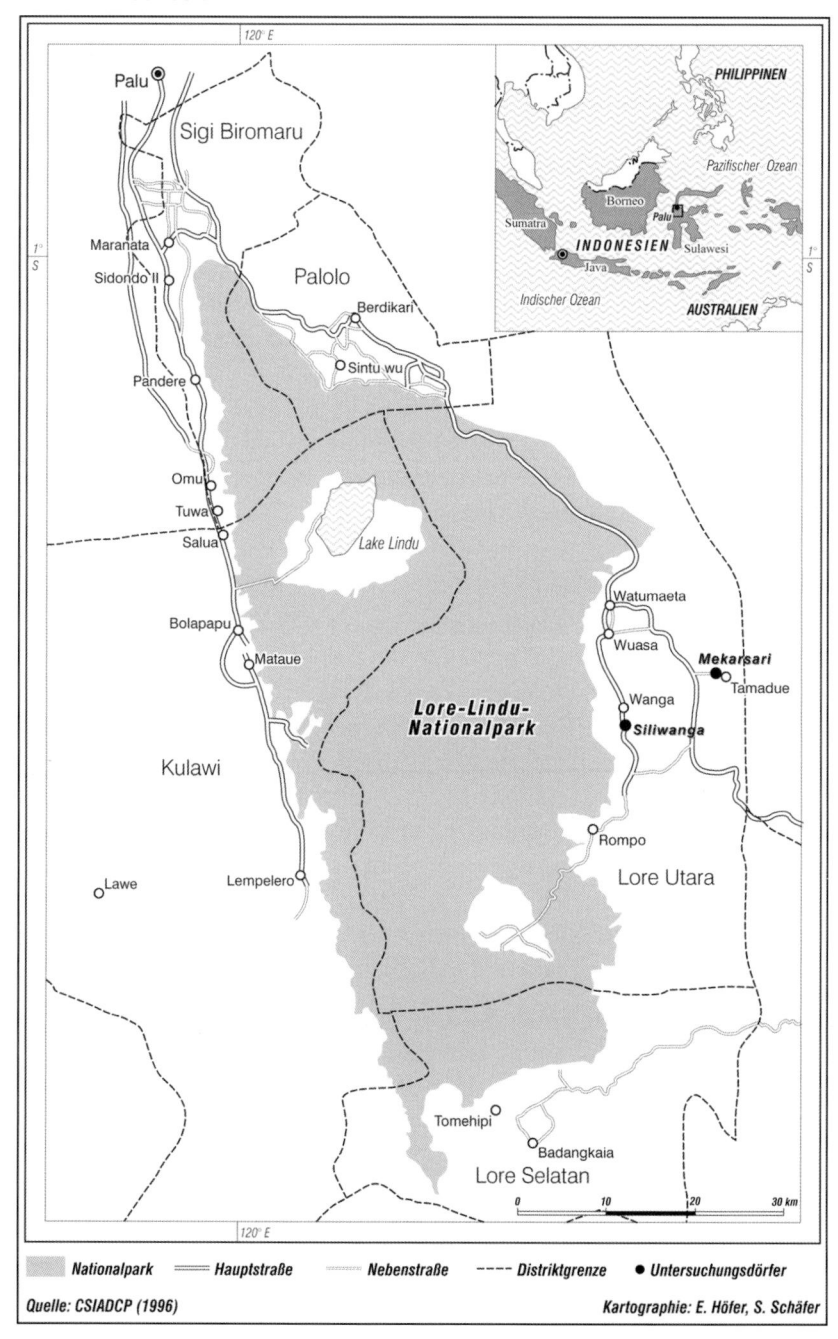

### 1.4.4 Empirische Methoden: quantitative und qualitative Befragungen

In der Forschungskonzeption der vorliegenden Arbeit sind drei lokale Studien als Diplomarbeiten integriert. Daher sind die Datenerhebungen vor Ort zum großen Teil von einer Diplomandin und zwei Diplomanden durchgeführt worden (HOPPE 2002, SACHAU 2003; WINTER 2003). Sie wurden in den Befragungen von lokalen Feldassistenten und Übersetzern unterstützt, um die Befragungen in den lokalen Sprachen durchführen zu können. Die Qualität der Übersetzung hing vom Übersetzer ab, der, je nach Sprache und Dorf, gewechselt wurde. Dies hatte Auswirkungen auf den Informationsgehalt und das Zwischen-den-Zeilen-Lesen. Bandaufnahmen waren überwiegend kein Problem. Die methodische Durchführung verbindet quantitative und qualitative Methoden der empirischen Sozialforschung, wie sie in der Humangeographie weithin Anwendung finden. Sie besteht aus einem Methoden-Mix zwei wesentlicher Teile: Einer Haushaltsbefragung mit Hilfe eines standardisierten Fragebogens und qualitativen Leitfadeninterviews mit ausgewählten Individuen in den Untersuchungsdörfern.

**Quantitative Erhebung**

Es wurden im Rahmen dieser Erhebung insgesamt 678 Haushalte befragt, 98 in Bolivien, 196 in der Elfenbeinküste und 384 in Indonesien. Die quantitative Erhebung kann auch als thematisch erweiterter Zensus bezeichnet werden, da damit versucht wird, alle Haushalte der Untersuchungsdörfer zu erfassen und demographische Daten der Haushaltsmitglieder zum Alter, dem Geschlecht, der Herkunft, der ethnischen und religiösen Zugehörigkeit, der Schulbildung und der Beschäftigung zu erfragen. Darüber hinaus wurden Fragen zur Landgröße und -nutzung, zum Einkommen, zu Migrationsbewegungen vor dem Eintreffen im Dorf, zu Motiven für die Migration, zur Abwanderung, zu den Lebensbedingungen im Dorf und zu Beziehungen mit anderen Dorfbewohnern innerhalb und außerhalb des Dorfes behandelt.

Durch diese Methode der Totalerhebung der Haushalte ist es möglich, die aktuelle demographische Situation der Siedlungen für das Jahr 2002 zu erfassen. Eventuelle Veränderungen in der Bevölkerungsstruktur wie etwa der ethnischen und religiösen Zusammensetzung der Siedlungen, welche durch Abwanderung von Siedlern und erneuter Zuwanderung anderer Migranten entstanden sind, lassen sich hiermit festhalten. Ebenso kann die räumliche Bevölkerungsverteilung innerhalb der Dörfer dargestellt werden. Weiterhin ist es anhand dieser Erhebung auf Haushaltsebene möglich, Aussagen über die Lebenssituation der einzelnen Individuen (bzw. Familien) wie auch Gruppen im Dorf zu treffen. Eine wichtige Funktion der quantitativen Haushaltsbefragungen bestand darin, die Basis für die Auswahl von Interviewpartnern für weitere qualitative Befragungen, welche anhand einer geschichteten Stichprobe ausgewählt wurden, zu schaffen. Die Auswahlkriterien waren hierbei die ethnische und religiöse Zugehörigkeit sowie die Herkunft der Personen.

Die Verwendung eines standardisierten Fragebogens für die quantitative Totalerhebung erlaubt die Verarbeitung der gesammelten Daten mit Hilfe einer Statistik-Software (SPSS), mit der eine spätere Analyse der Ergebnisse möglich ist. Die quantitative Totalerhebung liefert ein klares deskriptives Bild der aktuellen Strukturdaten für die Untersuchungsdörfer.

**Qualitative Erhebung**

Die Entscheidung für qualitative Interviewtechniken in dieser Untersuchung beruht auf der Überlegung, dass im Rahmen von ausschließlich quantitativen und standardisierten Befragungen gewisse Inhalte und Sichtweisen nicht erfasst werden. In der vorliegenden Untersuchung des soziokulturellen Zusammenlebens ist die Berücksichtigung der individuellen Perspektiven der Mitglieder der (Dorf-) Gemeinschaften jedoch von besonderem Interesse. Nach HAKIM (1987: 26; zit. n. ROBINSON 1998: 409) beinhaltet qualitative Forschung das Folgende:

- „'seeing through the eyes of...' or taking the subject's perspective;
- describing the details of a setting from the perspective of participants;
- understanding actions and meanings in their social context."

Bei den Untersuchungen zur sozialen Integration halfen qualitative, semistrukturierte Interviews mit den Dorfbewohnern. Darin wurden anhand eines Leitfadens, der aus Fragen und Erzählanreizen bestand, in biographischer Abfolge Daten mit Hinblick auf die soziale Integration gesammelt. Während der Interviews wurde der Leitfaden explizit auf die Situation des Gesprächpartners und seinen Kommunikationsstil zugeschnitten (FLICK 1996: 195ff, WITZEL 1989: 227f). Gleichzeitig lässt er ausreichend Raum für oftmals längere, erklärende Ausführungen des Interviewten:

> „The depth interviews provides enough freedom for respondents to steer the conversation, for example, to bring in all sorts of tangential matters which, for them, have bearing on the main subject" (HAKIM 1987: 27; zit. n. ROBINSON 1998: 417).

Auch mit Schlüsselinformanten in den umliegenden Dörfern der Untersuchungsdörfer und in den regionalen Zentren San Julián, Soubré und Palu sowie in Santa Cruz de la Sierra, Abidjan und Jakarta wurden Leitfadeninterviews geführt. Innerhalb des Dorfes handelte es sich um Personen, die gewisse politische, administrative, religiöse oder ethnische Führungspositionen innehaben, also z.B. Bürgermeister, Lehrer, Geistliche, Gewerkschafter etc. Diese Personen konnten generellere Aussagen zu verschiedenen Themenbereichen, z.B. Bevölkerungs- und Siedlungsentwicklung, machen. Zahlreiche informelle Gespräche zu mehreren Themenkomplexen ergaben sich in den Dörfern. Vor allem die einheimischen Übersetzer, mit denen schnell eine Vertrauensbasis aufgebaut war, waren eine große Hilfe.

Die Auswahl der Gesprächspartner erfolgte aufgrund der Ergebnisse der standardisierten Befragung, mit Hilfe des so genannten „theoretischen Samplings" nach GLASER und STRAUSS (1998: 65ff). Auswahl und Zusammensetzung des empirischen Materials werden dabei während des Forschungsprozesses Schritt für Schritt angepasst. Dabei geht es weniger um die Repräsentativität der Stichprobe durch eine Zufallsauswahl, sondern darum, gezielt solche Personen und Gruppen in den Forschungsprozess miteinzubeziehen, von denen ein Erkenntnissgewinn erwartet wird (FLICK 1996: 81f; GIRTLER 2001: 56; STRAUSS 1991: 70).

Die meisten Interviews wurden sowohl auf Band aufgezeichnet als auch schriftlich mit Notizen festgehalten. Diese Aufnahmen wurden daraufhin transkribiert. Neben den Transkripten liegen zur Auswertung der semistrukturierten Befragungen außerdem Interviewmitschriften vor, die während der Interviews angefertigt wurden. Diese Basisdaten werden über den Prozess der Kodierung und Kategorisierung aufbereitet und zur Auswertung systematisiert (STRAUSS u. CORBIN 1996: 5).

### 1.4.5 Feldforschung: Vorgehensweise und Probleme

Die empirische Untersuchung in Bolivien wurde von Oktober bis Dezember 2002 durchgeführt. Im Rahmen dessen wurden unter Mithilfe von hauptsächlich drei lokalen Befragern insgesamt 98 Haushalte in zehn Dörfern mittels standardisierter Interviews qualitativ und quantitativ erforscht. Das Vertrauen, das SACOA bei der sehr zurückhaltenden und eher verschlossenen zugewanderten Bevölkerung aus dem bolivianischen Hochland genießt, war für den Zugang zu den Haushalten grundlegend. In die Untersuchung flossen letztlich die Daten aus 90 Haushalten ein, die sich auf die Untersuchungsdörfer El Progreso und San Julián verteilen.

Die empirische Untersuchung in der Elfenbeinküste wurde im August und September 2002 durchgeführt. Im Rahmen dessen wurden unter Mithilfe von hauptsächlich drei lokalen Befragern insgesamt 196 Haushalte in Azoumanakro und Soubré 3 befragt. Im Forschungsprozess mussten immer wieder

Ängste der Bevölkerung ausgeräumt werden, die mit dem Erlebnis der Räumungen von Dörfern aus dem Nationalpark in den 1980ern zusammenhingen. Die Vorsicht bei Aussagen gegenüber Fremden, vor allem bezüglich einer eventuellen Nutzung des Nationalparks, ist dadurch durchaus nachvollziehbar. Andere Dorfbewohner hatten angesichts der vorherrschenden Landknappheit Hoffnung, vielleicht neues Land durch die Forschung zu bekommen.

In Soubré 3 wurde einerseits auf die scheinbare Bedrohung von außen und andererseits als Ausdruck des Misstrauens der einzelnen Gruppen untereinander mit einer sozialen Kontrolle nach innen reagiert. So wurde auf der namentlichen Kennzeichnung der standardisierten Fragebögen bestanden und die Abwesenheit der jeweils anderen Gruppe während der Interviews im Laufe der Forschung eingefordert. Es waren meist mehr Menschen als geplant bei der Durchführung der Interviews anwesend. In Azoumanakro entstand der Eindruck, dass die Situation einer forcierten einzelnen Gegenüberstellung für die Interviewpartner unnatürlich geworden wäre. Als während des Forschungsprozesses in Soubré 3 ein Interviewpartner die Abwesenheit der anderen Gruppe einforderte, kam es zu einer Auseinandersetzung zwischen den Beteiligten. Um weitere Konflikte zwischen den Bewohnern zu vermeiden, wurde dort die gemeinsame Entscheidung getroffen, die Interviews vertraulich mit jeder Gruppe zu behandeln. Politische Unruhen führten zum vorzeitigen Abbruch der Forschung. Neben der geringen Quantität an Leitfadeninterviews ist besonders das Fehlen von „offiziellen" qualitativen Interviews mit Frauen ein Verlust, von denen lediglich Daten aus inoffiziellen Gesprächen vorliegen.

Die empirische Untersuchung in Indonesien wurde von Februar bis April 2002 mit der Unterstützung von acht lokalen Befragern durchgeführt. Die Haushaltsbefragung hatte die Form einer Totalerhebung aller Haushalte in den zwei Untersuchungsdörfern Mekasari und Siliwanga. Sowohl die quantitativen als auch die qualitativen Interviews konnten problemlos und mit der Unterstützung der Dorfadministration durchgeführt werden. Ergänzt wurden die Befragungen durch teilnehmende Beobachtung im Rahmen längerer Aufenthalte (1-2 Wochen) in allen Untersuchungsdörfern. Durch die Unterbringung bei Familien in den Gemeinden ergab sich ebenfalls die Gelegenheit zu diversen informellen Gesprächen und Geländebegehungen.

## 2 ANALYSE DER NATIONALEN UND REGIONALEN RAHMENBEDINGUNGEN DER INTEGRATIONS-PROZESSE IN AGRARKOLONISATIONEN

### 2.1 Der Handlungsrahmen auf der Makroebene: Physischer und anthropogener Kontext

Die Konzeption der Arbeit beruht auf der Annahme, dass sich Landnutzung und räumliche Ordnung nicht ohne ausdrückliche Berücksichtigung der spezifischen physischen und anthropogenen Rahmenbedingungen, die von Land zu Land, Region zu Region und Kommune zu Kommune variieren, verstehen lässt. Die Besonderheiten der Betrachtungsräume werden von daher hervorgehoben, um Unterschiede zu registrieren. Die dynamischen historischen und politischen Faktoren sind von zentraler Bedeutung bei der Analyse der Agrarkolonisationsräume, da diese durch verschiedene Phasen spontaner und gelenkter Migration geprägt sind.

#### 2.1.1 Bolivien: Untersuchungsregion

##### 2.1.1.1 Allgemeine Landeskunde

Die präsidiale Republik Bolivien befindet sich im zentralen Teil Südamerikas zwischen 9° 38' und 22° 53' südlicher Breite sowie 57° 26' und 69° 38' westlicher Länge. Mit einer territorialen Ausdehnung von 1.098.581 km² ist Bolivien der flächenmäßig fünftgrößte Staat des Subkontinents. Seitdem das Land im pazifischen Krieg 1879 seinen Meereszugang an Chile verloren hat, stellt es neben Paraguay den einzigen südamerikanischen Binnenstaat dar. Anrainer sind Brasilien (N; E), Paraguay (SE), Argentinien (S), Chile (SW) und Peru (NW) (PACHNER u. SCHMID 2004: 62).

Gemäß des nationalen Zensus (INE 2002) ergibt sich für das Jahr 2001 eine Gesamtbevölkerung von 8,274 Mio. Menschen, von denen 62,4 % in urbanen Gebieten leben. Die Einwohnerdichte beträgt 7,53 EW/km². Die Bevölkerung verteilt sich zu 41,71 % auf das „Altiplano", gefolgt von den „Llanos" (29,54 %) und den „Valles" (28,75 %)[1]. Vor der Agrarreform von 1953 lebte noch annähernd die Hälfte der Bewohner im Hochland (49,2 %) und lediglich 15,8 % im bolivianischen Tiefland. Hauptstadt ist das in den

---

[1] Politisch-administrativ betrachtet zählen zum „Altiplano" die Departamentos La Paz, Oruro und Potosí, zu den „Valles" Chuquisaca, Cochabamba und Tarija sowie zu den „Llanos" Santa Cruz, Beni und Pando.

"Valles" (Departamento Chuquisaca) gelegene Sucre (215.778 EW). Den Regierungssitz bildet hingegen das andine La Paz (793.293 EW), das neben dem östlichen Gravitationszentrum Santa Cruz de la Sierra (1.135.526 EW) das wirtschaftliche und soziokulturelle Zentrum des Landes darstellt. Bolivien zählt zu den lateinamerikanischen Staaten mit dem höchsten Anteil an indigener Bevölkerung. Etwa 55 % der Einwohner gehören zu den ethnischen Gruppe Quechua und Aymará. Hinzu kommen knapp 30 % Mestizen und 15 % Weiße (DIRMOSER u. LAUGA 2000: 113f).

Die so genannten "Llanos" in der tropisch-subtropischen Übergangszone umfassen insgesamt 59 % des bolivianischen Staatsgebietes und stellen das Hauptsiedlungsgebiet der Mestizenbevölkerung (Cambas) dar. Hinzu kommen autochthone Ethnien (Guarayos, Guaraní, Chiquitanos) sowie die im Rahmen der Agrarkolonisation ins Tiefland immigrierte Hochlandbevölkerung (Collas).

Bolivien ist als ehemalige spanische Kolonie (Unabhängigkeit 1825) trotz seines Ressourcenreichtums (landwirtschaftliche Produkte, Edelmetalle, Erdgas) zu den ärmsten Staaten Lateinamerikas zu rechnen. Ein Drittel der Bevölkerung muss mit weniger als 2 US$ pro Tag auskommen (34,3 %, 1999; IBRD u. WORLD BANK 2003: 288), jeder Vierte ist arbeitslos oder unterbeschäftigt. Hauptarbeitgeber ist nach wie vor die verhältnismäßig unproduktive Landwirtschaft (Anteil am BIP: 22 %), in der im Jahre 1998 immerhin 44,7 % der Bevölkerung tätig waren (VON BARATTA 2002: 123f). Das nationale Pro-Kopf-Einkommen (PKE) beträgt laut WORLD DEVELOPMENT REPORT (2003) lediglich 940 US$, bei Einbeziehung der Kaufkraftparität (KKP) 2380 US$. Im lateinamerikanischen Vergleich schneiden nur Nicaragua und Haiti (PKE bei KKP: 1450 US$) schlechter ab.

Ähnlich verhält es sich mit den sozioökonomischen Kennzahlen für Entwicklung. Zusammenfassend ergibt sich für Bolivien ein Human Development Index von 0,653, was gleichbedeutend mit Rang 114 bei 173 aufgeführten Staaten ist. Für die Gemeinde San Julián ergibt sich ein HDI von 0,431 für das Jahr 2001 (GOBIERNO MUNICIPAL DE SAN JULIÁN 2001: 8), der die relative sozioökonomische Rückständigkeit des Agrarkolonisationsgebietes gegenüber anderen Landesteilen, insbesondere urbanen Regionen, unterstreicht.

## 2.1.1.2 Physisch-geographische Grundlagen der Region San Julián

Der Untersuchungsraum, das Agrarkolonisationsgebiet San Julián befindet sich annähernd 180 km nordöstlich der bolivianischen Tieflandmetropole Santa Cruz de la Sierra. Politisch-administrativ gesehen bildet der Distrikt Brecha Casarabe, der im Rahmen der empirischen Forschungsarbeit vorrangig berücksichtigt wurde, gemeinsam mit den Verwaltungseinheiten San Julián Centro, San Julián Sur sowie der Colonia Berlín den Distrikt San Julián (vergleichbar mit einem Landkreis in Deutschland). Dieser zählt zur Provincia Ñuflo de Chávez (vergleichbar mit einem Regierungsbezirk in Deutschland), welche Teil des Departamento de Santa Cruz ist (vergleichbar mit einem Bundesland). Die geographischen Grenzen des Distrikts liegen bei 16° 20' südlicher Breite (sB) bis 17° 27' sB sowie 62° 25' westlicher Länge.

Im Westen grenzt der Río Grande die Gemeinde gegenüber den Provinzen Guarayos (NW), Obispo Santiestevan (W) und Warnes (SW) ab, im Süden angrenzend befinden sich die Provinzen Andrés Ibañez (SSW) und Chiquitos (SSE). Letztgenannte stellt ebenso die territoriale Grenze im Osten dar. Nordöstlich trennt der Río San Julián den Distrikt de San Julián vom Distrikt de San Javiér (Provincia Ñuflo de Chávez). Die folgenden Ausführungen bezüglich der physiogeographischen Gegebenheiten des Untersuchungsgebietes stellen einen grundlagenorientierten Überblick dar. Eine speziellere und umfangreichere Einführung in die Thematik bieten die Arbeiten von GEROLD (1986; 2002) sowie MONTES DE OCA (1997):

- Die durchschnittliche Höhe des Untersuchungsraumes variiert bei einer geringen Reliefierung zwischen 220 m und 260 m ü.N.N.;

- die durchschnittliche Jahrestemperatur liegt entsprechend der tropisch-subtropischen Randlage bei 24,3°C, bei einem Minimum von 3-5°C (Mai-August) und einem Maximum von 30-35°C (September-April);

- der durchschnittliche Jahresniederschlag beläuft sich auf 1.322,4 mm, wovon ca. 1.100 mm auf den Süden sowie 1.500 mm auf den Norden des Distrikts entfallen;

- es herrscht ein wechselfeuchtes Klima; 77 % der Niederschläge ereignen sich – z.T. mit hoher tageszeitlicher Intensität – in der Regenzeit von November bis April (>125 mm/Monat), während die Trockenzeit von Mai bis Oktober nur geringe Niederschlagsmengen (15%; <50 mm/Monat) aufweist;

- das ostbolivianische Tiefland („Llanos orientales") als Teil des Amazonasbeckens lässt sich geologisch in die Chaco-/Beni-Tiefebene („Llanura Chaco beniana") – in der das Untersuchungsgebiet liegt –, das nordöstlich angrenzende brasilianische Schild sowie die westlich angrenzende subandine Gebirgskette („Faja subandina") unterteilen (GOBIERNO DE MUNICIPAL DE SAN JULIÁN 2001: 1f, MONTES DE OCA 1997: 156f; CORDECRUZ u. CIPCA 1995: 5f, CORDECRUZ et al. 1992b: 9f).

- Darüber hinaus liegt der Distrikt im Einflussbereich des Sedimentationsbeckens des Río Grande, dessen Basis von jungtertiären Sedimenten gebildet wird.

- Charakteristisch für den Untersuchungsraum sind die fruchtbaren holozänen Alluvialböden, bestehend aus pedogenetisch jungen, sandigschluffigen Substraten, die eine mittlere bis hohe Austauschkapazität und eine hohe bis sehr hohe Basensättigung aufweisen.

- Landwirtschaftliche Nutzungsintensität und Ertragspotential alluvialer Böden hängen entscheidend von der Dauer der Überschwemmungsperiode und der Tiefe der Bodensättigung ab; während in östlichen Teilräumen der „Llanos húmedos" meist fruchtbare, humusreiche Sedimentationsdecken dominieren, nimmt der Bodenmineralgehalt in westlicher Richtung ab; auf den stark sandigen Böden kommt es daher häufig zu Staunässebildung.

- Mehr als die Hälfte des Distrikts (2001) ist von hoher bis mittelhoher, laubwerfender Baumvegetation bedeckt, die durchschnittlich 2-5 m, an ungestörten Stellen bis 25-30 m Höhe reicht; weitere zwei Fünftel umfassen Sekundärvegetation (ca. 25 %: „Tierra cultivada"; ca. 15 %: „Barbechos no cultivados"), mit den regionaltypischen Kulturpflanzen wie Mais, Reis, Soja, Yucca, Erdnuss/Maní etc. (GOBIERNO MUNICIPAL DE SAN JULIÁN 2001: 2, MONTE DE OCA 1997: 451f, TIVY 1993: 212, GEROLD 2002: 4-8, GEROLD 1986: 72ff).

### 2.1.1.3 Anthropogeographische Strukturmerkmale der Region San Julián

Die im Agrarkolonisationsgebiet San Julián dominierende Muttersprache ist das Quechua, welches durch die Einwanderer aus den andinen Provinzen in das ostbolivianische Tiefland gebracht wurde. Lediglich im traditionellen Siedlungsgebiet der Tieflandbevölkerung, in San Julián Centro, überwiegt noch das Spanische, das auch als amtliche Verkehrssprache fungiert. Bezug nehmend auf die empirischen Ergebnisse lässt sich jedoch feststellen, dass ab der zweiten Generation der Immigrantenfamilien der Bilingualismus Quechua/Spanisch zwar weiterhin praktiziert wird, die Bedeutung der traditionellen indigenen Sprachen Quechua und Aymará im täglichen Leben allerdings sukzessive zugunsten des Spanischen abnimmt. Der Bildungssektor im Distrikt umfasst 122 Volksschulen sowie 15 weiterführende Schulen. 14.387

Schüler (m: 53 %; w: 47 %) werden von insgesamt 470 Lehrkräften unterrichtet. Die Analphabetenquote liegt landesweit (14 %, 2000) deutlich niedriger als in San Julián (25,21 %, 2001), wo die durchschnittliche Dauer des Schulbesuchs pro Person drei Jahre beträgt.

Im Distrikt San Julián leben gemäß des Zensus (2001) der GOBIERNO DE MUNICIPAL DE SAN JULIÁN (2001: 2f) insgesamt 68.450 Einwohner (EW), wovon 51,84 % (35.487 EW) Männer und 48,16 % (32.963 EW) Frauen sind. Davon zählen drei Viertel zur ruralen Bevölkerung (76 %) und ein Viertel lebte zum Zeitpunkt der Erhebung im urbanen Raum (24 %). Bei einer territorialen Ausdehnung des Distrikts von 12.000 km² ergibt sich daraus eine Bevölkerungsdichte von 5,7 EW/km². Der jährliche Bevölkerungszuwachs beträgt nach Angaben der Distriktregierung (2001) 6,93 Prozentpunkte. Davon entfallen 3,6 % auf Zuwanderungsgewinne sowie 3,33 % auf vegetativen Zuwachs.

Zur technischnen Infrastruktur zählen v.a. die Straßen-, Energie-, Wasser- und Kommunikationssysteme. Der Distrikt ist diesbezüglich mit dem restlichen Departamento über die Asphaltstraße Santa Cruz de la Sierra – San Javiér verbunden. Innerhalb des Agrarkolonisationsgebietes, d.h. abseits der Landstraße, bestehen hingegen nur Schotterpisten, welche die Zugänglichkeit zu den Siedlungsgebieten erschweren. Innerhalb der Gemeinde verkehren insgesamt drei gewerkschaftlich organisierte Personentransportunternehmen, welche die größeren Siedlungspunkte entlang der Asphaltstraße mit den peripher gelegenen Kolonisationsräumen verbinden. Die Stromversorgung erfolgt größtenteils über mit Benzin betriebene Generatoren sowie partiell über Solarzellen, die von der nationalen Stromgesellschaft (CRE) erworben werden können. Ein Großteil der Dörfer besitzt einen oder mehrere zentral gelegene tiefgründige Brunnen, von denen das Wasser in Behältern in die Haushalte transportiert werden muss. Nur wenige Siedlungen besitzen ein eigenes Leitungssystem, das Wasseranschlüsse in peripheren Dorfteilen bzw. in den Häusern direkt ermöglicht. Ähnlich verhält es sich mit den Kommunikationsmedien. Außer den Siedlungspunkten an der Asphaltstraße wie San Julián und Cuatro Cañadas, die beide Funkantennen besitzen, bestehen öffentliche Telefonzellen nur in wenigen Kolonisationsdörfern.

Bezogen auf die Zensusdaten des INSTITUTO NACIONAL DE ESTADÍSTICA (INE 2002) wurden für das Jahr 2001 insgesamt 81,6 % (45.864 EW) der Gesamtbevölkerung im Distrikt de San Julián (56.206 EW) als arm eingestuft. Als arm gelten nach der Terminologie des INE (2002) jene Bevölkerungsgruppen, die ihre Grundbedürfnisse nicht ausreichend decken können, messbar anhand der Einkommensstrukturen, der Wohnbedingungen, der Verfügbarkeit von Trinkwasser, Energieträgern für den Hausgebrauch und

Sanitäranlagen sowie dem Zugang zu Bildungs- und Gesundheitseinrichtungen (INE 2002: V). Nahezu die Hälfte der ruralen Haushalte (44 %) muss mit weniger als 3,30 US$ pro Tag und Familie auskommen. Angesichts fehlender Werte bezüglich des Pro-Kopf-Einkommens bei Kaufkraftparität haben diese Daten nur begrenzten Aussagewert, drücken allerdings die tendenzielle Armut der ruralen Bevölkerung im Untersuchungsgebiet aus (GOBIERNO MUNICIPAL DE SAN JULIÁN2001: 8).

### 2.1.1.4 Kolonisation in der Region San Julián

Das letzte staatlich ausgewiesene Kolonisationsgebiet Boliviens befindet sich in der Region San Julián. Dort begann ab 1968 mit Unterstützung des INC (Instituto Nacional de Colonización) die Ansiedlung von Kleinbauern aus den andinen Bezirken Potosí, Oruro und Chuquisaca. Mit Villa Paraíso und Los Ángeles bildeten sich noch im selben Jahr zwei staatlich dirigierte Kolonien entlang der Schotterpiste nach San Ramón. Ausgewählt wurde das Projektgebiet vom INC aufgrund der günstigen landwirtschaftlichen Produktionsbedingungen, d.h. einem konstanten Niederschlagsniveau, einer ebenen Siedlungsfläche und der Nähe zu den Absatzmärkten Montero und Santa Cruz. Die Planung der Ansiedlung erfolgte durch die Utah State University in Zusammenarbeit mit USAID, die einen Finanzierungskredit in Höhe von 200.000 US$ für die erste Projektphase bereitstellten (STEARMAN 1985: 172). Bis 1972 gelang es jedoch lediglich 218 Familien (MONHEIM 1977: 74) anzusiedeln, da v.a. die schlechte infrastrukturelle Erschließung die Zugänglichkeit zur Kolonisationszone deutlich erschwerte.

Einen ersten größeren Entwicklungsschub erhielt das Projekt im Jahre 1972 durch die Unterzeichnung eines Konveniums zwischen dem INC und der Nichtregierungsorganisation „Comité de Iglesias Unidas" (CIU), einem Zusammenschluss aus katholischen, methodistischen und mennonitischen Glaubensgemeinschaften. Das CIU übernahm in der Folgezeit die soziale und seelsorgerische Betreuung der Kolonisatoren für jeweils vier Monate pro Dorf, das INC die organisatorischen, infrastrukturellen und sozioökonomischen Hilfsleistungen in den ersten acht Monaten. Wie bereits partiell in Yapacaní geschehen, erfolgte die Ansiedlung in radialer Form. Die erste Kolonie, bestehend aus neun Dörfern („Núcleos"), entstand auf einer Fläche von 144 km² in San Julián Centro. Trotz der regional hohen Niederschlagsmengen (1.322,4 mm p.a.) erwies sich der nordöstlich der Gemeindehauptstadt liegende Standort als zu trocken für den Reisanbau. Das stattdessen kultivierte Getreide gedieh zwar gut, doch brachte es bei Preisen von zwei US$ pro 100 Pfund (abzüglich 0,80 US$ Transportkosten) keine nennenswerten Gewinne (STEARMAN 1985: 172). Zeitgleich zur Gründung der „Núcleos" eins bis neun[2] begannen die Arbeiten an der Asphaltstraße von San Ramón zum Río Grande bei Puerto Pailas, wodurch eine Verbindung mit Santa Cruz hergestellt werden sollte.

Durch die Fertigstellung der Verbindungsstraße im Jahre 1976 – finanziert und begleitet durch die bundesdeutsche „Kreditanstalt für Wiederaufbau" (KfW) – wurde die Grundvoraussetzung für die systematische Kolonisation der Region geschaffen. Diese setzte Mitte der 1970er Jahre mit neuen Förderkrediten des UN-Welternährungsprogramms sowie von USAID im bisher unbesiedelten Nordwesten der Gemeinde, der so genannten Brecha Casarabe, ein. Die Kolonisten erhielten vom „United Nations World Food Program" (UNWFP) Nahrungsmittelhilfen über eine Dauer von acht Monaten.

**Vorbereitungsphase und Orientierungsprogramm für Siedlerfamilien**

Um den langfristigen Erfolg der Kolonie San Julián zu gewährleisten, wurde der Auswahl der Siedler bereits im Vorfeld besondere Aufmerksamkeit zugemessen. Grundsätzlich war es jedem Hochlandbewohner möglich, sich für das Transmigrationsprojekt zu bewerben. Voraussetzung war die Bereitschaft, sich der Landwirtschaft am Zielort auch unter erschwerten Bedingungen zu widmen. Dazu zählten z.B. das ungewohnte Klima in Verbindung mit einer fremdartigen Flora und Fauna sowie die arbeitsintensive, kaum technisierte landwirtschaftliche Produktion. Ein dreimonatiger Vorbereitungslehrgang von INC und USAID im andinen Heimatdorf sollte auf diese Bedingungen einstimmen und den Teilnehmer davor bewahren, überzogene Vorstellungen bezüglich der Einkommens-, Wohn-, und Arbeitsstruktur zu entwickeln. Als Anreiz für das einfache, bisweilen schwierige Leben im Tiefland bekamen die Familien eine materielle Starthilfe in Form von Saatgut und Nahrungsmitteln, ein Orientierungsprogramm, eine eigene Parzelle und Basisinfrastruktur in Aussicht gestellt. Ausgewählt wurden schließlich jene, die physisch und psychisch den Anschein vermittelten, den Anforderungen standzuhalten. Dabei wurde versucht, möglichst ganze Hochlanddörfer ins Tiefland zu verpflanzen, um die soziale Isolation des Einzelnen in der neuen Umwelt zu minimieren.

Daran anschließend setzte im Kolonisationsgebiet eine viermonatige Orientierungsphase ein, in der die Kolonisten auf die Lebensbedingungen, die Anbautechniken und die dörfliche Organisationsstruktur vorbereitet werden sollten. Auch diese Schulung erfolgte mit Hilfe der staatlichen und privaten

---

[2] Die anfangs nur mit einer fortlaufenden Ordnungsziffer versehenen Dörfer (Núcleo 1, 2, 3...) erhielten sukzessive auch Dorfnamen, die im Regelfall von den Kolonisten ausgewählt wurden.

Institutionen, unter ständiger Einbeziehung lokaler, fachkundiger Kräfte. Dazu zählten mit dem „Comité de Iglesias Unidas" (CIU; 1972-1979) und der „Fundación Integral para el Desarrollo" (FIDES; seit 1979) zwei Hilfsorganisationen aus dem Raum Santa Cruz. Diese führten gemeinsam mit den Siedlern die ersten Arbeiten zur Dorfentwicklung aus. Darunter fielen der Bau einer provisorischen Schlafbaracke mit Holzpritschen für die Übergangsperiode, bis jede Familie ein eigenes Wohnhaus besaß, die Instandsetzung des vom Militär gerodeten Dorfplatzes, das Anlegen eines Sportfeldes mit Holztoren, die Wartung des vom INC bereitgestellten Brunnen sowie der siedlungsinternen Wege etc. Nach Ablauf der Orientierungsphase erhielten die teilnehmenden Kolonisatoren im Rahmen einer Abschlussveranstaltung ein „Settlement certificate" überreicht. Dieses war zwar kein offizielles Dokument des INC, jedoch stellte es durch die Angabe des Siedlernamens und des Ansiedlungsdatums ein wichtiges Schriftstück für die spätere juristische Titulierung der Parzelle dar. Außerdem wurde nach diesen vier Monaten Einführung ein Dorfoberhaupt für eine Amtszeit von einem Jahr sowie ein fünf- bis sechsköpfiges Gremium gewählt. Damit war einer der ersten Schritte zu einer semi-dirigierten Organisationsstruktur getan. Während die staatlichen Träger gemeinsam mit den privaten Einrichtungen das Projekt aufbauten und anfangs umfangreich begleiteten, sollte sich die dörfliche Gemeinschaft nach Ablauf der Orientierungsphase eigenständig um Organisation und Dorfentwicklung kümmern. Die Bauern begannen mit dem Anbau der regionaltypischen Kulturpflanzen. Je nach Lage waren das Mais, Reis, Soja, Yucca, Erdnuss sowie verschiedene Obst- und Gemüsesorten. Es bildeten sich Syndikate und Vereine, Ämter wurden vergeben, Gemeinschaftsdienste festgelegt und regelmäßige Feste und Veranstaltungen vereinbart. Lediglich die Landdistribution und –titulierung sowie die Basisversorgung verblieben in Händen der öffentlichen bzw. nicht-staatlichen Institutionen.

Eine erste Evaluation der nun stärker berücksichtigten Projektvorbereitung und Orientierungsphase erfolgte im November 1978 durch den Entwicklungsökonomen Michael NELSON. Dieser kommt zu einer insgesamt positiven Bewertung der intensiven Einführung der Kolonisten auf die neuen lokalen Gegebenheiten (NELSON 1978, zit. n. USAID 1985: B-13):

„The evolution of the various núcleos over the past 3-4 years suggests that colonists, many of whom had little knowledge of tropical agriculture and no capital resources, have made a faster start and retained greater momentum than that demonstrated by similar people in projects such as Yapacaní where considerably higher per capita investments have been made. This accelerated rate of development must, in large measure, be attributed to the orientation activity".

Nach Angaben von USAID (zit. n. STEARMAN 1985: 180) reduzierte sich die Abwanderungsrate der „Colonos" aus den staatlichen Kolonien von 42 % (1970) auf 20 % (1978), wobei sich die Emigrationsrate in den ersten zwei Jahren nach der Ansiedlung durchschnittlich als am höchsten erwies.

**Ansiedlungsstruktur**

Im Gegensatz zum überwiegenden Teil der Kolonisationsgebiete erfolgte die Ansiedlung in den Distrikten San Julián Centro und Brecha Casarabe nicht mittels Waldhufendörfern, sondern in Radialform. Dabei durchläuft die Zugangsstraße den Mittelpunkt des Dorfes, in dem sich alle öffentlichen Einrichtungen wie Brunnen, Dieselgeneratoren, Sportplatz, Läden, Versammlungsort, medizinische und edukative Einrichtungen sowie die Wohnhäuser der Siedler vereinen. Die Parzellen sind dreiecksförmig angelegt, so dass Bodenqualität und Entfernungen zum Feld bzw. Dorf für jeden Siedler annähernd äquivalent sind. Zudem ermöglicht die räumliche Nähe der Wohnhäuser intensivere soziale Kontakte als dies in einem langgezogenen Waldhufendorf möglich wäre. In jedem Siedlungskern, kurz „Núcleo", befinden sich idealtypischerweise 40 Parzellen á 50 Hektar[3] (SORIA MARTÍNEZ 1996: 52). Mit einer verhältnismäßig großen Anbaufläche sollte den Familien ermöglicht werden, diversifizierter produzieren und längere Bracheperioden einhalten zu können und damit eine nachhaltigere Nutzung der Ressourcen zu gewährleisten. In den Kolonien Aroma und Cotoca hatte sich gezeigt, dass bei Anbauflächen mit Größen zwischen 10 und 25 ha die Regenerationsphasen deutlich kürzer ausfielen und die Bodenfruchtbarkeit dadurch rascher abnahm. Inzwischen existieren in einigen bevölkerungsreicheren Siedlungen im Distrikt San Julián jedoch mehr als jene 40 Parzellen, da in Folge von Landteilungen zugunsten von Verkauf oder Vererbung Flächen neu vergeben wurden.

Offiziell ist der Verkauf von staatlich zugewiesenen Flächen an Dritte nicht erlaubt. Im Falle der Abwanderung des Inhabers der Parzelle soll diese an die lokale Gewerkschaft der Kolonisatoren („Federación Especial de

---

[3] Nach Interviewangaben des INRA beläuft sich die Größe eines Dorfes auf 2000 ha (40 Familien á 50 ha zuzüglich der Dorfgemeinschaftsfläche. Diese variieren zwischen 30 ha (Dorf abseits der Haupterschließungsachse) und 100 ha (Marktort eines NADEPA entlang der Haupterschließungsachse)). Pro Siedlerfamilie ist eine Wohnfläche von 0.5 ha vorgesehen. Weitere zwei Hektar entfallen auf den Dorfplatz mit Brunnen und Sportfeld. Für die Ansiedlung von Fachkräften ist eine Gesamtfläche von 12 ha ausgewiesen (SORIA MARTÍNEZ 1996: 52; MONHEIM 1977: 74).

Colonizadores") übergeben werden. Das Syndikat vergibt die Ländereien anschließend an landlose Bauern. In der Praxis kommt es hingegen häufig zu illegaler Teilung oder einem vollkommenen Verkauf der Flächen, ohne dass die staatlichen Institutionen dagegen vorgehen. PAINTER u. PARTRIDGE (1989: 359) fanden heraus, dass bis Ende der 1980er Jahre 45,6 % aller vergebenen Parzellen im Agrarkolonisationsgebiet San Julián mindestens einmal, 11,7 % mindestens zweimal seit der ersten Besiedelung an Dritte verkauft worden waren. Zudem sind in einigen Dörfern durch spontane Zuwanderung am Rande des ursprünglichen Siedlungskernes neue Viertel entstanden, in denen mehrheitlich landlose Familien leben, deren Mitglieder überwiegend als Tagelöhner, Handwerker, Verkäufer oder Fachkräfte (Lehrer, Ärzte, Krankenpfleger, Pastoren u.a.) tätig sind.

In Brecha Casarabe, wo die beiden Untersuchungsdörfer El Progreso (Núcleo 13) und General San Martín (Núcleo 23) liegen, vollzog sich die Besiedlung entlang einer Erschließungsachse in nordwestlicher Richtung. Auf dieser entstanden im Abstand von fünf Kilometern insgesamt 15 Dörfer auf einer Länge von 75 Kilometern. Westlich und östlich der Hauptroute gründete sich ebenfalls in jeweils fünf Kilometern Entfernung mindestens ein weiteres Dorf. So entstand ein Netz aus zurzeit 74 gleichmäßig verteilten Siedlungen, das sich von der Landstraße Santa Cruz-San Ramón in Richtung Río Grande und der Provinz Guarayos erstreckt. Jeweils neun aneinander grenzende „Núcleos" ergeben ein so genanntes NADEPA („Núcleos asociados de Producción Agropecuario"), eine landwirtschaftliche Produktionsgemeinschaft mit einem Marktort im Mittelpunkt.

**Entwicklung der Kolonie**

Nach Ablauf der Orientierungsphase begannen die Siedler in Eigenregie mit der Rodung von insgesamt neun Hektar Fläche pro Dorf, die für die Wohnhäuser, hausnahen Kleingärten, Gemeinschaftsküchen und Latrinen vorgesehen waren. Als Baumaterialien für die Gebäude wurden überwiegend Lehm oder Holzbretter (Wände) sowie Palmwedel (Dächer) verwendet. Nur einige Gesundheits- und Bildungseinrichtungen im Kolonisationsgebiet verfügten über Häuser mit Steinwänden und Ziegeldächern. Ebenfalls gemeinschaftlich organisiert war die Rodung der jeweils 40 ha großen landwirtschaftlichen Parzellen. Die Anfänge des Ackerbaus begleitete ein „Orientador", der Kenntnisse in der regionalspezifischen Feldarbeit besaß. Ein Mitarbeiter des CIU unterrichtete zudem zwei Tage pro Woche die Familien in Hausarbeit und –organisation (Kochen, Umgang mit unbekannten Nahrungsmitteln, Erste Hilfe etc.). In der Folgezeit übernahmen die gesundheitliche Erstversorgung je zwei Dorfmitglieder, die so genannten „Promotores de salud".

Es lässt sich vermuten, dass die veränderte Ansiedlungs- und Organisationsstruktur in San Julián dazu beigetragen hat, dass das Kolonisationsgebiet seit den 1970er Jahren einen bedeutenden Zuwanderungsstrom zu verzeichnen hat. Während nach Angaben des „Instituto Nacional de Estadística de Bolivia" (INE 2002) lediglich 218 Familien in der „Zona de colonización de San Julián" lebten, waren es sechs Jahre später 1.137, 1984 bereits 4.179, im Jahre 1990 5.174 und 2001 insgesamt 13.730 Familien[4]. In den 1970er Jahren handelte es noch überwiegend um Kolonisten, die im Rahmen des staatlichen Transmigrationsprogrammes („Programa de colonización") ins Tiefland gelangt waren. Spätestens seit den 1980er Jahren überwogen die spontanen Migranten, die zwar z.T. noch unbesiedelte Flächen vom INC zugewiesen bekamen, jedoch nicht mehr auf Anwerben der staatlichen Behörden hin nach San Julián kamen. Nach einer Studie von HESS (1980: 102-116) kam der Großteil der in dieser Zeit immigrierten Bauern aus nahe gelegenen Kolonisationsgebieten wie Chané-Piraí oder angrenzenden Provinzen wie Guarayos, welche die letzte Etappe der „step-wise migration" darstellte. 88 % der befragten Siedler – mehrheitlich männlichen Geschlechts und unter 35 Jahre alt – hatten vorher bereits als Tagelöhner oder Erntehelfer gearbeitet und waren in der Hoffnung, eine kleine Parzelle in San Julián zu erhalten, dorthin gelangt. In drei Viertel der Fälle kamen ihre Familien einige Monate bis wenige Jahre später in die Kolonisationszone nach.

Mittlerweile finden sich allerdings im zu Zeiten der Agrarreform nur gering besiedelten Distrikt San Julián kaum noch Ausweichflächen für immigrierende Siedler. Die Haupterschließungsachse der Brecha Casarabe ist bereits bis zur nordwestlich angrenzenden Provinz Guarayos vollständig besiedelt, so dass Neuankömmlingen in der Regel nur Tätigkeiten als Tagelöhner oder außerhalb der Landwirtschaft bleiben. Bestrebungen von Landlosen, die Siedlungsgrenzen des Kolonisationsgebietes San Julián eigenständig auszuweiten, führten im Frühjahr 2002 zu gewaltsamen Konflikten mit der lokalen Bevölkerung der angrenzenden Provinz. Nach Informationen der Tageszeitung „EL MUNDO" (09.03.2002) besetzte im Februar 2002 eine größere Zahl von Bauern aus „Núcleo 76" (Brecha Casarabe, Provincia Ñuflo de Chávez) das nahe gelegene Dorf Surucusí in der Provinz Guarayos. Die mit Holzlatten und Macheten bewaffneten Bauern begannen provisorische Hütten für ihre Familien zu errichten und kleinere Parzellen zu roden. Angesichts der

---

[4] Die Daten zu den Bevölkerungsangaben im Kolonisationsgebiet San Julián entstammen unter Berufung auf das INE den folgenden Quellen: MONHEIM 1977: 3, STEARMAN 1985: 187, PAINTER u. PARTRIDGE 1989: 341, CORDECRUZ et al. 1992a: 63, GOBIERNO MUNICIPAL DE SAN JULIÁN 2001: 3. Es sei darauf hingewiesen, dass sich die Zahlen für 2001 auf die Bevölkerung des ländlichen Raumes im Distrikt von San Julián beziehen. Diese decken sich nur annähernd mit den Bewohnern der Kolonisationsgebiete

Tatenlosigkeit der regionalen Präfektur entschieden sich die dort ansässigen Bewohner, die Eindringlinge unter Anwendung von Gewalt zurückzudrängen. Dies gelang vorübergehend, bis Anfang März des gleichen Jahres erneut Siedler aus Brecha Casarabe – diesmal erfolglos – versuchten, Surucusí einzunehmen, so die Zeitung „EL MUNDO" aus Santa Cruz de la Sierra.

Zwischen den Gemeinden San Julián (Ñuflo de Chávez) und El Puente (Guarayos), wo sich auch Surucusí befindet, ist es als Konsequenz der starken Zuwanderung von landlosen Familien immer wieder zu Streitigkeiten bezüglich des Grenzverlaufes und der Errichtung von illegalen Kolonisten gekommen. Auch hier wirkt sich erschwerend aus, dass die Vergabe von Ländereien und Landtiteln durch das INRA nur sehr langsam voranschreitet. Zahlreiche Landlose vertrauen sich daher dem „Movimiento Sin Tierra" (MST) an, um einerseits stärker auf ihr Schicksal aufmerksam zu machen, andererseits – meist auf illegalem Wege – Siedlungs- und Ackerflächen zu erlangen. Um rechtswidrige Landnahme und Grenzkonflikte künftig zu verhindern, wäre es daher erforderlich, die Land- und Gebietsreformgesetze von 1953 („Ley N° 03464") bzw. 1996 („Ley INRA N° 1715") zügiger und v.a. konsequenter umzusetzen. Allerdings haben bereits die Ausführungen zu den Ergebnissen der Agrarreform gezeigt, dass die Realisierung dieser ambitionierten Zielvorstellung kaum möglich sein wird.

### 2.1.2  Elfenbeinküste: Untersuchungsregion

#### 2.1.2.1 Allgemeine Landeskunde

Der seit 1960 unabhängige westafrikanische Staat Elfenbeinküste liegt zwischen 5° und 11° nördlicher Breite und 3° und 8° westlicher Länge und hat nach Angaben der CIA (2002) eine Fläche von ca. 322.000 km². Im Westen grenzt die Elfenbeinküste an Liberia und Guinea, im Norden an Mali und Burkina Faso, im Osten an Ghana. Im Süden bildet der Golf von Guinea die natürliche Grenze. Die Bevölkerungszahl lag im Jahr 2000 bei ca. 16.013.000 EW, bei einer Bevölkerungsdichte von 49 EW/km² und einem jährlichen Bevölkerungswachstum von ca. 3,8 % (CIA 2002).

Die Elfenbeinküste ist, abgesehen von dem Gebiet um Man, kein Bergland. Die Unterschiede in der Landesnatur werden vor allem durch den klimabedingten Witterungsverlauf und drei vorherrschende Vegetationsformationen bestimmt: Küstensavanne, immergrüne Feuchtwaldzone und die Feuchtsavanne im Norden sind die drei Großlandschaften (BORCHERT 1972). Die Küstensavanne nimmt lediglich den Nehrungs- und Lagunenbereich ein und ist durchweg 10 bis 15 km breit. Kokospalmen und lichte Bestände eines häufig buschartigen, zumeist von Leguminosenarten gebildeten Waldes bestimmen diesen Bereich. Die immergrüne und laubabwerfende Feuchtwaldzone durchziehen das ganze Land. Etwa 120.000 km², also 37 %, müssen der Regenwaldzone zugerechnet werden. Diese ist die wirtschaftlich wichtigste Region, in der aber nur noch wenige Areale mit Primärwald erhalten sind, z.B. im Taï Nationalpark. Die Savannen nehmen fast 60 % der Fläche der Elfenbeinküste ein. Sie sind gekennzeichnet durch die nach Norden zunehmende Variabilität der Niederschläge. Die ökologischen Bedingungen schränken eine landwirtschaftliche Nutzung stark ein.

Insgesamt leben über sechzig Ethnien von fünf großen Sprach- und Volksgruppen in der Elfenbeinküste (BARATTA 1997: 264, BARATTA 2002: 297; s. Abb. 4: 85):

- die Krouvölker (18 % Bete, 10 % Krou und Bakwé, etc.) im Südwesten;
- die Lagunen- und Akanvölker (23 % Baoulé, 14 % Agni-Aschanti, etc.) im Zentrum und Südosten;
- die Voltavölker (darunter 15 % Senufo und die zugewanderten Mossi) im Norden und Nordosten;
- die Mandevölker im Westen und Nordwesten (darunter 11 % Malinke, 10 % Dan und Gouro).

Die Elfenbeinküste gehört zu den Ländern mit den höchsten Wachstumsraten bei der Bevölkerung in ganz Afrika. Der Bevölkerungszuwachs ist nicht nur das Ergebnis einer hohen Geburtenrate, sondern auch von starker Zuwanderung aus den Nachbarstaaten, da das Land im regionalen Vergleich mit Burkina Faso und Mali relativ fruchtbar ist. Im Zentrum der Bemühungen steht daher seit der Unabhängigkeit (1960) der Ausbau und die Diversifizierung des Agrarsektors. Das Holz war ein gefragtes Exportgut, die gerodeten Flächen dienten als Ausgangspunkte der Landnahme und ökologische Aspekte fanden kaum Berücksichtigung. Vor diesem Hintergrund ist es nachvollziehbar, dass die Fläche der tropischen Wälder von 15,6 Mio. ha zu Beginn der 1960er Jahre auf weniger als 1 Mio. ha gesunken ist (JAKOBEIT 1993: 201).

Die Elfenbeinküste ist ein Land mit ausgeprägten regionalen Disparitäten. Dem wirtschaftlich relativ gut entwickelten Südteil des Landes mit dem dominierenden Zentrum Abidjan steht der wirtschaftlich zurückgebliebene Norden gegenüber. Diesem Wirtschaftgefälle entspricht die Bevölkerungsverteilung, denn an der Küste findet sich eine vergleichsweise hohe Bevölkerungsdichte, die nach Norden und Westen abnimmt, vor allem der Südwesten ist bis heute nur schwach besiedelt. Die Landwirtschaft, einschließlich

Forstwirtschaft und Fischerei, trug 1998 26 % zum Bruttoinlandsprodukt (BIP) der Elfenbeinküste bei (STATISTISCHES BUNDESAMT 2002). Im Jahre 2000 waren 68 % der Erwerbstätigen in diesem Sektor beschäftigt, was die Bedeutung dieses Wirtschaftszweiges hervorhebt (CIA 2002). Die Landwirtschaft ist geprägt vom Nebeneinander exportorientierter Pflanzungs- und Plantagenbetriebe sowie selbstversorgungs- und binnenmarktorientierter kleinbäuerlicher Betriebe mit Nahrungsmittelproduktion. Die Holzproduktion hatte 1997 einen Anteil von 9 % am BIP und 10 % am Außenhandel und ist somit eine wichtige Stütze der ivorischen Wirtschaft, die allerdings im Vergleich zu den Plantagen und kleinbäuerlichen Pflanzungen an Bedeutung verloren hat (MUND u. DOEVENSPECK 2002).

Der HDI spiegelt die Folgen der jüngsten politischen Entwicklungen wider. 1999 hatte die Elfenbeinküste noch einen Wert von 0,426, fiel jedoch 2001 auf einen Wert von 0,396 und den Rang 161 zurück. Die Elfenbeinküste gehört nach der Einteilung der Vereinten Nationen damit zu der Gruppe der Länder mit „low human development".

### 2.1.2.2 Physisch-geographische Grundlagen der Südwestregion: Taï Nationalpark

Die Südwestregion umfasst mit etwa 37.000 km² (fast 11,5 % des Staatsgebietes) ein Gebiet des immerfeuchten innertropischen Tieflands mit subäquatorialem Klima (WIESE 1988: 228). Sie grenzt im Westen an Liberia, im Süden an den atlantischen Ozean, im Osten an die Region Süd und im Norden an die Regionen West und Zentralwest. Der in der Südwestregion gelegene „Parc National de Taï" (PNT) ist mit 454.000 Ha der größte unter Schutz stehende primäre Regenwald des westafrikanischen Raums. Es handelt sich um ein thermisches Tageszeitenklima mit großen Tagesamplituden der Temperaturen und gleichmäßig über das Jahr verteilten Durchschnittswerten von 23° bis 28° C bei gleich bleibend starker positiver Strahlungsbilanz (STOORVOGEL 1993). Dieses Klima, das von der Küstenebene bis ca. 200 km ins Landesinnere vorherrscht, liegt ganzjährig im Einflussbereich der Innertropischen Konvergenzzone und ist charakterisiert durch bimodale Niederschlagsverteilung mit jeweils zwei Regen- und Trockenzeiten. Während der langen Regenzeit von März bis Juli und der kurzen von September bis November kommt es zu längeren Regenfällen mittlerer Intensität. Von Dezember bis Februar dauert die längere und von Juli bis August die kürzere Trockenperiode an. Zwischen den beiden Regenspitzen gehen die Niederschlagsmengen zwar zurück, es kann aber von maximal ein bis zwei ariden Monaten ausgegangen werden. Die jährliche Niederschlagsmenge nimmt von Südwesten (Grabo: 2.100 mm) nach Nordosten (Soubré: 1.590 mm) ab (ANAM 1987). Die Luftfeuchtigkeit beträgt 75 – 80 % bei hohen potenziellen Verdunstungsraten (STOORVOGEL 1993; SZARZYNSKI 1994).

Die Geologie des Untersuchungsgebietes besteht aus präkambrischen Gesteinen des westafrikanischen Schildes. Seit dem Proterozoikum ist diese Region tektonisch stabil. Im Anstehenden finden sich überwiegend intrusive Granitgesteine und weniger häufig metamorphe Gneise (MUND u. SZÖCS 2000; WRIGHT 1985). Die wirtschaftlich zu fördernden geringen mineralischen Rohstoffvorkommen wie Eisen- und Manganerze, Gold und Diamanten werden auf die präkambrischen Gesteine bzw. intrusiven Granite in diesen zurückgeführt. Das Relief der südwestlichen Elfenbeinküste ist relativ eben und wird als Peneplain charakterisiert, die von ca. 300 Höhenmeter bis zur Küste hin absinkt. Lediglich vereinzelte Inselberge, die Höhen von ca. 300 bis 430 m ü. NN erreichen können, unterbrechen diese flache Geländeform. Der nordöstlich von Okrouyo gelegene Mount Trokwa ist mit 426 m ü. NN die höchste Erhebung des Untersuchungsgebietes. Nach der französischen Bodenklassifikation werden die Böden im Untersuchungsgebiet allgemein den "sols ferrallitiques fortement désaturés" (PRETZSCH 1986: 7) zugeordnet. Die Bodentypen im tropischen Regenwald und in den angrenzenden Kakaofeldern werden als Ferralsole (Xanthic Ferralsole) und Acrisole (Ferric Acrisole) bestimmt (ISSS-ISRIC-FAO 1998).

Dichter und artenreicher Primärwald bedeckte ursprünglich das gesamte Untersuchungsgebiet, dieser ist rezent jedoch nur noch im Taï-Nationalpark in großflächiger Ausdehnung anzutreffen. Die restlichen, relativ kleinflächigen Waldareale sind entweder degradierte Primärwaldrestflächen, wie z.B. die Ufervegetation des Sassandra, oder durch schnelle Regeneration auf Rodungs- oder Bracheflächen entstandene Sekundärwaldbestände. Dieser Waldtyp besteht aus schnell wachsenden Bäumen, Sträuchern und Büschen, ist relativ licht und hat wenig Unterholz und Lianen, ähnelt also eher dem halbimmergrünen Regenwald (ANHUF 1994).

### 2.1.2.3 Anthropogeographische Strukturmerkmale der Südwestregion

Die ethnische Vielfalt und das Bevölkerungswachstum der letzten Jahrzehnte in der Südwestregion der Elfenbeinküste ist das Resultat einer Reihe von Immigrationswellen. 1965 wurde die Südwestregion noch von weniger als 3 % der Gesamtbevölkerung bewohnt und 74 % des Gebietes waren bewaldet (LÉNA 1984: 67; VAN REULER et al. 1994: 139). In der Region finden sich die Ethnien der drei großen Volksgruppen Krou (autochthon = Bété), Akan (allochthon = Baoulé) und Voltavölker (allogen = Burkinabé).

Die autochthonen Bété leben in väterlicher Abstammungslinie und sind dezentral in Clanen und Lokalgruppen organisiert (WOHLFAHRT-BOTTER-

MANN 1994: 344). Sie sind neben Jägern und Sammlern auch Waldlandpflanzer (Reis, Maniok), betreiben also extensiven Brandrodungshackbau und zum Teil auch noch Wanderfeldbau. Zentrale Organisationsmuster sind ihnen laut KOCH (1994: 103) fremd. Mehrere häufig miteinander verwandte Großfamilien leben zusammen in einem Dorf, dessen politische Organisation meist die Ältesten übernehmen. Die Baoulé leben vor allem im Zentrum und Südosten der Elfenbeinküste, den Regionen mit der höchsten Bevölkerungsdichte des Landes. Sie werden aufgrund ihrer jahrzehntelangen entwicklungspolitischen Privilegien auch als das „Staatsvolk" bezeichnet (WOHLFAHRT-BOTTERMANN 1994: 350; MÜLLER 1984: 4).

Die Baoulé teilen sich wie alle der Volksgruppe der Akan zugehörigen Ethnien in Stämme auf. Auch sie leben in väterlicher Abstammungslinie, sind jedoch in größeren Gemeinschaften und vor allem zentral organisiert. Ihre hierarchische Gliederung wird nach dem Prinzip der Abstammungslinien mit einer Vormachtstellung des Oberhauptes der ältesten Linie praktiziert. Traditionell fand diese Machtstellung ihren Ausdruck im Königtum (pro Dorf und Region ein König), das heute allerdings meist nur noch nominell oder gar nicht mehr existent ist, und durch einen modernen Dorfchef, ein von den Franzosen in der Kolonialzeit gegründetes und verpflichtendes Amt, abgelöst wurde (KOCH 1994: 104). Das traditionelle Grundnahrungsmittel der Baoulé, Yams, wird im Ackerbau kultiviert (WOHLFAHRT-BOTTERMANN 1994: 344). Schon in der Kolonialzeit wurden sie jedoch auch mit der Anlage von Exportkulturen konfrontiert. Deshalb werden sie in der Literatur häufig im Zuge eines „dynamischen Anbaus" erwähnt und als die tragende Ethnie für die Verbreitung von Kaffee und Kakao in der Elfenbeinküste bezeichnet (WOHLFAHRT-BOTTERMANN 1994: 344).

Die Burkinabé von Azoumanakro und Soubré 3 gehören vor allem zu den Voltavölkern. Darunter sind die Mossi die am stärksten vertretene ethnische Gruppe. Auch sie leben in väterlicher Abstammungslinie und sind zentral in einer feudalen Sozialordnung organisiert, die sich in der Errichtung von Königreichen ausdrückt, die, im Gegensatz zu den Baoulé, in Burkina Faso die Kolonialisierung überstanden und noch eine Bedeutung haben. Ihre Wirtschafts- und Lebensweise in Burkina Faso ist meist eine Kombination von Körnerfruchtbau und Viehzucht (WOHLFAHRT-BOTTERMANN 1994: 344). Somit hatten lediglich Migranten aus der Übergangszone Wald – Savanne und solche, die nicht direkt ins Untersuchungsgebiet gesiedelt sind, vorher schon Kontakt mit den Exportpflanzen Kakao und Kaffee. Laut LÉNA (1984: 90) liegt die Siedlungsaktivität der Mossi zwischen 15 und 34 Jahren bei 45 %; sie migrieren zumindest temporär ins Ausland.

Obwohl nur wenige Plantagen innerhalb des Untersuchungsgebietes liegen, ist der Anbau von Kokospalmen und Ananas v.a. im Süden des Landes von großer Bedeutung, in den nördlichen Savannengebieten hingegen Baumwolle und Erdnüsse. Die dominanten Kulturen im Untersuchungsgebiet sind die perennierenden „Cash-Crops" Kakao, Kaffee, Hevea und in geringerem Umfang Ölpalme, deren Anbaubedingungen im Folgenden genauer aufgezeigt werden. Weiterhin werden die anteilmäßig wichtigsten Nahrungsmittelkulturen dargestellt, die überwiegend in Mischnutzung und selten allein auf kleinen Parzellen angebaut werden. Im Gegensatz zu den Cash-Crops dienen die Pflanzen ausschließlich der Eigenversorgung oder dem lokalen Markt. Es handelt sich dabei um die annuellen Kulturpflanzen Reis und Mais als Getreidesorten, die perennierenden Baumkulturen Banane, Mango und Orange sowie die Knollengewächse Maniok, Yam und Taro. Auf die vereinzelt vorkommenden Gemüsesorten wie z.B. Avocados, Tomaten oder Piments wird nicht näher eingegangen. Mittlerweile haben sich im Südwesten der Elfenbeinküste die stärker markt- als subsistenzorientierten kleinbäuerlichen Pflanzungen mit Dauerkulturwirtschaft durchgesetzt. Bei geringem Kapitaleinsatz und nur teilweise staatlicher Förderung werden die Arbeiten primär von Familienmitgliedern durchgeführt, in Erntezeiten wird auch auf Lohnarbeiter zurückgegriffen. Auf Flächen von 1–10 ha, die traditionell durch Brandrodungs-Hackbau bearbeitet werden, bauen die Kleinbauern „Cash-Crops" für den Weltmarkt in Mischnutzung mit Nahrungsmittelkulturen für die Eigenversorgung oder den lokalen Markt an. Durch die Kombination von Cash-Crops mit Nahrungsmittelprodukten ist das Betriebsrisiko gemindert und die Selbstversorgung gesichert.

Die Anpflanzung von Nahrungsmitteln, wie z.B. Reis, Mais, Maniok oder Banane, erfolgt im Jungstadium von Kakao und Kaffee, die nach der Ernte der annuellen Pflanzen auf der Fläche stehen bleiben, während für die Nahrungsmittelkulturen neue Flächen aufgesucht werden müssen (PRETZSCH 1986). Wird Ölpalme oder Hevea auf wenigen Hektar bäuerlicher Pflanzungen angebaut, sind diese meistens direkt an großflächigen Plantagen gelegen, so dass die Erträge der Kleinbauern in den benachbarten Anlagen direkt weiterverarbeitet werden können. Besonders durch den kolonialen Einfluss vollzog sich bereits im Laufe des 19. Jahrhunderts und v.a. seit Mitte der 1950er Jahre die Hinwendung zu weltmarktorientierten Plantagenbetrieben mit Dauerkulturen, so dass die reine Subsistenzwirtschaft im Untersuchungsgebiet in den Hintergrund rückte (WIESE 1988).

### 2.1.2.4 Kolonisation in der Südwestregion

Grundlage der bedeutenden Landnahmeprozesse waren bereits Ende des 19. Jh. die „Cash Crops" Kaffee und Kakao, die von der französischen Kolonialmacht eingeführt worden waren. Den Ivorern waren diese Pflanzen noch nicht bekannt und ihre Einführung erfolgte über die Erschließung bislang nicht landwirtschaftlich genutzter Naturwaldflächen. Die Diffusion der Agroforstsysteme Kaffee und Kakao in der Elfenbeinküste ist mit den Prozessen der Agrarkolonisationen eng verbunden. Der Ausgangspunkt des Kakaoanbaus war der Südosten des Landes und wurde von den französischen Plantagenbesitzern bis zum 2. Weltkrieg durch ein System der Zwangsarbeit betrieben. Nach der Abschaffung der Zwangsarbeit übernahmen vor allem die Baoulé den Kakaoanbau, da er sich in Ghana als lukrativ erwiesen hatte.

Die Erschließung von Waldgebieten zugunsten einer exportorientierten Landwirtschaft war demnach in der Elfenbeinküste schon vor der Besiedlung der Südwestregion Mittel der ivorischen Entwicklungspolitik. Schon in den 1920er/1930er Jahren besiedelten Zuwanderer aus der Savanne auf Arbeits- und Landsuche den hauptsächlich von der Volksgruppe der Akan bewohnten Südosten und zentralen Teil des Landes. Der so genannte „boucle de café" in der Region von Bokanda und Dimbokro, Kaffeepflanzungen kennzeichneten die Region, ist heute noch von Ortsnamen aus Burkina Faso gekennzeichnet. Mit der Abschwächung der wirtschaftlichen Dynamik in dieser Region wurde der Zentralwesten (Daloa/Gagnoa) des Landes, oft erste Station der heute in der Südwestregion lebenden Menschen, landwirtschaftlich erschlossen (FIEGE 1991: 61ff, KOCH 1994: 97, BONNÉHIN 1994: 112, ZAGBEI 2001: 3).

In den 1960er Jahren entschied die Regierung Houphouet-Boignys, die periphere Region im Rahmen des „Entwicklungsprogrammes Südwest" in die Ökonomie und Politik des Landes zu integrieren. Dieser Prozess begann 1965 (BONNÉHIN 1994: 119) mit der Gründung der ARSO (L'Autorité pour l'Aménagement de la Région du Sud-Ouest). Diese Staatsgesellschaft startete bis zu ihrer Auflösung 1980 zahlreiche Entwicklungsprogramme, wozu vor allem die Infrastrukturverbesserung zur Förderung der Holzausbeutung und der exportorientierten Landwirtschaft sowie der Halb- und Fertigwarenindustrie zählte. Manche Projekte wurden durchgeführt, manche nicht abgeschlossen, einige konnten nie begonnen werden, da die Mittel Ende der 1970er Jahre knapp wurden. In diesem Rahmen wurde zur Erleichterung des Abtransports der Exportprodukte das Straßennetz zwischen San Pedro und Gagnoa ausgebaut und ein Hafen in San Pedro gebaut (LÉNA 1984: 70). Die ausgebauten Straßenachsen erleichterten die notwendige Besiedlung durch Arbeiter aus den Savannenländern und Pflanzer aus dem Zentrum des Landes (WOHLFAHRT-BOTTERMANN 1994: 428; LÉNA 1984: 62).

**Ansiedlungsprozess und -struktur**

Obwohl Immigration von Arbeitern die notwendige Voraussetzung für die Realisierung der unter der ARSO geplanten Entwicklungsvorhaben war, verlief sie „ungeplant, ungelenkt und unorganisiert" (MÜLLER 1984: 2, WIESE 1988: 229). Der Anreiz zur Besiedlung wurde, abgesehen von der gegebenen Transportinfrastruktur und den gestiegenen Kakao- und Kaffeepreisen in den Jahren 1972-1976, durch eine einfache Bodenrechtsänderung initiiert. Houphouet-Boignys Bodenpolitik, der in zwei Radio-Aufrufen mit dem Slogan „La terre appartient à ceux qui la cultivent" zur Besiedlung und wirtschaftlichen Nutzung des tropischen Regenwaldes im Süd-Westen aufrief, setzte das traditionelle Bodenrecht außer Kraft[5] (MÜLLER 1984: 2). Einzige Bedingung der staatlichen Verwaltung war, dass die Siedler nicht mehr Land besetzen durften, als sie selbst in Wert setzen konnten (LÉNA 1984: 65, 96; MÜLLER 1984: 2). Die ersten Migranten waren Ende 1960er und Anfang der 1970er Jahre die Baoulé aus dem Landeszentrum (WOHLFAHRT-BOTTERMANN 1994: 350). Auch Dioula, Abron, Koulango und Sénoufo immigrierten aus anderen Teilen des Landes. Reagierend auf die Arbeitskräftenachfrage in Holzwirtschaft, Straßenbau und Pflanzungswirtschaft siedelten auch Migranten anderer Länder, vor allem aus Burkina Faso, Mali und Guinéa, im Verlauf der 1970er Jahre an (KOCH 1994: 96, LÉNA 1984: 63, MINISTÈRE DE L'ENVIRONNEMENT ET DU CADRE DE VIE 2001: 36-38, PAULUS et al 1996).

Das Herkunftsgebiet der Migranten in der Südwestregion war 1975 von 50 % der Zuwanderer das zentrale Baoulégebiet der Elfenbeinküste und für 20 % der Norden (Senufo, Malinke, Dioula) und Westen (Guéré, Dan). 30 % kamen aus dem afrikanischen Ausland, darunter dominierten Mossi (ca. 40 %) und Guiner (7 %) (WIESE 1988: 232). Die Präfekturen San Pedro und Soubré nahmen in dieser Zeit die meisten Migranten auf[6]. Der Westen der Südwestregion ist durch seine marginale Lage zwischen Nationalpark und liberischer Grenze auch heute noch am wenigsten besiedelt. Lediglich der Krieg in Liberia seit 1989 brachte einige Flüchtlinge in den Westen des Parks, von denen jedoch schon Ende 1999 fast alle zurückgekehrt waren (MINISTÈ DE L'ENVIRONNEMENT ET DU CADRE DE VIE 2001: 36; CIA 2002). 1996 machte die autochthone Bevölkerung in der gesamten Anrainerregion des Nationalparks nur noch etwa 10 % der Gesamtbevölkerung aus (PAULUS et al 1996: 65).

---

[5] Eine solche Politik bedeutete, dass die Person, die Boden in Wert setzte, also erschließt und anschließend bepflanzt, Eigentümer dessen wird.

[6] So sind heute auch die Regionen Soubré, San Pedro und Buyo die ökonomisch „entwickelsten" (KOCH 1994: 94; BONNÉHIN 1994: 117f).

Der Prozess nahm schnell einen Umfang an, mit dem die Projektplaner nicht gerechnet hatten. Die Migranten besetzten große Teile des kultivierbaren Bodens. Auch zahlreiche Zuwanderer, die als Lohnarbeiter in der Holzindustrie, im Straßenbau oder auf Pflanzungen begonnen hatten, ließen sich nach einiger Zeit als selbstständige Pflanzer nieder (FIEGE 1991: 66f). Die Entwicklung der Pflanzungsökonomie der Region nahm somit schnell ein hohes Maß an Eigendynamik an, auf das die Politik lediglich mit einer laissez-faire-Haltung reagierte. Die Migranten ließen sich ohne Planung oder Anweisung der ivorischen Verwaltungen nieder. Lenkte wenigstens die autochthone Bevölkerung anfangs noch die Besiedlung, verlief sie schon Mitte der 1970er Jahre vor allem in den Distrikten Soubré und Meagui wohl eher anarchisch und die Migranten verteilten das Land unter sich (MINISTÈRE DE L'ENVIRONNEMENT ET DU CADRE DE VIE 2001: 41).

Die Ansiedlungsstruktur war ebenso wie der Prozess ungeplant und ungelenkt. Die Träger der Kolonisation waren fast auschließlich Kleinbauern. Die ökonomischen und sozialen Gegensätze zwischen autochthoner und zugezogener Bevölkerung, zwischen Jägern und Sammlern auf der einen Seite und traditionellen Ackerbauern auf der anderen Seite, trugen dazu bei, dass die ökonomische Entwicklung der Region anfangs hauptsächlich von Migranten getragen wurde, während die autochthone Bevölkerung, die sich der Monetarisierung des Lebens nicht entziehen konnte, erst später in die Pflanzungswirtschaft integriert wurde (FIEGE 1991: 67). Da das Land seit spätestens Anfang der 1980er Jahre knapp wird, hat der Zuzug heute nachgelassen. 1994 standen laut WOHLFAHRT-BOTTERMANN (1994: 349) lediglich noch im Westen des Parks an der liberischen Grenze legal zur Agrarkolonisation freistehende Flächen zur Verfügung. Nach einer Umfrage unter den Bewohnern Azoumanakros wird auch das heute als unwahrscheinlich betrachtet. Ankommende Migranten werden schon lange nicht mehr freundlich empfangen und das für die meisten noch ungeklärte Bodenrecht lässt teilweise Konflikte zwischen den schon angesiedelten Gruppen ausbrechen (KOCH 1994: 98). Der Hafen in San Pedro funktioniert heute nur noch auf niedrigster Kapazitätsebene und ist seit der Auflösung der holzwirtschaftlichen Exploration ebenso verkommen wie viele Straßen und Pisten (BONNÉHIN 1994: 118).

Innerhalb von 20 Jahren wurde der gesamte Raum zwischen Taï-Nationalpark und Sassandra entwaldet und besiedelt. Fast alle Siedlungen der Region sind im Zuge der ungelenkten Agrarkolonisation entstanden und auf den Anbau von Exportkulturen konzentriert. An der Achse zwischen Soubré und den Untersuchungsdörfern werden vor allem Kakao und Kaffee, und, seit einigen Jahren, Ölpalme und Kautschuk angebaut. Der Nutzungsdruck außerhalb der Parkgrenze wird immer größer (KOCH 1994: 94; WIESE 1988: 183; WOHLFAHRT-BOTTERMANN 1994: 440).

**Der Taï-Nationalpark**

Ebensowenig wie die Folgen der Expansionspolitik für die Bevölkerung vom Staat bedacht wurden, wurden sie für den Wald durch Holz- und Landwirtschaft berücksichtigt (PAULUS et al. 1996: 2). Heute stellt sich ein Bild dar, das ein ganz anderes als noch vor 30 Jahren ist: ein dichtes Siedlungs- und Flurnetz in einer ursprünglichen Waldregion. Gegen 1970 wuchs der jährliche Waldflächenverlust auf 350.000 ha an und erreichte 1973 ein Maximum von 400.000 ha. Seitdem ist er rückläufig (BERTRAND 1983, zit. n. WOHLFAHRT-BOTTERMANN 1994: 428; WOHLFAHRT-BOTTERMANN 1994: 437). Einzig das Gebiet des heutigen Taï-Nationalparks wurde nicht besiedelt. Der Park stand seit 1926 erstmalig als so genannter Parc-Refuge unter Schutz, wurde 1955 zum „Forêt Classée" ernannt und 1972 geteilt. Die nördliche, wesentlich kleinere Hälfte wurde von der ivorischen Regierung zum „Réserve de Faune de N'zo", der südliche und zentrale Teil zum „Parc National" ernannt. 1978 wurde das Regenwaldstück durch die UNESCO zum Biosphärenreservat ernannt und 1982 zum Weltnaturerbe (PAULUS et al. 1996: 1; ZAGBAI 2001: 1; ESSER 1994: 146ff; TAI-NATIONALPARK 2003).

Die Bewachung und Verwaltung der Wald- und Wasserressourcen des Parks ist, als Anordnung des Forstministeriums, Aufgabe der Direktion der „Eaux et Forêt". Sie erteilt Nutzungsgenehmigungen, überwacht deren Ausführungen und die Einhaltung der Nationalparkgrenzen. Die Anrainerbevölkerung betrachtet die Vertretungen der Eaux et Forêt als eine „Waldpolizei". Bei Missachtung des Betretungsverbots droht den Siedlern je nach Straftat (Wilderei, Pflanzensammeln, landwirtschaftliche Nutzung, Besiedlung etc.) eine Strafe von 100.000 – 1.000.000 CFA oder acht Tage bis zwei Jahre Haft. Ethnische Unterschiede bei der Häufigkeit der Aufgriffe gibt es laut eines Mitarbeiters der Eaux et Forêt nicht.

1977 wurden durch die Einrichtung einer Pufferzone im Osten und Nordwesten des Parks die heute gültigen Grenzen festgesetzt. Trotz des Verbots der landwirtschaftlichen Nutzung ließen sich in dem Gebiet zwischen dem Fluss Nawa und der tatsächlichen Grenze, laut eines Mitarbeiters der Eaux et Forêt (2002) infolge von Unwissenheit der Siedler oder durch die Irreführung der autochthonen Bevölkerung (die glaubte, der Nawa sei die Grenze), einige Menschen in provisorischen Siedlungen nieder. Während die Bété in Soubré 3 behaupten, sie hätten genauso wie ihre Nachbarn auch gewusst, dass in dieser Zone nicht gesiedelt werden durfte, fühlen sich die Bewohner Azoumanakros von der Regierung betrogen, die ihnen nach ihrer Meinung Land zusprach, das sie ihnen später durch eine Neudefinition der Gesetze wieder nahm. Ein Mitarbeiter der Eaux et Forêt relativiert die Aussagen, indem er betont, dass die meisten Pflanzungen aus der Zeit nach 1977 datieren. Trotzdem stehen sich die Kolonisten und der Staat nun in der

Parkrandzone eher als Kontrahenten gegenüber (WOHLFAHRT-BOTTERMANN 1994: 350).

Lange wurden zumindest die landwirtschaftlichen Flächen der Baoulé mit dem Argument Houphouët-Boignys „la main de l'homme ne peut pas détruire ce que la main de l'homme a planté" toleriert[7] (ESSER 1994: 146f; WOHLFAHRT-BOTTERMANN 1994: 350). Erst 1988 wurden die ersten Campements zerstört, um die Ausweitung der Besiedlung in diesem Gebiet zu verhindern (ESSER 1994: 146f). WOHLFAHRT-BOTTERMANN (1994: 350) beschreibt, wie er im März 1988 Zeuge einer solchen Säuberung wird, in deren Verlauf zahlreiche illegale Siedlungen und Pflanzungen vom ivorischen Militär geräumt und zerstört wurden. Auch ein in Azoumanakro lebender Baoulé berichtete im Interview, im selben Jahr eine solche Räumung am eigenen Leib miterlebt zu haben. Die Eaux et fôret seien nachts und ohne Vorankündigung gekommen, um die Siedler seines Campements zu vertreiben. Für die Zerstörung ihrer Existenz, auch Tiere sowie Hab und Gut gingen auf diese Art und Weise verloren, bekamen die Pflanzer keine Entschädigungen. Einige Pflanzer durften die Bewirtschaftung ihrer Pflanzungen drei Jahre später wieder aufnehmen[8], mit der Verpflichtung die bestehenden Pflanzungen sehr sauber zu bewirtschaften, kein neues Land im Park zu erschließen und die Felder aufzugeben, sobald die Pflanzen alt sind. Felder zur Nahrungsmittelproduktion und Siedlungen sind strikt verboten. Überreste brachliegender Felder, Pflanzungsmaschinen und Siedlungen befinden sich noch in der Pufferzone.

### 2.1.3 Indonesien – Untersuchungsregion

#### 2.1.3.1 Allgemeine Landeskunde

Die Präsidialrepublik Indonesien ist der größte Archipelstaat der Erde. Die äquatoriale Inselkette erstreckt sich von Westen nach Osten über 5.400 km und von Norden nach Süden über ca. 2.000 km. Der Inselstaat hat eine Fläche von ca. 1,9 Mio. km², die sich auf über 13.600 Inseln und verteilt, davon sind weit weniger als die Hälfte besiedelt, ca. 3.000. Flächenmäßig bedeutend sind Kalimantan (der indonesische Teil Borneos), Sumatra, Papua (früher Irian Jaya oder Westirian), Sulawesi (früher Celebes) und Java. Ein immerfeuchttropisches Klima haben die Inseln Sumatra, Kalimantan, das westliche Java,

---

[7] Zusätzlich wird von der Bevölkerung vermutet, dass einige politisch aktive Baoulé in der Zone siedelten, die nicht gegen die Regierung aufgebracht werden sollten.

[8] Von 1988 bis 1991 waren die Zonen komplett abgesperrt, so dass auch Hab und Gut nicht gerettet werden konnten

die Molukken und Papua. Zentral- und Ost-Java, Bali und die kleinen Sunda-Inseln hingegen stehen im Einfluß eines wechselfeucht-monsunalen Klimas (ZIMMERMANN 2003).

Die geologische Struktur ist im Wesentlichen von einem Faltengebirgssystem gekennzeichnet, das den Archipel in zwei Bögen von Westen nach Osten durchzieht. Die meisten der indonesischen Inseln sind aus gewaltigen orogenen Bewegungen seit dem Tertiär und den pleistozänen Meeresspiegelschwankungen (ZIMMERMANN 2003: 12) entstanden. Nach dem Konzept der Plattentektonik liegt der westliche Teil Indonesiens auf dem Sunda-Schelf auf und gehört der eurasischen Platte an. Von Süden her taucht die indisch-ozeanisch-australische Platte und von Osten die Pazifische Platte unter die Eurasische ab. Mit der bis heute anhaltenden tektonischen Bewegung liegt die Subduktionszone ca. 200-300 km vor der äußeren Inselkette Sumatras und bildet einen bis 7.000 m tiefen Ozeangraben (ebd.). Tektonische Bewegungen und Vulkanismus haben zu einer Kleinteilung und Zerklüftung des Gebirges geführt. Zudem haben Erosionsprozesse zu großen Schwemmlandebenen auf Sumatra, Kalimantan und Java geführt (FREMEREY 1994: 384f).

Insgesamt leben in Indonesien etwa 208 Mio. Einwohner (VON BARATTA 2003b), davon ca. 40 % Javaner, die auch die politisch bedeutendste Gruppe bilden, 15 % Sudanesen, 5 % Maduresen und eine Vielzahl kleinerer ethnischer Gruppen. Es werden etwa 300 verschiedene Ethnien und Dialekte unterschieden, die gemeinsame Sprache und ein Bindeglied der Gesellschaft ist die indonesische Sprache, die seit der Unabhängigkeit Amts- und Unterrichtssprache im gesamten Archipel ist. Etwa 87 % der Bevölkerung Indonesiens bekennt sich zum Islam, knapp 10 % zum Christentum und knapp 2 % zum Hinduismus, die Übrigen verteilen sich auf den Buddhismus, Konfuzianismus und Naturreligionen. Die Mehrheit der Anhänger des Islam steht einer eher eklektischen Religionsauffassung nahe, die u.a. bei den Javanern stark von hinduistischen sowie z.T. buddhistischen und animistischen Glaubenselementen geprägt ist. Zentren des Islam sind West-Java, Aceh, West-Sumatra, So-Kalimantan und Süd-Sulawesi. Die christliche Religion konnte sich vor allem unter Bevölkerungsgruppen, die von der Indisierung im 7.-13. Jh. unberührt geblieben waren, ausbreiten, z.B. bei den Batak in Nord-Sumatra, den Toraja in Zentralsulawesi, den Minahasa in Nord-Sulawesi, den Ambonesen auf den Molukken sowie bei den Bewohnern von Flores und Timor (FREMEREY 1994: 384). Die Bevölkerungsdichte liegt im Durchschnitt bei 110 Einwohnern pro Quadratkilometer, aber die Werte der einzelnen Inseln sind extrem unterschiedlich. Die Werte reichen von 5 EW/km² in Papua und 12 EW/km² in Zentral- und Ostkalimantan, über 32 EW/km² in Zentralsulawesi bis zu 567 EW/km² in Bali und 913 EW/km² in Mitteljava.

So leben auf ca. 7 % der Gesamtfläche Indonesiens ca. 60 % der Gesamtbevölkerung Indonesiens (BARATTA 2004: 401f).

Zusammen mit dem Klima ergeben sich günstige agro-kulturelle und forstwirtschaftliche Nutzungsmöglichkeiten des Landes. Darüber hinaus ist Indonesien reich an Bodenschätzen, deren Bestände nicht genau abgeschätzt werden können. Zu den wirtschaftlich wichtigen zählen Erdöl, Erdgas, Zinn, Nickel, Bauxit, Kupfer und Kohle. Obwohl Indonesien zum Kreis der OPEC-Staaten zählt und neben Öl und Gas über bedeutende Reserven mineralischer Rohstoffe verfügt, rangiert es im regionalen Vergleich hinter Malaysia, Thailand und den Philippinen. In diesem Status Indonesiens spiegeln sich eine Reihe von Faktoren wider, die die wirtschaftliche Entwicklung des Landes in besonderer Weise beeinflusst haben. Hierzu zählen die starke Abhängigkeit vom Ölexport und seine unsicheren Erträge, der hauptsächlich agrarisch geprägte Charakter der Gesamtwirtschaft mit einem großen Anteil an Subsistenzbetrieben und die bisher noch unzulängliche Kapazität verarbeitender und importsubstituierender Industrie (FREMEREY 1994: 393f).

Die soziokulturellen und sozioökonomischen Kennzahlen für Indonesien sind im HDI im Wert von 0,682 für 2001 zusammengefasst. Dies ist gleichbedeutend mit Rang 112 bei 175 aufgeführten Staaten im Jahr 2003 und der allgemeinen Einschätzung in die Gruppe der Länder mit „medium human development".

### 2.1.3.2 Physisch-geographische Grundlagen der Lore Lindu Region

Das Untersuchungsgebiet der vorliegenden Arbeit in Indonesien befindet sich auf der Insel Sulawesi, genauer in der Provinz Zentral-Sulawesi. Sulawesi ist mit 189.200 km² die viertgrößte der ca. 13.600 Inseln des indonesischen Archipels. Sie erstreckt sich zwischen etwa 1° nördlicher Breite und 6° südlicher Breite sowie zwischen 118° östlicher Länge und 125° östlicher Länge. In ihrer Nachbarschaft liegen im Westen die Insel Borneo und im Osten die Inselgruppe der Molukken. Die Oberflächengestalt von Zentral-Sulawesi ist geprägt durch verschiedene Gebirgsrücken, die im Wesentlichen in Nord-Süd-Richtung verlaufen. Durch die starke Faltung, welche im Rahmen der alpidischen Gebirgsfaltung angelegt wurde, bildete sich ein ausgeprägtes Relief (HENDERSON et al 1988).

Der größte Teil der Provinz Zentral-Sulawesi liegt direkt südlich des Äquators und wird daher ganzjährig vom System des Australien-Asien-Monsuns und der Wechselwirkung des Reliefs mit den Passaten und mit der intensiven Sonnenstrahlung beeinflusst. Die Innertropische Konvergenzzone (ITCZ) überquert zweimal im Jahr das Gebiet und mit der generell am Äquator vorhandenen Konvergenz fallen durchschnittlich etwa 2.500 mm

Niederschlag im Jahr. Gemäß der äquatorialen Lage ändert sich die Tagestemperatur über das Jahr nur gering und bewegt sich zwischen 25° und 26°C. Wenn von August bis Oktober die ITCZ am weitesten auf der Nordhalbkugel liegt und trockene Luftmassen von Australien den marinen indonesischen Archipel erreichen, fallen die geringsten Niederschläge. Dieses allgemeine Bild des Klimas von Sulawesi wird im Gebiet der Provinzhauptstadt von Zentral-Sulawesi, Palu, drastisch modifiziert. Besonders in Tälern, die im Lee von hohen Gebirgszügen liegen, sind die Niederschlagsraten geringer. So zählt das Palu-Tal zu den trockensten Gebieten Indonesiens, wo meist Jahresniederschlagsmengen von unter 600 mm gemessen werden (FINANZIERUNGSANTRAG SFB, 1999: S. 28).

Die Region um den Lore Lindu Nationalpark ist Bergland mit Gipfeln bis zu 2600 m. Die Niederschlagsverteilung ist daher sehr heterogen. Die räumliche Verteilung zeigt starke trocken-nass Gradienten von der Palu-Bucht ins Landesinnere. Der vertikale Temperaturgradient von etwa -0,6° C pro 100 m verursacht eine Temperaturdifferenz von etwa 15° C zwischen dem Meeresniveau und den Berggipfeln. Entsprechend den klimatischen Bedingungen sind weitflächig noch ausgedehnte Feuchtwälder der Tieflandsstufe und der montanen Stufe verbreitet (HENDERSON et al. 1988). Die Provinz Zentral-Sulawesi ist mit 60,6 % Waldfläche eine der noch am meisten bewaldeten Regionen Indonesiens. Sulawesi liegt zwischen der „Wallace-Line" im Westen und der „Weber-Line" im Osten. Die Insel Sulawesi stellt somit eine Sonderregion zwischen der orientalischen und australischen Fauna und Flora dar, in der sich über einen längeren Zeitraum verschiedene endemische Tier- und Pflanzenarten entwickeln konnten. Besondere Bedeutung kommt hierbei dem Lore Lindu Nationalpark zu, welcher viele dieser endemischen Arten beherbergt und einen lokalen „Biodiversitäts-Hot-Spot" darstellt (FINANZIERUNGSANTRAG SFB, 1999: 35).

Untersuchungen zu Bodendifferenzierungen und Bodenqualität fehlen im Untersuchungsgebiet. Nur im Rahmen der Transmigrationsprojekte wurden ungenaue Bodenübersichtserfassungen durchgeführt. Danach und nach der geologischen Karte (Sulawesi 2114, 1: 250.000) sind als Ausgangsgesteine der Pedogenese vor allem kristalline und metamorphe Gesteine im Bergland anzutreffen (Granite, Granadorite, Quarzite, kristalline Schiefer, Phyllite), im östlichen Randbereichs des Gimputales auch Sedimentgesteine (Sandsteine, Mergel- und Konglomeratgesteine). An den Unterhängen und im Hangfußbereich findet sich Kolluvialmaterial. In Abhängigkeit von der Reliefsituation und dem Ausgangsmaterial sind vor allem versauerte, nährstoffarme tropische Braunerden und Parabraunerden verbreitet, auf Graniten häufig auch Oxisols. Den wenigen Analysedaten zufolge sind die generell in den inneren

Tropen gegebenen Bodenfruchtbarkeitsprobleme unter den humiden Klimabedingungen auch in der Untersuchungsregion vorhanden (FINANZIERUNGSANTRAG SFB, 1999: 35).

### 2.1.3.3 Anthropogeographische Strukturmerkmale der Lore Lindu Region

Das Untersuchungsgebiet in Indonesien ist das „kecamatan" (vergleichbar mit dem Landkreis in Deutschland) Lore Utara innerhalb des „kabupaten" (vergleichbar mit einem Regierungsbezirk) Poso der Provinz Zentral-Sulawesi. Das Kerngebiet des Distrikts Lore Utara ist das Naputal im Osten des Lore Lindu Nationalparks, auf einer Höhe von ca. 1100 m ü. NN Der Distrikt Lore Utara zählt eine Bevölkerung von insgesamt 12.919 Einwohnern, welche in 21 Dörfern leben. Noch bis vor wenigen Jahren war das Naputal recht isoliert. Erst im Jahre 1982 wurde die Asphaltstraße fertig gestellt, welche heute das Naputal und somit Lore Utara mit dem Distrikt Palolo verbindet. Der Straßenbau hatte einen Anstieg der Zuwanderung von spontanen Migranten zur Folge. Rechnet man die Transmigranten, welche zu Beginn der 1990er Jahre in das Naputal kamen, hinzu, so sind heute etwa 51 % aller Haushalte im Distrikt Lore Utara als allochthon zu bezeichnen (SUNITO 1999: 6).

Die gesamte Region um den Lore Lindu Nationalpark nimmt eine Fläche von 7.300 km² ein, wobei die Einwohnerzahl derzeit bei ca. 72.000 liegt. Historischen Quellen zufolge bestand vor der Kolonialzeit eine Vielzahl unterschiedlich stark stratifizierter Lokalgruppen, die z.T. in Fürstentümern zusammengeschlossen waren. Die holländischen Kolonialherren nahmen nach 1905 Umsiedlungen und Grenzveränderungen in größerem Ausmaß vor. Die größten ethnischen Gruppen sind die authochthonen Lore sowie die allochthonen Zuwanderer aus Südsulawesi, die Buginesen. Dazu kommen kleinere Gruppen von Kaili und Kulawi (ACCIAIOLLI 1989; WEBER et al. 2003).

Ein wesentlicher Teil (ca. 30 %) des Bevölkerungswachstums ist der Immigration von Bevölkerungsgruppen aus anderen Teilen Sulawesis sowie aus Java und Bali zuzuschreiben. Nach der Unabhängigkeit Indonesiens, seit der Mitte des vergangenen Jahrhunderts kam es zur Zuwanderung von Transmigranten im Rahmen des staatlichen indonesischen Umsiedlungsprogramms sowie zum Zuzug von spontanen Migranten aus verschiedenen Teilen Indonesiens, seit den 1990er Jahren auch in die Region Lore Utara, in der die Untersuchungsdörfer liegen (FAUST et al. 2003: 10):

"The district Lore Utara comprises the extended Napu valley and the smaller Besoa valley. Although settlement in this area dates back to the old Lore kingdom, the area has a very low population density of only 8 persons per km². But population is growing rapidly. Over the past decade, annual population growth in the district was almost 7%. Since the new road connection to Palu was established in 1982, the area has become very attractive for migrants. During the 1990's the government resettled 600 transmigrant households and 271 local households in the district Lore Utara. The region received also a large number of spontaneous migrants, especially from South Sulawesi and the neighboring Poso district, where a violent conflict causes people to flee to the surrounding regions."

Zu den Anziehungsfaktoren zählten besonders der Zugang zu Land, die Verdienstmöglichkeiten in der Waldbewirtschaftung und der Agroforstsysteme (Kakao und Kaffee) sowie die lukrative Bewirtschaftung von Nassreisfeldern (sawah), die von der lokalen Bevölkerung erworben wurden (SUNITO 1999: 6, FINANZIERUNGSANTRAG 1999: 40). Das heutige Bild der Bevölkerung ist somit sehr heterogen in Bezug auf Sprache sowie ethnische und religiöse Zugehörigkeit.

Günstige Voraussetzungen für die Immigration schafft der in jüngerer Zeit vorangetriebene Ausbau der Infrastruktur, v.a. der Straßenverbindungen. Abgesehen von den südlichen Teilen sind die Randgebiete des Lore Lindu Nationalparks mittlerweile gut erschlossen. Der Ausbau der Verkehrsverbindung im Süden ist geplant. Befahrbare Stichstraßen, die z.T. im Rahmen früherer Konzessionen für die Holzwirtschaft angelegt wurden, sorgen in einigen Teilen auch für den Zugang zum Wald. Die vorhandene Verkehrsinfrastruktur gewährleistet auch eine relativ gute Anbindung an Märkte und Verarbeitungszentren (z.B. Ujung Padang, Süd-Sulawesi).

Die Verteilung der Jahresniederschläge erlaubt Feldbau über das ganze Jahr. Die Landnutzung wird dominiert von Nassreisanbau in den Talböden, Kaffee und Kakao an den Hängen sowie von Mais und einer Reihe von Gemüsen und Früchten. Ferner werden Kokospalmen, Cassava, Erd- und Cashewnüsse angebaut (SCHULZE et al. 2001). Wo die Bauern Zugang zu Bewässerungsflächen haben, ist der Druck auf die Hänge für die ackerbauliche Nutzung geringer als in anderen Regionen, in denen Steillagen teilweise sehr dynamisch entwaldet werden. 77 % der Landfläche Sulawesis weisen eine Hangneigung von mehr als 15 % auf und nur 10 % gelten als flach. Die Ausdehnung der Ackerflächen über Waldrodung erfolgt somit hauptsächlich auf Steillagen, die normalerweise für diese Nutzung nicht als geeignet erachtet werden (FINANZIERUNGSANTRAG SFB, 1999: 36). Das Naputal bietet allerdings weite und relativ flache Gebiete mit einem großen Flächenanteil für Bewässerungsreis. Auf Steilhängen werden annuelle Kulturen (z.B.

Mais, Bohnen) als Übergangsstufe zu Agroforstsystemen (Kaffee und Kakao) mit Schattenbäumen angebaut.

### 2.1.3.4 Kolonisation in der Lore Lindu Region

Nachdem in anderen Gebieten Zentral-Sulawesis bereits zuvor Transmigrationssiedlungen entstanden waren, wurden zu Beginn der 1990er Jahre im Distrikt Lore Utara drei Transmigrationssiedlungen gegründet: Siliwanga, Mekarsari bei Tamadue und Kaduwaa. In Siliwanga und Mekarsari sind die Detailuntersuchungen zur sozialen Integration durchgeführt worden. Für das Entstehen einer Transmigrationssiedlung ist eine vorherige Untersuchung des Siedlungsareals Voraussetzung. An erster Stelle steht zunächst das Auffinden eines geeigneten Gebiets für ein Transmigrationsprojekt. Einem Verantwortlichen der Transmigrationsbehörde in der Provinzhauptstadt Palu zufolge äußerten sich einige Kommunalregierungen des Distriktes Lore Utara interessiert an Umsiedlungsprojekten: „The Napu people were interested in the transmigration project because they saw the example of Tolai[9] ".

Dies war eindeutig der Fall beim Umsiedlungsprojekt in Mekarsari, und dem bereits bestehenden Dorf Tamadue wurden zu Beginn der 1990er Jahre zwei weitere Ortsteile mit insgesamt 200 Transmigrantenhaushalten angegliedert. Die Dorfregierung Tamadues entschied sich in Gesprächen mit der regionalen Planungs- und Entwicklungsbehörde (BAPPEDA) in Poso für die Ansiedlung von Transmigranten. Dies sollte zum einen der landwirtschaftlichen Entwicklung von Tamadue dienen, hatte aber zum anderen auch einen politischen Hintergrund, da Tamadue vor der Transmigration aus lediglich 160 Haushalten bestand, der administrative Dorfstatus jedoch erst bei 200 Haushalten erreicht ist.

**Ansiedlungsprozess und –struktur von Siliwanga**

Zur Untersuchung des Siedlungsareals wurde durch die Transmigrationsbehörde ein Identifikationsteam eingesetzt, das potenzielle Siedlungsgebiete prüft. Diesem Team gehören Experten unterschiedlicher Disziplinen an, welche z.B. die Güte der Nutzflächen anhand von Bodenproben prüfen und die Umsetzungschancen eines Infrastrukturaufbaus (Wasserversorgung, Bewässerung, Elektrizität, etc.) untersuchen, aber auch die sozialen und kulturellen Rahmenbedingungen einer Umsiedlung beurteilen sollen. Sind diese Voruntersuchungen abgeschlossen und wird das Gebiet als geeignet eingestuft, erfolgt die Auftragserteilung an einen Bauunternehmer, der für die

---

[9] Aussage eines Verantwortlichen der Transmigrationsbehörde. Tolai ist ein Ort im Parigi Distrikt, welcher zum Bezirk Donggala gehört, in dem bereits in den 1970er Jahren Transmigrationsprojekte durchgeführt wurden. Diese waren z.T erfolgreich.

Vorbereitung der Siedlung zuständig ist (Rodung, Straßenbau, Hausbau etc.). Bevor die Umsiedlung beginnt, entsendet die zuständige Behörde ein Team von fünf Personen in die Siedlung. Es besteht aus einem verantwortlichen Leiter des Teams und seinen vier Assistenten. Sie sind für alle weiteren Entwicklungs- und Organisationsschritte in der Siedlung zuständig, bis die Siedlung, wie im Falle von Siliwanga nach fünf Jahren, von der Zentralregierung bzw. der Verwaltung der planenden Transmigrationsbehörde an die Lokalregierung übergeben wird. Hiermit wurde Siliwanga eine eigenständige Siedlung innerhalb des Distriktes und stellt somit wie jede andere Gemeinde in Lore Utara einen eigenen Bürgermeister.

Das Umsiedlungsprojekt UPT-Wanga (Unit Pemukiman Transmigrasi Transmigrationssiedlungseinheit) bzw. Siliwanga entspricht dem Transmigrationstyp „transmigrasi umum". Bei diesem Typ der Transmigration übernimmt die Transmigrationsbehörde die Kosten für die Umsiedlung und vergibt unentgeltlich Landflächen und Wohnhäuser. Darüber hinaus erhalten die Umsiedlerfamilien Haushaltsutensilien, Werkzeuge, Saatgut, Dünger und eine Nahrungsmittelunterstützung für die Dauer von einem Jahr. Neben interinsularen Transmigranten, die in Siliwanga zum Großteil aus Bali und Ost-Java stammen, waren im Rahmen des Transmigrationsprojekts UPT-Wanga Plätze für sogenannte lokale Transmigranten reserviert. Im Falle Siliwangas registrierten sich Bewohner der Dörfer Wanga, Watutau und Wuasa für die lokale Transmigration. Somit kamen die beteiligten lokalen Transmigranten alle aus der näheren Umgebung des Distriktes Lore Utara.

Siliwanga wurde im Gegensatz zu den übrigen Transmigrationssiedlungen im Naputal – in Mekarsari und Kaduwaa wurden bestehenden Gemeinden weitere Dorfteile angegliedert – als eigenständige Siedlung innerhalb des Distrikts Lore Utara geschaffen. Siliwanga lässt auf den ersten Blick den Planungscharakter der Siedlung erkennen. Die Siedlung ist in Blöcke von A bis E eingeteilt. Die administrative Einteilung Siliwangas erfolgt wie in Indonesien üblich in Dorfteile (dusun). Siliwanga ist unterteilt in zwei Dorfteile, Nummer I im Norden (Block E, A und B) sowie Nummer II im Süden (Block C und D). Eine Ebene darunter finden sich die Nachbarschaftseinheiten der untersten Verwaltungsstufe: RW und RT[10]. Insgesamt gibt es in Siliwanga vier RW und neun RT. Jeder dieser Einheiten steht ein Leiter vor. Überdies gibt es in jedem Dorfteil einen Bürgermeister. Diese Personen sind für die administrativen Angelegenheiten auf den entsprechenden Ebenen zuständig. Da die Blöcke A bis E eine eindeutige räumliche Ordnung vorge-

---

[10] RW (*rukun warga*) ist eine administrative Einheit, die vor allem in Städten benutzt wird, sie umfasst mehrere RT (*rukun tetangga*), was wiederum Nachbarschaft oder Nachbarschaftseinheit bedeutet. Hierin werden mehrere Haushalte zusammengefasst.

ben, hat man sich in Siliwanga bei der Einteilung der administrativen Einheiten an deren Lage orientiert.

Die Blockstruktur der Siedlung wurde bei der Zuteilung der Wohnhäuser und Agrarflächen berücksichtigt. Die Felder wurden mit Hilfe eines Lotterieverfahrens zugeteilt. Nach Eintreffen in der Siedlung bekam jeder der 300 Haushalte zwei Hektar Land, das auf verschiedene Parzellen verteilt war. Jedem Haushalt wurde ein Grundstück von 0,25 ha zugeteilt, welches das Areal für den Hausgarten und das bereits darauf errichtete Wohnhaus beinhaltete. Diese Fläche befindet sich innerhalb der Wohnblöcke A bis E und erstreckt sich hinter den Häusern oder um sie herum. Eine Nutzfläche von 0,75 ha war als Land zum Trockenanbau ausgeschrieben (lahan usaha 1)[11], während 1 ha Land zum Anbau von Nassreis bestimmt war (lahan usaha 2)[12]. LU 1 und LU 2 sind dabei auf das Areal außerhalb der Blöcke verteilt. Insgesamt ergibt sich eine Ausdehnung der Nutzflächen (inkl. Hausgärten und Hausgrundflächen) von 600 ha. Hinzu kommen die Flächen, welche von öffentlichen Einrichtungen (Schule, Gemeindehaus, Kirchen, Moschee, Hindutempel, Verwaltungsgebäude etc.) eingenommen werden. Darüber hinaus verfügt die Siedlung, wie im Rahmen von Transmigrationsprojekten üblich, über sogenanntes „tanah restan" (Reserveland). Hierbei handelt es sich um zunächst ungenutzte Flächen, welche in Siliwanga teils mit Gras, teils noch mit Wald bedeckt sind. Waldbedeckte Areale finden sich vor allem entlang des Flusses Lariang im Osten, der zugleich die Grenze des Dorfes darstellt, und ebenfalls entlang des kleineren Flusses Malame, der das Siedlungsareal kreuzt und Block E vom übrigen Dorf trennt. Nicht alle Transmigranten kamen in Siliwanga zur gleichen Zeit an. Die ersten Umsiedler waren die Transmigranten aus Ost-Java, sie erreichten die Siedlung im November 1993. Etwa zwei Wochen später folgten die ersten Transmigranten aus Bali, die in zwei Gruppen im Abstand von wenigen Tagen eintrafen, bevor schließlich einen Monat später die lokalen Transmigranten hinzukamen.

Kurz nach der Ankunft der ost-javanischen Umsiedler erhielten sie im Losverfahren ihre Hausgärten inkl. Wohnhaus im zentral gelegenen Block A. Die Verlosung beschränkte sich zunächst auf diesen Bereich der Siedlung, da es unkomplizierter und angenehmer für die bisher noch einzigen Umsiedler in Siliwanga war – sie wurden nicht über das gesamte Siedlungsareal zerstreut – die Wohnhäuser in der Nähe der öffentlichen Einrichtungen (wie etwa der Moschee) zu beziehen. Die Balinesen absolvierten die Lotterie für die gesamte Siedlung, Block A bis E. Auch sie erhielten zunächst nur das

---

[11] Erstes Nutzland, im Folgenden kurz als LU 1 bezeichnet.
[12] Zweites Nutzland, im Folgenden kurz als LU 2 bezeichnet.

Grundstück des Hausgartens mitsamt dem Wohnhaus. Erst nachdem auch die lokalen Umsiedler ihre Grundstücke bekommen hatten – sie wurden auf die übrigen Areale verteilt – erfolgte die Verlosung der verbleibenden 1,75 ha Agrarflächen, welche jeder Haushalt bekommen sollte. Drei Monate nach Eintreffen der ersten Umsiedler im UPT-Wanga, welches später den Namen Siliwanga tragen sollte, wurde zunächst LU1 vergeben. Dann dauerte es weitere drei Monate bevor die Landvergabe mit der Zuteilung des LU2 abgeschlossen war.

### Ansiedlungsprozess und –struktur von Mekasari bei Tamadue

Mitte des Jahres 1991 schließlich begannen die Vorbereitungen für das Umsiedlungsprojekt mit der Rodung des Waldareals nord-westlich von Tamadue, welches sich zwischen den Orten Maholo (im Westen) und Tamadue (im Osten) ausbreitet. In Tamadue war zu vernehmen, dass es sich bei diesem Waldareal um „tanah adat" Land handelt, das schon seit vielen Generationen in Gemeindebesitz ist und den Regelungen des Gewohnheitsrechts untersteht. Das Waldgebiet sei schon seit jeher als Weideland für Wasserbüffel und Pferde genutzt worden. Außerdem hätten die Bewohner Tamadues Holz und Rattan aus diesem Wald bezogen. Während einige Vertreter Tamadues Maholo jedes Anteilsrecht an dem ehemaligen Waldareal absprechen, war aus Maholo Verärgerung über die Vergabe des Landes zur Schaffung der Transmigrationssiedlung zu hören. Vertreter Maholos sagen, dass sie „keine Transmigranten bekamen", nur Tamadue. Doch Maholo hätte 80 % der Landfläche zur Verfügung gestellt, während Tamadue lediglich 20 % zugesteuert habe. Bei der Landvergabe und im Planungsprozess sei Maholo jedoch nicht berücksichtigt worden. So hat die Ansiedlung in einem Areal stattgefunden, das in der Zuordnung zu einer Dorfgemeinde umstritten ist.

Wie auch im Fall von Siliwanga wurde das potenzielle Siedlungsareal zunächst von einem Identifizierungsteam untersucht und für geeignet erachtet. Danach begannen die Rodungsarbeiten sowie der Haus- und Straßenbau. Die Aufbaumaßnahmen, für die ein Bauunternehmer aus Palu zuständig war, verliefen sukzessive – ein Areal wurde gerodet, die Häuser wurden errichtet, während bereits weitere Flächen vorbereitet wurden. Nach Aussage eines ehemaligen Holzfällers, der später in die Transmigrationssiedlung zog und bei den Baumfällarbeiten beschäftigt war, waren die Arbeiten bei Ankunft der Transmigranten zu 75 % abgeschlossen, so dass der Großteil der Wohnhäuser sofort bezogen werden konnte. Die Rodungsarbeiten beschränkten sich jedoch lediglich auf das Areal der Hausgärten und Wohnhäuser sowie die öffentlichen Flächen. Die übrigen individuellen Nutzflächen waren nicht eingeschlossen und verblieben Waldgebiet.

Im Februar 1992 trafen die Umsiedlerfamilien in Tamadue ein. Die Transmigranten stammten aus den Provinzen Ost- und West-Java, der Provinz Lampung im Süden Sumatras sowie aus der Provinz Nusa Tenggara Barat (NTB, West Nusa Tenggara) – hier insbesondere von der Insel Lombok, der östlichen Nachbarinsel Balis. Bei dem Transmigrationstyp in Mekarsari handelt es sich um „transmigrasi bandep". Im Rahmen der Untersuchungen in den Siedlungen in Lore Utara und auch in Gesprächen mit Verantwortlichen der Transmigrationsbehörde stellte sich heraus, dass es bezüglich der Unterstützung der Umsiedler keine wesentlichen Unterschiede gibt. Die Umsiedler Mekarsaris wie auch jene, die in Siliwanga angesiedelt wurden, erhielten die volle Unterstützung für die Reise in die ‚neue Heimat'. Neben der Übernahme der Transportkosten erhielten sie beim Eintreffen in der neuen Siedlung je zwei Hektar Land mit Wohnhaus und darüber hinaus Haushaltsutensilien, Werkzeuge, Saatgut, Dünger und eine Nahrungsmittelunterstützung für die Dauer von einem Jahr.

Wie auch in Siliwanga lag der Siedlungsplanung in Tamadue zunächst ein Blockschema zugrunde. Heute teilt sich die Siedlung in zwei Dorfteile, während die Einteilung in Blocks keine Anwendung mehr findet. Der Name des Siedlungsareals der Transmigranten in Tamadue lautet Mekarsari, das in zwei Teile getrennt ist, wiederum in insgesamt 11 RT gegliedert: RT 00 bis RT 10. Zur Zeit der Siedlungsgründung existierten lediglich acht RT, die im Rahmen der Zunahme der Bevölkerung durch spontane Zuwanderung um drei weitere ergänzt wurden. Die Vergabe der Hausgärten und Wohnhäuser (0,25 ha) erfolgte kurz nach dem Eintreffen der Umsiedler[13]. Drei Monate später erhielten sie das noch ungerodete LU 1 (Nutzland) mit einer Größe von 0,75 ha. Erst ein Jahr später wurde schließlich die zweite Nutzfläche (LU 2) im Lotterieverfahren zugewiesen. Zu diesem Zeitpunkt betrug die für die Transmigrationssiedlung ausgewiesene Gesamtfläche ca. 415 ha (inkl. der öffentlichen Flächen).

---

[13] Die Häuser (Hütten) waren von einfachster Holzbauweise. In ihrem Inneren hatte sich seit Beginn der Bauarbeiten erneut Gras ausgebreitet, Fenster und Türen waren nicht vorhanden und die umliegenden Areale der Hausgärten waren mehr oder weniger von den Resten des ehemaligen Baumbestandes befreit. So begannen die neuen Bewohner das herumliegende Holz zu verbrennen – einerseits, um es loszuwerden, andererseits, um etwas gegen die Kälte in der Nacht zu tun: „kita bakar-bakar saja kayunya, kalau malam itu sepertinya lautan api disana sini waktu itu" (Wir verbrannten das Holz einfach. Am Abend sah es aus wie ein Ozean von Feuer – hier dort, überall brannten Feuer damals.)

## 2.2 Der Handlungsrahmen auf der Makroebene: Historisch-politischer Kontext

### 2.2.1 Politische und historische Rahmenbedingungen der Agrarkolonisation in Bolivien

Die bolivianische Agrarreform von 1953 gilt als Wegbereiter für die Kolonisationsprojekte im Alto Beni, Chapare und östlichen Tiefland. Die Voraussetzungen für diese umfangreichen Entwicklungsvorhaben schaffte die nationale Revolution im Jahr zuvor, die das Resultat eines landesweiten Volksaufstandes unter der Führung der linksnationalistischen MNR („Movimiento Nacionalista Revolucionario") war. Diese hatte mit ihrem im argentinischen Exil lebenden Präsidentschaftskandidaten Víctor Paz Estenssoro bereits 1951 die Wahlen auf demokratischem Wege gewonnen. Jedoch verhinderte die Militärjunta unter General Hugo Ballivián mit der Unterstützung der wirtschaftlichen und politischen Oligarchie des Landes den rechtmäßigen Regierungswechsel. In der Folgezeit formierten sich in Kreisen der städtischen Intellektuellen, Angestellten und Handwerker, der Minenarbeiter, Bauern und Polizeiverbände zahlreiche Widerstandsbewegungen gegen das repressive Regime. Der MNR gelang es, die Kräfte zu bündeln und die Macht im Anschluss an die gewaltsamen Auseinandersetzungen im April 1952 zu übernehmen. Zu den ersten Amtshandlungen der „antiimperialistischen und antioligarchischen" Regierung gehörte die Implementierung tiefgreifender sozioökonomischer und politischer Reformen (NOHLEN u. MAYORGA 1995: 186). Dazu zählten:

- die Verstaatlichung der Zinnminen durch Enteignung der drei Bergbauimperien Patiño, Aramayo und Hochschild. An deren Stelle rückte die staatliche Bergbaugesellschaft COMIBOL (Corporación Minera de Bolivia), die fortan 80% der Exportgewinne einstrich und sämtliche natürlichen Ressourcen verwaltete;

- die Einführung des allgemeinen Wahlrechts sowie der allgemeinen Schulpflicht, wodurch der indigenen Bevölkerung eine gleichberechtigte politische und soziale Stellung in der bolivianischen Gesellschaft eingeräumt wurde. Die wenigen Schulen im ruralen Raum waren der nicht-indigenen Bevölkerung vorbehalten (NOHLEN u. MAYORGA 1995: 185f, 207f);

- die Auflösung der kontrarevolutionären Streitkräfte bei gleichzeitiger Militarisierung der Minenarbeiter und Bauern, die sich politisch in Gewerkschaften zu organisieren begannen. Bereits im April 1952 kam es zur Gründung des nationalen Gewerkschaftsdachverbandes, der COB (Central Obrera Boliviana), der sich zum Symbol der Befreiung der indigenen Bevölkerungsgruppen entwickelte;

- die Agrarreform als tiefgreifendste Maßnahme der nationalen Revolution. Ziel war es, durch Umverteilung der landwirtschaftlichen Besitztümer und Erschließung bislang nicht oder nur teilweise genutzter Flächen großen Teilen der bisher unterprivilegierten Bevölkerungsgruppen eine menschenwürdige Existenzgrundlage zu verschaffen sowie die landwirtschaftliche Produktion im Land zu steigern.

### 2.2.1.1 Bolivianische Agrarreform von 1953

Die Produktivität der bolivianischen Landwirtschaft war Mitte des letzten Jahrhunderts ausgesprochen niedrig. Nach KREMPIN (1986: 73) arbeiteten 1952 fast drei Viertel der Bevölkerung im arbeitsfähigen Alter (ca. 72 %) im primären Sektor, welcher jedoch „nur" 30 % des gesamten Bruttosozialproduktes erwirtschaftete (113,3 Mio. US$). Die Gründe dafür lagen einerseits in der geringen Kapitalisierung und Technisierung sowie der mangelnden Organisations- und Infrastruktur der nationalen Ökonomie. Andererseits sorgten die extrem ungleiche Besitzverteilung landwirtschaftlicher Anbauflächen sowie das traditionelle Haziendasystem als bestimmende Organisationsform für die geringe Entfaltung des Agrarsektors. Gemäß des Zensus für die Landwirtschaft und Viehzucht von 1950 (zit. n. HEATH u. diCARBALLO 1969: 34f) befanden sich Ende der 1940er Jahre mehr als 95 % der landwirtschaftlichen Nutzflächen in den Händen von nur 8 % aller privaten Landbesitzer. Dabei handelte es sich ausschließlich um Betriebsgrößen von mehr als 500 ha, die eine flächenintensive Produktion ermöglichten. Dem gegenüber standen annähernd 70 % private Landeigentümer, deren Parzellengrößen unter 10 ha lagen, und die lediglich über 0,41 % der landwirtschaftlichen Gesamtfläche Boliviens verfügten.

Bewirtschaftet wurden die Latifundien nur selten von den Gutsbesitzern selbst. Stattdessen kontrollierten sie ihre Ländereien und setzten die traditionell dort lebende indigene Bevölkerung als Arbeitskräfte ein. Die moderne Form der „Encomienda", eine von den spanischen Konquistadoren im 16. Jh. eingeführte Form der Zwangsarbeit, sah eine durchschnittliche Arbeitszeit von drei bis fünf Tagen pro Woche vor, so dass große Teile der Indiobevölkerung in völliger Abgeschiedenheit von der Außenwelt blieben (NOHLEN u. MAYORGA 1995: 185).

Bereits die „Erste nationale Konvention der bolivianischen Studenten" formulierte 1928 einige zentrale Forderungen bezüglich der Neustrukturierung der Landwirtschaft und der Gleichstellung der indigenen Bevölkerung in der bolivianischen Gesellschaft. Allerdings dauerte es 25 Jahre, die von gewalttätigen Auseinandersetzungen geprägt waren und ihren Höhepunkt in den Bauernaufständen von 1947/48 fanden, bis das Agrarreformgesetz schließlich am 2. August 1953 in Kraft trat. Im so genannten „Decreto Ley N° 03464" waren u.a. die Gleichstellung der „Indígena" vor dem Gesetz sowie eine politische Erklärung verankert, welche die Verbrechen an der indigenen Bevölkerung vor 1952 anerkannte, verurteilte und damit indirekt die Legitimation für den gewaltsamen Umsturz durch die MNR erbringen sollte. Die nachfolgende Auswahl ist dem „Weißbuch der Agrarreform" entnommen, das bei KRAMER (1968: 94ff) in übersetzter Form zitiert ist:

- „Die historische Entwicklung der Landwirtschaft Boliviens ist gekennzeichnet durch das tragische Schicksal der indianischen Bevölkerung, deren traditionelles kollektives Wirtschaftssystem mit Beginn der spanischen Kolonialzeit tiefe Eingriffe von außen hat erdulden müssen. Schließlich mündete es in einer Feudalordnung, die in der nachkolonialen Zeit von einer kleinen herrschenden Oberschicht zu einer völligen wirtschaftlichen Versklavung der eingeborenen Bevölkerung missbraucht worden ist."

- „In der neu zu schaffenden Agrarstruktur muss sowohl das Kleineigentum, das die wesentlichste Lebensgrundlage für den Landarbeiter darstellt, als auch das Eigentum mittlerer Größe, dessen Produktion zur Unterhaltung der Stadt- und Minenbelegschaft dient, besonders gefördert und geschützt werden."

- „Die niedrige landwirtschaftliche Produktion ist eine Folge der ungleichen Besitzlage an Grund und Boden und des mangelhaften Bewirtschaftungssystems. Eine ungerechte und wirtschaftlich ungesunde Landverteilung, verbunden mit einer Gleichgültigkeit der Regierung gegenüber den Problemen der Campesinos, die von dieser nie durch besondere Gesetze geschützt wurden, um nicht mit den Hazenderos in Konflikt zu kommen, hatte dazu geführt, dass ein ständig wachsender Strom von Menschen, die auf dem Lande keine Existenzgrundlage mehr finden, in die Städte, die Bergwerke oder auch in das Ausland gingen und so der landwirtschaftlichen Produktion die notwendigen Arbeitskräfte entzogen."

- „Die gewaltsame Aneignung des indianischen Eigentums sowie das in der Folgezeit während der spanischen Kolonialherrschaft und der Republik herrschende System der Ausbeutung der indianischen Landbevölkerung, hatten dazu geführt, dass 80 % der erwachsenen Bevölkerung Boliviens aus Mangel an Ausbildungs- und Erziehungsmöglichkeiten Analphabeten sind und in menschenunwürdigen

Zuständen leben müssten. Es ist daher das Ziel der nationalen Revolution, das gegenwärtige Produktionsniveau zu erhöhen, das „Feudalsystem" auf dem Lande durch eine gerechte Neuverteilung des Bodens unter diejenigen, die ihn bearbeiten, zu beseitigen und die indianische Bevölkerung in die Nation als gleichberechtigt einzugliedern, unter Beachtung und Respektierung ihrer wirtschaftlichen Grundlagen und gesellschaftlichen Traditionen. Allein die Arbeit soll in Zukunft die Grunderwerbsquelle des Landeigentums sein."

Daraus ergaben sich folgende Ziele der Agrarreform, die bei URQUIDI MORALES (1969: 47f, zit. n. SUCHANEK 2001: 77f) in Anlehnung an das „Decreto Ley N° 030464" angeführt werden:

1. „Aufhebung der Hörigkeitsverhältnisse der Campesinos, Beendigung des Agrarfeudalismus und Vergabe von Ackerland an die Campesinos, die keines besitzen";

2. „Verbesserung der Produktivität des Bodens und Steigerung der Agrarproduktion mittels des Aufbaus einer modernen technischen Agroindustrie";

3. „Ausweitung des inneren Marktes und Industrialisierung des Landes".

Ein Punkt hat für den andinen Kulturkreis eine weitaus größere Bedeutung, als es sich auf den ersten Blick vermuten lässt. Es handelt sich dabei um die Zielvorstellung des Reformgesetzes, dass der Boden an denjenigen vergeben werden soll, der ihn bearbeitet: „La tierra es del que la trabaja". Zunächst einmal beinhaltete das – infolge der Auflösung zahlreicher „Haciendas" – eine Neuverteilung der landwirtschaftlichen Besitzgüter, vorzugsweise an die bisherigen Tagelöhner und Zwangsarbeiter. Darüber hinaus war die Vergabe von Besitztiteln an die indigenen Gemeinschaften und Einzelpersonen erforderlich, deren Vorfahren in der Mehrzahl Landeigentümer waren, dann aber in die Abhängigkeit von den „Encomenderos" gedrängt wurden. Landbesitz hat eine außerordentliche Bedeutung für die individuelle und kollektive Identität in der andinen Kultur, was in den Kolonisationsprojekten im „Oriente" nachvollziehbar ist. Der Landbesitz wiegt für viele Immigranten weitaus schwerer für das persönliche und gemeinschaftliche Selbstwertgefühl als jegliche Form des wirtschaftlichen Wohlstandes. RODRIGUEZ (1992) konnte für die Aymará-Gemeinschaft des bolivianischen „Valle Alto" belegen, dass einerseits die Gründung einer Familie, andererseits der Landbesitz von höchster Relevanz für die Stellung des Einzelnen in der Gesellschaft sind. Nur eines von beidem zu erlangen, bedeutet, innerhalb der dörflichen Gemeinschaft an Ansehen und Einfluss zu verlieren. In Bezug auf die

Quechua-Gemeinschaft in den bolivianischen „Valles" äußerte sich ROCHA TORRICO (1997: 95) wie folgt:

> „[...] Nur Land zu besitzen, ohne verheiratet zu sein, wird die vollgültige Teilnahme des Indígena im Bereich der sozialen Beziehungen [...] erheblich erschweren. Im Gegensatz dazu bedeutete verheiratet zu sein, ohne Land zu besitzen, keinen Anschluss an ein Gebiet oder eine Gruppe zu haben. Land zu besitzen ist also neben der Sicherstellung von Nahrung und der ökonomischen Grundlage für die Produktion ein Mittel zur individuellen und kollektiven Identität."

Die Kenntnis dessen verdeutlicht, welche fundamentale Bedeutung die Vergabe von Ackerland an Tausende Aymara- und Quechua-Familien für diese hatte. Erst der territoriale Status, der ein Landstück von einem anderen rechtlich abgrenzt und einer spezifischen Person oder Gruppe zuschreibt, schafft im Verständnis der Aymarás und Quechuas die Grundlage für Landbesitz und gesellschaftliche Anerkennung. Folglich ist die Basis sozialer Sicherheit und Identität im ländlichen Raum Boliviens eng verbunden mit dem eigenen Stück (Acker-)Land und der Familie, die es gemeinschaftlich bewirtschaftet und bewohnt.

### 2.2.1.2 Maßnahmen infolge der Agrarreform

Der Entschluss zur Enteignung des semi-feudalen Großgrundbesitzes war eine der umfangreichsten und einschneidendsten Maßnahmen der MNR-Regierung. Ziel war es, das in Artikel 77 des Agrarreformgesetzes zugesicherte Recht auf Landbesitz jedem volljährigen Bolivianer zu ermöglichen. Daher wurde Mitte der 1950er Jahre damit begonnen, die Latifundien des Landes an Landlose und Kleinbauern zu verteilen (vgl. Art. 12). Allerdings sah der vorangestellte Artikel des Reformgesetzes (vgl. Art. 11) vor, dass marktorientierte Landwirtschaftsbetriebe von diesem Vorgang ausgeschlossen werden sollten, um die Nachfrage des Binnenmarktes nach agrarischen Produkten auch weiterhin zumindest partiell befriedigen zu können. Derartiger Großgrundbesitz sollte lediglich auf die Maximalgröße des Mittelbetriebes reduziert werden. Ein zentrales Problem des primären Sektors lag in seiner Unproduktivität infolge der schlechten Produktionsbedingungen. Während die Lebensmitteleinfuhren Boliviens zwischen 1925 und 1929 noch bei 10 % der Gesamtimporte lagen, erhöhte sich der Anteil im Jahre 1950 auf 19 % (NOHLEN u. MAYORGA 1995: 185).

Anstelle des unproduktiven und auf Lohnsklaverei basierenden Latifundiums als dominierender Besitzform vor 1953 rückten insgesamt sechs gesetzlich anerkannte landwirtschaftliche Betriebsformen:

- „La empresa agrícola"; der kapitalintensive Landwirtschaftsbetrieb (s.o.), der unter modernen technischen Bedingungen produziert und zudem eine größere Zahl an Arbeitsplätzen bereitstellt;
- „La propiedad agraria cooperativa"; die landwirtschaftliche Kooperative, die sich aus mehreren kleinbäuerlichen Familien zusammensetzt, die zuvor landlos oder im Besitz von kleineren Parzellen waren und nun gemeinschaftlich produzieren;
- „La propiedad de la comunidad indígena"; eine ebenfalls gemeinschaftlich bewirtschaftete Landbesitzform, die sich jedoch auf eine spezifische indigene soziale Gruppe bezieht, die bereits zuvor ihr Land gemeinschaftlich kultivierte;
- „La propiedad mediana"; der marktorientierte Landwirtschaftsbetrieb, der Lohnarbeiter beschäftigt und technische Geräte verwendet, im Gegensatz zur „empresa agrícola" jedoch nur über geringe Investitionsmittel verfügt und daher kapitalextensiv produziert;
- „La propiedad pequeña"; der auf Subsistenzwirtschaft basierende kleinbäuerliche Betrieb, der eine ausreichende Lebensgrundlage für den Bauern und seine Familie schafft;
- „El solar campesino"; das kleinbäuerliche Grundstück, das keine ausreichende Lebensgrundlage für den Bauern und seine Familie darstellt;

Die Übergänge zwischen den verschiedenen Landbesitzkategorien sind nicht nur wegen fehlender exakter Daten zu Größe und Produktionsumfang des jeweiligen Betriebes fließend, sondern auch aufgrund der räumlichen Disparitäten innerhalb des Landes. So konzentrierte sich Mitte des 20.Jh. die Bevölkerung Boliviens noch überwiegend auf die traditionellen Siedlungsgebiete „Altiplano" und „Valles", während der „Oriente" ein immenses Potential zur Expansion der Siedlungs- und Agrarfront aufwies. Als Konsequenz dessen darf die „empresa agrícola" in den fruchtbarsten und produktivsten Zonen, den Tälern, eine Größe von 80 ha nicht überschreiten, während im tropischen und subtropischen Osten Größen von bis zu 2000 ha erlaubt sind (vgl. Art. 17). Demgegenüber umfasst die „pequeña propiedad" je nach Bevölkerungskonzentration und naturräumlichen Gegebenheiten im „Altiplano" zwischen 10 und 35 ha, in den „Valles" 3-20 ha sowie im ostbolivianischen Tiefland 10-80 ha (vgl. Art. 15).

Von der Enteignung betroffene Haziendabesitzer („Hacendados") sollten gemäß Artikel 156 des „Decreto Ley 030464" eine Kompensation auf Basis der versteuerten Betriebsgröße erhalten. Da ein Großteil der Großgrundbesitzer in der Vergangenheit aus fiskalischen Gründen falsche Angaben bezüglich der Größe ihres landwirtschaftlichen Betriebes gemacht hatte, erhielten nur wenige eine angemessene Entschädigung (BENTON 1999: 57). Die radikalen Veränderungen seit Amtsantritt der MNR hatten die nationale Wirtschaft deutlich beeinflusst. So sank das Bruttoinlandsprodukt zwischen 1953 und 1957 um jährlich 2,3 %, während die Inflationsrate im fünften Jahr nach der Revolution 181 % betrug (MORALES u. PACHECO 1999: 175ff).

Nach Angaben des „Servicio Nacional de Reforma Agraria" (SNRA)[14] wurden während der zwölfjährigen MNR-Regierungsperiode unter Víctor Paz Estenssoro (1952-56; 1960-64) und Hernán Siles Zuazo (1956-60) insgesamt 6.121.715 ha Boden an rund 164.000 Familien vergeben. 40 % der bereitgestellten Flächen wurden in der Folgezeit individuell, d.h. durch eine Siedlerfamilie, 60 % hingegen in kollektiver Weise bewirtschaftet. Die Folgeregierungen unter General René Barrientos (1964-1969) führten den modernisierungstheoretischen Entwicklungskurs der MNR-Administration fort, überzeugt von der an „Protektionismus und Importsubstitution orientierten Doktrin der UN-Wirtschaftskommission für Lateinamerika (CEPAL)" (MESA GISBERT 2001: 363). Ende 1969 hatte sich die Zahl der seit der Agrarreform enteigneten Flächen auf 10.106.530 ha erhöht, die an insgesamt 208.181 Familien vergeben wurden. Allerdings förderte die Agrar- und Siedlungspolitik der 1950er und 1960er Jahre die Zerstückelung der bolivianischen Landwirtschaft in unzählige Betriebe. Aus Latifundien wurden Minifundien, wodurch zwei zentrale Reformziele, nämlich die Verbesserung der Produktivität des Bodens und die Steigerung der Agrarproduktion mittels des Aufbaus einer modernen technischen Agroindustrie – mit Ausnahme einzelner Regionen im „Oriente" – weitgehend verfehlt wurden.

Ähnlich ernüchternd waren die Resultate der Zwangsenteignung des Großgrundbesitzes. Zwar erhöhte sich die zugeteilte Agrarfläche bis 1978 auf 22,8 Mio. ha (an 365.699 Siedlerfamilien), womit immerhin 74 % der ländlichen Bevölkerung im Besitz von Land waren (SMITH 1983: 307), doch blieb der Großteil der Latifundien von einer Beschlagnahme verschont. So konstatierten DÖRING u. PAPA (1974: 186): „In nur 15 % aller Verfahren wurden Haziendas zu Latifundien deklariert und völlig unter die Colonos verteilt". Als Konsequenz dessen besaß der überwiegende Teil der Campesinofamilien nicht ausreichend Ackerland, um die eigene Subsistenz zu sichern.

---

[14] Die nachfolgenden Daten des SNRA zum Umfang der Enteignungen und Zuweisungen von Land sind entnommen von: HEATH (1969: 307), KEMPIN (1986: 84ff), NOHLEN u. MAYORGA (1995) sowie SUCHANEK (2001: 85ff).

## 2.2.1.3 Erschließung Ost-Boliviens

Mit der Erschließung von bisher nur teilweise oder überhaupt nicht genutzten Arealen versuchte die MNR-Regierung einige zentrale Ziele des Reformgesetzes zu realisieren. Dazu zählten u.a. die Abschwächung des Bevölkerungsdruckes in den traditionellen Siedlungsräumen „Altiplano" und „Valles", die Vergabe von Ackerland an die bisher unterprivilegierte indigene Bevölkerung sowie die Einbeziehung peripherer Regionen zum Zwecke der Steigerung der Agrarproduktion und der Minderung der räumlichen und sozialen Disparitäten. Eine wichtige Begleiterscheinung der Agrarkolonisation war die Stimulation der Binnenmigration. Nach KÖSTER (1987: 110) betrug der Anteil der bolivianischen Bevölkerung, die ihren Geburtsbezirk verlassen und sich in einem anderen Regierungsbezirk innerhalb des Landes niedergelassen hatte, im Jahre 1950 nur etwa ein Prozent. Ausschlaggebend für die geringe Mobilität insbesondere der ländlichen Bevölkerung war die semi-feudale Bindung der Bauern an die Haziendas. Hinzu kam die schlechte infrastrukturelle Erschließung des östlichen Tieflandes, die den verkehrs- und kommunikationstechnischen Austausch zwischen „Altiplano", „Valles" und „Oriente" einschränkte. Die Aufhebung der „Encomienda" infolge der nationalen Revolution sowie die Durchführung verschiedener Infrastrukturprojekte, wie die Konstruktion der Asphaltstraße von Cochabamba nach Santa Cruz de la Sierra, hatten daher eine mobilitätsfördernde Wirkung.

Weitere verkehrsbauliche Maßnahmen wie die Erschließungswege in die ostbolivianischen Kolonisationszentren bei Montero, Buena Vista, Yapacaní und Mineros folgten bis Ende der 1950er Jahre. Aus ökonomischen Gesichtspunkten gleichsam bedeutend wie die Straßenbauprojekte waren die neu entstandenen Bahnverbindungen von Santa Cruz nach Brasilien (Corumbá; 651 km) und Argentinien (Yacuiba; 539 km), die überwiegend mit Entwicklungsgeldern und Krediten aus den beiden Nachbarstaaten finanziert wurden. Auf diese Weise gelang es dem bislang kaum entwickelten „Oriente" die Wirtschaftsleistung durch den Export von Erdöl und Derivaten, Edelhölzern sowie landwirtschaftlichen Produkten zu erhöhen. Im Raum Santa Cruz wurden Mitte der 1940er Jahre etwa 4.800 ha mit Reis, 2.800 ha mit Zuckerrohr und 5.000 ha mit Mais kultiviert. Hinzu kamen kleinere Areale für die Subsistenzwirtschaft, so dass die landwirtschaftliche Nutzfläche nicht über 15.000 ha gelegen haben muss. Das entspräche 0,5 % der Gesamtfläche des Tieflandes von Santa Cruz (MONHEIM 1965: 14, 1982: 6f).

Die staatlich gelenkte Besiedlung des ostbolivianischen Tieflandes setzte ein Jahr nach Inkrafttreten des Agrarreformgesetzes ein, finanziert durch Zuwendungen der „Misión andina". Es handelt sich dabei um ein Kooperationsprogramm der Vereinten Nationen, welches die „International Labour Organization" (ILO), die „Food and Agricultural Organization" (FAO), die

„World Health Organization" (WHO) sowie die „United Nations Educational, Scientific and Cultural Organization" (UNESCO) mit einbezog. Es begann unter der Leitung der „Corporación Boliviana de Fomento" (CBF) die dirigierte Ansiedlung von 176 Familien bei Cotoca, 30 km östlich von Santa Cruz de la Sierra (ROCA 2001: 157ff). Die Kolonisten stammten ausschließlich aus der Gegend von Potosí und Oruro, was die Gewöhnung an die neue Umgebung durch Stärkung des Zusammengehörigkeitsgefühls und Abschwächung von Sehnsucht und Isolation erleichtern sollte.

Einen letztlich erfolgreichen Ansiedlungsversuch stellt die dirigierte Kolonie Yapacaní (140 km nordwestlich von Santa Cruz de la Sierra) dar. Die am Westufer des gleichnamigen Flusses gelegene Siedlung war 1937 als Militärkolonie für Heimkehrer des Chaco-Krieges gegründet worden, avancierte jedoch ab Ende 1963 zu einem staatlich ausgewiesenen Kolonisationsgebiet. Finanziert durch Mittel der „Banco Interamericano de Desarrollo" (BID), begann unter der Leitung der CBF die planmäßige Besiedlung des 463.000 ha großen Areals. Zwei Jahre darauf, infolge des Regierungswechsels von 1964, ersetzte das neu gegründete „Instituto Nacional de Colonización" (INC) die CBF als staatliche Kolonisationsbehörde. Ziel war es, entlang der Erschließungsachse zunächst 2.500 Kolonisten auf 20-30 ha großen Parzellen anzusiedeln. Angesichts der saisonalen Überschwemmungen im Einflussbereich des Río Yapacaní sowie der Ausweisung von für die Landwirtschaft ungeeigneten Flächen durch das INC gelang es bis 1967 aber nur 1.129 Familien (= 3.775 Personen), sich auf 130.000 ha sesshaft zu machen (ROCA 2001: 159). Das INC reagierte mit strukturverändernden Maßnahmen, z.B. wurde die bisher verfolgte Strategie, die Familien entlang der Zugangsstraße anzusiedeln, durch die radiale Form ersetzt, bei der jeder Siedler ein Kreissegment als Siedlungsfläche erhält. Dieser später auch im Agrarkolonisationsgebiet San Julián verwendete Typ sieht einen Dorfmittelpunkt mit Wohnhäusern und Versorgungseinrichtungen vor, von dem die landwirtschaftlichen Parzellen strahlenförmig abgehen. Auf diese Weise wird gewährleistet, dass jede Familie die gleiche Entfernung zum Feld sowie zum Dorfmittelpunkt zurückzulegen hat. Somit wird zumindest grundsätzlich die Gleichstellung und Integration jedes Einzelnen innerhalb des Dorfes ermöglicht.

Begünstigend für den relativen Erfolg der Kolonie waren nach MENDÍA (2001: 190f) der gute Marktzugang dank der Asphaltstraße, die Yapacaní ab 1954/57 mit Santa Cruz de la Sierra und Cochabamba verband, sowie die Nähe zur japanischen Kolonie San Juan de Yapacaní. Parallel zur Besiedelung des Tieflandes mit indigener Hochlandbevölkerung versuchte die bolivianische Regierung seit Mitte der 1950er Jahre ausländische Siedler ins Land zu holen. Diese sollten mit flächenintensiver, hochtechnisierter und marktorientierter Produktion die hohe Binnennachfrage nach landwirtschaftlichen Gütern zu befriedigen versuchen. Zwischen 1957 und 1962 entstanden im Departamento de Santa Cruz mit Okinawa I – III und San Juan de Yapacaní u.a. vier japanische Siedlungen, die sich auf den Reisanbau spezialisierten. Die schwierigen Verhältnisse in den benachbarten Kolonisationszentren förderten die dortige Abwanderung, die geringfügigen Erfolge der Diversifizierung des Einkommens in Yapacaní hingegen die Immigration aus den umliegenden Regionen und dem Hochland Boliviens.

#### 2.2.1.4 Kritischer Rückblick

Seit der Agrarreform hat sich die durchschnittliche Betriebsgröße je Familie kontinuierlich erhöht, was auch die jüngsten Zahlen des INRA belegen. Nach Auskunft des INRA wurden bis 1999 44,18 Mio. ha Land an 652.626 Familien vergeben. Das entspricht durchschnittlich 67,7 ha Anbaufläche pro Familie (zit. n. AGREDA 1999: 56). Während die Berechnungen des „Movimiento Sin Tierra" (MST) und des INRA bezüglich der Gesamtanbaufläche Boliviens übereinstimmen, variieren sie deutlich hinsichtlich der Anzahl der Bevölkerung, die über diese Ländereien verfügt. Ausschlaggebend dafür ist die unterschiedliche Datenberechnungsgrundlage beider Institutionen. Die staatliche Behörde INRA berücksichtigt lediglich die von der Landvergabe begünstigten Familien und verschweigt in diesem Zusammenhang die noch immer von der Enteignung verschont gebliebenen Haziendas. Es ist anzunehmen, dass politische Motive für die „ungenaue" Datenermittlung ausschlaggebend sind. Die Reforminstitution steht aufgrund der nur schleppend voranschreitenden Redistribution und Retitulierung unter Druck.

Dagegen kalkuliert die Nichtregierungsorganisation MST auch die Besitztitel von bisher nicht enteigneten Haziendabesitzern ein, wodurch auf den ersten Blick die durchschnittliche Betriebsgröße pro Familie sogar als angemessen erscheint. Bei genauerer Differenzierung offenbart sich allerdings eine Zweiklassengesellschaft, bestehend aus Großbauern, Viehzüchtern, Agroindustrie und Landspekulanten auf der einen und unzähligen gesellschaftlich benachteiligten Kleinbauern und Landlosen auf der anderen Seite. Wenn man den Daten der Landlosenbewegung MST Glauben schenkt, so ergeben sich die folgenden zwei sozioökonomischen Schichten innerhalb der Landbevölkerung des Andenstaates: Zur ersten Schicht zählen die 450.000 Haziendas mit etwa 40 Mio. ha Ackerland. Auf einen Landeigentümer entfallen diesen Berechnungen zufolge fast 90 ha Betriebsfläche. Die zweite Schicht umfasst 1,2 Mio. Bauern, die lediglich auf vier Millionen Hektar Eigenbesitz zurückgreifen können. Das entspricht einer durchschnittlichen Betriebsgröße von 3,34 ha, womit sich unter Berücksichtigung der eingangs erwähnten Ergebnisse von MONHEIM (1968: 7) auch nach 35 Jahren keine relative Besserung für die landwirtschaftliche Betriebsformen der Kategorien fünf („La propiedad pequeña") und sechs („El solar campesino") ergeben hat (vgl. Kap. 2.2.1.2).

Insbesondere die frühen Umsiedlungsprojekte der 1950er Jahre offenbaren eine Vielzahl von Problemen und Planungsfehlern. Dazu zählten u.a. Anpassungsschwierigkeiten der beteiligten Siedler aufgrund unzureichender Orientierungsprogramme sowie landwirtschaftliche Misserfolge angesichts der unfruchtbaren Böden, saisonaler Überschwemmungen und unzureichender Agrarberatung. Daher setzte in vielen Kolonisationszonen eine intensive Rückwanderung in die Herkunftsgebiete ein. Andere verließen das ihnen zugewiesene Ackerland, um andernorts eine neue Existenz aufzubauen. Bedenken hinsichtlich des Erfolges groß angelegter Transmigrationsprogramme äußerte bereits 1954 die US-amerikanische „FOREIGN OPERATIONS ADMINISTRATION" in ihrem Bericht zur Besiedlung des Tieflandes von Santa Cruz. Darin heißt es (HENNEY 1954: 13, zit. n. MONHEIM 1965: 25):

„Wir teilen die Meinung [...], dass organisierte Besiedlungsprojekte auf der Basis der Umsiedlung von Hochlandsindianern in das Tiefland zum mindesten von sehr zweifelhafter Wirksamkeit sein würden. Die optimistischste amtliche Auffassung, die wir hörten, war, dass es nicht unmöglich, aber sehr schwierig ist. Es besteht die Überzeugung, dass es sicher ein Fehlschlag würde".

Das nachfolgend näher erläuterte Kolonisationsprojekt in San Julián versuchte, die allgemeine Kritik aufzunehmen und zu verwerten. Durch umfangreiche Vorbereitungen der Siedler auf ihre neue Umgebung, z.B. die ungewohnten Kulturpflanzen und bisher unbekannte Anbautechniken, sollte die hohe Abwanderungsquote reduziert und damit der geringen Entlastung der übervölkerten Regionen entgegengewirkt werden. Auch versuchten jüngere Projekte den Zugang der Agrargüter zum Absatzmarkt durch infrastrukturelle Maßnahmen zu erleichtern, um mit der Kombination aus Subsistenzwirtschaft und Marktproduktion die individuelle und nationale Nahrungsmittelversorgung zu gewährleisten. Vielerorts hatte die räumliche Abgeschiedenheit der Kolonisten eine Belieferung des Binnenmarktes unmöglich gemacht. Des Weiteren wurde versucht, mit der partiellen Einführung von Agroforstsystemen eine nachhaltigere Bewirtschaftungsform zu erzielen und damit der Zerstörung der natürlichen Ressourcen entgegen zu wirken. Die geringe finanzielle Ausstattung des SNRA/INC bzw. INRA nach Beendigung der Förderung seitens internationaler Hilfsorganisationen erschwerte allerdings das langfristige Gelingen der Programme. Dies zeigte sich auch in dem

– im Vergleich zu vorangegangenen Projekten – erfolgreicheren Agrarkolonisationsgebiet San Julián.

### 2.2.1.5 Aktuelle Politik und Probleme

Heute, zu Beginn des 21.Jh., hat sich die Situation im primären Sektor hinsichtlich der Besitzgrößenstruktur nicht grundlegend verändert. Nach Angaben der bolivianischen Landlosenbewegung MST halten 27,3 % der Landbesitzer zusammen fast 91 % der landwirtschaftlich genutzten Flächen Boliviens. Zum fünfzigsten Jahrestag der bolivianischen Agrarreform titelt die linksliberale Tageszeitung EL DEBER (02.08.2003) daher: „50 años y la tierra se concentra en pocas manos"[15]. Während der überwiegende Teil der ruralen Bevölkerung in Armut verweilt, konzentriert sich der Landbesitz auf diejenigen, die bereits im Besitz von Geld, politischer und/oder wirtschaftlicher Macht sind. So zitiert die in Santa Cruz de la Sierra erscheinende Zeitung in der o.g. Ausgabe den Vorsitzenden des MST, Ángel DURÁN, mit den Worten: „... en Bolivia existen 450 mil personas que acaparan 40 millones de hectáreas, y 1,2 millones de habitantes que sólo es propietario de 4 millones de hectáreas"[16].

Den Berechnungen des „Ministerio de Agricultura, Ganadería y Desarrollo Rural de Bolivia" (1999; zit. n. FIAN 2001: 5) zufolge, sind nur etwa 15 % der Gesamtfläche Boliviens ackerbaulich nutzbar. Von diesen 16,47 Mio. ha wird allerdings nur ein Fünftel tatsächlich in Kultur genommen. Die verbleibenden vier Fünftel liefern aufgrund von fehlender infrastruktureller Erschließungsmöglichkeiten, Landspekulationen, unklarer Besitzverhältnisse etc. keinen Beitrag zum Bruttoinlandsprodukt des Landes. Als Konsequenz dessen ist Bolivien – trotz seines immensen landwirtschaftlichen Potenzials – auf Nahrungsmittelimporte angewiesen. So kommt eine im Juli 2003 veröffentlichte Studie des „Observatorio de Políticas Públicas en Seguridad Alimentaria Nutricional y Desarrollo Económico Local" (zit. n. EL DEBER, 03.08.2003) zu dem Ergebnis, dass 20 % der internen Nachfrage nach Lebensmitteln mit Produkten aus dem Ausland gedeckt werden müssen. Das schafft nicht nur eine Unsicherheit hinsichtlich der Nahrungsmittelversorgung im Land, sondern steigert unnötigerweise die Abhängigkeit vom Ausland.

Besonders gravierend ist das bolivianische Nahrungsmitteldefizit im Bereich der Herstellung von Milchprodukten sowie in der Weizenproduktion.

---

[15] „50 Jahre und das (Acker-)Land verbleibt in wenigen Händen".
[16] „[...] In Bolivien existieren 450.000 Personen, die 40 Mio. ha für sich beanspruchen, und 1,2 Mio. Einwohner, die lediglich im Besitz von 4 Mio. ha sind".

Von 500.000 Tonnen nachgefragtem Weizen konnten im Jahr 1999 nach Angaben des MAGDR (zit. n. FIAN 2001: 6) nur 140.000 t von nationalen Agrarbetrieben bereitgestellt werden. Annähernd drei Viertel der Nachfrage musste durch Zukäufe auf internationalen Märkten befriedigt werden. Diese Negativentwicklung ist u.a. auf die Unproduktivität der landwirtschaftlichen Großbetriebe des Landes zurückzuführen. Die eingangs zitierte Studie belegt, dass der inländische Bedarf an Nahrungsgütern zu 45 % von Kleinbauern und lediglich zu 35 % von „Empresas agrícolas" (vgl. Kap. 2.2.1.2) gedeckt wird, obwohl letztgenannte über weitaus bessere Voraussetzungen für eine flächen- und kapitalintensive Produktion verfügen.

Die sozioökonomischen und räumlichen Disparitäten im primären Sektor tragen dazu bei, dass die sozialen Konflikte in Bolivien seit der nationalen Revolution unvermindert anhalten. Die Enttäuschung über die unzureichende Land- und Titelvergabe, institutionelle Korruption und die zunehmende Entstehung illegaler Landmärkte treibt viele Bauern- und Landlosenverbände zu Verzweiflungstaten. Dazu zählen die gewaltsamen Landbesetzungen der Hazienden und Großbetriebe, öffentliche Protestveranstaltungen sowie Straßenblockaden in den Konfliktregionen. Zuletzt kam es Mitte Juli 2003 zur polizeilichen Räumung der 4200 ha großen „Grupo agropecuario Mónica", ein von etwa 600 Kolonisten für 48 Stunden besetzt gehaltenes Landwirtschaftsunternehmen in San Cayetano (zit. n. EL DEBER, 15.07.2003). Der in der Provinz Santiestevan (Departamento de Santa Cruz) gelegene Produktionsstandort befindet sich ca. 30 Kilometer östlich des Agrarkolonisationsgebietes „Colonia Chané-Piraí", von wo der Großteil der Landbesetzer stammt. Angeführt wurde die gewaltsame Inbesitznahme durch das „Movimiento Sin Tierra Minero-Chané", dessen Mitglieder sich aus Landlosen und benachteiligten Kleinbauern der Region zusammensetzen. Das brasilianisch-bolivianische Konsortium „Mónica" erwarb den Großgrundbesitz im Jahre 2001 und zählt mittlerweile – bei einer Anbaufläche von 2.600 ha – zu den größten Sojaerzeugern der Region.

Seit Bestehen des Agrarreformgesetzes kommt es immer wieder zu rechtswidriger Landnahme durch Landlose und Kleinbauern. Orte der Konfrontation sind meist Latifundien im benachbarten Umfeld der Agrarkolonisationsgebiete, wo die Nachfrage nach Land aufgrund des Bevölkerungszuwachses stark ansteigt, aber das Angebot an zu vergebener Siedlungs- und Ackerfläche stetig rückläufig ist.

## 2.2.2 Politische und historische Rahmenbedingungen der Agrarkolonisation in der Elfenbeinküste

Seit den 1960er Jahren wollte die Regierung der Elfenbeinküste mit Hilfe von Kapital aus Frankreich, Arbeitskräften aus den Nachbarländern und ungenutzten Waldreserven des eigenen Landes die Elfenbeinküste zu einem regionalen „Eldorado" ausbauen. Die wirtschaftliche Förderungspolitik der Regierung basierte vor allem auf der Erschließung des bis dahin kaum besiedelten, schwer zugänglichen und komplett bewaldeten Südwestens des Landes. In den 1970er Jahren implementierte die Regierung eine Reihe von Infrastrukturmaßnahmen in dieser Region, was einen hohen Zuzug von Migranten sowohl aus anderen Regionen der Elfenbeinküste als auch aus dem benachbarten Ausland zur Folge hatte. Diese verdingten sich entweder bei der ansässigen Bevölkerung als Arbeitskräfte oder erschlossen eigenes Land, um Kakao und Kaffee anzubauen (PAULUS et al. 1996). Die Agrarkolonisation fand staatlich erwünscht, aber ungeplant statt. Seit Anfang der 1980er Jahre hat die Elfenbeinküste mit einer anhaltenden Wirtschaftskrise zu kämpfen, trotzdem riss der Strom der Zuwanderer nicht ab.

### 2.2.2.1 Agrarorientierte Entwicklung des Einparteienstaates

Die politische Entwicklung des Landes wurde schon seit den Anfängen der ersten Unabhängigkeitsbewegungen in den 1940er Jahren von Félix Houphouët-Boigny, Kopf der späteren Einheitspartei, bestimmt. Mit der Unabhängigkeit im Jahre 1960 wurde er Präsident des Landes und hatte die Führung bis zu seinem Tod 1993. Die Politik der Elfenbeinküste war immer stark personalisiert und der Staat de facto ein autoritärer Einparteienstaat (JAKOBEIT 1998: 135ff; BARATTA 1997: 264). Die Regierungspartei, „Parti Démocratique de la Côte d'Ivoire" (PDCI), wurde von der Gruppe der Akan-Völker aus dem Süden des Landes, vor allem von der Ethnie des Präsidenten, den Baoulé, dominiert. Diese Vorherrschaft der Baoulé während der 33-jährigen Regierungszeit Houphouët-Boignys und der späteren fünf Jahre des ebenfalls der ethnischen Gruppe der Baoulé angehörigen Präsidenten Konan Bédié entsprach einer Ideologie, die der Volksgruppe der Akan die alleinige Befähigung zusprach, das Land zu führen, und von den übrigen Bewohnern des Landes „Akanité" genannt wurde (COULIBALY 2002).

Houphouët-Boigny war trotz der Vormachtstellung seiner Ethnie darauf bedacht, dass bei allen Posten und Berufungen ein genau kalkulierter regionaler und ethnischer Proporz gewahrt blieb. Bei drohendem Protest wurde ein öffentliches Amt mit einem adäquaten ethnischen Vertreter besetzt. Als sichere Stütze der PDCI wurden auch die seit den 1960er Jahren zum Ausbau der Wirtschaft benötigten Gastarbeiter des Landes über das bürokratische Herrschaftssystem integriert, indem ihnen sowohl das Wahlrecht als auch die Möglichkeit zugesprochen wurde, eine Stelle im öffentlichen Dienst zu bekommen (JAKOBEIT 1998: 159). Mit der Praxis einer ethnisch weitgehend ausgewogenen Besetzung öffentlicher Stellen wurde lange Zeit versucht, ein trügerisches Bild von Integration und Harmonie aufrechtzuerhalten. Durch Zugeständnisse oder Ausschlüsse aus der Regierung konnte der Eindruck erweckt werden, es existiere keine Opposition (JAKOBEIT 1998: 143ff; MOTTET 2002).

Eine wirtschaftspolitische Diversifizierungsstrategie wurde seit der Unabhängigkeit verfolgt, um das Land unabhängiger von den Weltmarktpreisschwankungen einzelner landwirtschaftlicher Exportgüter zu machen. Nicht nur Kaffee und Kakao, als die beiden wichtigsten Exportkulturen, sondern auch Ananas, Bananen, Kautschuk, Baumwollfasern und Palmöl hatten einen enormen Zuwachs zu verzeichnen (SCHAAF 1987: 29f). Mit Hilfe der immensen Landreserven des bis dahin kaum besiedelten Regenwaldes im Südwesten des Landes, der Arbeitskraft von „Fremdarbeitern" vor allem aus dem Sahel und Kapital aus Frankreich konnte die kapitalwirtschaftliche, agrarorientierte Entwicklung des Landes bis Ende der 1970er Jahre einen Erfolg aufweisen, der sich in einem wirtschaftlichen Aufschwung widerspiegelt: Das BIP nahm im Durchschnitt der Jahre 1965 bis 1973 um jährlich 8,6 % zu (JAKOBEIT 1998: 137; WOHLFAHRT-BOTTERMANN 1994: 421).

In diesem Zeitraum wanderten viele Gast- und Wanderarbeiter in das „Wunderland" ein. Ohne sie wäre der Ausbau der Wirtschaft des Landes nicht möglich gewesen. Dadurch war ihre Integration über den Marktmechanismus vollkommen gewährleistet. Ende der 1980er Jahre waren ca. 64 % der Arbeitskräfte der Elfenbeinküste in der Landwirtschaft beschäftigt[17], wobei Kaffee und Kakao sowie bis Ende der 1970er Jahre zusätzlich der Holzexport die Standbeine in der Südhälfte des Landes waren. Die eingenommenen Gelder wurden zum Ausbau der Infrastruktur des Landes verwendet und die Investitionsentscheidungen der Regierung Ende der 1970er gingen davon aus, dass die Preise für Kakao und Kaffee auch in den nächsten Jahren auf hohem Niveau verharren würden.

Als bei verschlechterten „Terms of Trade" die staatlichen Investitionsprogramme nicht zurückgefahren wurden, fiel die Elfenbeinküste Anfang der 1980er Jahre, zeitgleich zum Verfall der Agrarpreise für Kaffee und Kakao und der Zinsanhebung der internationalen Kreditgeber, in ein tiefes Schuldenloch. Das reale BIP in den 1980er Jahren schrumpfte, und vor allem die

---

[17] Heute sind nur noch 50,3 % der Arbeitskräfte in der Landwirtschaft beschäftigt (BARATTA 2002: 297).

Beschäftigten in der Exportlandwirtschaft in der Südhälfte des Landes verarmten zunehmend (JAKOBEIT 1998: 137ff). Der Migrationsstrom aus den Nachbarländern riss trotzdem nicht ab, im Vergleich zu den Nachbarstaaten schien das Leben in der Elfenbeinküste immer noch „besser". Im Zuge der ökonomischen Stagnation kam es jedoch schon in den 1980er Jahren zunehmend zu desintegrativen Mechanismen des Marktes: Gleichzeitig zur Abnahme der Abhängigkeit von Arbeitskräften aus dem Ausland nahm die Fremdenfeindlichkeit, vor allem gegen die größte soziale Gruppe, die Burkinabé, zu (WIESE 1988: 183).

### 2.2.2.2 „Demokratisierungsprozess" und „Strukturanpassung"

Auch die personalisierten, hierarchisierten und monopolisierten Strukturen der Regierung gerieten durch die nachlassende Wachstumsdynamik schon Ende der 1970er Jahre an ihre Grenzen. Die wichtigsten Geberinstitutionen wurden zunehmend unzufrieden: Die fortwährend massive Kreditaufnahme führte zu immer höheren Verschuldungen. Die semikompetitiven Wahlen innerhalb der Einheitspartei seit 1980, bei denen sich mehrere Konkurrenten um einen Sitz bewerben konnten, leiteten eine langsame Liberalisierung der Politik ein. Doch erst im Jahr 1990 wurden nach gewalttätigen Unruhen Streiks und Studentenprotesten und auf Druck europäischer Staaten und der USA erstmals mehrere Parteien sowie Medienvielfalt und Gewerkschaften zugelassen. Im Verlauf des Sommers 1990 entstand eine Reihe von politischen Parteien. Bis heute bedeutend ist vor allem die „Front Populaire Ivorien" (FPI), die unter dem derzeit amtierenden Präsidenten Laurent Gbagbo, einem Bété, gegründet wurde. Auch diese Partei rekrutierte sich vor allem nach ethnischen Kriterien aus einer Ansammlung von Anhängern der Bété (COULIBALY 2000; JAKOBEIT 1998: 137ff).

Die folgenden Wahlen Ende 1990 waren eine Enttäuschung für alle, die an eine Demokratie und damit zumindest an die Chance eines alle Subsysteme integrierenden Herrschaftssystems geglaubt hatten: Die Vorbereitungszeit und Beteiligung der Oppositionsparteien bei der Planung war viel zu kurz. Der Präsident kündigte erst einen Monat vor den Wahlen den Termin an. Die landesweite Loyalität, der sich Houphouët-Boigny sicher war, und die offenkundige Wahlmanipulation führten dazu, dass der Sieg der PDCI schon vorher feststand (JAKOBEIT 1998, 51ff). In der folgenden Zeit zeigte sich, dass die Zugeständnisse der Regierung mit der Öffnung und partiellen Liberalisierung des Systems in eine, so nennt es JAKOBEIT (1998: 136), „Formaldemokratie" mündeten. Einige Monate nach dem Tod Houphouët-Boignys im Jahr 1993 erfolgte der Einsatz des Parteinachfolgers und neuen Präsidenten Konan Bédié rechtmäßig bis zu den nächsten Wahlen im Jahr

1995. Houphouet-Boigny hat demnach nie eine demokratische Wahl miterlebt.

Anfang der 1990er Jahre wurde auf Druck des Internationalen Währungsfonds (IWF) und der Weltbank ein restriktives Strukturanpassungsprogramm eingeleitet, das unter anderem den Francs CFA um 50 % abwertete und ein Privatisierungsprogramm für Staatsbetriebe einleitete. Durch die daraus resultierenden Produktpreissenkungen sollte der Exportsektor wieder für die Wettbewerbsfähigkeit auf den liberalen internationalen Märkten vorbereitet werden. Das eigentliche Problem, den Preissturz und die verringerte Nachfrage der Produkte auf dem Weltmarkt durch die Deregulierungspolitikvon IWF und Weltbank, konnte diese Politik nicht lösen (JAKOBEIT 1998). Die Verminderung der Kaufkraft, eine steigende Inflationsrate, Lohnsenkungen und Entlassungen, die zu einer hohen Arbeitslosenrate führten, und insgesamt eine Absenkung des Lebensstandards waren die Folge.

Als Ursache für das verstärkte Auftreten von Fremdenfeindlichkeit gegenüber den zusammenfassend und diskriminierend oft als „Dioula"[18] bezeichneten anderen westafrikanischen und nordivorischen Bewohner benennt MOTTET (2002) die „lebensfeindliche" Politik von IWF und Weltbank. Während die Ashanti aus Ghana, als Teil der Volksgruppe der Akan, und die Liberianer, als Teil der Volksgruppen der Krou, von den Ethnien des Südens anerkannt werden (MOTTET 2002), werden die aus dem Norden stammenden Gruppen anhand ihrer Physiognomie und kulturellen Ähnlichkeiten pauschal abgegrenzt. Somit wird in der Elfenbeinküste eine Charakteristik zur Abgrenzung benutzt, die nicht nur ethnisch, sondern auch rassistisch ist:

„[...] est considéré comme Burkinabé, donc mauvais, par l'Ivoirien partisan de l'ivoirité, toute personne originaire de la bande sahélienne, donc est aussi rejeté le Malinké que le Mandingue, le Sénoufo que le Mossi, le Ouolofo que le Toucouleur, soient les Guinéens, les Sénégalais, les Maliens, les Nigériens, les Burkinabés. Il est remarquable que les Ghanéens de la zone Ashanti donc membre du groupe Akan, en proportion non négligeable en Côte d'Ivoire, n'y sont pas actuellement frappés d'ostracisme, pas plus que les Libériens." (MOTTET 2002)

Seit 1994 schien sich die wirtschaftliche Situation des Landes wieder zu verbessern. 1995/96 wurden 7 % BIP-Wachstum erreicht, hervorgerufen allerdings vor allem durch die günstigen Weltmarktbedingungen für landwirtschaftliche Produkte. Seit 1995 wurde allerdings auf Druck von Weltbank und IWF eine weitere Liberalisierung des Agrarsektors beschlossen und

---

[18] Dioula ist die Verkehrssprache der islamischen Händler des Nordens.

seit 1999 die bis dahin geltende staatliche Preisgarantie für Kakao und Kaffee abgeschafft. Dadurch ist die Kakaovermarktung in private Hände gelangt, wodurch die Zwischenhändler – der lokale Handel ist fast ausschließlich in den Händen von Libanesen – in die Lage versetzt wurden, die Preise nach Belieben zu drücken. Auch diesmal spüren Pflanzer und Bauern die negativen Folgen am stärksten. 1995 lebten 12,3 % der Bevölkerung unter der Armutsgrenze (BARATTA 2002: 297).

### 2.2.2.3 Ivoirité

Seit der Einführung des Mehrparteiensystems wird Politik vermehrt „ethnisiert" bzw. Ethnizität instrumentalisiert. Dieser Prozess mündete Mitte der 1990er Jahre in dem von Staatspräsidenten Konan Bédié eingeführten Begriff der so genannten „Ivoirité", mit dem „richtige" Staatsbürger von Zugewanderten und deren Nachfahren unterschieden werden. Um seine Konkurrenz auszuschalten äußerte Präsident Bedié 1994 die Auffassung, sein aussichtsreichster Konkurrent innerhalb seiner Partei, Alassane Ouattara, Muslim und aus dem Norden des Landes kommend, ehemaliger Ministerpräsident (seit 1990) in der Regierung Houphouët-Boignys und Ende der 1980er Jahre Vize-Direktor des IWF, sei kein „echter" Ivore, sondern Burkinabé, da seine Mutter im Gebiet des heutigen Burkina Faso geboren sei, und könne sich somit nicht zur Wahl zum Präsidenten aufstellen lassen. Resultat der durch die Ideologie der Ivoirité begründeten Anschuldigungen war eine Klausel in der Verfassung des Wahlgesetzes von 1995, die besagt, dass nicht nur der Präsidentschaftskandidat, sondern auch seine Eltern Ivoren im Sinne der Ivoirité sein und in den letzten fünf Jahren ständig in der Elfenbeinküste gelebt haben müssten (COULIBALY 2000; JAKOBEIT 1998: 159; MOTTET 2002). Damit sicherte sich die Führungsschicht des Südens, und somit die dort lebenden Baoulé, weiterhin die Macht des Landes. Das rassistische Konzept der Ivoirité, die im Großen und Ganzen jeden Menschen als nichtivorisch zurückweist, der nicht aus der seit Anfang der Kolonialzeit christlich geprägten südlichen Waldzone des Landes kommt, verbreitete sich daraufhin auch in der Gesellschaft und diskriminiert über die Hälfte der Bevölkerung[19] (MOTTET 2002).

Aus Protest über den Ausschluss Ouattaras traten einige Reformkräfte aus der PDCI aus und gründeten unter seiner Führung das „Rassemblement des Républicains" (RDR), das in der folgenden Zeit zum Sammelbecken eth-

---

[19] Wenn das Konzept auch „neu" scheint, so wurde doch schon 1984, in der Zeit, die so gerne als multiethnisches Paradies bezeichnet wird, die „Ivoirisierung der Beschäftigten und der Unternehmen" zu einem Schwerpunkt des Entwicklungsplanes der Jahre 1985 bis 1990 erklärt (WIESE 1988: 218).

nisch-religiös motivierten Protestes wurde, da sich vor allem der mehrheitlich muslimische Norden des Landes mit dem Ausscheiden Ouattaras in der PDCI nicht mehr vertreten sah (COULIBALY 2000; JAKOBEIT 1998: 156ff). Zur selben Zeit verloren die damals rund drei Millionen Gast- und Wanderarbeiter das Wahlrecht. Die Präsidentschaftswahlen im Oktober 1995 wurden von weiten Teilen der Opposition boykottiert. Bédié gewann mit Hilfe von Wahlfälschung, Stimmenaufkauf und der beschriebenen Eliminierung seines größten Konkurrenten. Doch die damals begonnene Diskussion und ihre politischen Folgen haben ein fremdenfeindliches Klima geschürt, in dem nicht nur Migranten, sondern auch die Landesbewohner des Nordens Zielscheibe wurden. Eine politische Unzufriedenheit vieler Akteure entstand (LEYMARIE 2000).

Im Dezember vor den nächsten „demokratischen" Wahlen im Jahr 2000 eroberten Soldaten, die ihren Sold seit einigen Monaten nicht bekommen hatten, mittels eines unblutigen Militärputschs die Macht des Landes. Sie setzten Robert Guei, einen Ex-Militär und Mann aus dem Westen, an die Spitze der Übergangsregierung, die das Land bis zu den nächsten Wahlen regieren sollte (SÜDDEUTSCHE ZEITUNG, 5./6.01.2000; MOTTET 2002). Der Politik Konan Bédies schien niemand nachzutrauern. Allein seine Doktrin der Ivoirité besteht bis heute (LEYMARIE 2000). Auch Guie benutzte aus Gründen der Machterhaltung das Konzept der Ivoirité, um eine fremdenfeindliche Stimmung anzuheizen und ließ kurz vor der Wahl Wahlrecht und sogar Verfassung endgültig ändern, um ein rechtliches Mittel für den Ausschluss des Kandidaten Ouattara zu haben (NEUE ZÜRICHER ZEITUNG, 11.10.2000 und 26.10.2000; MOTTET 2002).

Da die PDCI ohne den ausgeschiedenen Bédié keinen Kandidaten aufstellen konnte und ein weiterer Kandidat vom Obersten Gericht wegen des Vorwurfs der Korruption abgelehnt wurde, entschieden sich die meisten PDCI-Anhänger gegen Guie und wählten den damit einzigen aussichtsreichen Kandidaten Laurent Ghagbo (FPI) als weiteren Vertreter einer Ethnie des Südens. Ohne den Ausschluss der Kandidaten der Hauptparteien hätte Ghagbo niemals die demokratische Unterstützung zum Staatspräsidenten bekommen. Obwohl die Wahlbeteiligung im Land allgemein bei lediglich 35 % und in Korhogo im Norden des Landes sogar nur bei 10 % lag, akzeptierte Gbagbo sein Präsidentenamt und setzte keine Neuwahlen an (LINK 2000).

Die folgenden Jahre der Amtszeit Gbagbos waren von ständigen Unruhen gekennzeichnet, die bereits mit den Präsidentschaftswahlen am 22. Oktober 2000 begannen. Die politischen Konflikte entwickelten sich zu ethnischen und religiösen, die in einer Jagd auf Ausländer und Bewohner des Nordens in

Abidjan mündete. Besonders schockierend waren zwei in dieser Zeit gefundene Massengräber außerhalb Abidjans, in denen ca. 80 junge Männer lagen, bei denen es sich offenbar um Anhänger Ouattaras handelte. An der Ermordung sollen neben radikalen Anhängern Gbagbos auch Kräfte der Militärpolizei beteiligt gewesen sein (MOTTET 2002, FRANKFURTER ALLGEMEINE ZEITUNG, 9.10.2000; KOUADIO 2000: 6;). Diese neue Form des radikalen Rassismus in der Elfenbeinküste, die sich, einst von Bédié mit der Idee der Ivoirité initiiert, um Gbagbo und Guei gebildet hat, leitet wohl die endgültige soziale Teilung des Landes ein, denn auf die jeweils andere Ethnie oder soziale Gruppe wird keine Rücksicht mehr genommen.

Ein erneuter Putschversuch im Januar 2001 wurde von der Regierung mit der Beteiligung von Ausländern in Verbindung gebracht (FRANKFURTER ALLGEMEINE ZEITUNG, 12.01.2001). Sowohl der damalige Verteidigungsminister Kouassi als auch der Innenminister Doudou beschuldigten indirekt die Nachbarländer Burkina Faso, Mali und Niger an dem Versuch, die Regierung zu stürzen, beteiligt gewesen zu sein, da sich unter den verhafteten Putschisten Nigerianer und Malier befanden (FRANKFURTER ALLGEMEINE ZEITUNG, 9.01.2001). Obwohl die Hintergründe des Putschversuches nie geklärt wurden, bekamen die folgenden Ausschreitungen auf den Straßen Abidjans erneut eine ethnisch-religiöse Komponente und das Verhältnis zwischen Burkina Faso und der Elfenbeinküste wurde auf die Probe gestellt. Studenten, die sich als Patrioten ausgaben, zwangen in Abidjan Migranten aus Burkina Faso, das Land zu verlassen. Polizei und Gendarmerie beteiligten sich teilweise an den Plünderungen der Häuser der Migranten. Auch Arbeiter der großen landwirtschaftlichen Plantagen im ländlichen Raum bekamen zu dieser Zeit, vor allem im Südwesten des Landes, die durch das Land ziehende Fremdenfeindlichkeit zu spüren. Plötzlich hatten „die Ausländer" „den Ivoren" die Arbeit weggenommen.

### 2.2.2.4 Traditionelle und moderne Bodenrechte

Schon 1935 wurde von der französischen Kolonialregierung der erste staatliche Eingriff in das traditionelle Bodenrecht der Ethnien der Elfenbeinküste unternommen, indem Ländereien, die mehr als zehn Jahre unbewirtschaftet waren, zu Staatsbesitz erklärt wurden. 1963 bestätigte die Regierung des unabhängigen Landes diese Regelung. Nach traditionellem Bodenrecht ist diese Verstaatlichung jedoch ein unvorstellbarer Eingriff: Der Zugang zu diesen Ländereien erfolgte bisher über den Häuptling. Das moderne ivorische Zivilrecht und das mündlich überlieferte Gewohnheitsrecht („droits coutumier") existieren seitdem in einer unklaren Trennung nebeneinander her (WOHLFAHRT-BOTTERMANN 1994: 346; WIESE 1988: 52; SCHWARTZ 1982: 295f).

Nach Auffassung der Bété[20] ist das Land den Ahnen zu eigen und steht im gemeinsamen Besitz der lebenden Nachfahren der Ahnen. Für diese Nachfahren gleicher Abstammung bestehen gemeinsame Agrar-, Holz-, Wildfrucht- und Jagdnutzungsrechte (MÜLLER 1984: 5). Das traditionelle Recht kennt also nur den Gemeinbesitz. Die Nutzung des Bodens vollzieht sich ausschließlich nach dem Nutzungsrecht („droits d'usage"). Die Einführung einer Pflanzungswirtschaft scheint zwar ein unvermeidbarer Schritt hin zum Privateigentum zu sein, nach Auffassung der Bété handelt es sich bei der Abgabe von Land aber trotzdem nur um ein verlängertes Nutzungsrecht (LÉNA 1984: 94). Die Anlehnung des modernen ivorischen Zivilrechts an das französische Rechtsverständnis von Privateigentum kann demzufolge zu Nutzungskonflikten führen.

Das zivile Bodenrecht wird vom Unter-Präfekten der lokalen Verwaltung vertreten. Die Bauern erhielten über ihn vom Staat einen Nachweis mit einem Bodenbesitztitel besonderer Art: Er quittierte, dass sie eine Parzelle Wald „in Wert" gesetzt hätten. Dieses so genannte „Certificat de Plantation" (Pflanzungs-Zertifikat) hat jedoch wegen des Vermerks, „vorläufig und widerruflich" keinen Rechtsanspruch (SCHWARTZ 1982: 296). Trotzdem führt die Interpretation des Rechtsinhalts solcher Besitztitel bei vielen Betroffenen zu Verwirrung. Viele glaubten oder glauben, das Land sei ihr Besitz. Aufgrund der steigenden Arbeitslosigkeit wendeten sich im Laufe der 1990er Jahre immer mehr Ivoren wieder der Landwirtschaft zu, die bisher weitgehend in der Hand von Ausländern war. Auch die Ideologie der Ivoirité, die sich zur gleichen Zeit durchzusetzen begann, unterstützte die Einführung eines neuen Bodenrechts, das die Besitzrechte des Landes zugunsten der „Ivoren" auflösen sollte. Seit 1998 ist ein umfassendes staatliches Bodenrecht („droits foncier") in Kraft getreten, das die Rechtsunsicherheiten auflösen sollte. Seit 1999 wurde es umgesetzt (VOKOUMA 2002: 24).

Die betroffene Bevölkerung des Zuweisungsprozesses wird vom Staat in drei Gruppen eingeteilt: in eine autochthone, eine allochthone ivorische und eine nicht-ivorische (CHAUVEAU 2002: 63). Dabei sind Ausländer vom Landbesitz ausgeschlossen. Die autochthone Bevölkerung wird bei der Verleihung des Bodenrechtstitels privilegiert behandelt, während die allochthone Bevölkerung einen nachrangigen Anspruch auf Landbesitz erhält. Um einen Bodenrechtstitel beantragen zu können, muss die betroffene allochthone Bevölkerung sich mit ihren autochthonen Nachbarn, die ihnen bei ihrer Ankunft das Land zugeteilt haben, absprechen.

---

[20] Die Bété sind die einzige untersuchte autochthone Gruppe und leben im Untersuchungsdorf Soubré 3.

Um die Bevölkerung auf das neue Recht und dessen Umsetzung vorzubereiten, werden in den Dörfern momentan von einem ethnisch und administrativ zusammengesetzten Team[21] Informationsveranstaltungen angeboten. Der Bevölkerung soll so vermittelt werden, dass mit Hilfe des Bodenrechts ein Rahmen des Friedens geschaffen wird (Leiter des Projekts „Droits foncier rurale", DFR, 2002). Um das Bodenrecht anzuwenden, müssen die Dorfbewohner den Weg über das Dorfkomitee gehen, von dem zu prüfen ist, ob Anfragen auf Bodenbesitz rechtens sind. Eile ist hierbei insofern geboten, als dass das Land dem Staat zufällt, wenn die Besitzrechte nicht innerhalb von zehn Jahren geklärt werden. Prüfung, Entscheidung und Zuweisung der Parzellen werden also von staatlicher und lokaler Verwaltung gemeinsam mit den Dorfgemeinden vorgenommen, während die spätere Klärung von Rechtsfragen für die Tagespraxis bei der Verpachtung von Boden an ausländische Migranten den Bodenbesitzern überlassen wird. Den Migranten, die das Land momentan bestellen, wird zwar eine Pacht-Sicherheit zugestanden, den Inhalt ihrer Verträge handeln die Parteien allerdings untereinander aus. Das Landwirtschaftsministerium stellt sich vertraglich fixierte Summen auf eine vertraglich bestimmte Zeit vor, die dem Landbesitzer eine Begleichung seiner Steuern und der Kosten für das vorausgegangene Antragsverfahren ermöglichen.

Auch wenn die Umstellung des Bodenrechts für die ausländischen Migranten anfangs schwerwiegend zu sein scheint, so der Leiter des Projekts DFR (2002), gäbe es keine Probleme bei der Umsetzung des neuen Rechts. Auf lange Sicht sieht er darin die einzige Möglichkeit für ein konfliktloses Zusammenleben, in dem keine Rechtsverunsicherungen bestehen – auch wenn ausländische Migranten das neue Recht als fremdenfeindlich einstufen.

### 2.2.2.5 Aktuelle Politik und Probleme

Seit der Regierungszeit Konan Bédies 1995 und der folgenden kurzen Periode Robert Guies benötigen alle Bewohner ohne ivorische Staatsbürgerschaft eine Aufenthaltsgenehmigung, die mit dem Vorweisen einer sogenannten „Carte consulaire", die die Identität des Antragstellers vom eigenen Konsulat bestätigen und durchleuchten soll, und einer Jahresgebühr, variierend je nach Herkunftsland, zu erhalten ist. Gleichzeitig mit den wiederholten Erhöhungen dieser Gebühr in den letzten Jahren wurden im Zuge der Ivoirité die Personalausweiskosten für Ivoren gesenkt (LINK 2000). Mit der Einführung dieser verpflichtenden Aufenthaltsgenehmigung wurden viele Menschen ohne Staatsbürgerschaft plötzlich illegal.

---

[21] Das Team setzt sich aus Vertretern der Konsulate der Dorfbewohner, der Unter-Präfektur, und Repräsentanten der autochthonen Bevölkerung zusammen.

Durch die gleichzeitige Aufhebung des bisher gültigen Wahlrechts haben heute 40 % der Bevölkerung kein Mitspracherecht mehr. Auch Gbagbo führt die Politik seiner beiden Vorgänger konsequent weiter, indem er eine restriktivere Migrationspolitik auf die Tagesordnung setzte. Einwanderung wird zwar offiziell noch immer nicht beschränkt, soll aber besser kontrolliert werden. Gbagbos Bodenrecht schließt Ausländer aus und sein Tribalismus innerhalb von Regierung und Militär ist offensichtlich. Er stellte eine Miliz auf, die sich allein aus der Ethnie der Bété rekrutierte und heute Schlüsselrollen in Gendarmerie, Armee und Polizei einnimmt. Die damit verbundenen Entlassungen betreffen vor allem Militärs aus dem Norden des Landes (COULIBALY 2002). Die Umsetzung des Staatsbürgerschaftsrechts wird dadurch behindert, dass mit allen Mitteln versucht wird, „Fremden" die ivorische Staatsbürgerschaft zu verwehren, auch wenn sie schon seit Jahren in der Elfenbeinküste leben. Die Gründe dafür sind laut COULIBALY (2002) offensichtlich: Die Regierungseliten des Südens haben kein Interesse daran, Menschen einzubürgern, die aufgrund ihrer Geschichte und Affinitäten Ouattara wählen würden.

Das Land ist heute geteilt: In einen strukturstarken, in 30-jähriger PDCI-Herrschaft stets geförderten Süden einerseits, und einen strukturarmen Norden andererseits. Die Teilung wird durch die politisch größere Partizipation des Südens und die Marginalisierung des Nordens unterstrichen. Auch die Religion unterstützangeblich die Trennung in einen muslimischen Norden und einen christlichen Süden des Landes. Dies trifft so absolut jedoch nicht zu. Erstens sind viele der im Südwesten wohnenden Migranten muslimischen ebenso wie christlichen Glaubens und zweitens sind die meist im Norden lebenden Volta-Völker zwar überwiegend muslimischen, aber auch christlichen Glaubens. Staatliche Unterstützung, die dem Katholizismus von Seiten der Regierung jahrzehntelang gewährt wurde, erhielt der Islam jedoch nicht. Der Bau der Basilika in Yamoussoukro sollte der von Houphouët-Boigny gesehene Ausdruck der Überlegenheit des Katholizismus über den Islam sein.

Die Elfenbeinküste hatte nach Schätzungen schon 1975 ca. 1,5 Mio. Ausländer. Dies bedeutet einen Ausländeranteil von 20 %, der 1985/86 mit rund 2 bis 2,5 Mio. auf 30 % und schon Mitte der 1990er auf fast 40 % anwuchs (WIESE 1988: 174; WOHLFAHRT-BOTTERMANN 1994: 349; FAZ, 9.10.2000; MOTTET 2002). Der Fischer-Weltalmanach (BARATTA 2002: 297) nennt auch für 2001 einen Ausländeranteil von mehr als 40 %. Bei einer Gesamtbevölkerung von etwa 11 Mio. Menschen lebten 2001 ca. 4,5 Mio. Ausländer in der Elfenbeinküste, davon sind 47,3 % in der Elfenbeinküste geboren. Jahrzehntelang wurde um die ausländischen Einwohner kein Aufhebens gemacht, denn der Arbeitsmarkt brauchte sie dringend zum Ausbau des Landes. Doch die strukturellen Spannungen in dem ehemaligen Anwerbeland verschärfen sich zunehmend. Es verbreitet sich die Vorstellung, dass Ausländer legitimerweise nicht in vollem Umfang an Rechten der Inländer partizipieren dürften, sondern ihrem Status entsprechend verminderter Rechte innehaben sollten.

Die systematische Bevorzugung des Südens in Fragen wirtschaftlicher Entwicklung, bei der Verteilung politischer Posten, in der Armee und Gendarmerie, die Schikane beim Erhalt von Personalausweisen und bei der Durchführung von Wahlen und die fremdenfeindliche Propaganda in der regierungsnahen Zeitung „Fraternité Matin" ließ die Menschen des Nordens, COULIBALY (2000) zufolge, schon in den 1970er und 1980er Jahren den Staat stets als Machtinstrument einer ethnischen Gruppe bzw. Volksgruppe erleben. Das Regime Houphouët-Boignys wird von der Bevölkerung des Südens teilweise für seine friedliche wirtschaftliche Stabilität verherrlicht.

Die Hoffnung auf ein Ende der wiederholten politischen Unruhen nach der Wahl Gbagbos erwies sich als trügerisch. Die Elfenbeinküste befindet sich momentan in der schwersten Krise ihrer Geschichte. Viele Autoren (u. a. KOUROUMA 2003, Zit.. n. HAHN 2003; KOUADIO 2002: 13ff) vertreten die Ansicht, der aktuelle Bürgerkrieg resultiere aus den schon lange währenden ethnischen, politischen, wirtschaftlichen und religiösen Disparitäten und den gewalttätigen Geschehnissen gegen Ausländer und Nordisten im Rahmen der Unruhen der letzten Jahre. BITALA (2003) spricht von einem „Aufstand der Ausgegrenzten". Der Konflikt begann am 19.09.2002 mit dem gescheiterten Angriff auf Stützpunkte der Armee und Gendarmerie Abidjans und erfolgreichen Angriffen auf Bouaké und Korhogo (beide nördlich von Abidjan). Die militärische Führung des Landes ist dadurch erheblich geschwächt worden (COULIBALY 2002). In diesem Zuge wurden aus ungeklärten Gründen Robert Guei, wahrscheinlich von loyalen Militärs des Präsidenten Gbagbos, und Innenminister Emile Boga Doudou, wahrscheinlich von den Rebellen, ermordet. Innerhalb weniger Tage besetzten die Rebellen weitere Städte des Nordens der Elfenbeinküste, in denen sie teilweise Unterstützung von der Zivilbevölkerung bekamen. Langsam kämpften die Rebellen sich auch in den Westen durch, nach Daloa und an die Grenze zu Liberia (CNN.COM, 13.10.2002; DORCE 2002: 8; NEUE ZÜRICHER ZEITUNG, 14.10.2002). Gegenwärtig decken sie mindestens die Hälfte des Landes ab.

Es handle sich um einen ernsthaften Staatsstreich von außen, so Gbagbo in seiner Ansprache im nationalen Fernsehen am 20. September 2002 (CNN.COM, 7.10.2002; GBAGBO 2002: 16). Mit diesem Aufruf des Präsidenten zur Säuberung der ausländischen Slums Abidjans begann eine Jagd auf Ausländer. Hütten von Migranten in den Armutsvierteln Abidjans wurden, ebenso wie bei den politischen Unruhen der letzten Jahre, auf der Suche nach

Waffen und Rebellen von den regierungsloyalen Militärs und Zivilpersonen angesteckt (CNN.COM, 17.10.2002). Tausende von Menschen leben seither auf der Straße. Schon Anfang Oktober waren es laut UNHCR 6.000 Personen (GENDEREN STORT VAN, 2.10.2002).

Die Regierung musste schnell feststellen, dass es sich bei den Unruhen im Land nicht um eine einfache Meuterei von Soldaten handelt (KOUADIO 2002: 11f). Das Ziel der Kerngruppe der Rebellen des „Mouvement Patriotique de la Coté d´Ivoire" (MPCI), ca. 750-800 Ex-Soldaten und Gendarme, die wegen vermuteter Unloyalität entlassen wurden, war zwar zunächst lediglich auf ihre Wiedereingliederung beschränkt, für ihre Aktionen nennen die Rebellen jedoch unterschiedliche Motive. Da der Kern ihres Widerstandes die tribalistische Politik der Regierung, die sie als Diktatur bezeichnen, ist, werden vor allem freie und faire Neuwahlen mit der Beteiligung Ouattaras gefordert (KOUADIO 2002: 11f; BITALA 2002; FRANKFURTER RUNDSCHAU, 15.01.2003). Die Rebellen verlangen die Abschaffung aller rechtlichen Unterschiede, die zwischen Ausländern und Ivoren gemacht werden. Vor allem fordern sie die Abschaffung der Aufenthaltsgenehmigung.

Die Bemühungen um eine nicht-militärische Lösung des Konflikts Anfang Oktober 2002 hatten trotz der Unterstützung der Regierungschefs der Cédéao („Communauté économique des Etats de l'Afrique de l'Ouest") keinen Erfolg. Anders als Vertreter der Rebellen erschien Laurent Gbagbo nicht zu dem von sechs Regierungschefs der westafrikanischen Region (Ghana, Guinea-Bissau, Mali, Niger, Nigeria, Togo) organisierten Treffen in Bouaké zur Unterzeichnnung des Waffenstillstands (CNN.COM, 12.10.2002). Gbgabo verweigerte seinen darin geforderten Rücktritt und Neuwahlen. Der Ärger der ausländischen Abgesandten über dieses Verhalten war teilweise groß. Die Ängste der westafrikanischen Nachbarländer bestehen darin, dass das Scheitern einer nicht-militärischen Lösung des Konflikts zu bürgerkriegsähnlichen Zuständen wie in Sierra Leone und Liberia führen könnte (CNN.COM, 13.10.2002; DORCE 2002: 8). Deshalb wurden 2.000 Soldaten der westafrikanischen Wirtschaftsgemeinschaft ECOWAS zur Friedensicherung in das Land entsandt (BITALA 2002).

Nachdem die Friedensverhandlungen in Togo gescheitert waren, sollte ab dem 15. Januar gemeinsam mit Gbagbo und Gesandten der drei Rebellengruppen bei Verhandlungen in Marcoussis (Frankreich) ein Ausweg aus der Krise gefunden werden. Doch Gbagbo nahm nicht selbst teil, sondern sendete seinen Premierminister. Der französische Außenminister rief die Parteien dazu auf, das Konzept der Ivoirité zu überdenken, Migranten Rechte zuzugestehen, das diskriminierende Bodenrecht zu reformieren und die Menschenrechte zu achten (DIE TAGESZEITUNG, 18.01.2003). Schon während der

Friedensverhandlungen in Marcoussis begannen Demonstrationen der beiden Konfliktparteien in Abidjan, Bouaké und anderen Städten der Elfenbeinküste. Die Vereinbarungen der Konfliktparteien, in die auch Gbagbo einwilligte, mündeten nach neun-tägigen Verhandlungen in dem Plan, eine Regierung der nationalen Aussöhnung, in der auch Vertreter der Rebellen sitzen sollten, aufzustellen. Gbagbos Abgabe eines Großteils seiner Befugnisse an einen im Kompromiss gefundenen Minsterpräsidenten, Seydou Diarra, einen Muslim aus dem von den Rebellen kontrollierten Norden, war Bestandteil der Aussöhnung.

Gbagbos in Marcoussis erteilte Zusage zog er unter dem Druck von Bevölkerung, des Militärs, der PDCI und seiner eigenen Partei zurück, indem er bestritt, den Rebellen zwei Ministerien zugesichert zu haben und die Vereinbarungen zu einem „Vorschlag" degradierte. Obwohl er die Vergabe der beiden Schüsselminsterien ablehnte, plädierte er dafür, den Versuch zu machen, die Rebellen in die Regierung einzubinden und vor allem Seydou Diarra zum Premierminster zu ernennen (DIE TAGESZEITUNG, 28.01.2003). Doch die von den Regierungstruppe tolerierten radikalen Auschreitungen ließen es lange nicht zu, dass die Vertreter der Rebellen ihr Amt in Abidjan antreten konnten und auch Diarra zog es vor, vorerst nicht aus dem Senegal einzureisen (JOHNSON, 31.01.2003). Die Rebellen drohten Anfang Februar mit einem weiteren Marsch auf Abidjan, wenn das vereinbarte Friedensabkommen innerhalb von einer Woche nicht umgesetzt sei. Die darauf folgenden Verhandlungen in Ghana scheiterten erneut (DIE TAGESZEITUNG, 17.02. 2003). Als am 27. Februar 2003 ein Bericht von Amnesty International veröffentlicht wurde, der Gräueltaten der MPCI in Bouaké veröffentlichte, denen zufolge sechzig regierungstreue Gendarme mitsamt ihrer Familien exekutiert worden waren, war Gbagbo noch weniger bereit, den Rebellen die in Marcoussis zugesicherten Ministerposten zuzugestehen (WAUTHIER 2003).

Vielleicht haben diese Enthüllungen jedoch den Anfang März 2003 in Accra gefundenen Kompromiss initiiert, der einer Regierung der Nationalen Einheit nun doch noch den Weg ebnen soll. Dieser Plan sieht die zusätzliche Bildung eines 15-köpfigen Nationalen Sicherheitsrates vor, der die Besetzung der Regierungsämter bestimmen soll (CLARKE, 20.03.2003a). Ihm sollen Präsident Laurent Gbagbo, Ministerpräsident Seydou Diarra und Vertreter der Rebellengruppen, der Streitkräfte und der Polizei angehören. Seine Macht wird Gbagbo an Diarra abgeben. Auf die Besetzung des Verteidigungs- und des Innenressorts hätten die Rebellen vorerst verzichtet, so ein Bericht Anfang März (SPIEGEL-ONLINE, 08.03.2003). Die Regierung soll sich aus 41 Mitgliedern zusammensetzen, wobei neun für die Rebellen vorgesehen sein sollen (CLARKE, 20.03.2003a). Obwohl Gbagbo seine Anhänger dazu aufrief, sich nicht an anti-französischen Demonstrationen zu beteiligen, fanden Ende

März erneut Ausschreitungen in Abidjan statt, in denen regierungsloyale Anhänger französische Soldaten der Tolerierung der Rebellen beschuldigten (GNAGO 2003). Die Verhandlungen über die Besetzung der Regierung der Nationalen Einheit ebenso wie die gewaltsamen Auseinandersetzungen zwischen Rebellen und loyalen Militärs hielten im Laufe des Jahres 2003 an, und die Regierung arbeitete sogar für eine kurze Periode. Im Mai 2004 bezeichnet DIE TAGESZEITUNG den Friedensversuch an der Elfenbeinküste als gescheitert (DIE TAGESZEITUNG, 21.05.2004)

### 2.2.3 Politische und historische Rahmenbedingungen der Agrarkolonisation in Indonesien

#### 2.2.3.1 „Kolonisasi" und „Transmigrasi"

Gegen Ende des 19. Jh. hatte sich bei der niederländischen Kolonialverwaltung die Auffassung durchgesetzt, dass – trotz der hervorragenden natürlichen Voraussetzungen Javas für die Landwirtschaft – dieses Potenzial nicht ausreichend sein würde, eine Bevölkerung zu ernähren, welche im Jahre 1890 bei ca. 28,5 Mio. Menschen liegen sollte. Es gab Berichte über schrumpfenden Landbesitz aufgrund von Erbteilung und über die Verschlechterung des Wohlstandes der Bevölkerung. Diese Tatsachen waren ein Grund für den Beginn der so genannten Ethischen Politik der Niederländer, die schließlich im Jahre 1901 beschlossen wurde. In seinem Artikel „A Debt of Honour" aus dem Jahre 1899 stellte C. Th. VAN DEVENTER die Pflicht der niederländischen Kolonialherren heraus, sich um das Wohlergehen der einheimischen Bevölkerung zu kümmern. Drei Maßnahmen waren dabei für ihn von Bedeutung (DEVENTER 1902: 260ff; zitiert in ZIMMERMANN 1975):

1. die bessere Ausbildung der Landbewohner;
2. die Ausweitung der Bewässerungsanlagen auf Java;
3. die Erschließung der Außeninseln durch Ansiedlung landloser oder landarmer Javaner.

Der letzte Punkt steht für den Beginn der Umsiedlungspolitik und des Transfers von Siedlern aus den stark bevölkerten inneren auf die wenig bevölkerten äußeren Inseln im Gebiet des heutigen Indonesien. Eine Volkszählung, unternommen von den Niederländern zu Beginn des 20. Jh., zeigte erneut deutlich das Bevölkerungsübergewicht von Java und Madura gegenüber den Außeninseln. 30 Mio. Menschen lebten auf den beiden zentralen Inseln, während sich die Bevölkerungszahl der übrigen Inseln auf insgesamt 7,5 Mio. Menschen belief (HARDJONO 1977: 16).

Angesichts dieser Zahlen wundert es nicht, dass die niederländische Kolonialregierung eine Bevölkerungsumverteilung innerhalb des südostasiatischen Archipels als Möglichkeit zur Linderung des Bevölkerungsdrucks auf Java und Madura ansah. Somit begann die Kolonialregierung in den ersten Jahren des 20. Jh. damit, Kolonien mit javanischen Siedlern auf den ‚Außeninseln' zu errichten. Zu dieser Zeit wurde der Begriff „kolonisatie" oder „kolonisasi" für diese Umsiedlungspolitik verwandt. Offizielles Ziel der Ethischen Politik der Niederländer war es, die Lebensumstände der javanischen Bevölkerung zu verbessern. Dies sollte z.T. durch Umsiedlungen erreicht werden. Weit weniger humanitäre Motive waren jedoch eine wichtige treibende Kraft bei den Überlegungen für die Umsiedlungspolitik. Denn die Niederländer waren sich darüber im Klaren, welchen zusätzlichen Vorteil eine bessere Verfügbarkeit von Arbeitskräften (vor allem zur Arbeit auf Plantagen) auf den Außeninseln für die weitere wirtschaftliche Entwicklung des Archipels haben könnte. So begann diese Umsiedlungspolitik zeitgleich mit der Ausweitung der Interessen niederländischer Unternehmer auf andere Gebiete außerhalb Javas, vor allem Sumatra (HARDJONO 1977: 16; RIGG 1991: 85).

Um die Kosten der niederländischen Verwaltung möglichst gering zu halten, wurde das „Bawon"-System eingeführt. Dieses gründet sich auf ein traditionell javanisches Wirtschaftssystem, bei dem Arbeiter während der Reisernte beschäftigt werden, wofür sie einen Teil (etwa 1/7 bis 1/5) der Ernte als Entlohnung erhalten. Pioniersiedler, die bereits längere Zeit in der neuen Heimat waren, nahmen neue Umsiedler für Perioden von 3-6 Wochen in ihren Häusern auf und gaben ihnen Verpflegung. Nach der Erntezeit zogen die neuen Siedler in die bereits geplanten neuen Ansiedlungen um. Die Kolonialregierung zahlte nunmehr lediglich für den Transport und stellte das Land zur Verfügung. Die Siedler wiederum waren in der Lage sich an die neue Heimat zu gewöhnen, und die Ernährung für die folgenden Monate, in denen die Neuankömmlinge ihr eigenes Land urbar machten und bestellten, war durch den verdienten Reis sichergestellt. Doch auch dieses System hatte seine Schwachpunkte. Es dauerte nicht lange, bis die Zahl der potenziellen Umsiedler die Zahl der Arbeiter überstieg, die zur Ernte benötigt wurden. (OTTEN 1986: 18; HARDJONO 1977: 18ff).

Nach Einführung des Bawon-Systems und besonders ab der Mitte der 1930er Jahre stieg die Zahl der jährlichen Umsiedlungen rapide an und erreichte das bisherige Maximum der jährlichen Umsiedlungsraten seit Beginn des Programms unter kolonialer Führung im Jahre 1905. Während im Jahre 1934 noch lediglich 2.700 offiziell unterstützte Siedler migrierten, so waren es im Jahre 1938 bereits 32.000 und 1941 schließlich 60.000 Umsiedler, die in die Siedlungsgebiete in Sumatra und nun auch auf andere Inseln aufbrachen (FASBENDER u. ERBE 1990: 62). Nachdem bereits im Jahre 1921 mit der Ansiedlung von 250 Familien in Kalimantan eine erste Siedlung außerhalb Sumatras entstanden war, setzte sich die Erschließung weiterer Gebiete auf anderen Inseln für das Umsiedlungsprogramm fort. Besonders gegen Ende der 1930er Jahre gründeten die Niederländer neben zusätzlichen Siedlungen in Teilen Sumatras neue Ansiedlungsorte auf Kalimantan und Sulawesi. Der Erfolg dieser Unternehmungen war unterschiedlich und zumeist abhängig von der Eignung des Siedlungsgebietes (s. hierzu im Detail HARDJONO 1977: 18ff).

Eines der erklärten Ziele der Niederländer war es, den Bevölkerungsdruck auf Java zu verringern. Betrachtet man die Anzahl der umgesiedelten Personen bis zum Jahre 1940 von 200.565, so wird klar, dass es sich hierbei nur um einen Bruchteil des Bevölkerungszuwachses auf der Insel Java handelte. Obwohl im Laufe der Zeit jährlich immer mehr Menschen umgesiedelt wurden, stellte die Zahl der Personen, die im Jahre 1941 umgesiedelt wurden (etwa 75.000 Menschen), lediglich 1/20 des Bevölkerungswachstums auf Java im selben Jahr dar. Mit Hinsicht auf den Bevölkerungszuwachs in den äußeren Inseln jedoch zeigt sich die Umsiedlung als ein wichtiger Faktor. Von den 511.400 Menschen, die 1941 in Lampung lebten, zählten etwa 215.000 Personen zur indigenen Bevölkerung. Die übrigen kamen aus verschiedenen Teilen Javas oder waren Nachfahren der Umsiedler (HARDJONO 1977: 20).

Bei der Betrachtung des Lebensstandards in den Umsiedlungsdörfern kommt man zu dem Schluss, dass hier keine Besserung gegenüber den Verhältnissen auf Java eingetreten war. Den meisten Menschen ging es wirtschaftlich nach ihrer Umsiedlung nicht besser als ihren Verwandten in Java, was zu einem Teil daran lag, dass die niederländischen Planer für die Anlage der Siedlungen strikt die javanischen Strukturen der Subsistenzwirtschaft zugrunde gelegt hatten. Das Ende der niederländischen Regierungszeit kam mit der Invasion der Japaner im Jahre 1941. Viele der geschaffenen Siedlungen litten stark unter der Besetzung. In einigen Fällen wurden Bewohner von Umsiedlungsdörfern zu Kriegsarbeiten herangezogen. Mit dem Ende des 2. Weltkrieges erfolgte am 17. August 1945 die Unabhängigkeitserklärung Indonesiens. Ein Ende für das Umsiedlungsprogramm war mit dem Schlusspunkt der Kolonialherrschaft in Indonesien jedoch noch nicht gekommen, im Gegenteil, es sollte in Phasen unterschiedlicher Intensität noch über 50 Jahre fortgesetzt werden.

Basierend auf dem Grundgedanken, Java zu entlasten und die Außeninseln zu nutzen und zu entwickeln, wurden die Umsiedlungen nach der Unabhängigkeit (1950) fortgesetzt. Sukarno, der erste Präsident Indonesiens und „Vater der Nation", war ein Gegner einer Politik der Geburtenkontrolle und Familienplanung. Er hielt dies angesichts der unerschöpflichen Landressourcen Indonesiens mit seinen Tausenden von Inseln für widersinnig. Seiner Meinung nach gab es in den abgelegenen Gebieten des indonesischen Archipels ein großes, bisher ungenutztes Potential zur landwirtschaftlichen Produktion. Deshalb war er ein starker Befürworter der „transmigrasi"-Politik. Er kommentierte das Programm gar als „a matter of life and death for the Indonesian nation" (zit. n. RIGG 1991: 85). Die indonesische Regierung ersetzte den niederländischen Ausdruck „kolonisasi" durch „transmigrasi", wodurch die Umsiedlung von Personen von einer Insel auf eine andere innerhalb desselben Staates ausgedrückt und die Vorstellung einer Bevormundung anderer Bevölkerungsteile durch die umgesiedelten Javaner schon von der Bezeichnung her vermieden werden sollte (ZIMMERMANN 1975).

### 2.2.3.2 Umsiedlungspolitik in der Suharto Ära

Mit dem Ende der Präsidentschaft Sukarnos und dem Beginn der Ära Suharto 1969 sollte die Phase der intensivsten Umsiedlungen in der indonesischen Geschichte beginnen. Bis zum offiziellen Ende des Transmigrationsprogramms gegen Ende des 20. Jh. variierten die Ziele und Schwerpunkte des Unternehmens beträchtlich, von einem Programm zur verbesserten Bevölkerungsverteilung bis hin zu einer Maßnahme, die der Ressourcenentwicklung dient. Nun wurde die Entwicklungsplanung der Nation in sogenannte Repelita („Rencana Pembangunan Lima Tahun") vollzogen, Fünf-Jahres-Entwicklungspläne, deren fester Bestandteil die Ziele des Umsiedlungsprogramms waren. Der erste Entwicklungsplan (Repelita I) wurde 1969 verabschiedet, das Ende von Repelita V kam 1994.

Obwohl die Zielvorgaben in Bezug auf den Umfang der Umsiedlung immer wieder korrigiert werden mussten, da sie zu ehrgeizig waren, war die Phase von Beginn des Repelita I bis zum Jahr 1987 eine Zeit, in der das Programm kontinuierlich expandierte. Es war vor allem der Anstieg der Erlöse aus dem Ölexport des indonesischen Staates in den 1970er Jahren, der die Finanzierung des Programms gewährleistete. Im Rahmen von Repelita IV verfolgte man einen weiteren Anstieg der Umsiedlerzahlen und die Ausweisung neuer Umsiedlungsprojekte. Dabei wurde jedoch der rapide Anfall der Einnahmen aus dem Verkauf von Erdöl (1986) nicht berücksichtigt. Dieser Umstand, gepaart mit zunehmender Kritik am Umsiedlungsprogramm vonseiten der Weltbank, einem Hauptgeldgeber des Programms, aber auch von Nichtregierungsorganisationen und Wissenschaftlern, führte zu einer Kürzung des Budgets für die Transmigration. Außerdem erfolgte eine Neubewertung des Programms vonseiten der Regierung und der Weltbank. Seit 1987 verringerte sich der Umfang der Neuansiedlungen. Der Schwerpunkt lag zu dieser Zeit auf der Konsolidierung bereits bestehender Siedlungen (RIGG 1991: 88ff).

Während des Verlaufs des Transmigrationsprogramms nahm der Anteil der spontanen Umsiedler ständig zu. RIGG (1991: 90) führt an, dass im Rahmen von Repelita I lediglich 27 % der Umsiedler als spontane Umsiedler zu zählen waren, während in den ersten drei Jahren von Repelita IV bereits 59 % der Transmigranten unter diese Kategorie fielen. Eine weitere Veränderung im Verlauf des Programms betrifft die Wahl der Zielgebiete der Transmigration. Es zeigt sich, dass Sumatra bis Anfang der 1980er Jahre weiterhin das Hauptziel der Umsiedlungsbestrebungen blieb. Nachdem brauchbare Siedlungsgebiete knapper wurden, verlegten sich die Planer auf andere Zielgebiete. Bei der Erweiterung des Programms nach Osten wurden zunächst verstärkt Sulawesi, dann Kalimantan und schließlich Irian Jaya in die Umsiedlungsaktivitäten einbezogen.

### 2.2.3.3 Kritische Betrachtung der Umsiedlungspolitiken

Bei der Betrachtung der ersten Phase der Umsiedlungen im unabhängigen Indonesien (1950-1968) unter der Präsidentschaft Sukarnos fällt vor allem eines auf: die illusorisch hoch angesetzten Ziele. Zu Beginn der 1950er Jahre wurden die quantitativen Ziele der Umsiedlung konkret in einem 35-Jahresplan zusammengefasst. Es war vorgesehen, 48.675.000 Menschen im Zeitraum von 1953-1987 außerhalb Javas anzusiedeln. Während des ersten Fünf-Jahres-Abschnitts sollte das gesamte natürliche Bevölkerungswachstum dieses Zeitraumes zuzüglich 1 Mio. weiterer Personen umgesiedelt werden. Während des zweiten Abschnitts sollten es 2 Mio. zusätzliche Menschen sein, im dritten Fünf-Jahres-Abschnitt 3 Mio. usw. (HARDJONO 1977: 23). Auch als man die hochgesteckten Ziele wenig später korrigierte, ergab sich immer noch eine geplante jährliche Umsiedlungsrate von 400.000 Menschen (1956-1960: 2 Mio. Menschen). Aufgrund der fehlenden administrativen Fähigkeiten und finanziellen Mittel des jungen indonesischen Staates wurden die gesteckten Ziele um ein Vielfaches verfehlt.

Die Misserfolge der 1950er Jahre hatten ihre Auswirkungen auf die Umsiedlungspolitik der folgenden Jahre. Im Rahmen des neuen Acht-Jahres-Plans für den Abschnitt von 1961-1968 wurden die quantitativen Ziele des Programms reduziert. Mit einer Anzahl von 15.000 Familien im ersten Jahr beginnend, sollte bis zum Jahre 1968 eine durchschnittliche jährliche Umsiedlungsrate (bezogen auf die Planungsperiode bis 1968) von 195.000 umgesiedelten Personen erreicht werden. Tatsächlich stieg die Zahl der in der Zeit von 1961-1965 umgesiedelten Personen auf lediglich 28.400 pro Jahr. Gegen Ende der Sukarno-Ära in den Jahren 1965/66, die nicht nur geprägt waren von politischen, sondern auch ökonomischen Schwierigkeiten, ging das Interesse an der kostenintensiven Transmigration zurück. Doch die Regierung, die de facto schon unter der Kontrolle Suhartos war, führte die Umsiedlungen bis zum Ende des Acht-Jahres-Plans fort und erreichte trotz der begrenzten finanziellen Mittel und dem vorrangigen Ziels zunächst die ökonomische Situation des Landes zu stabilisieren, im Jahre 1968 eine jährliche Umsiedlungsrate von ca. 13.900 Personen (FASBENDER u. ERBE 1990: 63ff).

Betrachtet man die Literatur zur Transmigration, so stößt man auf sehr unterschiedliche Perspektiven. Abhängig von der jeweiligen politischen und ideologischen Ausrichtung des Schreibers konzentriert sich die Analyse auf verschiedene Aspekte. Einige beschränken sich bei ihrer Betrachtung vor allem auf die Eignung der Zielgebiete, die Vorbereitung der Gebiete, die Kosten und andere nicht-politische Punkte. Andere legen den Schwerpunkt auf die Betrachtung der Folgen der Transmigrationspolitik für die natürliche Umwelt und die Auswirkungen auf das Zusammenleben verschiedener ethnischer und religiöser Gruppen in den Zielregionen. Die Probleme, die in vielen Siedlungen auftauchten, sind zu einem Teil Resultat der wenig angepassten Auswahl, Eignung und Vorbereitung der Standorte der Siedlungen wie auch der Siedler selbst. Die Familienoberhäupter waren oftmals älter als 40 Jahre, so dass ihnen die Arbeit in den Neusiedlungen (z.B. Rodung) schwer fiel. Die Familien hatten teilweise mehr als drei Kinder. Sie waren nicht in der Lage ausreichende Versorgung zu gewährleisten. Fehlende landwirtschaftliche Erfahrung und fehlende Vorbereitung von staatlicher Seite führten zu weiteren Defiziten. Die geringe Eignung der Siedler lässt den Schluss zu, dass es in einigen Herkunftsgebieten darum ging, die Planzahlen zu erfüllen. Es wird davon berichtet, dass Dorfoberhäupter mit den Behörden zusammenarbeiteten, um bestimmte Personen umzusiedeln, die nicht gern gesehen waren. Letztlich war das Training – wenn es eines gab – für landwirtschaftlich unerfahrene Siedler nicht ausreichend (RIGG 1991: 98f). Ein ähnliches Bild zeigt sich bei den Siedlungen. Die Auswahl der Zielgebiete war aufgrund von oberflächlichen Untersuchungen und einer schlechten Datenbasis oft fehlerhaft. Der Umfang an fruchtbaren, zur intensiven Bewirtschaftung geeigneten Flächen ist auf den äußeren Inseln gering und die Vorbereitung der Neusiedlungen war oftmals lückenhaft und unvollständig. Bei ihrer Ankunft mussten die Siedler oft feststellen, dass ihr Land noch nicht gänzlich gerodet war.

Einige Autoren äußern, die Umsiedlungspolitik des indonesischen Staates verfolge vorwiegend die Ziele des „nation building", bei dem es lediglich um die „Javanisierung" der äußeren Inseln ginge (FEARNSIDE 1997). Es werden hier Begriffe wie etwa „Ethnozid" verwendet und RIGG (1991: 104) fasst die scharfe Kritik wie folgt zusammen:

„The charge is that they [die Verantwortlichen des Programms] aim to destroy the identity of the ethnically distinct groups in the Outer Islands and to subsume them within a unitary Indonesian state."

Die nationale Einheit ist ein unbestrittenes Ziel der Transmigrationspolitik. Wie genau die Transmigration hierzu beitragen kann und soll, wird von den Verantwortlichen oft nicht klar geäußert. Assimilation ist ein Begriff, der häufig auftaucht, „but the simplistic operational definition of assimilation in transmigration circles is merely intermarriage between a transmigrant and a non-transmigrant" (BABCOCK 1986: 159). Eine Integration von Umsiedlungsorten in die lokalen Strukturen der Zielgebiete fand in vielen Fällen nicht statt. Es finden sich viele negative Beispiele, bei denen es gar zu gewalttätigen Auseinandersetzungen zwischen Transmigranten und der lokalen Bevölkerung kam.

### 2.2.3.4 Bodenrecht und „adat"

Ein kulturelles Phänomen, das man in jeder ethnischen Gruppe [Indonesiens] antrifft, unabhängig von ihrer Größe, und das als starkes Gerüst für die örtlichen Verhaltensmuster dient, ist allgemein als „adat" bekannt (SOEMARDJAN 1979). Es finden sich unterschiedliche freie Übersetzungen des Begriffs: Manchmal wird „adat" als Tradition wiedergegeben, manchmal auch als Sitte oder Brauchtum.

Doch „adat", wie es in jeder ethnischen Gruppe Indonesiens bekannt ist, beinhaltet mehr. Enos GARANG (1974; zit. n. RÖLL 1979) bezeichnet „adat" als das „magisch-religiös begründete, tradierte Verhaltensregulativ für alle denkbaren zwischenmenschlichen Beziehungen und im Verhältnis der Menschen zum Kosmos." Ein Informant in Siliwanga beschreibt „adat" als Bräuche, Gewohnheiten, Regeln, welche aus der Gesellschaft selbst stammen und von der Gemeinschaft befolgt werden, aber nicht schriftlich festgehalten sind.

Angesichts der Vielfalt der ethnischen Gruppen sind diese „komplexen lebensbestimmenden Dogmen, Anschauungen bzw. gewohnheitsrechtlichen Normen" (ebd.) in Indonesien höchst differenziert. Ein indonesisches Sprichwort „lain desa, lain adat" (anderes Dorf, anderes adat) macht dies deutlich. Besonders in den ländlichen Räumen Indonesiens sind die juristischen, ethischen und sozialen Komponenten des traditionellen „adat"-Rechts bis heute von großem regulativem Einfluss. Sie haben dem Einfluss der großen Religionen Hinduismus, Buddhismus, Islam und Christentum in den vergangenen Jahrhunderten erfolgreich widerstanden, die lange nach dem Entstehen des „adat" in das Gebiet des heutigen Indonesiens kamen. Dieser Einfluss hinterließ jedoch Spuren. „Adat" und Religion existieren seither Seite an Seite in einer Gemeinschaft und befinden sich dabei in einem Prozess gegenseitiger Anpassung. Insofern ist eine Trennung in Zuständigkeitsbereiche – nach der das „adat" zuständig für alles Weltliche ist und die Religion für alles Geistliche – nicht eindeutig durchzuführen. Denn neben profanen Dingen wie Anleitung zur Feldbestellung und -bewässerung, der Ernte, der Anlage von Siedlungen und Kultbauten regelt „adat" gleichermaßen die Abläufe des religiösen Lebens. Es begleitet ein Mitglied der Gemeinschaft von der Geburt bis zum Tod.

Weiterhin befindet sich das Gewohnheitsrecht in einem Spannungsfeld mit der staatlichen Gesetzgebung, welche durch die lokale, regionale oder nationale Verwaltung vertreten wird. Trotz eines offiziellen Erlasses, der besagt, „dass adat-Gesetze in erster Linie bei Familienangelegenheiten angewandt werden sollen" (SOEMARDJAN 1979), kommt das „adat"-Recht vielerorts weiterhin beim Umgang mit Verbrechen zur Geltung. Die allgemeine Handhabung scheint zu sein, dass niedrigere Instanzen „adat"-Gesetze weit mehr respektieren als es höhere Rechtsinstanzen tun. Grundsätzlich ist davon auszugehen, dass „adat" überwiegend in den ländlichen Räumen noch immer eine starke Position einnimmt, während seine Bedeutung im städtischen Umfeld durch den Einfluss nationaler wie internationaler Gesellschaftssysteme gering ist.

### 2.2.3.5 Aktuelle Politik und Probleme

Indonesien befindet sich seit dem Sturz Suhartos im Jahre 1998 in einer turbulenten Phase seiner Geschichte. Die fundamentale Herausforderung an Staat und Gesellschaft liegt in dem Übergang von einer autoritären zu einer demokratischen, offenen Gesellschaftsordnung. Dieser Systemwandel ist gegenwärtig, nach Einrichtung zentraler demokratischer Institutionen (freie demokratische Wahlen, Machtteilung zwischen Parlament und Präsident, Grundrechte), in seiner Konsolidierungsphase. Sub-nationale Demokratisierung in Indonesien ist untrennbar mit Dezentralisierung verbunden. Die „Neue Ordnung" unter Suharto war ein ausgesprochen zentralistisches Regime, jegliche relevante Entscheidungen wurden in Jakarta von einer kleinen Elite getroffen. Den Regionen blieben meist nur Anordnungen, staatliche Programme und Projekte auszuführen. Für die eigenständige Konzeption und Umsetzung strategischer Planung war kein Raum, es existierte ein klassischer top-down Ansatz.

Neben ernsthaften anfänglichen Demokratisierungsbemühungen der Übergangsregierung von B.J. Habibie beeinflussten unterschiedlich starke Autonomie- und Unabhängigkeitsbemühungen in einigen Regionen, die insbesondere in Aceh zu blutigen Auseinandersetzungen geführt haben, die Abkehr vom zentralistischen Einheitsstaatsmodell. Zugeständnisse politischer und vor allem finanzieller Art sollten sezessionistischen Bestrebungen entgegentreten. Gleichzeitig wurde argumentiert, dass die Zentralregierung in der Einsicht knapper werdender Haushaltsmittel bewusst Aufgaben und damit gleichzeitig finanzielle Belastungen den Regionen überließ, um sich so auf zentrale Funktionen konzentrieren zu können. Die unter diesen Umständen recht schnell konzipierten und verabschiedeten Gesetze 22 und 25/1999 zur regionalen Autonomie konzentrieren sich auf drei Bereiche: die vertikale Gewaltenteilung, die horizontale Gewaltenteilung und die Aufteilung der Finanzen. Erstere regelt den Transfer von Entscheidungskompetenzen von der Zentralregierung zu den Regionen, genauer gesagt den Distrikten und Städten, die laut Gesetz nun das volle Selbstverwaltungsrecht besitzen, d.h. Regierungsgewalt über alle Bereiche außer den im Gesetz der Zentralregierung vorbehaltenen ausüben und regionale Verordnungen verabschieden können. Als wichtigstes Recht wird das Budgetrecht angesehen: Die Regionen können allein entscheiden, welche Prioritäten gesetzt werden und wo demzufolge Geld ausgegeben wird.

Um die durch die Abgabe von Kompetenzen an sub-staatliche Ebenen ermöglichte Lokal- und Regionalpolitik demokratisch zu gestalten, bedurfte es der horizontalen Gewaltenteilung, die primär durch die Stärkung der demokratisch gewählten Regionalparlamente von der Provinz- und Distriktbis hin zur Dorfebene gesetzlich geregelt wurde. Dem legislativen Zweig wurden mit dem Gesetz 22/1999 umfangreiche Kontroll-, Mitwirkungs- und Mitentscheidungsrechte eingeräumt. So ist z.B. der Chef der Exekutive erstmalig nicht dem Präsidenten unterstellt, sondern wird (außer auf Dorfebene) vom Parlament gewählt und kann von diesem gestürzt werden. Der Exekutivchef muss jedes Jahr einen Rechenschaftsbericht vorlegen, den das Parlament zurückweisen kann. Dessen Zustimmung bedarf auch jede regionale Verordnung einschließlich des Haushalts, was dem Parlament eine beträchtliche Machtposition gibt. Festgelegte Kontrollrechte erstrecken sich von der Überprüfung der Implementierung von Regionalverordnungen bis hin zu Investigativrechten. Zudem kann das Parlament über sein eigenes Budget verfügen und besitzt das Initiativrecht.

Schon vor offiziellem Beginn der Wirkung der regionalen Autonomie (in dem Fall des Transfers der Entscheidungskompetenzen) im Januar 2001 ließ sich eine Dynamik im politischen Prozess auf regionaler Ebene erkennen, die sich gegenwärtig intensiviert. Als wesentliche Akteure kommen die Exekutive, die Legislative und die Zivilgesellschaft in den Blickpunkt; Judikative und das Militär spielen für diese Betrachtung eine untergeordnete Rolle. Politik in den Regionen ist einerseits Personal- und andererseits Sachpolitik. Erstere nahm bis dato die größere Rolle ein, galt es doch, viele wichtige Ämter zu besetzen: Gouverneure, Distriktchefs, hohe Beamte, Dorfoberhäupter. Ob von Legislative (Gouverneure und Distriktchefs), Exekutive (Beamte) oder direkt (Dorfoberhäupter) gewählt, lassen sich jeweils drei Merkmale für die Wahlen bzw. die Wahlkämpfe aufzeigen: hohe Politisierung und Emotionalisierung, die Konzentration auf "Köpfe" und „money politics". Eine kaum stattfindende Debatte um Themen und Pläne bei der Wahl der Exekutivchefs, primordiale und über Vergünstigungen geschaffene Bindungen, gekaufte Parlamentarier bzw. politischer Kuhhandel lassen den noch niedrigen Reifegrad der jungen indonesischen Demokratie erkennen. Sachpolitik in den Regionen drehte sich vor allem um die Neuorganisation der Verwaltung, die Rahmenbedingungen für die Lokalwahlen, den Haushaltsplan, erste Steuererhebungen und Konzessionsvergaben. Hier lässt sich nach wie vor eine Dominanz der Exekutive feststellen, die im Vergleich zur Legislative und Zivilgesellschaft eindeutige Informationsvorsprünge besitzt. Noch immer kommen Verordnungsvorlagen nahezu ausschließlich aus der Exekutive, das Parlament kann nur prüfen; eine öffentliche Debatte unter weitreichender Beteiligung findet, wenn überhaupt, nach der Verabschiedung statt. Kontrolle durch die Zivilgesellschaft findet oft nur nachträglich statt, die Einbeziehung zivilgesellschaftlicher Elemente in den Beratungsprozess ist kaum gegeben, es sei denn bei vorhandenen persönlichen Beziehungen.

An geregelten Formen politischer Kommunikation (öffentlichen Foren, Anhörungen) fehlt es; wenn Parlamentarier „unters Volk" gehen, dann zumeist nur zu ausgewählten Personen. Eine zwischen Gesellschaft und Staat vermittelnde Rolle der Parteien existiert nicht, Parteien sind reine Wahlmaschinen, die keine klare politische Ausrichtung haben. So mangelt es auch dem Parlament an einer inneren Dynamik, Auseinandersetzungen finden selten sachbezogen statt. Wichtiger Indikator hierfür ist, dass öffentliche Dienstleistungen bisher kaum zum Thema gemacht worden sind. Insgesamt überwiegt die Einschätzung, dass die Qualität der Regionalparlamente noch stark zu wünschen übrig lässt und viele Abgeordnete nur über Patronage einen Sitz erreicht haben, ohne notwendigerweise eine Vision oder Basis zu besitzen bzw. mit politischen Erfahrungen und Kenntnissen ausgestattet zu sein. Zudem lässt sich feststellen, dass eine systematische Einbeziehung zivilgesellschaftlicher Gruppen (noch) nicht gegeben ist, dass effektive Partizipation sehr von den Führungskräften in den jeweiligen Gruppen abhängig ist und dass Partizipation oft "laut", in Form von Demonstrationen und Meinungskundgebungen, stattfindet.

Als erster und wichtigster Aspekt wären die weit verbreiten Praktiken Korruption, Kollusion und Nepotismus (KKN) zu erwähnen. Es gibt keinen gesellschaftlichen Bereich, der davon ausgenommen wäre; besonders in der Politik werden Entscheidungen und Positionen erkauft. Obwohl weitläufig als der entscheidende demokratie- und rechtsstaatshemmende Faktor angesehen und angesprochen, sind diese Praktiken kulturell noch zu tief verwurzelt und staatliche Sanktionen zu selten, so dass deren Abschaffung nur langfristig zu erzielen ist. Aber nicht nur individueller, sondern auch kollektiver Egoismus ist ein Charakteristikum gegenwärtiger indonesischer Politik. Nach jahrelanger „Unterdrückung durch die Javaner" und dem Scheitern des Nationalismus macht sich, eventuell begünstigt durch eine Missinterpretation der Bedeutung von regionaler Autonomie, eine offene Ethnisierung des öffentlichen Lebens breit. Ethnische Konflikte wie in Kalimantan oder Sulawesi sind die deutlichsten Formen einer schleichenden Rückbesinnung auf die eigene Gruppe. Das Phänomen „putra daerah" (Sohn der Region) macht nicht nur bei der Besetzung von Positionen im Apparat die Runde, sondern bedroht gleichzeitig die Grundrechte der Minderheiten und Zugezogenen (Recht auf Unversehrtheit). Das Gleichheitsprinzip wird außer Kraft gesetzt, Pluralismus eingeschränkt und verhindert. Der Staat ist nicht in der Lage, diese Prinzipien und Grundrechte zu garantieren, da er das Gewaltmonopol nach und nach verliert und der Rechtsstaat nur auf dem Papier existent ist.

Die Schwäche formeller Institutionen und staatlicher Organe ist zudem sichtbar in der sich verbreitenden kleinen, kollektiven und organisierten Kriminalität und Anarchie. Diese haben ihre Ursachen in sozioökonomischen und kulturellen Problemen, Machtansprüchen, Manipulation etc. und werden verstärkt offen ausgetragen, da die Kontrolle durch die Armee nicht mehr gegeben und die Polizei nicht willens oder fähig ist, sie zu bekämpfen. Was sich ausbreitet, ist ein Klima von Unsicherheit, diffuser Angst und Verwirrung, welches durch die anhaltende politische und wirtschaftliche Krise verstärkt wird.

## 2.3 Vergleich der Untersuchungsregionen

### 2.3.1 Vergleich der physischen und anthropogenen Kontexte

Drei Regionen in drei Kontinenten sind für die Untersuchung der Fragestellungen ausgewählt worden, wobei sich die Orientierung zur Vergleichbarkeit der Merkmale auf der Makroebene an die Konzepte der Regionalen Geographie anlehnt. Es konnte gezeigt werden, dass die Lage der Untersuchungsräume und die Bedingungen der allgemeinen Landeskunde sowohl physische als auch anthropogene Ähnlichkeiten aufweisen. Die historisch-politischen Prozesse sind aufgrund der politischen Einflussnahme auf die Untersuchungsregionen ebenfalls vergleichbar. Die Integration der Regionen in die Subsysteme Politik, Ökonomie, Gesellschaft und Kultur ist, mit unterschiedlich starken Ausprägungen in den Teilaspekten, insgesamt in allen untersuchten Nationalstaaten ähnlich verlaufen.

Alle behandelten Staaten und ihre Untersuchungsregionen befinden sich in den Tropen. Die präsidiale Republik Bolivien als Binnenstaat im zentralen Teil Südamerikas, die Republik Elfenbeinküste als Küstenstaat im westlichen Afrika sowie Indonesien als Inselstaat im Südosten Asiens. Die Größe der Staaten unterscheidet sich erheblich (Bolivien 1,09 Mio. km², Elfenbeinküste 0,3 Mio. km², Indonesien 1,9 Mio. km²), ebenso wie die absoluten Einwohnerzahlen (ca. 8,5 Mio. in Bolivien, ca. 16.5 Mio. in der Elfenbeinküste und ca. 209 Mio. in Indonesien). Die Bevölkerungsdichten variieren von 7,8 EW/km² in Bolivien, über 51 EW/km² in der Elfenbeinküste bis zu 110 EW/km² in Indonesien. In der regionalen Betrachtung der Bevölkerungsdichten in den Untersuchungsregionen zeigt sich aber eine geringe Spannweite der Werte: Bolivien 6 EW/km², Elfenbeinküste 12 EW/km² und Indonesien 22 EW/km² (BARATTA 2003B und eigene Berechnungen).

Die naturgeographischen Bedingungen der Untersuchungsräume sind ähnlich. Das Agrarkolonisationsgebiet San Julián (Bolivien) liegt südlich des Äquators im bolivianischen Tieflandsregenwald. Die Bedingungen für die Kulturpflanzen Mais, Reis, Soja, Yucca und Erdnuss etc. sind günstig, im Untersuchungsgebiet ist der Sojaanbau vorherrschend, allerdings nicht in der Ausschließlichkeit und hochmechanisierten Form der benachbarten Mennonitenkolonien. Die Südwestregion in der Elfenbeinküste liegt nördlich des Äquators und ist ein Gebiet des immerfeuchten innertropischen Tieflands. Die dominanten Kulturen im Untersuchungsgebiet sind die perennierenden Cash-Crops Kakao, Kaffee, Kautschuk und in geringerem Umfang Ölpalme sowie die anuellen Kulturen Reis und Maniok. Das Untersuchungsgebiet in

Indonesien befindet sich auf der Insel Sulawesi in der Lore Lindu Region direkt südlich des Äquators. Es sind ausgedehnte Feuchtwälder der Tieflandsstufe und der montanen Stufe verbreitet. Die annuellen Kulturen Mais und Reis sowie die Agroforstsysteme Kaffee und Kakao sind vorherrschend.

Alle Untersuchungsregionen sind tropische Agrarkolonisationsräume, Zuwanderungsgebiete, die zuvor kaum besiedelt waren. Allerdings sind die Entfernungen der neuen Siedlungen zu bestehenden Siedlungen in Bolivien relativ groß, in der Elfenbeinküste und Indonesien gering, teilweise sind die Zuwanderergruppen bestehenden Siedlungen angegliedert worden. Die regionalen Erschließungs- und Entwicklungsprozesse sind vergleichbar, da sie alle politisch gefördert und in den letzten 30 Jahren vollzogen worden sind, aktuell bestehen in allen Regionen weitere Bevölkerungszuwanderungen, allerdings nicht geplant oder gesteuert, sondern spontan. Die Zuwanderungen haben in allen Untersuchungsregionen zu einer ethnischen Heterogenität beigetragen und die Prozesse der sozialen und ethnischen Schichtung verstärkt.

Für die sozioökonomischen Faktoren der Makroebene werden im Folgenden wichtige Indikatoren nach dem HDI der Vereinten Nationen gegenübergestellt, um die nationalstaatliche Gesamtsituation zu reflektieren und in Relation zu betrachten. Die Indikatoren werden nicht im Einzelnen diskutiert, sondern geben einen Überblick zum Entwicklungsstand Boliviens, der Elfenbeinküste und Indonesiens.

Es ergibt sich ein „Medium human development" in Indonesien (Rang 112, 2001) und Bolivien (Rang 114, 2001) sowie ein "low human development" in der Elfenbeinküste (Rang 161, 2001). Der Trend des „Human Development Index" über einen Zeitraum von 25 Jahren zeigt einen kontinuierlichen Anstieg in der Entwicklung von Bolivien und Indonesien, seit Mitte der 1980er Jahre, jedoch einen Rückgang in der Elfenbeinküste (s. Abb. 5). Diese Entwicklung spiegelt die Folgen der wirtschaftlichen Krise seit den 1980er Jahren, aber auch die jüngsten politischen Ereignisse wider. 1999 hatte die Elfenbeinküste noch einen Wert von 0.426 und fiel 2001 auf einen Wert von 0.396 zurück.

Tab. 1: Sozioökonomische Rahmenbedingungen im Vergleich

| HDI und Indikatoren | Bolivien | Elfenbeinküste | Indonesien |
|---|---|---|---|
| Lebenserwartung bei der Geburt in Jahren, 2003 | 64,1 | 45,9 | 66,8 |
| Alphabetenquote der Erwachsenen (Prozent der Erwachsenen über 15 Jahre), 2003 | 86,5 | 48,1 | 87,9 |
| Kombiniertes Einschreibungsverhältnis in primäres, sekundäres und tertiäres Schulsystem, 2002/2003 (Prozent) | 87 | 42 | 66 |
| Bruttoinlandsprodukt (PPP in US$), 2003 | 2.587 | 1.476 | 3.361 |
| Lebenserwartungsindex | 0,65 | 0,35 | 0,70 |
| Bildungsindex | 0,87 | 0,41 | 0,81 |
| BIP Index, 2003 | 0,54 | 0,45 | 0,59 |
| Human Development Index (2003) | 0,687 | 0,420 | 0,697 |
| HDI Rang (175 erfasste Staaten) | 113 | 163 | 110 |
| Rang BIP pro Kopf (PPP US$) minus HDI Rang | 9 | -14 | 5 |

Quelle: UNDP 2005

Abb. 5: Die Entwicklungen des HDI über einen Zeitraum von 28 Jahren im Vergleich

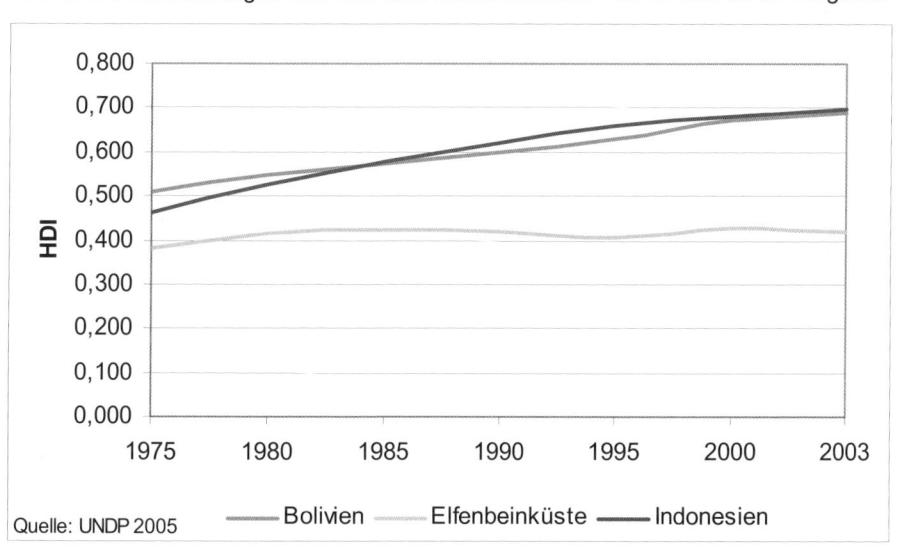

Quelle: UNDP 2005 — Bolivien — Elfenbeinküste — Indonesien

## 2.3.2 Vergleich der historisch-politischen Kontexte

Die individuellen politisch-historischen Kontexte in den untersuchten Nationalstaaten zeigen Parallelen in ihren Auswirkungen auf die Untersuchungsregionen, einerseits in der Tatsache, dass alle Agrarkolonisationsräume aufgrund der politischen Initiativen der jeweiligen autokratischen Regierungsformen in den 1970er Jahren überhaupt entstanden sind; andererseits in ihren Auswirkungen auf eine vordergründige systemische politische und ökonomische Integration, die nicht mit einer gesellschaftlichen und kulturellen Integration der Kolonisationsräume einhergeht. Dies zeigt sich insbesondere in der Gesetzgebung, z.B. zu Bodenrechtsfragen.

In Bolivien war die Agrarreform von 1953 der Wegbereiter für die Kolonisationsprojekte im östlichen Tiefland und somit auch in der Region San Julián. Der Entschluss zur Enteignung des semi-feudalen Großgrundbesitzes war eine der umfangreichsten und einschneidensten Maßnahmen der damaligen Regierung. Die staatlich gelenkte Besiedlung des ostbolivianischen Tieflandes setzte ein Jahr nach Inkrafttreten des Agrarreformgesetzes ein. Die Entwicklung in der Untersuchungsregion San Julián geht auf die die Zeit unter der Regierung von Hugo Banzer in den 1970er Jahren zurück, in der die Produktion von „Cash Crops" wie Baumwolle und Soja für eine agroindustrielle Produktion gefördert wurde.

Mit der Erschließung von bisher nur teilweise oder überhaupt nicht genutzten Areale versuchte die Regierung, diese zentralen Ziele zu realisieren und setzte die Kolonisationen, die bereits nach der Reformgesetzgebung stattgefunden hatten, unter anderen Vorzeichen fort. Es stand nicht mehr die sozial gerechte Verteilung von Grund und Boden im Vordergrund, sondern die rein ökonomische Entwicklung mit der Hoffnung auf Erträge aus dem Export agrarischer Rohstoffe. Insgesamt sind die Erfolge der Agrarreform bis heute bescheiden geblieben und die bestehenden sozioökonomischen und räumlichen Disparitäten im primären Sektor tragen dazu bei, dass die sozialen Konflikte in Bolivien unvermindert anhalten. Die Ernüchterung über die unzureichende Land- und Titelvergabe, politische Korrumpierungen und die Bereicherungen der politischen Eliten führen zu anhaltenden Konflikten. Seit Bestehen des Agrarreformgesetzes kommt es immer wieder zu rechtswidriger Landnahme durch Landlose und Kleinbauern. Orte der Konfrontation sind meist Latifundien im benachbarten Umfeld der Agrarkolonisationsgebiete, wo die Nachfrage nach Land aufgrund des Bevölkerungszuwachses stark ansteigt, aber das Angebot an zu vergebener Siedlungs- und Ackerfläche stetig rückläufig ist.

Die Agrarkolonisation in der Elfenbeinküste fand staatlich erwünscht und politisch gefördert, aber, im Unterschied zu Bolivien und Indonesien, ungeplant statt. Seit den 1960er Jahren versuchte die Regierung die Südwestregion zu entwickeln. Die wirtschaftliche Förderungspolitik der Regierung basierte vor allem auf der Erschließung der bis dahin kaum besiedelten Regionen des Landes. Die Regierung Houphouët-Boigny schaffte eine Reihe von Infrastrukturmaßnahmen und förderte den hohen Zuzug von Migranten aus anderen Regionen der Elfenbeinküste und aus dem benachbarten Ausland, vor allem aus der Sahelzone. Diese verdingten sich entweder bei der ansässigen Bevölkerung als Arbeitskräfte oder erschlossen eigenes Land. Mit Hilfe der Arbeitskraft dieser Migranten konnte die kapitalwirtschaftliche, agrarorientierte Entwicklung des Landes bis Anfang der 1980er Jahre einen Erfolg aufweisen, der sich in einem wirtschaftlichen Aufschwung widerspiegelt. Seit Anfang der 1980er Jahre hat die Elfenbeinküste mit einer anhaltenden Wirtschaftskrise zu kämpfen, aber die Zuwanderungen halten weiter an, denn die ökonomischen Entwicklungen in den Herkunftsgebieten der Migranten sind noch schlechter. In der Untersuchungsregion sind nach Aussage des Leiters des Projekts DFR (INTERVIEW 2002) 90 % der Bevölkerung nicht-autochthon, davon etwa die Hälfte ausländischer Herkunft und damit nach dem neuen Bodenrecht vom Landbesitz ausgeschlossen.

Ohne die zugewanderten Gast- und Wanderarbeiter im Südwesten der Elfenbeinküste wäre der Ausbau der Wirtschaft des Landes nicht möglich gewesen. Die politische Bevorzugung des Südens in Fragen ökonomischer Entwicklung und bei der Verteilung politischer Stellungen ließ den Staat in den Augen der Zuwanderer schon in den 1970er und 1980er Jahren als Interessenvertreter einzelner Ethnien des Südens erleben. Diese wiederum bewerten die Regierung positiv und verherrlichen die Regierung Houphouët-Boignys für ihre friedliche Stabilität. Die spätere Ivoirité wäre ohne die Grundlegung durch die Regierung Houphouët-Boignys jedoch kaum möglich gewesen. Auch wenn die Ereignisse in der Elfenbeinküste oft einseitig dargestellt und Einzelfälle generalisiert werden, zeigen die immer wiederkehrenden Unruhen, dass die ethnischen Spannungen in der Elfenbeinküste nicht mehr nur ein temporäres Problem sind. Die sozialen Probleme der Elfenbeinküste drücken sich nicht nur in einer zunehmenden Ausländerfeindlichkeit aus, sondern auch in den wachsenden Auseinandersetzungen zwischen nördlicher und südlicher Bevölkerung des Landes.

Mit der „Neuen Ordnung" unter Suharto führte Indonesien lange Zeit ein ausgesprochen zentralistisches Regime, jegliche relevante Entscheidungen wurden in Jakarta von einer kleinen Elite getroffen. Für eigenständige regionale Konzeptionen und Umsetzungen strategischer Planung gab es kaum Spielraum. Bereits unter der Kolonialregierung wurden die Regionen von zentralstaatlicher Seite bestimmt. Durch Agrarkolonisation sollte erreicht werden, dass die unterentwickelten Regionen „zivilisiert" werden, die überbevölkerten Inseln entlastet und alle Regionen wirtschaftlich produktiv werden, aber erst mit dem Ende der Präsidentschaft Sukarnos und dem Beginn der Ära Suharto 1969 sollte die Phase der intensivsten Umsiedlungen in der indonesischen Geschichte beginnen. Bis zum offiziellen Ende der Umsiedlungsprogramme Ende des 20. Jh. variierten die Ziele und Schwerpunkte des Unternehmens beträchtlich, von einem Programm zur verbesserten Bevölkerungsverteilung bis hin zu einer Maßnahme, die der Ressourcenentwicklung dient. Die nationale Einheit war neben der wirtschaftlichen Entwicklung das übergeordnete Ziel.

Eine gesellschaftliche Integration der Migranten in die lokalen Strukturen der Zielgebiete fand in vielen Fällen aber nicht statt. Bis zur Gegenwart gibt es eine Reihe von Konflikten in den Zielgebieten der Außeninseln, z.B. Kalimantan, bei denen es sogar zu gewalttätigen Auseinandersetzungen zwischen Transmigranten und der lokalen Bevölkerung kam. Die Vielfalt der ethnischen Gruppen einerseits und die lokalen Rechtsformen andererseits (gewohnheitsrechtliche Normen) führen in Indonesien zu höchst differenzierten Mustern, aber auch zu schwierigen Anpassungsprozessen der Migranten, denn besonders in den ländlichen Räumen Indonesiens sind die juristischen, ethischen und sozialen Komponenten des traditionellen „adat"-Rechts von großer Bedeutung. Indonesien befindet sich seit dem Sturz Suhartos im Jahre 1998 in einer relativ instabilen Lage. Die Entwicklung von Staat und Gesellschaft befindet sich im Übergang von einer autoritären zu einer demokratischen, offenen Gesellschaftsordnung. Dieser Systemwandel ist gegenwärtig noch nicht beendet und ist verbunden mit einer Politik der Dezentralisierung und Förderung der Autonomie von Regionen.

### 2.3.3 Vergleich der Untersuchungsregionen in Hinblick auf die Systemintegration

Die Einschätzung der Systemintegration impliziert die Abkehr vom Einzelnen als Betrachtungsmittelpunkt. Stattdessen rücken die Beziehungen und Interdependenzen der einzelnen Kontexte in der Gesellschaft wie Wirtschaft, Politik, gesellschaftliche Gemeinschaft und Treuhand in das Zentrum der Analyse. Es geht also um die Stellung eines sozialen Gebildes in seiner Ganzheit. In dieser Untersuchung werden die ausgewählten Kolonisationsgebiete und -dörfer als soziale Gebilde verstanden. Die beiden wichtigsten Mechanismen sind die Organisation des sozialen Gebildes, d.h. die Etablierung, Durchsetzung sowie Legitimation von institutionellen Regeln, und die Bildung von Märkten (nicht nur Waren-, sondern z.B. auch Arbeits- und

Heiratsmarkt). Während die Organisation eine vertikale Systemintegration mit deutlichen Elementen der bewussten Planung, etwa über die staatliche Gesetzgebung, erzeugt, bewirken die Märkte eine ungeplante horizontale Systemintegration. Die Voraussetzung für Märkte ist das Vorhandensein von materiellen Interdependenzen zwischen den Akteuren. Anhand der Organisation und der Märkte lassen sich die systemische Integration der Region San Julián, des Südwestens der Elfenbeinküste und der Lore Lindu Region in Zentralsulawesi vergleichen. Daher wird im Folgenden dargelegt, inwieweit die Agrarkolonisationsgebiete, bezogen auf Ökonomie, Politik und gesellschaftliches Zusammenleben, einerseits in den nationalen Kontext (vertikal) und andererseits strukturell in die Region integriert sind (horizontal).

Allein die Tatsache, dass die Migrationsanreize in Form von Programmen und Fördermaßnahmen von staatlicher Seite durchgeführt worden sind, verdeutlicht den starken Bezug der Kolonisationsgebiete zum gesamtstaatlichen System. Alle Umsiedlungsprojekte, geplant und ungeplant, waren zumindest über einen langen Zeitraum integrativer Bestandteil von politischen, ökonomischen, sozialen und kulturellen Zielvorstellungen auf nationaler Ebene: Eine ausgeglichene Verteilung der Bevölkerung innerhalb der Nationalstaaten, eine regionale wirtschaftliche Entwicklung, die Verbesserung des Lebensstandards der ländlichen Bevölkerung, die Nutzung und Entwicklung der natürlichen Ressourcen und die Einigung der Nation sind die wichtigsten Ziele. Ausgehend von diesem Rahmen kann man sagen, dass die Umsiedler einen „Auftrag" haben, nämlich die Umsetzung der politischen Planungsvorgaben, und dass in Abhängigkeit von der Umsiedlungsform das ein oder andere Ziel mehr oder weniger im Vordergrund steht. Auch wenn den Migranten dieser Auftrag nur mehr oder weniger bewusst ist, sind sie doch Teil der Umsetzung dieser politischen Vorgaben. Sie übernehmen eine Rolle, mit der sie als Umsiedler als Teil des Ganzen „vertikal systemintegriert" sind.

Die Teilnahme an einem Umsiedlungsprogramm wie in Bolivien oder Indonesien macht dies besonders deutlich. Sobald sich Migranten diesen Programmen anschließen, lassen sich individuelle Orientierungen, jedenfalls bei der Betrachtung der Systemintegration, vernachlässigen. Denn sie befinden sich, zumindest in der geplanten Umsiedlung, innerhalb eines Verfahrens, welches konkreten Vorgaben folgt. Sie wählen zwar unter verschiedenen Zielgebieten eines aus, welches ihren Vorstellungen entspricht, doch von da an liegt der weitere Ablauf nicht in ihren Händen, sondern wird „von oben" (vertikal) geplant. Für ihren Transport in das Zielgebiet ist gesorgt, ihnen wird Land zugewiesen, sie erhalten ein Wohnhaus und somit zugleich einen Status, nämlich den des (Trans-) Migranten. Demnach sind sie in ein

Gerüst eingebunden und übernehmen damit zugleich die vorbestimmten institutionellen Regelungen.

Bei dem Mechanismus des Marktes verhält es sich etwas anders. Im Gegensatz zur Organisation ergibt sich dieser nicht durch eine vertikale Systemintegration, sondern entwickelt sich horizontal zwischen den Akteuren. Er ist das Ergebnis von Angebot und Nachfrage. Das Vorhandensein eines Marktes ist allein schon dadurch gewährleistet, dass die Migranten ihre Bedürfnisse befriedigen wollen und zugleich anderen Angebote machen. Bedingt wird die Form des Marktes oder besser der Märkte durch das politische und gesellschaftliche System. Ebenso lässt sich sagen, dass bspw. auf dem Heiratsmarkt besonders die kulturellen Rahmenbedingungen eine Rolle spielen, obgleich ökonomische Beweggründe ebenso von Bedeutung sind. Wichtig ist für die horizontale Systemintegration zunächst lediglich, dass Märkte existieren, und dies ist in allen Agrarkolonisationsräumen der Fall.

Der überwiegende Teil der kleinbäuerlichen Betriebe produziert zumindest anteilsmäßig für den Verkauf. Durch den Absatz ihrer Produkte auf den Märkten von San Julián, Soubré oder Palu beziehen die lokalen Kleinbauern saisonal ein monetäres Einkommen und sind horizontal integriert. Das ermöglicht ihnen den Ankauf von Waren am Markt bzw. an anderer Stelle. Das Medium „Geld" hat nicht nur einen „ökonomisch definierten Nutzen", sondern wirkt für diesen gesellschaftlichen Teilbereich integrativ. Ein immaterielles Integrationsmedium für den am Marktgeschehen Teilnehmenden sind die Interaktionen zwischen Anbieter und Abnehmer. Persönliche Kontakte räumen dem Handelnden ein Maß an Mitbestimmung ein. Der Besitz eines nachgefragten Gutes oder das Verfügen über finanzielle Mittel ermöglichen die Akzeptanz oder Ablehnung eines Angebotes von dritter Seite. Auf kleinräumiger Ebene sind die Produzenten der Agrarkolonisationen also in das ökonomische System integriert.

In der Elfenbeinküste wäre ohne die entsprechende systemintegrierende Migrationspolitik, die lediglich aus der Bodenpolitik und der Unbeschränktheit des Zuzugs von Migranten auch aus anderen Ländern bestand, die von der Regierung geplante wirtschaftliche Erschließung des Raums nicht möglich gewesen. Die Migranten sollten sich ökonomisch, aber nicht unbedingt sozial in das autochthone System integrieren und die von den französischen Kolonisatoren eingeführte Exportwirtschaft in die Region bringen und ausbauen. Die Einführung der Produkte Kaffee und Kakao wurde deshalb nicht nur durch die geförderte Siedlung der Baoulé-Migranten, sondern auch durch die staatliche Preispolitik gesteuert. Während die garantierten Mindestpreise für diese „Cash Crops" vergleichsweise hoch angesetzt wurden, hielt die Regierung die Preise für Nahrungsmittel lange Zeit bewusst niedrig.

Die garantierte Abnahme der Produkte wirkte so ökonomisch systemintegrierend, dass heute in der Region flächendeckend Kakao und Kaffee in Monokulturen angebaut werden. Die Systemintegration der Migranten über den Markt und über die Herrschaft ist somit durch die Maßnahmen des Staates verzahnt. Die Einbindung des Kolonisationsgebietes in die nationale Ökonomie der Elfenbeinküste kann als integriert bezeichnet werden, obwohl die ökonomischen Zielvorgaben der Kolonisationsprojekte nicht ausreichend realisiert werden konnten, da die Versorgung der Märkte und die Importsubstitution durch Agrarprodukte aus den Neuansiedlungen nicht ausreichte.

Für Indonesien lässt sich in Hinblick auf die Festigung der nationalen Einheit konstatieren, dass die existentielle Notwendigkeit eines interkulturellen Zusammenlebens, so wie es in den Kolonisationsgebieten der Fall ist, eher ökonomischbedingt ist. Die gesellschaftliche und kulturelle Annäherung wird zwar unterstützt, Gegensätze zwischen den ethnischen Gruppen verringern sich jedoch wenig. Die geographische und gesellschaftliche Randlage der Transmigrationsgebiete trägt zudem dazu bei, dass etwaige positive Erfahrungen aus der Interkulturalität nicht in andere Regionen transportiert werden. Weder ökonomisch noch soziokulturell sind die Kolonien mit der Außenwelt in regem Kontakt und Austausch. Somit wird das vorgegebene Ziel der nationalen bzw. gesellschaftlichen Einheit nicht erreicht.

In Bolivien besteht eine starke Integration in das politische System des Landes. Diese vollzieht sich auf regionalem Niveau seit Mitte der 1990er Jahre über sogenannte territoriale Basisorganisationen. Die infolge des Volksbeteiligungsgesetzes seit 1994 entstandenen Gruppierungen haben sich zum Ziel gesetzt, die politische Partizipation der ruralen Bevölkerung zu steigern, indem Austauschforen und Institutionen zur Artikulation und Durchsetzung der verschiedenen gesellschaftspolitischen Interessen geschaffen wurden. Durch Überwachungskomitees ist es den Bürgern einer Gemeinde seitdem möglich, die Aktivitäten der Distriktregierung, z.B. den Umgang mit dem Gemeindehaushalt, zu überwachen und Einsicht in die Entscheidungs- und Handlungsprozesse zu erhalten.

Im Agrarkolonisationsgebiet San Julián sind neben den Überwachungskomitees auch Nachbarschaftsvereinigungen in der Mehrzahl der Dörfer aktiv. Diese stehen allen Bewohnern eines Dorfteils offen und bemühen sich auf kommunalpolitischer Ebene um die Verbesserung der Lebensbedingungen der lokalen Bevölkerung. Die gewichtigste territoriale Basisorganisation im Untersuchungsraum stellt allerdings die Kolonisatorenvereinigung FECSJ („Federación especial de Colonizadores de San Julián") dar, die als Dachverband von 178 Gewerkschaften die Interessen der Landbesitzer und Pächter vertritt. Die Vielzahl an Organisationen und ihre inhaltliche Diversifizierung belegen die gute gesellschaftspolitische Organisation im Agrarkolonisationsgebiet San Julián. Diese hat im andinen Bolivien eine jahrzehntelange Tradition. Die Syndikate entwickelten sich zum bestimmenden politischen Organ der Landbevölkerung, die ihre Interessen gegenüber den Großgrundbesitzern und Mineninhabern zu vertreten versuchten. Von sozialistischen und revolutionären Parteien unterstützt, stellten die Gewerkschaften eines der wenigen Sprachrohre der ländlichen Armen dar, die aufgrund ihrer zahlenmäßigen Überlegenheit phasenweise Druck auf die jeweilige Regierung ausüben konnten.

Abschließend lässt sich zusammenfassen, dass die politische und mit Abstrichen auch die ökonomische Integration in den Agrarkolonisationsräumen gelungen ist. Die kulturelle und gesellschaftliche Systemintegration gelingt in Bolivien und in Indonesien nur teilweise, in der Elfenbeinküste gelingt sie nicht.

# 3 ANALYSE DER LOKALEN INTEGRATIONSPROZESSE IN AGRARKOLONISATIONEN

## 3.1. Der Handlungsrahmen auf der Mikroebene: Strukturmerkmale der sechs Untersuchungsdörfer

### 3.1.1 Die Untersuchungsdörfer El Progreso sowie San Martín (Bolivien)

**El Progreso (Núcleo 13)**

Das Untersuchungsdorf El Progreso befindet sich 21 km nordwestlich der Gemeindehauptstadt San Julián in der Verwaltungseinheit Central-02 im Distrikt Brecha Casarabe (Departamento de Santa Cruz, s. Abb. 7). Es wurde im Jahre 1977 unter der Leitung der staatlichen Kolonisationsbehörde angelegt und zählt damit zu den geplanten Kolonien. In El Progreso leben zurzeit 228 Personen in 41 Haushalten. Das entspricht einer durchschnittlichen Größe von ca. sechs Personen pro Haushalt. Das Dorf setzt sich vorwiegend aus Familien zusammen, die ursprünglich aus der andinen Region Potosí stammen, und wurde nicht, wie viele zentraler gelegene Dörfer, durch spontane Migranten erweitert. Daher ist es in seiner Zusammensetzung aus der Gruppe der „Collas" (Bevölkerung aus dem Hochland) weitgehend homogen.

Der Ort ist relativ abgelegen und infrastrukturell dürftig ausgestattet. El Progreso verfügt weder über ein Wasser- und Stromverteilungssystem noch über einen Anschluss an das nationale Telefonnetz. Erst im fünf Kilometer entfernten Dorf Nueva Vida (Núcleo 14) gibt es den nächstgelegenen Telefonanschluss sowie einen medizinischen Posten, der von der Nichtregierungsorganisation SACOA betriebenen wird. Außer einem Kleinbus, der die älteren Schulkinder nach Nueva Vida bringt, gibt es keinen direkten Anschluss an das regionale Busnetz. Die nächste Station für Verbindungen nach San Julián, und von da aus nach Montero und Santa Cruz de la Sierra, liegt ebenfalls in Nueva Vida. Außerdem pendeln Sammeltaxis zwischen den Dörfern und der Gemeindehauptstadt.

**San Martín (Núcleo 23)**

Das Untersuchungsdorf San Martín liegt 31 km nordwestlich von San Julián und ist Sitz des Bürgermeisters der Verwaltungseinheit Central-03 des Distriktes Brecha Casarabe (Dpto. Santa Cruz, s. Abb. 7). Die staatlich gelenkte Anlegung des Ortes erfolgte im Jahre 1978. Zurzeit hat San Martín

1.201 Einwohner, die sich auf 253 Haushalte verteilen (ca. 5 Personen/ Haushalt). Von seiner ethnisch-kulturellen Zusammensetzung her ist das Dorf äußerst heterogen. Neben den ursprünglich angesiedelten 40 Familien aus den andinen Regionen von Potosí und Chuquisaca kamen seit Mitte der 1980er Jahre sukzessive spontane Migranten, vorrangig aus dem Tiefland nach San Martín. Das Dorf gliedert sich in vier große Teile, die ethnisch überwiegend entweder von „Collas" oder von „Cambas" (Bevölkerung, in der Regel Mestizen, aus dem Tiefland) dominiert werden. Zurzeit entsteht am südöstlichen Dorfrand ein neues Viertel, das von spontanen Zuwanderern aus dem Tiefland besiedelt wird.

Die Infrastruktur in San Martín ist erheblich besser als in El Progreso. San Martín besitzt neben einer Grundschule auch eine weiterführende Schule, auf der die allgemeine Hochschulreife nach 12 Schuljahren erworben werden kann. Darüber hinaus verfügt der Ort über die einzige katholische Kirche im Distrikt Brecha Casarabe. Entlang der Hauptstraße befindet sich ein Versorgungsangebot mit Bars, Garküchen sowie kleineren Verkaufsständen. Am zentralen Dorfplatz liegen das Krankenhaus, ein Dorfgemeinschaftsraum, das Büro des Bürgermeisters sowie der örtliche Wassertank. Eine per Dieselgenerator betriebene Pumpe versorgt die ans Wassernetz angeschlossenen Haushalte. Darüber hinaus besitzen einige Familien Solarzellen zur Stromerzeugung. Eine sonstige Stromversorgung existiert nicht. Lediglich die dörflichen Straßenlaternen werden drei Stunden pro Abend per Dieselgenerator betrieben. Die Kommunikation nach außen kann einzig und allein über das öffentliche Telefon im Dorf oder per Funk vom Krankenhaus aus vollzogen werden. Zudem liegt San Martín entlang der Haupterschließungsachse des Kolonisationsgebietes und wird von zahlreichen Bussen und Sammeltaxis bedient, die den Ort mit den sonstigen Kolonien sowie mit dem Zentrum San Julián verbinden.

### 3.1.1.1 Bevölkerungsstruktur und Migration

**Bevölkerungsstruktur und Migration in El Progreso**

Während die Hälfte der Bewohner von El Progreso im Tiefland geboren ist, stammt die andere Hälfte aus dem Hochland. Fast alle Bewohner sind katholischen Glaubens, ein Teil zählt sich zu einer protestantischen Religionsgemeinschaft. Sämtliche in El Progreso erfassten Personen gaben als ihre Muttersprache Quechua an. Ebenso verfügen alle mindestens über Grundkenntnisse in der spanischen Sprache. 45 % der Erwachsenen über 15 Jahre verfügen lediglich über eine Grundschulausbildung (Klasse 1-5), etwa ein Viertel hat die Mittelstufe (6-8) besucht, etwa 15 % eine Oberstufenklasse (9-12) und sogar 15 % verfügen über die allgemeine Hochschulreife.

Als Pull-Faktoren gaben zwei Drittel der Befragten an, dass sie aufgrund des verfügbaren Ackerlandes, das sie in erster Linie von der Kolonisationsbehörde INC zugewiesen bekommen hatten, in dieses Dorf gekommen waren. Jeweils 15 % gaben an aufgrund der Arbeitsmöglichkeiten oder der Beziehungen zu Familienangehörigen gekommen zu sein. Als Push-Faktoren nannten zwei Drittel der befragten Haushalte fehlende oder zu kleine agrarische Nutzflächen in ihrer Herkunftsregion und ein Drittel Arbeitslosigkeit (v.a. im Bergbau) als Motiv für die Abwanderung. Fast alle Befragten gaben an, durch Dritte zur Emigration animiert worden zu sein und Unterstützung bei der Durchführung der Immigration in die Zielorte erhalten zu haben. Unterstützung bei der Lösung von Problemen, die mit der Migration zusammenhingen, bekamen alle Migranten von Familienangehörigen von kirchlichen Einrichtungen, nahen Freunden, der Frauenvereinigung OCMs sowie von Bekannten bzw. dem Vertrauenslehrer der Grundschule von El Progreso.

Die meisten der befragten Haushalte gaben an, bei der Ankunft und in der Anfangszeit ihrer Ansiedlung Probleme unterschiedlichster Art im Dorf gehabt zu haben. Bei den Probleme, die genannt wurden, überwogen bei weitem die folgenden: Unwohlsein aufgrund der Konfrontation mit Mosquitos sowie anderen Insekten und fremdartigen Tieren, Mangel an Bildungseinrichtungen und ein schlechtes Straßen- bzw. Wegenetz. Ebenso viele litten unter den klimatischen Bedingungen und nahezu die Hälfte (47 %) konnte sich nur schwerlich an die neue Umgebung gewöhnen. Saisonale Überschwemmungen und fehlender nahegelegener Trinkwasserzugang, Heimweh und das Fehlen von Gesundheitseinrichtungen waren weitere genannte Probleme. Etwa die Hälfte der befragten Haushalte gab an, dass es von daher auch Aus- und Rückwanderungen gegeben habe, die genaue Anzahl konnte nicht festgestellt werden, die Emigranten seien jedoch in ihre Herkunftsregion (Potosí) zurückgekehrt. Andere Dorfbewohner seien aus Gründen der Aus- oder Weiterbildung (Schule, Studium, Lehre etc.) aus El Progreso weggezogen.

**Bevölkerungsstruktur und Migration in San Martín**

In San Martín stammen mehr als zwei Drittel der Bewohner aus dem Tiefland. Der Ort setzt sich demnach vorrangig aus lokalen spontanen Migranten zusammen. Die andinen Zuwanderer stammen aus den Regionen Potosí und Chuquisaca. In San Martín ist ebenfalls die Mehrzahl katholisch (84 %), während nur 16 % einer protestantischen Kirche angehören. Drei Fünftel (60 %) der in San Martín erfassten Personen gaben als ihre Muttersprache Quechua an. 39 % sind spanischsprachig aufgewachsen, einige mit Guarayos und kaum jemand mit Aymará als Muttersprache (s. Abb. 6). Nahezu alle verfügen mindestens über Grundkenntnisse der spanischen Sprache. Knapp

60 % der erfassten Dorfbewohner verfügen lediglich über eine Grundschulausbildung, 15 % haben die Mittelstufe besucht, weitere 11 % eine Oberstufenklasse und nur 7,9 % besitzen eine allgemeine Hochschulreife.

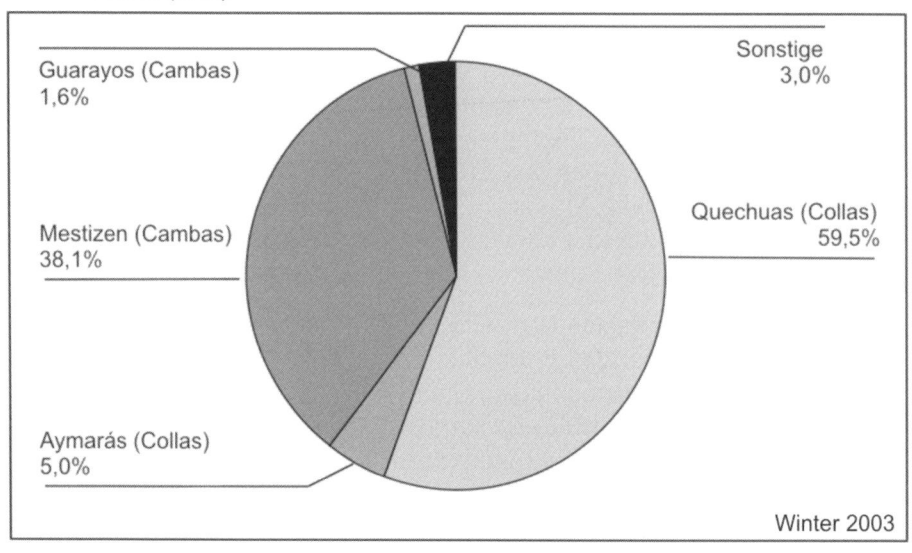

**Abb. 6:** Ethnische Zugehörigkeit der Personen (n=375) in n=69 Haushalten in San Martín (in %)

[Kreisdiagramm:
- Guarayos (Cambas) 1,6 %
- Sonstige 3,0 %
- Mestizen (Cambas) 38,1 %
- Quechuas (Collas) 59,5 %
- Aymarás (Collas) 5,0 %
- Winter 2003]

Die Pull-Faktoren in San Martín sind nicht nur die Verfügbarkeit von Land (ca. 50 %), sondern auch die potentielle Möglichkeit als Tagelöhner in bereits existierenden landwirtschaftlichen Betrieben mitzuarbeiten oder anderen Beschäftigungen nachzugehen (ca. 30 %). Weniger als ein Viertel kam hingegen wegen der Aussicht auf bessere Versorgungs- oder Lebensbedingungen nach San Martín. Die Push-Faktoren in den Herkunftsregionen waren in erster Linie fehlende oder zu kleine Anbauflächen in den Herkunftsregion (41 %). Je ein Drittel gab an, aufgrund von Überschwemmungen und/oder Arbeitslosigkeit nach San Martín abgewandert zu sein. Einige nannten familiäre Motive (Familienzusammenführung, Umzug mit Familie, Scheidung, Heirat) und andere verließen ihre ursprüngliche Region aus Weiterbildungs- und Arbeitsplatzgründen. Bei diesen Motiven muss berücksichtigt werden, dass die spontanen Zuwanderer in San Martín, im Unterschied zu El Progreso, zu großen Teilen sowohl aus der Brecha Casarabe selbst als auch aus der näheren Tieflandsumgebung kommen.

Drei Viertel (76 %) der in El Progreso befragten Haushalte gaben an, dass Probleme der unterschiedlichsten Art im Dorf beständen, wobei die meisten Nennungen die nicht ausreichende Wasserversorgung sowohl für die Feldbewirtschaftung als auch für den Haushaltsbedarf betrafen. Bezogen auf die

Ankunft und die Anfangszeit ihrer Ansiedlung bemängelte mehr als die Hälfte, dass in der näheren Umgebung kein Trinkwasserzugang existierte. Ein kleinerer Teil der Probleme bezieht sich auf die medizinische Versorgung, die allgemein schlechte Infrastruktur, die große Distanz zu Märkten sowie die mangelhafte Stromversorgung. 48 % fühlten sich wiederum durch Mosquitos oder andere Insekten und fremdartige Tiere beeinträchtigt. Mehr als ein Drittel (35 %) der Bewohner litt unter den klimatischen Bedingungen und 18 % gaben Heimweh an. Je 16 % beklagten das schlechte Straßen- und Wegenetz sowie den Mangel an Grundstücken, um darauf leben und Ackerbau betreiben zu können. Nur etwa 60 % derjenigen, die angaben, Probleme bei der Migration gehabt zu haben, erhielten Hilfe von Dritten, deutlich weniger als in El Progreso. Diese bekamen sie besonders von Familienangehörigen und Freunden, kirchlichen Einrichtungen, der Gesundheitsorganisation SACOA sowie vom Roten Kreuz.

Auch in San Martín gibt es Aus- und Rückwanderungen. Mehr als zwei Fünftel berichteten von der Emigration von Bewohnern nach Santa Cruz de la Sierra sowie in die Stadt Montero (140 km SW). Jeweils ein Drittel der Emigranten sei aufgrund lokaler Überschwemmungen oder einer Arbeitsmöglichkeit abgewandert und 25 % seien aus Gründen der Fort- oder Weiterbildung weggezogen.

### 3.1.1.2 Gesellschaftliches Zusammenleben

**Gesellschaftliches Zusammenleben in El Progreso**

Die Beteiligung der Dorfbewohner von El Progreso am regionalen und lokalen Gesellschaftsleben ist sehr hoch. Vier Fünftel (81 %) der befragten Personen gaben beispielsweise an, die Feste und Feiern des Dorfes oder der Region zu besuchen und ein sogar noch höherer Anteil (90 %) beteiligt sich an öffentlichen Arbeiten und Diensten zur Instandsetzung und Verschönerung des Dorfes. Darüber hinaus nehmen die Bewohner grundsätzlich an den öffentlichen Sitzungen und Veranstaltungen des Dorfes teil wie zum Beispiel den Generalversammlungen (81 %) und Schulversammlungen (43 %). Auch andere Versammlungen wie z.B. die der FECSJ (19 %), der OTB (10 %), einer lokalen Basisorganisation, und der Frauenvereinigung OCM (10 %) werden besucht.

Auch die interethnischen Beziehungen sind relativ ausgeprägt. Mehr als die Hälfte der befragten Personen berichtete, Kontakt zu jeweils anderen ethnischen oder kulturellen Gruppen als der eigenen, genannt wurden Collas, Cambas, Guarayos und Mennoniten, zu haben. Die interkulturellen Kontakte in der Region haben sowohl freundschaftlichen als auch geschäftlichen Charakter, z.B. als Arbeitsbeziehungen, im Handel oder auf dem Markt.

**Gesellschaftliches Zusammenleben in San Martín**

Das gesellschaftliche Zusammenleben in San Martín ist einerseits von der Heterogenität des Ortes in der Bevölkerungsstruktur geprägt, andererseits von der räumlichen Segregation der ethnischen Hauptgruppen. Trotzdem nehmen fast alle Bewohner an öffentlichen Dorfveranstaltungen teil: Mehr als zwei Drittel (70 %) besuchen die Generalversammlungen des Dorfes und knapp 60 % die Schulversammlungen. Vergleichbar mit El Progreso gaben 90 % der in San Martín befragten Personen an, an öffentlichen Arbeiten und Diensten im Dorf teilzunehmen, wovon die Mehrzahl sich mindestens einmal pro Monat zur Verfügung stellt.

Allerdings gab nur etwa die Hälfte der befragten Personen an, an den Festen und Feiern des Dorfes teilzunehmen. Gründe für die geringe Teilnahme sind hauptsächlich finanzielle Belastungen oder ein mangelndes Interesse an den Veranstaltungen. Nur wenige bleiben aus religiösen Gründen (11 %) weg oder stören sich an den Betrunkenen und den Schlägereien bei Festen. Auch in San Martín gaben nahezu alle befragten Personen an, in Kontakt mit anderen ethnischen Gruppen zu stehen: Zwei Drittel (66 %), mit Cambas und zwei Fünftel (40 %) mit Collas (Quechuas und Aymarás). Es handelt sich dabei vor allem um Arbeitsbeziehungen (66 %) und freundschaftliche Kontakte (52 %), nur wenige sprachen den Handel oder die Marktbeziehungen an.

3.1.1.3 Landnutzung und Landbesitz

**Landnutzung und Landbesitz in El Progreso**

Da es kaum Pachtverhältnisse in El Progreso gibt, sind 90 % der befragten Personen Eigentümer einer Ackerfläche. Davon gaben 60 % an, diese kostenfrei von der staatlichen Kolonisationsbehörde INC zugeteilt bekommen zu haben, und 42 % haben die Parzelle käuflich erworben; 26 % von einer Privatperson und insgesamt 15 % von der Gemeinde bzw. von der FECSJ. Alle Haushalte, die Ackerland bebauen, verfügen über je 45 bis 50 ha Land. Zum Zeitpunkt der Erhebung hatte ein Drittel der Bauern ca. 10 ha der Besitzfläche erschlossen, etwa die Hälfte maximal 15 ha Fläche gerodet und lediglich 15 % hatten zwischen 25 und 40 ha gerodet. Keiner der Betriebe hatte somit die größtmögliche Besitzfläche von 45 bis 50 ha bisher komplett agrarisch nutzbar gemacht.

Fast alle Bauern legen agrarische Feldprodukte (annuelle Kulturpflanzen) an, drei Viertel besitzen zusätzlich Fruchtbäume. Zu den überwiegend verwendeten Kulturpflanzen gehören: Mais (100 %), Reis (95 %), verschiedene Kartoffelsorten (insgesamt: 89 %), Yucca und Bohnen (je 84 %), Soja und Erdnüsse (je 78 %), Tomaten und Zwiebeln (je 73 %), Salat (68 %) Karotten (63,2 %) sowie Kohl, Paprika und Erbsen (je 52 %). Bei den Fruchtbäumen dominieren Orangen (87 %), Mangos (75 %), Pampelmusen und Papayas (je 37 %) sowie Zitronen (25 %). Zu den „Cash Crops" zählen Mais, Soja, Reis, Bohnen, Sonnenblumen und Erdnüsse.

### Landnutzung und Landbesitz in San Martín

Etwa die Hälfte (49 %) der erfassten Bevölkerung im arbeitsfähigen Alter ist in der Landwirtschaft beschäftigt: 42 % sind in ihrer Erst- oder Zweitbeschäftigung Landwirte, 27 % Tagelöhner. Abzüglich derer, die sowohl als (eigenständige) Landwirte als auch als (abhängige) Tagelöhner arbeiten, verbleiben 7 % „reine" Tagelöhner. Ein weiteres Drittel arbeitet als Hausfrauen, 23 % besuchen weiterführende Schulen oder studieren, 3 % sind Handwerker und 2 % arbeiten als Verkäufer. Keine der erfassten Personen gab an, arbeitslos zu sein.

Nur 28 % der Befragten gaben an, Eigentümer einer Parzelle zu sein. Mehr als zwei Fünftel (45 %) haben dagegen ein Stück Land gepachtet. Nahezu drei Fünftel (58 %) aller Haushalte, die Ackerland bebauen, verfügen über maximal fünf Hektar Land. 60 % besitzen zwischen fünf und zehn Hektar und nur etwa ein Drittel (34 %) verfügt über 45 bis 50 ha Land.

In San Martín bauen die Bewohner überwiegend annuelle landwirtschaftliche Feldprodukte an. Über ein Drittel (38 %) besitzt dazu Fruchtbäume. Zum Erhebungszeitpunkt hatten 70 % der Produzenten bis zu fünf Hektar und 88 % maximal 15 ha gerodet. Nur 12 % hatten 15 bis 30 ha von Vegetation befreit. Kein Betrieb hatte mehr als 30 ha Fläche gerodet. 4 % der Haushalte, die Ackerbau betreiben, bauten zum Zeitpunkt der Erhebung aufgrund von Dürre oder Überschwemmung überhaupt nichts an. Vier Fünftel (80 %) aller Landbesitzer hatten bis zu fünf Hektar, weitere 12,0 % zwischen 5-10 ha in Kultur genommen. Keiner der Produzenten bebaute die Maximalfläche von 50 ha. Zu den überwiegend San Martín verwendeten Kulturpflanzen zählen Reis (98 %), Mais (95 %), Erdnüsse (54 %), Yucca (52 %), Tomaten (43 %), Zwiebeln (39 %), verschiedene Kartoffelsorten (insgesamt: 45 %), Bohnen (37 %) sowie Salat (22 %). Bei den Fruchtkulturen dominieren Orangen, Mangos, Papayas, Zitronen, diverse Bananensorten sowie Pampelmusen. 58 % der Befragten, die Ackerbau betreiben, verkaufen ihre Agrarprodukte auf dem Markt. Zu den „Cash Crops" zählen lediglich drei Produkte: Mais, Reis sowie Erdnüsse; Soja wird in San Martín nicht angebaut.

### 3.1.2 Die Untersuchungsdörfer Azoumanakro und Soubré 3 (Elfenbeinküste)

**Azoumanakro**

Azoumanakro ist 1970 als eine Pioniersiedlung im Rahmen der ungelenkten Agrarkolonisation entstanden (s. Abb. 9). Ein junger Baoulé aus dem Distrikt Bokanda, der heutige Bürgermeister, gab dem Ort seinen Namen. Über Radio und Mund-zu-Mund-Propaganda wurden zu dieser Zeit Bewohner des Landeszentrums von der Regierung dazu aufgefordert, sich auf den Weg zu machen, den wenig besiedelten Südwesten zu besiedeln. Der Dorfchef hörte damals eine Radiosendung, in der ein autochthoner Bakwé aus Gnamagui Land in der Region Soubré anpries und hatte somit eine konkrete Anlaufstelle. Gnamagui, das ca. 1940 gegründet wurde, 1996 ca. 1.000 Einwohner (PAULUS et al 1996: 43) zählte und etwa zehn Kilometer von Soubré entfernt ist, war zu jener Zeit für viele Immigranten Anlaufstelle zur Bodenanfrage. Sukzessive zogen Baoulé aus Bokanda und seit den 1980ern einige Burkinabé aus Burkina Faso nach.

Das Dorf ist ebenso wenig elektrifiziert und telefonverkabelt wie das Nachbardorf Soubré 3. Wasser wird aus einem Brunnen geschöpft. Es gibt zwei kleine Kioske, die zum Zeitpunkt der Untersuchung jedoch wenig im Angebot hatten, ein Fußballfeld sowie eine kleine Bar. Es gibt sowohl eine evangelische und katholische Kirche als auch eine sich im Bau befindende Moschee. Es wird zwar eine Krankenstation geplant, momentan beschränkt sich die Krankenversorgung jedoch noch auf die umliegenden Dörfer oder V6[22] und Soubré. Azoumanakro selbst hat wiederum vom Dorf entfernte Siedlungen („Campements"), die in der Untersuchung jedoch nicht berücksichtigt wurden.

**Soubré 3**

In Soubré 3 leben die einzigen autochthonen Bété in einem weiten Umkreis gemeinsam mit einer Überzahl von Burkinabé. Es ist Tradition der Bété, für ihre Familie eigene Ansiedlungen zur Erweiterung des Siedlungsraumes zu gründen. Untypisch ist allerdings, dass eine autochthone Gruppe zahlenmäßig (164 Personen) so gering ist und dass eine solche Vielzahl von Burkinabé

---

[22] Im Rahmen des Staudammbaus in Buyo wurden die Anwohner in nummerierte Dörfer („Villages") umgesiedelt.

(426 Personen) keine eigenen Siedlungen gegründet haben (LÉNA 1984: 99; ZAGBAI 2001: 4). Zeitlich vor die Gründung und Besiedlung von Soubré 3 datiert die Holzausbeutung in der Region durch ein europäisches Holzabbauunternehmen in der direkten Nachbarschaft der heutigen Siedlung. Der Abbau des traditionell den Bété gehörenden Waldes begann etwa 1964/65. Heute liegt die Abbaustelle innerhalb der Grenzen des Nationalparks.

Das 1974 gegründete Soubré 3 liegt am Rand der Piste, die von der Holzeinschlagsfirma zum Abtransport des Nutzholzes angelegt wurde und heute den Nationalpark begrenzt (s. Abb. 9). Das Holzabbauunternehmen bat die Bété-Bewohner von Loboville, dem Ursprungsort der Bété von Soubré 3, um Erlaubnis, den Wald zu roden. Da der Holzunternehmer den Sassandra in Loboville nur schwer überqueren konnte und der Abtransport des Holzes über die großen Pisten von Soubré aus sinnvoller erschien, planierte er eine Piste von Soubré nach Buyo. Die Arbeiter der im Folgenden errichteten Hieb- und Wohnflächen rekrutierten sich aus Baoulé, Bakwé, Bété, Yacouba, Guéré und anderen ethnischen Gruppen. So existierte bis 1980/1984 im heutigen Nationalpark ein relativ großes Gelände mit guter Infrastruktur, Elektrizität, einem Krankenhaus und vielen Arbeitern und deren Behausungen. Zwar befand sich das damalige Soubré 3 auf der gegenüberliegenden Seite der Piste, im heutigen Nationalpark, doch gab es dem heutigen Soubré 3 seinen Namen. Auch Soubré 3 ist weder elektifiziert noch verkabelt. Im Dorf gibt es einen kleinen Kiosk, eine Art Freiluft-Bar, ein Fußballfeld, eine Moschee und eine katholische Kirche. Früher existierte ein Gemeinschaftsraum, der heute einen Laden beinhaltet, der meistens geschlossen ist. Ins Krankenhaus gehen die Bewohner bei harmloseren Krankheiten nach V6, ansonsten nach Soubré.

### 3.1.2.1 Bevölkerungsstruktur und Migration

**Bevölkerungsstruktur und Migration in Azoumanakro**

Das Herkunftsgebiet der Baoulé-Siedler, welches für alle Baoulé in Azoumanakro der zentrale Distrikt Bokanda ist, befindet sich im Landeszentrum, in der Grenzregion Savanne-Wald. Obwohl in Bokanda traditionell lediglich Yams angebaut wird, betätigten sich die Baoulé mehrheitlich schon in ihrer Herkunftsregion als Kaffee- und teilweise auch Kakao-Pflanzer. Die Migrationsgründe bilden ein Bündel, das nicht unabhängig voneinander betrachtet werden kann. Das Zusammenwirken von Trockenheit, schlechten Böden, überalteten Exportpflanzen sowie Arbeits- und Landmangel Ende der 1960er brachte viele Menschen aus der Gegend zu dem von der Regierung geförderten Ortswechsel. Um ihr Produktionssystem fortsetzen zu können, mussten sie den Kräften des Marktes dorthin folgen, wo das nötige Produktionsmittel, fruchtbares Land, vorzufinden war. Einige der heutigen Haushaltsvorstände waren schon bei der Migration dabei, als ihre Väter die Region erschlossen. Auch wenn die statistische Untersuchung lediglich die „Arbeitssuche" als dominanten Migrationsfaktor angibt, ergibt sich aus den qualitativen Interviews, dass die Besiedlung der Baoulé eine auf Landbesitz abzielende Siedlungsmigration war. Nach der Etablierung der Exportwirtschaft konnte ein Familiennachzug erfolgen. Die entstandenen sozialen Netzwerke führten somit im späteren Verlauf des Migrationsprozesses zu dem klassischen Modell der Kettenmigration, womit sowohl die Selektivität – alle Baoulé kommen aus Nachbarorten des Distrikts Bokanda – als auch die Zielgerichtetheit der Migration – alle Baoulé-Bewohner des Dorfes siedelten auf direktem Wege in Azoumanakro – zu erklären sind.

1970 gab es im Hinterland von Gnamagui kaum Siedlungen. Da es wenig Verkehr auf der Achse Soubré-Buyo gab, musste die Streckenüberwindung zu Fuß geschehen. Der Siedlungsgründer Azoumanakros lebte nach seiner Landzuweisung sechs Monate alleine im Wald, bevor weitere Siedler nach und nach aus Bokanda nachzogen. 1971 legten die ersten Siedler Azoumanakros ihre ersten Pflanzungen an. Die landwirtschaftliche Nutzfläche wurde hauptsächlich durch Brandrodungsfeldbau erschlossen. In Erwartung der ersten Kakao- und Kaffeeernten lebten die Neuankömmlinge drei Jahre lang in Selbstversorgung und zuerst in sehr einfachen Hütten. Spätestens seit 1982 stand in Azoumanakro kein Wald mehr zur Verteilung zur Verfügung. Siedler, die später kamen und kommen, können selbst keinen Wald mehr erschließen, sondern sich lediglich bei jemandem niederlassen, arbeiten und hoffen, ein kleines Stück Land von einem Altsiedler erwerben zu können. Der Migrantenstrom ist seit dem trotzdem nicht vollkommen verebbt.

Die familiäre Arbeitskraft reichte den Baoulé nach der Etablierung ihrer großen Pflanzungen nicht aus, so dass sie zusätzliche Arbeiter brauchten. Der Erste der heute noch im Dorf lebenden wenigen Burkinabé siedelte 1984. Genaue Zeitpunkte über die Ankunft früherer Burkinabé konnten nicht festgestellt werden.[23] Erst seit 1991 ziehen vermehrt Burkinabé ins Dorf, um dort Arbeit zu finden, sich finanziell zu bereichern und später eventuell Land zu erwerben. Auch die Migration der Burkinabé Azoumanakros entspricht den klassischen Kettenmigrationsmechanismen. Positive Berichte über die Arbeitssituation in der Region Soubré 3 von Rückkehrern oder Besuchern in Burkina Faso brachten die Migranten zu der Überzeugung, dort ein wirt-

---

[23] Im Gegensatz zu den Baoulé in Azoumanakro befinden sich unter den Burkinabé keine Pioniersiedler mehr. Vor dem Zeitpunkt der Untersuchung waren es jedoch scheinbar höchstens ein bis zwei Burkinabé, die als Wanderarbeiter ihr Glück versuchten und, da sie kein Land erwerben konnten, weiterzogen.

schaftlich besseres Leben führen zu können und initiierten somit die Migrationsprozesse. Die Herkunftsregionen der Burkinabé sind Savannengebiete, in denen vor allem Mais, Hirse, Reis und Bohnen angebaut werden und mit Tierzucht etwas Handel betrieben wird. Da auch die Burkinabé, ausgenommen von kurzen Stops bei der in der Gegend wohnenden Verwandt- und Bekanntschaft, direkt von Burkina Faso nach Azoumanakro siedelten, hatten sie somit, anders als die Baoulé, noch nie Pflanzungswirtschaft betrieben. Die Siedlung erfolgte demzufolge nicht, um das Produktionssystem fortzusetzen, sondern um eine bessere, temporäre Einnahmequelle zu finden, die es ermöglichen soll, bei der Rückkehr nach Burkina Faso eine neue Existenz aufzubauen. Insgesamt ist bei den Burkinabé in Azoumanakro demnach eher eine Arbeitsmigration zu beobachten, die eine längere Siedlung zumindest nicht einplant. Lediglich einer der befragten Burkinabé, der schon mit seinen Eltern in den 1950er Jahren nach Bokanda migriert war, um in der Pflanzungswirtschaft zu arbeiten, bezeichnete sich explizit als Siedlungsmigrant. Auch eine sozialpsychologische Komponente spielt für die Burkinabé eine Rolle: der Ausbruch aus der Familien- und Dorfkontrolle und der Wunsch nach persönlicher Unabhängigkeit.

Die momentan in Azoumanakro ansässigen Burkinabé mussten, anders als die ersten Migranten, die Strecke Soubré-Azoumanakro nicht mehr zu Fuß überwinden. Mittlerweile gab es auf der Piste, die noch 1994 in einem guten Zustand war, auch Lastwagen zur Personenbeförderung, die jedoch nicht so häufig fuhren. Statt in Gnamagui Siedlungserlaubnis und Boden zu erfragen, wurden sie in einem der sozialen Netze der Burkinabé der Region oder im Ort empfangen, um von ihnen nach Azoumanakro vermittelt zu werden. Dazu wurde der Bürgermeister vorher um Erlaubnis gebeten und danach befragt, ob es Arbeitsmöglichkeiten oder Zugang zu Land gibt. Alle Burkinabé Azoumanakros haben als Lohnarbeiter auf Kakao- oder Kaffepflanzungen begonnen, nur einige später Land erwerben können und ihre Frauen aus Burkina Faso nachziehen lassen.

Der stete Zuzug nach Azoumanakro seit der Gründung 1970 zeigt sich in der aktuellen Zusammensetzung des Dorfes. Von den 586 gezählten Bewohnern Azoumanakros sind 541 Baoulé und 45 Burkinabé (s. Abb. 7). Alle Haushaltsvorstände, die ursprünglich aus Burkina Faso kommen und allgemein Burkinabé genannt werden, gehören der Ethnie der Mossi an. Die Hälfte von ihnen kommt aus derselben Großfamilie. Mit einer Ausnahme sind die Haushaltsvorstände aller Dorfbewohner männlich. Die Ehefrauen sind meist jünger als ihre Männer. Die Mehrzahl aller Haushalte des Dorfes hat zwischen einem und neun Mitgliedern. Die Haushalte der Baoulé sind im Durchschnitt größer als die der Burkinabé. Dies resultiert daraus, dass die Migration der Baoulé zumeist in größeren familiären Zusammenhängen erfolgte und auch ältere Kinder noch im Haushalt leben. Die jungen Erwachsenen bleiben bis zur Heirat im elterlichen Betrieb. Außerdem leben sechs der Baoulé-Haushaltsvorstände ihrer Tradition nach in Polygamie mit zwei oder mehreren Frauen. Aus diesen Familien resultiert auch eine größere Anzahl Kinder.

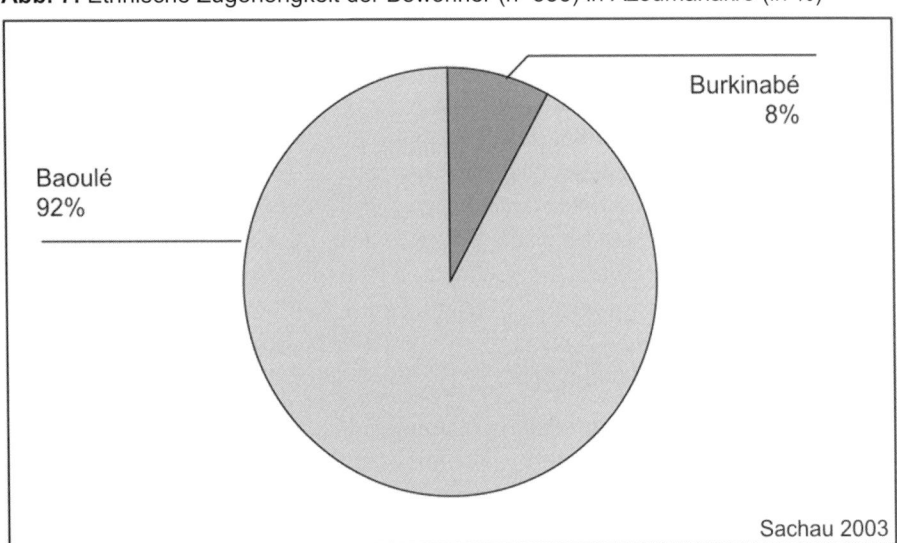

**Abb. 7:** Ethnische Zugehörigkeit der Bewohner (n=586) in Azoumanakro (in %)

Baoulé 92%
Burkinabé 8%

Sachau 2003

Am Alter der Haushaltsvorstände ist die Geschichte des Dorfes abzulesen: Während die größtenteils erst in den 1990ern zugezogenen Burkinabé noch sehr jung sind – keiner der Befragten Haushaltsvorstände ist über 40 Jahre alt – gibt es unter den seit den 1970ern eingewanderten Baoulé auch schon sehr alte Bewohner (bis zu 80 Jahren).

Insgesamt ist die Schulausbildung der Baoulé schlechter als die der Burkinabé. Während 67 % der Burkinabé-Männer keine Ausbildung haben, gilt dies für sogar 80 % der Baoulé. Sowohl für die Männer als auch für die Frauen geht die höchste Schulbildung nur bis zur achten Klasse. Lediglich 22 % der Frauen (19 % der Baoulé-Frauen, 33 % der Burkinabé-Frauen) haben überhaupt eine Schule besucht. Seit 1997 gibt es eine Schule einige hundert Meter außerhalb Azoumanakros, in die die Kinder die ersten beiden Schuljahre gehen können. Bevor diese Schule gemeinsam mit den Bewohnern von Soubré 3 errichtet wurde, mussten die Kinder, wenn sie zur Schule gehen sollten, von der Familie getrennt im etwa eine Stunde Fußweg entfernten Ort Adamakro bei Betreuerfamilien leben. Die höhere Schulbildung findet in Soubré statt. Einige der Baoulé-Familien haben ihre Kinder zur

Ausbildung auch nach Bokanda zu ihrer Familie geschickt. Die Kinder der Burkinabé sind noch zu jung, um zur Schule zu gehen.

**Bevölkerungsstruktur und Migration in Soubré 3**

Auch einige der autochthonen Bété arbeiteten am Pistenbau und Holzschlag mit und erlebten somit Ende der 1960er, wie die autochthonen Bakwé Gnamaguis im Zuge der Waldverteilung auch Waldreserven verteilten, die traditionell den Bété gehörten. Einerseits aus Angst, die Besiedlung ihres Landes würde ohne ihre Aufsicht weiterhin außer Kontrolle geraten, andererseits um ihr Vermögen in Anspruch zu nehmen, gründete ein Bété-Geschwisterpaar aus Loboville 1974 eine Siedlung, die später den Namen Soubré 3 übernahm. Die Bété kannten das Anbausystem für Kaffee ebenso wie die Baoulé schon vor der Siedlung und fuhren damit fort, in Ergänzung von Kakao. Sie siedelten nicht sofort in der Nachbarschaft der bereits existierenden Hieb- und Wohnflächen, sondern vorerst am Fluss Hana, um, geplagt von Hochwasser und konfrontiert mit dem steten Zuzug von Familienmitgliedern, erst später auf die Anhöhe rechts und links eines bereits existierenden Burkinabé-Hofes zu siedeln. Da sie Menschen im Kampf gegen wilde Tiere brauchten, begannen sie von Beginn der eigenen Besiedlung an, Land an Burkinabé zu verteilen. Die Bété wussten jedoch auch aus Radioansprachen des Präsidenten und Mund-zu-Mund-Propaganda, dass sie verpflichtet waren, ihr Land zur Verfügung zu stellen, um mitzuhelfen, die Elfenbeinküste wirtschaftlich zu entwickeln.

Die Migration nach Soubré 3 hat ihre Ursprünge demnach nicht wie in Azoumanakro in der Pflanzungsarbeit, sondern in der Holzindustrie. Die Hoffnung auf ein besseres Einkommen und die Arbeitssuche trieb viele Burkinabé in die Elfenbeinküste. Die Situation in Burkina Faso war zwar nicht für alle schlecht, es wurde entweder in Subsistenzwirtschaft gelebt und Baumwolle und Viehzucht brachten magere finanzielle Einkünfte ein, andere kommerzielle Arbeitsmöglichkeiten waren jedoch nur unzulänglich vorhanden. Die ersten Siedler zogen weitere Migranten nach und initierten klassische Kettenmigrationsmechanismen. Einige Burkinabé hatten schon vor der Aufgabe ihrer Arbeit auf der Hiebfläche ein Nahrungsmittelfeld von den Bété erstehen können. Nach der endgültigen Durchsetzung der Nationalparkgrenzen und des damit einhergehenden Holzeinschlagsverbotes waren die Bewohner gezwungen, die dort eingerichtete Ansiedlung zu verlassen. Sukzessive wurden sie von den „Eaux et Forêt" von 1978 bis 1984 aus dem Wald verdrängt, indem nach und nach Absperrungen in Richtung Piste errichtet wurden, hinter denen die Nutzung verboten wurde. Holzwirtschaft durfte noch bis 1984 betrieben werden, lediglich Felder zur Nahrungsmittelproduktion, Pflanzungen und Siedlungen durften ab 1978 in den abgegrenzten

Gebieten nicht mehr existieren. Damit wurden die Burkinabé wesentlich früher als die Baoulé des Nachbarortes (erst 1988) aus dem Nationalpark vertrieben. So offenbart sich die vielbeschworene Bevorzugung der Baoulé im Herrschaftssystem Houphouët-Boignys.

Als die Arbeitsstellen im Wald wegfielen, begannen viele Burkinabé in Eigenregie Kaffee und Kakao anzubauen, indem sie von den Bété Land erbaten und in die Siedlung zogen, die auf der anderen Seite der Straße von den Bété gegründet worden war. Sie gründeten keine eigene Siedlung, da ihnen die Natur zu gefährlich schien und die in Soubré 3 lebenden Bété ihnen aus derselben Angst heraus anboten, mit ihnen zu leben. Einige Arbeiter der Hiebfläche zogen auch in andere Siedlungen der Region und des Landes oder gingen zurück in ihr Herkunftsgebiet. Andere Ethnien oder Nationalitäten als Burkinabé blieben nicht in Soubré 3. Ebenso wie die Burkinabé Azoumanakros kommen jene aus Soubré 3 nicht alle aus ein und derselben Region Burkina Fasos. Fast die Hälfte der Burkinabé, 45 %, ist nicht auf direktem Wege aus Burkina Faso zur Arbeit auf der Hiebfläche nach Soubré 3 gekommen. Sie machten Arbeits-Zwischenstops in Abidjan, in den Regionen Bokanda, Daloa und Sassandra oder in benachbarten Dörfern der aktuellen Region.[24] Als einzige Vorplanung nahmen einige Burkinabé von Burkina Faso oder einem anderen Standort in der Elfenbeinküste aus Kontakt zu Bekannten oder Familie auf, um sich der Möglichkeit einer Arbeitsuche oder eines Landerwerbs zu versichern. Die Migranten kommen heute zunächst in der Burkinabé-Gemeinde oder bei ihrer Familie unter.

Der stete Zuzug der Bété Lobovilles und Burkinabé von der aufgelösten Hiebfläche, aus Burkina Faso oder anderen Teilen der Elfenbeinküste seit der Entstehung des Dorfes 1974 führt dazu, dass die Siedlung heute cirka 590 Einwohner hat. Davon sind 164 Bété und 426 Burkinabé[25] (s. Abb. 8). Obwohl der Ort kaum größer ist als Azoumanakro, setzt er sich aus mehr als doppelt so vielen Haushalten zusammen. Die Bété leben in kleinen Kernfamilien: 81 % der Bété-Haushalte bestehen aus ein bis fünf Personen; der größte Haushalt umfasst zehn Personen. Anders als bei den Baoulé fallen Familien- und Betriebsgründung bei den Bété nicht zusammen. Somit bewirtschaften viele junge Bété eigene Pflanzungen und Haushalte, ohne verheiratet zu sein: 25 % der Bété-Haushaltsvorstände sind ledig. Nur 9 % der Burkinabé-Haushaltsvorstände sind ledig, 17 % sind polygam. Da in die

---

[24] Drei der Haushaltsvorstände aus Burkina Faso sind sogar schon in der Elfenbeinküste, in Soubré, Abidjan und Bokanda, geboren.

[25] Insgesamt wurden 77 Burkinabé- und 33 Bété-Haushalte befragt.

meisten Haushalte zusätzlich (entfernte) Verwandte und Arbeiter[26] integriert sind, sind deren Haushalte größer als die der Bété. Die größten umfassen bis zu 21 Personen (2 %) und nur 55 % leben in ein- bis Fünf-Personen-Haushalten.[27] Insgesamt erschließt sich demnach ein Bild von zwei großen monofamilialen Bétéhöfen – mit vielen kleinen Haushalten – und sehr vielen Burkinabéhöfen, in denen erweiterte Kernfamilien mit ihren Arbeitern leben.

Mit Ausnahme eines weiblichen Bété-Haushaltsvorstand sind alle Haushaltsvorstände männlich. Die Burkinabé-Haushaltsvorstände sind zu 96 % Mossi. Unter den vier restlichen Prozent befinden sich ein Daphi, ein Bonaba und ein Somogo. Auffällig an der Alterskurve von Soubré 3 ist, im Gegensatz zu der Azoumanakros, dass der Kurvenverlauf der Gruppen sehr ähnlich ist. Damit wird die gleichlange Siedlungszeit der Gruppen illustriert. Die Burkinabé-Kinder, die zwischen einem Monat und 14 Jahren alt sind, wurden wie die Bété-Kinder in Soubré 3 geboren.[28]

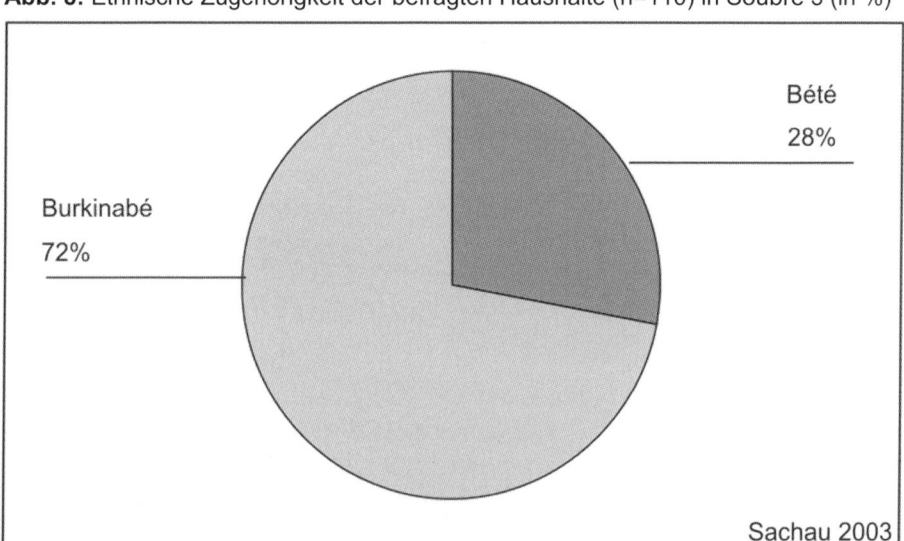

**Abb. 8:** Ethnische Zugehörigkeit der befragten Haushalte (n=110) in Soubré 3 (in %)

Bété 28%

Burkinabé 72%

Sachau 2003

Die Bété haben insgesamt eine höhere Schulausbildung als die Burkinabé. Innerhalb der Gruppen lässt sich zudem eine geschlechtsspezifische Differen-

---

[26] Die insgesamt 27 nicht selbstständig lebenden Arbeiter sind zwischen 17 und 30 Jahre alt, ledig, meist ohne Schulausbildung und sprechen außer Moré keine andere Sprache (lediglich 7 % sprechen Französisch und 11 % Dioula).

[27] Außerdem leben 38 % in sechs- bis zehn-Personen-Haushalten und 5 % in Haushalten mit 11-15 Mitgliedern.

[28] Nur 35 % der Kinder, meist ältere, sind in Burkina Faso geboren.

zierung beobachten: Männer haben eine höhere Bildung als Frauen. Während 90 % der Burkinabé-Frauen keine Schulbildung haben, sind es nur 62 % der Bété-Frauen. Allerdings hat keine der Frauen eine höhere Ausbildung als bis zur sechsten Klasse. Die insgesamt 50 % ausgebildeten männlichen Bété-Haushaltsvorstände hingegen haben gleich neun bzw. zwölf Jahre Bildung (insges. 31 %) oder besuchten die Schule sechs Jahre (19 %). Auch 76 % der Haushaltsvorstände aus Burkina Faso haben keine Bildung. Von den übrigen gingen 17 % auf die Koranschule, lediglich eine Person machte einen Collège-Abschluss (neun Jahre). Der Rest besuchte die Schule zwischen drei und sechs Jahren. Im Gegensatz zu den Kindern Azoumanakros haben die Kinder von Soubré 3 vor dem Bau der eigenen Schule 1997 die Schule in V6 und nicht in Adamakro besucht. Um einen höheren Abschluss zu erreichen, müssen auch die Jugendlichen aus Soubré 3 nach Soubré ziehen.

76 % der Baoulé-Haushaltsvorstände geben an, zum Christentum zu gehören, 13 % zum Islam und 11 % verfolgen einen animistischen Glauben. Die Burkinabé sind zu 80 % Christen und zu 20 % Muslime. In der Regel haben Frauen und Kinder die Religion des Haushaltsvorstandes. Animistische Religionen scheinen also auf den ersten Blick der quantitativen Befragungen keine große Rolle zu spielen, bestimmen das Leben der Baoulé-Bewohner jedoch offensichtlich noch sehr. Nicht nur der Ahnenglaube ist bei Christen und Muslimen weit verbreitet, auch der Glaube an Zauber und Hexen. Beerdigungen, Hochzeiten[29] und Initiationsriten für Mädchen verlaufen nicht nach dem Schema der zwei genannten Weltreligionen. Der Glaube an die Wirkung von Masken und Maskentänzen ist zwar bei allen sehr verbreitet[30], die Tatsache, dass sich ihre Fetische und Masken in der Herkunftsregion befinden, lässt sie viele Traditionen jedoch nicht ausleben.

Die Antworten im Hinblick auf die Religionszugehörigkeit sind wahrscheinlich deshalb so eindeutig zugunsten des Christentums und Islams ausgefallen, da es sich, anders als aus westlicher Sicht erwartet, beim Animismus nicht um eine Religionsgemeinschaft handelt, sondern vielmehr um einen verbreiteten religiösen Generalismus. Dabei geht es wohl vor allem darum, dass sich in allem Sein, sowohl lebender als auch lebloser Materie, ein geistiges und immaterielles Prinzip befindet, das sich frei und von der Materie gelöst bewegen kann. Das zu begreifen ist wichtig für die Bedeutung von Maskentänzen (in Trance verlässt die Seele den Körper) und Beerdigungen (die Ahnengeister befinden sich irgendwo in der Nähe des ehemaligen Lebensraumes). Die Anhänger der traditionellen Glaubensvorstellungen sind also auch unter den christlich Getauften oder den zum Islam Konvertierten

---

[29] So ist die Polygamie auch unter den Christen der Baoulé verbreitet.
[30] Es wurde zum Beispiel von Masken berichtet, deren Anblick junge Frauen tötet.

verbreitet und die quantitativen Zahlen sagen nichts über die reale Verbreitung animistischer Glaubensvorstellungen aus.

Die tiefverwurzelten und traditionellen Glaubensvorstellungen des Animismus haben auch in Soubré 3 trotz Islam und Christentum überdauert. Es ist üblich, sowohl in die Kirche oder Moschee zu gehen als auch seinen Ahnen und Geistern Opfer zu bringen. Unter den Bété befinden sich 19 % Christen, 44 % Muslime und 9 % Animisten.[31] 28 % der Bété geben an, keiner Religion anzugehören. Unter den Burkinabé befinden sich 43 % Christen und 57 % Muslime. Die Glaubensrichtlinien nehmen die Burkinabé ernster als die Bété: Sie trinken keinen Alkohol, wenn sie Muslime sind, und auch eine Heirat zwischen Muslimen und Christen wird als unmöglich betrachtet. Nicht so unter den Bété. Die Bété haben, auch wenn sie laut Statistik Christen oder Muslime sind, fortlebende animistische Glaubensvorstellungen und Traditionen. Schlechte Ereignisse im Ort werden mit bösen Geistern in Verbindung gebracht. Im Gegensatz zu ihren allochthonen Mitbewohnern haben die Bété ihre heiligen Stätten vor Ort. Es handelt sich dabei um markante Punkte wie herausragende Bäume, eine Stelle am Fluss und Haine (in die sie offiziell nicht mehr gehen dürfen)[32], in denen Geister wohnen. Böse Ahnengeister sind dabei allgegenwärtig und beweglich und sollen vertrieben werden, während gute Geister an festen Punkten zu finden sind und ihnen Gunst zu erweisen ist. Zur Beschwichtigung der bösen Geister sind oft Gaben und zähe Verhandlungen durch den Bodenchef („Chef de Terre")[33] notwendig, damit sie entweder gütlich gestimmt werden oder den Ort verlassen. Auch an dem betreffenden Ort, wo sich gute Ahnengeister gerade befinden, werden Geschenke dargeboten, z.B. wird für die Reisernte ein Schaf geopfert.

Auch beim Heilwesen der Bété spielen Geister eine Rolle. Wenn es sich nicht um leicht diagnostizierbare Krankheiten handelt, die mit pflanzlichen Medikamenten geheilt werden können, suchen die Bété animistische Spezialisten auf, die sich mit der Diagnose und Wirkung von Präparaten auskennen und die außerdem mit den Geistern Kontakt aufnehmen können. Nur im Notfall wird die nächste Krankenstation aufgesucht. Die Burkinabé können entfernt von der Herkunftsgemeinde und ohne Fetische ihren animistischen

---

[31] Dazu zählen sich lediglich über 40-jährige und vor allem Personen mit traditionellen Ämtern. So zählen sich der „Chef de Terre" und „Chef Coutumier" (Vertreter des Gewohnheitsrechts) zum animistischen Glauben, während der jüngere und quasi weltliche „Chef du Village" angibt, Muslim zu sein.

[32] Die Aussagen bezüglich der Waldnutzung sind verständlicherweise sehr vorsichtig.

[33] Die Methode der Kommunikation ist sein Geheimnis.

Glauben nicht mitnehmen und erklären ihre strikte Zuordnung zu den Weltreligionen mit dem existenten Bedürfnis nach Wertorientierung.

### 3.1.2.2 Gesellschaftliches Zusammenleben

**Gesellschaftliches Zusammenleben in Azoumanakro**

In ihren Herkunftsgebieten haben in schon erwähnter unterschiedlicher Bedeutung sowohl Burkinabé als auch Baoulé traditionell Könige als Führung auf den verschiedenen administrativen Ebenen. Selbst wenn diese Struktur auch unter anderen Baoulé nur noch repräsentativen Charakter hat, das heute ausdifferenzierte politische System der Herkunftsregion haben die Baoulé Azoumanakros mit dem Argument, sich nur kurzfristig aus rein wirtschaftlichen Motiven niedergelassen zu haben, nicht importiert. Alle politischen Posten in Azoumanakro sind von Baoulé besetzt. Die Burkinabé haben keine unabhängige Struktur, sondern sind rechtlich in das System eingebunden. Auch Frauen besetzen keine politischen Posten. Wie bei anderen Pioniersiedlungen der Region fällt auch in Azoumanakro dem Erstankömmling als Siedlungsgründer die Funktion des Bürgermeisters zu. Er steht an der Spitze der sozialen Hierarchie und ist für die Organisation des Dorfes zuständig. Er vermittelt zwischen den Interessen der einzelnen Gruppen im Dorf, urteilt in Absprache mit den so genannten Notablen des Dorfes und stellt die Verbindung zu den Verwaltungen in Soubré (Bezirk) und Méagui (Distrikt) her. Der Bürgermeister kann nicht abgewählt werden und sein Nachfolger wird von ihm selbst bestimmt. Dabei existieren keine Regelhaftigkeiten (zum Beispiel der erste Sohn).

Die Funktion der Notablen ist es, den Bürgermeister bei allen Fragen zu beratschlagen und bei der Regelung von Problemen beizustehen. In Azoumanakro wird dieser Rat von vier alten Baoulé gebildet, die vom Bürgermeister ernannt wurden. Zur weiteren Unterstützung existiert seit 1998 die Institution des Jugendrepräsentanten („Président des Jeunes"). Der Dorfchef selbst hat dazu zwei junge Männer ausgewählt, die in Absprache mit ihm die Belange der bis 40-jährigen Bewohner des Dorfes diskutieren und regeln sollen, solange sie nicht so wichtig sind, dass sie von der Instanz des Bürgermeisters selbst entschieden werden müssen. Viele der Baoulé engagieren sich in einer PDCI – Ortsgruppe, die unter anderem auch die Landes- und Präfekturwahlen organisiert und dabei die Baoulé-Partei unterstützt.

Sehr auffällig ist die hohe Achtung der Alten in der Gesellschaft der Baoulé; nicht zuletzt deshalb, weil sie sowohl die politische als auch ökonomische Macht haben und die Jungen dadurch von ihnen und ihren Gunsten (Landzuteilung) abhängig sind. Kraft des Alters verfügen sie außerdem einerseits über eine reiche Lebenserfahrung und sind andererseits dem natürlichen Tod und deshalb auch den Ahnen am nächsten stehend. Über die Burkinabé Azoumanakros kann keine Aussage gemacht werden, da ihre Glaubenshaltung nicht so offenbart wurde wie die der Baoulé.

**Gesellschaftliches Zusammenleben in Soubré**

In Soubré 3 existieren parallele politische Strukturen für die zwei Gruppen. Die übergreifende zentrale Gewalt des Dorfes ist jedoch ein Bürgermeister („Chef Central"), der ein Bété ist und als administrativer Repräsentant aller Bewohner des Dorfes anerkannt wird. Auch wenn die Tradition der Bété keine zentrale Autorität kannte, führten die französischen Kolonisatoren die Zwangswahl eines Dorfchefs ein. Diese Praxis wurde von der Regierung des unabhängigen Landes fortgeführt (PAULUS et al. 1996: 50). Entscheidungen, die das Dorf betreffen, werden vom Bürgermeister gemeinsam mit dem Burkinabé-Vertreter getroffen. Der Chef der Burkinabé wäre als „Chef ethno-géographique" zu bezeichnen, da er nicht nur eine Ethnie, sondern eine nationale Einheit vertritt. Ein Burkinabé-Delegierter vertritt die Burkinabé des Dorfes außerhalb von Soubré 3. Bei seiner Wahl galt als Hauptauswahlkriterium, dass er lesen und schreiben können musste, um sich in der Verwaltung zurechtfinden zu können. Über die politischen Hierarchien innerhalb der Gruppe der Burkinabé entscheidet die Siedlungsdauer. Oberhaupt der Burkinabé wurde derjenige, der sich als erster niedergelassen hat. Da dieser bereits gestorben ist, fiel die Wahl auf den zweiten Ankömmling. Auch das Oberhaupt der Bété von Soubré 3 repräsentierte den Nachfolger des ersten Ankömmlings im Dorf.

Da der Bürgermeister in den traditionellen Strukturen keine zentrale Rolle spielt, besteht seine Bedeutung auch heute vor allem in der Repräsentation nach außen. Intern haben für die Bété die anderen Führungspersonen, der Bodenchef („Chef de Terre") und Gewohnheitsrechts-Vertreter („Chef Coutumier"), eine fast ebenso große Bedeutung. Traditionell nimmt der „Chef de Terre Bété" eine Rolle als Vermittler zwischen der Welt der toten Vorfahren – der Geister – und der Welt der Lebenden ein. Seine rituelle Aufgabe umfasst die Opfergabe für die und Ansprache der Geister des Dorfes, um die Ernten zu begünstigen und die Anwesenheit der Menschen zu tolerieren. Heute hat der „Chef de Terre" der Bété zusätzlich die Aufgabe, über Landvergabe und Landstreitereien zu entscheiden. Um Land zu erhalten, müssen Neuankömmlinge aus Burkina Faso seine Instanz passieren. Er rekrutiert sich aus der zuerst niedergelassenen Linie und ist immer ein Bété, da das Land als ihr unveräußerliches Erbe betrachtet wird. Der „Chef de Terre" beschreibt den Unterschied zwischen sich selbst und dem Bürgermeister folgendermaßen:

„Le chef du village il est là pour régler quelques litiges. Il est comme le président de la république. Et le chef de terre c' est le pouvoir exécutif." (Chef de Terre, Bété)

Der Bürgermeister beschreibt den „Chef de Terre" wiederum folgendermaßen:

„Les étrangers que nos parents ont donné de place, c'est lui qui peut s'occuper de ça pour que il n 'y ait pas d'histoire." (Chef du Village, Bété)

Die Ankunft und Landverteilung eines „Ausländers" verläuft, gemäß der Ämterteilung zwischen Bürgermeister und „Chef de Terre", folgendermaßen:

„Quand quelqu' un arrive dans le village et qu'il veut vivre avec nous, c'est chez le chef du village d'abord. Quand il voit le chef qu' il est là. Si maintenant il veut une place de terre, le chef vient voir le chef de terre, le chef de terre a son tour il décide pas tout de suite. Il peut appeler les habitants du village. [...] C'est pas tout le monde. Les étrangers, c' est pas les étrangers, les autres Bété, pas les étran-gers. C' est les Bété qui décident sur leur terre les Bétés. Maintenant que le chef de terre a appelé les Bété, qu' ils ont décidé, si tout le monde est d' accord pour qu' on puisse donner une place a ce Monsieur, le chef de terre maintenant donne son accord." (Chef de Terre, Bété)

Die Aufgabe, die Immigranten mit den Regeln des Dorfes außerhalb des Bodenrechts vertraut zu machen, hat wiederum der so genante „Chef Coutumier Bété". Ihm kommt nicht nur die rituelle Begrüßung bzw. Verabschiedung von Fremden im Dorf zu, sondern auch die Regelung der Ordnung. Anstatt die Rechtswidrigkeiten nach Soubré vor den Unter-Präfekten, die Polizei oder das Amtsgericht zu tragen, werden sie vor seinem Gericht ausgetragen. Es setzt sich aus den vom Angeklagten gewählten Vertretern des Dorfes zusammen und ist sowohl für autochthone als auch allochthone Dorfbewohner zugänglich. Auch in Soubré 3 haben beide Gruppen des Dorfes einen Jugendrepräsentanten, um organisatorische Belange des Dorfes zu regeln. Sowohl der Jugendrepräsentant der Burkinabé als auch sein Bété-Counterpart werden in einer Versammlung aller jungen Burkinabé bzw. Bété gemeinsam in einer Diskussion und Wahl bestimmt. Der Grund für die Trennung auch dieses Amtes nach Gruppen ist den Angaben zufolge ein sprachliches. Die Kommunikation von organisatorischen Sachverhalten und die Lösung von Problemen gestalten sich einfacher, wenn die Gruppen sie intern in ihren Sprachen besprechen würden. Bei Belangen, die beide Gruppen betreffen, besprechen die Repräsentanten der Gruppen sie anschließend gemeinsam.

Die Provinzvertreter sind dem Burkinabé-Vertreter untergeordnete Instanzen. Ebenso wie Burkina Faso in Provinzen aufgeteilt ist, so sind die Bewohner aus Burkina Faso in Soubré 3 zur leichteren Organisation nach den Provinzen aufgeteilt, aus denen sie ursprünglich kommen (die Burkinabé aus dem Norden, die Burkinabé aus dem Süden etc.). Ein meist alter Vertreter dieser Provinzen übernimmt als Provinz-Vertreter sowohl die Aufgabe, Neuankömmlinge aus jener Provinz in das Leben des Dorfes einzuweisen und zu beraten als auch schon alteingessenen Bewohner aus jener Provinz bei Problemen zur Seite zu stehen. Probleme werden in Soubré 3, soweit sie nur die Gruppe betreffen, gruppenintern gemeinsam mit den Gruppen-Chefs und Alten beraten und gelöst. Nur wenn das Problem gruppenintern nicht gelöst werden kann, wird eine höhere, bzw. gemeinsame Instanz hinzugezogen. Der Unter-Präfekt Buyos wird als letzte Instanz in Betracht gezogen, um Probleme zu lösen.

### 3.1.2.3 Landnutzung und Landbesitz

**Landnutzung und Landbesitz in Azoumanakro**

Die monetären Einkünfte der Bewohner sind nicht sehr diversifiziert: alle pflanzen, entweder selbstständig oder als Lohnabhängige, in Pflanzungswirtschaft Kakao und/oder Kaffee in Kombination mit Subsistenzwirtschaft. Die Abhängigkeit von dieser exportorientierten Pflanzungswirtschaft ist enorm. Nur wenige Dorfbewohner haben eine Zweitbeschäftigung. Es gibt keine rein selbstversorgenden Betriebe und keine Haushalte, die für den Binnenmarkt produzieren. Alle Produktionsmittel sind nicht-maschinell. Die Arbeit in der Nahrungsmittelproduktion wird bei den Baoulé zu einem großen Teil von Frauen geleistet. Die Männer kümmern sich um die Exportkulturen und Rodungsarbeiten. Bei den Burkinabé beteiligen sich sowohl die Männer an der Grundnahrungsmittelproduktion als auch die Frauen an der Pflanzungswirtschaft. Alle Frauen sind zusätzlich für den Haushalt zuständig.

In den ausschließlich bäuerlichen Kleinbetrieben der Siedlungen werden Monokulturen von Kakao und Kaffee für den Export angebaut. 89 % der Befragten sind selbstständige Pflanzer. Von allen wird Kakao bevorzugt, da er mehr Einkünfte als Kaffee bringt. 67 % aller Pflanzungseigner bauen auf deutlich kleineren Flächen zusätzlich Kaffee an. Bemerkenswert ist dabei, dass lediglich 14 % Burkinabé (im Vergleich zu 43 % Baoulé) dieses Produkt anbauen. Da die Preissenkung von Kaffee mit der Ankunft der Burkinabé in den 1990ern und späterem eigenem Pflanzungsbesitz korrelierte, begannen nur noch wenige diese verhältnismäßig unrentable Form der Wirtschaft. Bei beiden Kulturen handelt es sich um langjährige Anbaupflanzen, die eine Haupternte pro Jahr und gelegentliche kleine Zwischenernten in Zeiten finanzieller Not oder zusätzlichen Bedarfs wie zum Beispiel zu Beginn des Schuljahres im August/September erlauben. Die getrockneten Produkte werden von so genannten Pisteurs[34] nach Soubré gebracht, um dort auf Zwischenhandelsebene über San Pedro oder Abidjan nach Europa oder in andere Zielgebiete transportiert zu werden. Die Erntevariationen der Pflanzungen sind auf die unterschiedliche Bodenqualität zurückzuführen. Ein großer Teil der Pflanzungen ist schon überaltert und wirft nur noch geringe Erträge ab. Deshalb wird von vielen Pflanzern ein Großteil des Verdienstes in Düngemittel investiert, so dass nicht mehr viel für die Familie übrig bleibt.

Der Nahrungsmittelanbau der Ethnien unterscheidet sich nicht grundlegend. Für die auch für Arbeiter notwendige Selbstversorgung werden Reis, Yams, Maniok und Bananen als Grundnahrungsmittel angebaut. Yams ist die traditionelle Leitkultur der Baoulé, wird aber zunehmend durch Maniok ergänzt. Nassreis wird zusätzlich zu Trockenreis auf für die Exportpflanzen unbrauchbaren Feldern, in Niederungen, gepflanzt. Kochbananen werden für ein weiteres traditionelles Essen der Baoulé gebraucht, Futur, das auch von den Burkinabé in geringerem Maße angenommen wurde. Die Form der Bewirtschaftung ist der Wanderfeldbau. Grundsätzlich stellt er ein ökologisch angepasstes System dar, doch die gestiegene Bevölkerungszahl und der Mangel an Land lassen die Brachezeiten immer kürzer werden. Dadurch lässt die Qualität und Quantität der Produkte nach. Zusätzlich zu den Grundnahrungsmitteln wird von den Frauen teilweise Gemüse angepflanzt und auf den meisten Nahrungsfeldern stehen Obstbäume. Es gibt auch Kleinvieh- und Fischzucht für Eigenbedarf und Verkauf, die von den Männern betrieben werden.

Zwölf Haushaltsvorstände und fünf Ehefrauen (jeweils zwei davon Burkinabé) geben an, zusätzlich zur Pflanzungswirtschaft Handel zu betreiben. Die familiäre Arbeitskraft spielt eine große Rolle innerhalb der Produktion. Während die Alten von Soubré 3 den Eindruck machen, eine privilegierte Stellung zu haben, arbeiten jene in Azoumanakro ebenso ihren Kräften entsprechend auf den Feldern wie die jungen Familienmitglieder. Viele junge Baoulé werden in die familiären Betriebe integriert, da die heute arbeitsfähigen Kinder kaum Möglichkeiten haben, Land zu erwerben. Es besteht allerdings nicht mehr die Möglichkeit, alle Söhne in die Produktion mit einzubeziehen. Viele müssen sich eine andere Beschäftigung suchen, meist außerhalb

---

[34] Die „Pisteurs" werden von den Zwischenhändlern in Soubré dafür bezahlt, dass sie mit einem von ihnen gestellten LKW die Exportprodukte in die Stadt bringen.

der Landwirtschaft, da es auch an anderen Orten der Elfenbeinküste keinen zu erschließenden Wald mehr gibt.

Aber auch Lohnarbeit ist verbreitet. Quantitative Zahlen dazu sind sehr schwierig wiederzugeben, da in der entsprechenden Frage des quantitativen Fragebogens vermutlich Angaben bezüglich außerfamiliärer Arbeitsverhältnisse mit familiären vermischt wurden. Viele der Burkinabé arbeiten als Lohnabhängige entweder auf den Feldern der Baoulé oder anderer Burkinabé. Welches Beschäftigungsverhältnis die Lohnabhängigen haben, ist verhandlungsabhängig. Dabei werden Absprachen zu Dauer des Arbeitsverhältnisses und Höhe des Lohns gemacht. Eine besondere Form des Lohnverhältnisses ist das Pacht- und Arbeitssystem „Aboussan". Der so genannte Aboussan wird vom Betriebseigner als Arbeitskraft auf seinen Pflanzungen beschäftigt und bekommt zusätzlich ein Nahrungsmittelfeld. Das Einkommen des Aboussan-Arbeiters richtet sich, anders als das feste Jahres- bzw. Monatsgehalt, nach der Höhe des Ertrags pro bewirtschafteter Fläche und Erntejahr. Als Aboussan ist das Arbeitsverhältnis somit unabhängiger und der Arbeiter hat das Gefühl, für eine Parzelle verantwortlich zu sein.

Zwei kleine Kioske mit einem sehr beschränkten Angebot sind die einzige permanente Möglichkeit im Ort nicht-landwirtschaftliche Produkte zu erwerben. Für kleinere Erledigungen begeben sich die Bewohner nach V6, größere führen sie nach Soubré. Dort wird zum Beispiel Kleidung erstanden, deren Vorfinanzierung sich die Kioske nicht leisten können. Auch fahrende Händler auf Rädern oder in Lastwagen handeln mit Kleidung, Getränken, Reis etc. Sie verkaufen die Produkte jedoch zu einem höherem Preis als die Händler in Soubré oder auf den Märkten der umliegenden Dörfer. Der Austausch von Nahrungsmitteln innerhalb des Dorfes und auch mit Soubré 3 findet auf sozialer Ebene dann statt, wenn mehr als erwartet produziert wurde. Es wird jedoch nicht kommerziell produziert und auf dem Markt verkauft, da dies außerhalb der Kräfte und der Landverfügbarkeit stehen würde. Auf den nunmehr überbewirtschafteten Böden wird allerdings sehr selten „überproduziert". Für einige Haushalte ist das Land zur Nahrungsmittelproduktion so knapp, dass sie in schlechten Erntejahren in existentielle Nöte kommen können.

**Praktiziertes Bodenrecht**

Nach der Ankunft der ersten Siedler wurden wie schon beschrieben von der Mehrzahl der Siedler die autochthonen Bodenherren, erst die Bakwé, später vermehrt die Bété, um ein Stück Land gebeten. Die Weiterverteilung innerhalb der Familie und Bekanntschaft der Baoulé hat in den Jahren bis 1984 allerdings eine teilweise fast ebenso große Rolle gespielt. FIEGE (1991: 137) erklärt diese Verselbstständigung in ihrer Untersuchung damit, dass die

Migranten mit dem Aufbau einer eigenen Gemeinde in ihrer sozialen Definition immer unabhängiger von der autochthonen Bevölkerung wurden. Die Erschließung von Wald wurde lediglich durch andere Felder oder die vermutete Grenze des Nationalparks begrenzt. Viele Baoulé gingen bei ihrer Feldsäuberung von außen nach innen vor, um so viel wie möglich für sich abzustecken. Die Siedler, die seit 1990 kamen, ausschließlich Burkinabé, bekamen entweder kein Land mehr, da nur noch wenige Bewohner bereit waren, frei verfügbare Flächen für den Exportkulturanbau zur Verfügung zu stellen, oder über ihre Baoulé-Arbeitgeber.

Wurden die Flächen anfangs von der autochthonen Bevölkerung explizit nicht verkauft, sondern nur eine Entschädigung verlangt, werden sie seit der Landknappheit 1982 von den Baoulé verkauft. Es sind jedoch keine Marktpreise zu erkennen. Der Preis und die Gelegenheit haben eher mit der Beziehung zum Verkäufer, der Bodenqualität und dem Pflanzenbestand zu tun. Die Preise der befragten Burkinabé, die Land erstehen konnten, divergieren zwischen 150.000 CFA (etwa 240 Euro) und 500.000 CFA (etwa 795 Euro) pro Hektar.

Bei der Landeinteilung wird explizit zwischen Land für Pflanzungswirtschaft und Nahrungsmittelproduktion unterschieden. Während die Migranten bei Pflanzungen immer von Kauf sprechen, soweit es nicht um ein Lohnarbeitsverhältnis geht, werden Felder zum Nahrungsmittelanbau häufig verpachtet. Nicht nur die Migranten aus Burkina Faso, auch die aus dem Nationalpark vertriebenen Baoulé konnten schon 1988 kein Land mehr zum Nahrungsmittelanbau erwerben. Da die Pachtverträge für die Felder zur Nahrungsmittelproduktion für die meist einjährigen Pflanzen je nach Vertrag nach der Ernte gekündigt werden können, bedeutet diese Situation für die Betroffenen im Zuge der zunehmenden Landknappheit, dass die Nahrungsmittelversorgung immer unsicherer wird, auch wenn die Pflanzungen noch in Betrieb sind. Als Pacht wird ein Teil der Ernte gegeben. Fast alle Befragten erhielten für ihre Pflanzungen ein „Certificat de Plantation", das mit unterschiedlicher Bedeutung belegt wird. Obwohl es nichts über die Besitzverhältnisse, sondern lediglich etwas über die Nutzungsrechte aussagt, glauben sich sowohl die befragten Baoulé, die von den autochthonen Bakwé und Bété, als auch die Burkinabé, die von den allogenen Baoulé Land erwerben konnten, als rechtmäßige Besitzer.

### Landnutzung und Landbesitz in Soubré 3

Die monetären Einkünfte und Ernährungsstrategien der Bewohner von Soubré 3 sind nur wenig diversifizierter als die der Azoumanakros. Fast alle Bewohner des Orts pflanzen, entweder selbstständig oder als Lohnabhängige, in Pflanzungswirtschaft die Exportgüter Kakao und/oder Kaffee in Kombination mit Subsistenzwirtschaft. Lediglich einige Bété haben andere Hauptbeschäftigungen und nur wenige der Bewohner haben eine Zweitbeschäftigung. Anders als in Azoumanakro ist allerdings der Großteil der Burkinabé nicht in Lohnarbeit, sondern als selbstständige Pflanzer tätig. Da nicht die Landwirtschaft, sondern die Jagd früher die Hauptaufgabe der Bété-Männer war, traten sie erst mit der Einführung der Exportwirtschaft, die sie bei den Allochthonen beobachteten, und der Möglichkeit Einkommen zu erwirtschaften, in die Landwirtschaft ein. Die Betreuung des Nahrungsmittelfeldes und die Ernte waren und sind deshalb, neben der Haushaltsführung, Frauen- und Kindersache. Lediglich die Feldsäuberung ist Männeraufgabe. Bei den Burkinabé sind die Grenzen bei der Arbeitsteilung zwischen den Geschlechtern durchlässiger. Für die Bété spielt der Wald zwar eine sehr große Rolle im Leben, es war jedoch sehr schwierig diese Rolle genauer zu definieren.

Alle Pflanzer bauen Kakao, wenige zusätzlich Kaffee an (18 %), davon prozentual mehr Bété (33 %). Einer Hauptbeschäftigung außerhalb der Landwirtschaft gehen mehr Bété nach (26 %). Es zeigt sich auch hier, dass der Übergang von der Kaffee- zur Kakaoproduktion aufgrund der besseren Absatzpreise und geringeren Arbeitsintensität stattgefunden hat. Andere Exportprodukte gibt es in Soubré 3 nicht. Die Pflanzungen, die mittlerweile fast 30 Jahre alt sind, müssten teilweise neubepflanzt werden. Obwohl der Ertrag auch dann nicht besonders hoch sein wird – durch die geringe Bodenfruchtbarkeit -, sind einige Pflanzer hoffnungsvoll.

Als traditionelle Sammler und Jäger leben die Bété noch immer von vielen Wald- und Flussfrüchten. Die Jagd ist mit der Errichtung des Nationalparks unbedeutend geworden, deshalb wird mittlerweile wenig Fleisch verzehrt; lediglich Huhn, wenige Ziegen und Meerschweinchen gehören gelegentlich zur Nahrung. Traditionell hatten die Frauen zusätzlich Hausgärten, in denen sie Gemüse als Beilage anbauten, können diese jedoch nicht mehr bewirtschaften, da ihnen ansonsten der Platz für ihr Grundnahrungsmittel Trockenreis fehlen würde. Die Burkinabé bauen in Burkina Faso Hirse, Trockenreis, Mais und Bohnen als Hauptnahrungsmittel an, die sie auch in Soubré 3, ausgenommen Hirse, erwirtschaften können. Der zunehmende Bodendruck brachte die Bauern beider Gruppen dazu, Niederungen mit Nassreis zu bewirtschaften (vgl. auch ZAGBAI 2001: 15). Die sumpfigen Niederungen, die entweder überschwemmt oder über den Grundwasserspiegel gewässert werden, eignen sich sonst nicht zur Bewirtschaftung. Beide Gruppen haben die Nahrungsmittel Maniok, Yams und Kochbananen von der zugewanderten Baoulé-Bevölkerung der Region in unterschiedlicher Intensität übernommen. Insgesamt führt der Nutzungsdruck des Bodens zu kürzeren Brachezeiten und schlechteren Nahrungsmittelernten.

Acht der 33 Bété-Haushaltsvorstände haben andere Hauptbeschäftigungen als die Pflanzungswirtschaft. Sie arbeiten im Handel, als Mechaniker oder als Fahrer und bewirtschaften auch zweitberuflich kein Land. Jeweils 56 % der Pflanzer beider Gruppen gehen jedoch auch neben der Pflanzungswirtschaft einer Zweitbeschäftigung nach. Besonders auffällig ist, dass einige eigenständige Pflanzer der Burkinabé in der Zweitbeschäftigung zusätzlich als Aboussan bei anderen Pflanzern angestellt sind. Es gibt dabei keine besonderen Auffälligkeiten, nach denen jene Haushalte besonders wenig Hektar selbst bewirtschaften oder deren Haushalte besonders groß sind. Die Motivation zu dieser Art von Zweitbeschäfitgung ist die Möglichkeit, eine zweite Einkommensquelle zu haben, wenn kein weiteres Land erstanden werden kann. Prozentual geben mehr Bété (22 %) „Handel" als Zweitbeschäftigung an als Burkinabé (7 %). Die Bété-Frauen sind in Bezug auf Tätigkeiten zum zusätzlichen Verdienst aktiver als die Burkinabé. 54 % der Bété-Frauen gehen einer weiteren Beschäftigung nach. Die meisten sind im Handel tätig, zwei Frauen sind Schneiderinnen und eine Frau arbeitet als Grundschullehrerin in der Dorfschule. Nur 7 % der Burkinabé-Frauen geben eine weitere Beschäftigung in Handel oder Heilwesen an.

Auch in Soubré 3 spielt die familiäre Arbeitskraft eine Rolle. Da die Haushalte der Bété und Burkinabé kleiner sind als in Azoumanakro, ist die Anzahl der familiären Helfer allerdings geringer. Die Anzahl der benötigten Arbeiter, die bei den Burkinabé mit im Haushalt leben und arbeiten, ist dadurch wiederum größer als in Azoumanakro. Es gibt zwar prozentual nicht so viele Lohnabhängige unter den Burkinabé wie in Azoumanakro, trotzdem sind Lohnarbeitsverhältnisse in vielen Burkinabé-Haushalten üblich. Insgesamt sind 34 % der erwerbstätigen Männer aus Burkina Faso als Lohnarbeiter tätig. Bei den Bété leben zwar keine Arbeiter mit in den Haushalten, trotzdem arbeiten Burkinabé auch auf ihren Pflanzungen. Die Art und Weise der Beschäftigung unterscheidet sich nicht von der in Azoumanakro. Auch in Soubré 3 gibt es das Aboussan-Arbeitssystem ebenso wie das konventionelle Lohnarbeitsverhältnis.

Auch die Bewohner von Soubré 3 haben keinen eigenen Markt. Ihre Bezugspunkte liegen, anders als in Azoumanakro, obwohl nur wenige Kilometer entfernt, nicht in Richtung Soubré, sondern in dem in Richtung Buyo liegenden Plandorf V6 oder ihrer Verwaltungsstadt Buyo. Diese Orientierung ist mehr durch die administrative Bindung als die räumliche Nähe zu erklären. Die Versorgung durch fahrende Händler war zum Untersuchungszeitpunkt sehr schlecht, da die Verbindungsbrücke über den Fluss Hana zwischen Azoumanakro und Soubré zerstört war und daher Händler aus Soubré das Dorf nicht erreichen konnten. Der Nahrungs-mittelaustausch der produzierten Güter unter den Bewohnern erfolgt v.a. innerhalb der Familie.

**Praktiziertes Bodenrecht**

Der Boden von Soubré 3 gehört den Bété von Loboville. Die Landaneignung der Bété erfolgte nach ihrer Ankunft Anfang der 1970er Jahre individuell innerhalb der Bété-Großfamilie, in der Art, dass der Wald hinter dem ersten erschlossenen Stück Land jeweils unter Obhut der Kleinfamilie stand und noch heute an deren Kinder weitergegeben wird.

> „Ici il n' y a pas de dispute. Une fois on nous donne maintenant on casse et puis on a la forêt. Ça veut dire si ton père a defriché un champs quelque part toute la forêt qui se trouve derrière cette plantation de cacao lui appartient. Donc tous ses enfants qu' il va naître vont partager ça." (Jugendrepräsentant, Bété)

Bis zum Ende der Regierungszeit Houphouët-Boigny hatte der Chef de Terre bei der Ankunft der Burkinabé oder anderer Fremder offiziell keine administrative Aufgabe. Der Chef du Village sollte sich um alle Belange kümmern und der Boden frei zugänglich sein. Da der Bodenchef zu ihrer Tradition gehört, hatten die Bété des Dorfes trotzdem einen Chef de Terre. Er kümmerte sich schon damals nicht nur um die rituelle Versorgung, sondern auch um die Verteilung des Bodens sowohl innerhalb der Familie der Bété als auch derer, die im Dorf Land anfragten. Erst mit der Präsidentschaft Gbagbos und dem Ende der Politik der mise-en-valeur wurde das Amt des Bodenchefs laut Auskunft der Bewohner des Dorfes administrativ gefordert, damit Ausländer/-innen auf dem Boden gelenkt würden.

Das Land bekamen die Migranten aus Burkina Faso demnach schon seit Mitte der 1970er Jahre von den Bété zugeteilt. Es konnten sich allerdings auch illegale Landnahmen durchsetzen. Nach politischer Praxis unter Houphouët-Boigny gehörte bewirtschaftetes Land dem, der es in Wert gesetzt hatte. Deshalb konnten die illegalen Siedler nicht belangt werden. So bestehen einige Siedlungen im Umkreis von Soubré 3 auch ohne Einwilligung der Bété. Von den Migranten kann das Land nach der Zuteilung so lange genutzt werden, wie es gebraucht und bewirtschaftet wird. Sie dürfen es jedoch nicht verkaufen. Anders ist es mit den Pflanzungen: Sie zu verkaufen ist möglich, denn sie sind Privatbesitz. Diese Konstellation von Recht führt natürlich zu unmöglichen Vorgängen. Die allgemeine Unsicherheit über das Bodennutzungsrecht gilt vor allem im Falle der mehrjährigen Kaffee- und Kakaobepflanzung. Die Bété sind zwar teilweise damit einverstanden, dass, wenn ein Burkinabé das Dorf verlässt, seine Pflanzung von einem Familienmitglied weiterbewirtschaftet wird, damit sie nicht brachliegt, wird sie allerdings von den Bété gebraucht, so soll sie zurückgegeben werden. Auch deshalb wird darauf bestanden, das Land den Immigranten nicht verkauft, sondern geliehen zu haben. Trotzdem mussten die Burkinabé für das Land zahlen. Über die durchschnittlichen Preise kann jedoch keine signifikante Aussage gemacht werden, da nicht genug Daten dazu vorliegen. Zwei der befragten Burkinabé gaben einen Preis von 75.000 CFA/ha (ca. 115,- €) an. Im Unterschied zu Azoumanakro kann in Soubré 3 erst seit 1997/98 kein Land mehr erworben werden.

### 3.1.3 Die Untersuchungsdörfer Siliwanga und Mekarsari (Indonesien)

**Siliwanga**

Siliwanga wurde im Jahre 1993 zunächst als UPT-Wanga gegründet. Die ersten Transmigranten kamen im November des Jahres 1993, im Dezember schließlich war die Umsiedlung abgeschlossen. Zu diesem Zeitpunkt waren die Wohnhäuser errichtet und das Areal für die Hausgärten für insgesamt 300 Haushalte zugewiesen worden. Die Siedlung entstand am westlichen Rand des Naputals entlang der Provinzstraße Richtung Watutau und Talabosa etwa 13 Straßenkilometer südlich von Wuasa, dem Verwaltungssitz des Distrikts Lore Utara. Siliwanga liegt heute in unmittelbarer Grenzlage zum Lore Lindu Nationalpark (s. Abb. 4). Im Fall von Siliwanga kam der Impuls für eine Ansiedlung von Transmigranten von Behördenseite. Bei Befragungen in Wanga stellte sich heraus, dass die Akzeptanz der Transmigrationssiedlung weit geringer ist als im Fall von Mekarsari. Die Kooperation zwischen der Planungsbehörde und den Kommunalregierungen in den betroffenen Dörfern war weit schlechter als in Mekarsari. Dennoch bestand ein Interesse an der Ansiedlung von Transmigranten, denn die Verantwortlichen in Wanga und Watutau (südlicher Nachbarort von Siliwanga) erhofften sich Vorteile für ihre eigenen Gemeinden.

Bis auf Waldgebiete entlang der Flussläufe war das Siedlungsareal vorwiegend wenig bewirtschaftetes Grasland, welches lediglich als Viehweide des Dorfes Wanga (nördlich von Siliwanga) diente. Durch die Anlage der Transmigrationssiedlung Siliwanga entstand eine gänzlich neue Siedlung im Naputal. Siliwanga entstand in einem bisher nur extensiv genutzten Gebiet. Das gesamte Siedlungsareal von Siliwanga umfasst eine Fläche, die über die Fläche von 600 ha, der reinen Landnutzungsfläche mitsamt den Wohnflächen, hinausgeht. Denn hinzuzurechnen sind die öffentlichen Einrichtungen und Landreserven.

**Mekarsari**

Mekarsari bei Tamadue liegt am östlichen Rand des Naputals (s. Abb. 4). Die Siedlung ist auf einer etwa 4 km langen Straße, welche am südlichen

Ortsausgang Maholos (dem Nachbarort Tamadues) Richtung Osten führt, zu erreichen. Die Siedlung gehört wie die anderen Untersuchungsdörfer administrativ zum Distrikt Lore Utara. Gegründet wurde Tamadue im Jahre 1914. Während der 1970er Jahre, zu dieser Zeit lebten nach Aussagen eines Informanten etwa 40 Familien in acht Wohnhäusern in Tamadue, wurde die Lore Lindu Region von den Fünf-Jahres-Entwicklungsplänen der indonesischen Zentralregierung erfasst. Dies hatte Veränderungen in der administrativen Struktur der Region zur Folge, wirkte sich aber auch auf die landwirtschaftlichen Betriebssysteme aus. So wurden etwa Bewässerungskanäle für den Nassreisanbau geschaffen. Die Abkehr von der bis dato betriebenen Wechselwirtschaft war allerdings nicht einfach zu vollziehen. Dementsprechend regte sich gegen Ende der 1980er Jahre unter den Repräsentanten des Dorfes das Interesse an Vorschlägen, welche die optimale Nutzung der natürlichen Ressourcen Tamadues zum Ziel haben könnten. Tamadue verfügte über ausgedehnte, bis zu diesem Zeitpunkt ungenutzte Flächen, die zum größten Teil noch mit Wald bedeckt waren, jedoch über nur eingeschränktes Humankapital.

Da man gewillt war, die natürlichen Ressourcen effizient zu nutzen, wurde die Möglichkeit der Ansiedlung von Transmigranten in Tamadue erwogen. Im Jahre 1989 entschied der LKMD („Lembaga Ketahanan Masyarakat Desa")[35] in Tamadue, das Waldareal nordwestlich des Ortes zur Schaffung einer Transmigrationssiedlung zur Verfügung zu stellen. Dies geschah aus zwei Gründen: Erstens wollte man die flächenhafte Ausdehnung der Landwirtschaft vorantreiben und zweitens die eingeschränkte Kenntnis einiger Anbaumethoden und -techniken durch den Kontakt zu den anzusiedelnden Transmigranten erweitern.

### 3.1.3.1 Bevölkerungsstruktur und Migration

**Bevölkerungsstruktur und Migration in Siliwanga**

Betrachtet man die Bevölkerung Siliwangas (s. Abb. 9), so zeigte sich bereits zum Zeitpunkt der Siedlungsgründung eine Vielfalt in der Bevölkerungszusammensetzung, in ethnischer wie religiöser Hinsicht. Hinduistische Balinesen, die noch dazu aus verschiedenen Regionen Balis stammen, wurden zusammen mit Ost-Javanern muslimischen Glaubens an einem gemeinsamen

---

[35] Eine Organisation auf Dorfebene, die sich aus gewählten Mitgliedern zusammensetzt. Sie ist fester Bestandteil der Dorfadministration der Republik Indonesien. Ihre Verantwortung liegt darin, die Dorfregierung bei Aufgaben und Aktivitäten, welche die Entwicklung des Dorfes zum Ziel haben, zu unterstützen. Die englische Übersetzung lautet: „Village Social Activities Group" (BURKARD 2000).

Ort angesiedelt. Hinzu kamen die lokalen Transmigranten, bei denen es sich überwiegend um Christen handelt, deren Heimat das Naputal ist. Mittlerweile hat sich aufgrund von Ab- und erneuter Zuwanderung ein neues demographisches Bild ergeben, wobei die Heterogenität der Siedlung erhalten blieb. Viele der balinesischen, javanischen, aber auch der lokalen Transmigranten haben die Siedlung verlassen. Hinzugekommen sind seit dem Ausbrechen des Poso-Konflikts Flüchtlinge aus den betroffenen Gebieten östlich des Untersuchungsgebiets.

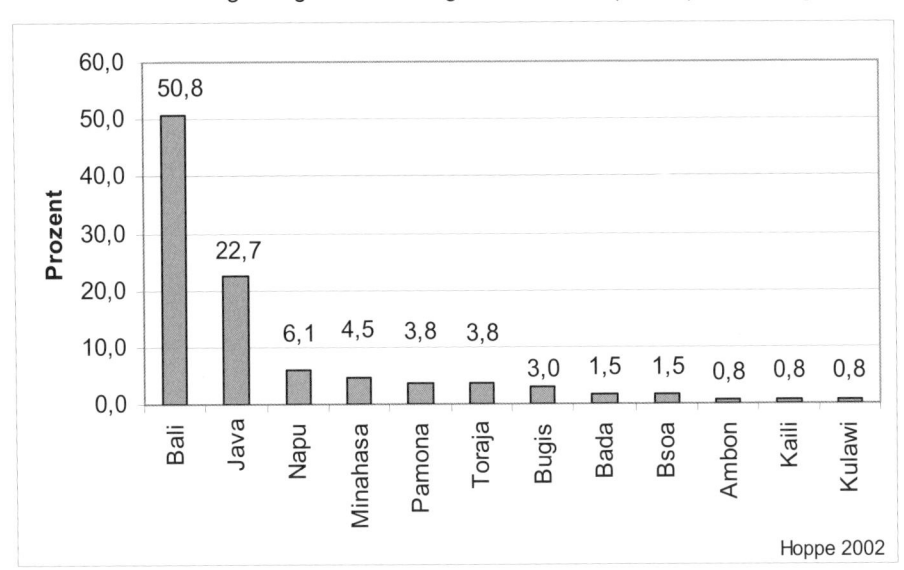

**Abb. 9:** Ethnische Zugehörigkeit der befragten Haushalte (n=132) in Siliwanga

| Ethnie | Prozent |
|---|---|
| Bali | 50,8 |
| Java | 22,7 |
| Napu | 6,1 |
| Minahasa | 4,5 |
| Pamona | 3,8 |
| Toraja | 3,8 |
| Bugis | 3,0 |
| Bada | 1,5 |
| Bsoa | 1,5 |
| Ambon | 0,8 |
| Kaili | 0,8 |
| Kulawi | 0,8 |

Hoppe 2002

Die Untersuchungen ergaben, dass in Siliwanga z.Zt. 35 leerstehende Wohnhäuser vorzufinden sind.[36] Die überwiegende Zahl der ehemaligen Bewohner dieser Häuser hat die Siedlung – z.T. temporär, genaue Angaben waren oftmals nicht zu bekommen – verlassen (etwa 25 Haushalte). Viele suchten an anderen Orten nach Arbeit. Oft wurde die geringe Bodenfruchtbarkeit der Böden Siliwangas als Grund dafür angegeben, da ausreichende Erträge nicht gewährleistet waren. Die leerstehenden Häuser sind neben den vielen brachliegenden Flächen ein sichtbares Zeichen für die umfangreiche Abwanderung, die in Siliwanga seit der Gründung im Jahre 1993 stattgefunden hat. Wie die Ergebnisse des Zensus zeigen, leben von den eingangs veranschlagten 300 Haushalten nur noch 132 Haushalte permanent in Siliwanga. Nach Aussagen des Bürgermeisters sind der Gemeinde insgesamt 170 Haushalte

---

[36] Alle übrigen verlassenen Häuser wurden verkauft und u.U. für den (Aus-) Bau verwendet.

zuzurechnen. Die Differenz zu den Zensusergebnissen erkläre sich durch die Tatsache, dass viele Bewohner für z.T. auch längere Zeitperioden außerhalb der Siedlung arbeiteten.

Seit Abschluss der Umsiedlungsaktion geht die Anzahl der Haushalte Siliwangas zurück. Während im Jahre 1999 noch 180 Haushalte gezählt wurden, waren es ein Jahr später nur noch 172. Zu Beginn des Jahres 2001 zählte man 173 Haushalte und am Ende des Jahres 2001 nur noch 150. In diesen Zahlen wird eine starke Fluktuation der Einwohner deutlich. Zugleich lässt sich jedoch auch die Mobilität der Einwohner ablesen, die teilweise monatelang an anderen Orten in Zentral-Sulawesi beschäftigt sind, um das Einkommen der Familie zu sichern. Während eine große Anzahl von Familien Siliwanga für immer verließ, wanderten spontane Migranten zu, so dass die heute verbleibenden 132 Haushalte, die eine Gesamtzahl von 511 Einwohnern ergeben, nicht nur Teilnehmer des staatlich gelenkten Umsiedlungsprogramms sind.

Bei den Befragungen klangen die Aussagen über die Gründe für die Abwanderung der Transmigranten stets gleich: Schlechte Bodenqualität und fehlende Bewässerung. Die überwiegende Zahl der Transmigranten aus Bali und Java schlossen sich der Transmigration an, da sie in ihren Herkunftsgebieten über kein oder nur sehr wenig (z.T. 0,1 bis 0,2 ha) Land verfügten und meist als Landarbeiter tätig waren. Angesichts der hohen Bevölkerungsdichte auf den ‚inneren' Inseln, der kleinen Landparzellen und der Landlosigkeit erschien die Möglichkeit durch die Transmigration in den Besitz einer für balinesische oder javanische Verhältnisse großen Landfläche zu kommen, sehr vielversprechend und verlockend. Viele der Umsiedler versprachen sich eine bessere Zukunft für sich und ihre Familien im Umsiedlungsgebiet. Sie begaben sich auf den Weg nach Zentral-Sulawesi in der Erwartung in Siliwanga Bewässerungsreis anbauen zu können. In den Aussagen eines befragten Balinesen kommt dies deutlich zum Ausdruck: „...karena secara umum orang Bali itu kalau keluar untuk ikut transmigrasi itu pasti mereka maunya bersawah...."[37] Die Nassreiskulturen sind seit langem Grundlage der Subsistenzwirtschaft in den Herkunftsgebieten der Balinesen und Javaner.

In jüngerer Zeit spielt ein weiterer Grund für die Abwanderung in Siliwanga eine Rolle. Wie das gesamte Napatal erreichten auch Siliwanga immer wieder Nachrichten über den Konflikt in Poso. Das „Isu Poso"[38] war in den vergangenen Jahren unter den Einwohnern Lore Utaras wie auch Siliwangas immer wieder Thema. Gerüchte über eine Ausweitung der Ausschreitungen

---

[37] „Es liegt in der Art der Balinesen. Wenn sie gehen, um sich der Transmigration anzuschließen, so wollen sie Nassreis anbauen."
[38] Das „Poso-Gerücht"; Näheres zum Konflikt in Poso s.u. Kap. 3.4.5.

zwischen muslimischen und christlichen Gruppierungen und ein Übergreifen auf Lore Utara waren der Inhalt. Oftmals wurden die Neuigkeiten aus dem Konfliktgebiet von Flüchtlingen in das Naputal gebracht. Die Angst vor einer ähnlichen Situation wie in Poso trug zu weiterer Abwanderung bei. Die ersten Ausschreitungen begannen im Dezember 1998 und flammten seitdem immer wieder auf. Genaue Zahlen über das Ausmaß der Abwanderung vor dem Hintergrund des Konflikts in Poso stehen nicht zur Verfügung, jedoch entschlossen sich einige Familien in den Jahren 2000 und 2001 Siliwanga zu verlassen.

Bei einem Blick auf die räumliche Verteilung der verschiedenen ethnischen Gruppen in Siliwanga wird deutlich, dass sich, zumindest bezüglich der Wohnorte von Javanern und Balinesen, kaum etwas geändert hat. Ob im Laufe der Zeit verschiedene Haushalte von einem Wohnblock in einen anderen gewechselt sind, ließ sich nur schwer erfassen. Deutlich wird jedoch, dass die javanischen Umsiedler nach wie vor ausschließlich in Block A leben, welcher ihnen im Rahmen der Lotterie zugeteilt wurde. Die Balinesen sind, bis auf Block A, in allen Blocks mehrheitlich vertreten und dominieren das Bild, vor allem in Block D. Auch dies entspricht der Zuteilung der Hausgärten samt Wohnhäusern nach Durchlaufen der Lotterie. Die spontanen Migranten wie auch die verbleibenden Haushalte der lokalen Migranten verteilen sich im Wesentlichen auf die Blöcke A, B, C und E. Die drei buginesischen Haushalte leben nicht direkt innerhalb des räumlichen Verbands von Block D, sondern auf der anderen Seite der Asphaltstraße. In Bezug auf die Gesamtbevölkerung wird die Dominanz der Balinesen in Siliwanga deutlich.

**Bevölkerungsstruktur und Migration in Mekarsari**

In den Jahren nach der Siedlungsgründung sollten sich nicht nur die agrarischen Nutzflächen in Mekarsari weiter ausdehnen, auch die Bevölkerungszusammensetzung der Transmigrationssiedlung veränderte sich tiefgreifend. Bei den staatlich geförderten Migranten handelte es sich ausschließlich um muslimische Umsiedler aus verschiedenen Provinzen der inneren Inseln des indonesischen Archipels, die kurze Zeit nach der Siedlungsgründung abwanderten. Viele dieser Menschen verkauften ihr Land an spontane Migranten aus verschiedenen Teilen Indonesiens, insbesondere an balinesische Migranten, die zuvor vorwiegend in den Distrikten Parigi und Sausu (Zentral-Sulawesi) gelebt hatten, die schon seit langem Ziel spontaner Migranten und Transmigranten balinesischer Herkunft gewesen waren. Somit vollzog sich bis zum heutigen Tage ein Wandel in der Bevölkerungszusammensetzung Mekarsaris, das auch heute noch sowohl in Hinblick auf die ethnische als auch religiöse Zugehörigkeit seiner Bewohner sehr heterogen ist (s. Abb. 10).

Im Gegensatz zu Siliwanga kam es in Mekarsari jedoch zu starker Zuwanderung nach der Gründung der Siedlung. Die Transmigrantenfamilien von der Insel Lombok wurden dabei fast gänzlich durch spontane, balinesische Migranten ersetzt. Insgesamt leben Anhänger dreier Religionsgemeinschaften, nämlich Hindus, Muslime und Christen (Protestanten), in der Siedlung zusammen. Die zahlenmäßig stärkste ethnische Gruppe stellen die Javaner, die zum größten Teil aus der Provinz Ost-Java stammen. Die Balinesen nehmen im Anteil an der Gesamtbevölkerung Mekarsaris den zweiten Platz ein.

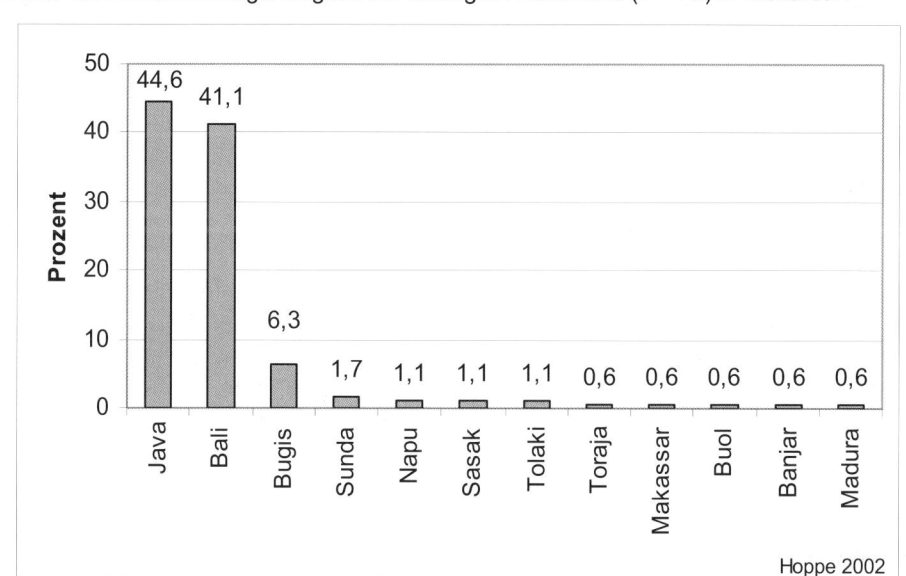

**Abb. 10:** Ethnische Zugehörigkeit der befragten Haushalte (n=175) in Mekarsari

Hoppe 2002

Auch in Mekarsari finden sich Wohnhäuser, die von ihren Eigentümern verlassen wurden und nun leer stehen. Insgesamt konnten 21 – zeitweise oder gänzlich – verlassene Wohnhäuser gezählt werden. Fast alle wurden in den Jahren 2000 und 2001 verlassen. Dieser Zeitraum fällt mit dem erneuten Aufflammen des Poso-Konflikts zusammen, der für die meisten dieser Hausbesitzer der Hauptgrund für das Verlassen der Siedlung war. Bei Erkundigungen im Dorf war zu erfahren, dass sie sich vor einem Übergreifen der Ausschreitungen auf Tamadue bzw. Lore Utara fürchteten. Nicht nur der Poso-Konflikt spielt eine Rolle für die Emigration von Familienangehörigen oder ganzen Haushalten. Vor allem Kinder werden für einen Schulbesuch nach Palu oder nach Java fortgeschickt. Einige Bewohner entschieden sich wohl auch angesichts der Entwicklungen in Poso dazu, ihre Kinder in Sicherheit zu bringen.

Von den ursprünglichen Familien leben nach den Ergebnissen der Haushaltsbefragungen nur noch 68 in Mekarsari. Hiervon stammen 38 Haushalte aus Ost-, 6 Haushalte aus Zentral- und 5 Haushalte aus West-Java. Die übrigen kommen aus den Provinzen West-Nusa-Tenggara (14 HH), Lampung (4 HH) und Süd-Sulawesi[39] (1 HH). Somit kam es in den Jahren seit der Gründung Mekarsaris zu erheblicher Abwanderung der ursprünglich angesiedelten Transmigranten. Insgesamt leben in den beiden Dorfteilen von Mekarsari heute 252 Haushalte, was eine Gesamtbevölkerung von 693 Einwohnern ergibt. Zieht man die Transmigrantenhaushalte ab, so verbleiben 184 Familien. Hier wird das zahlenmäßige Übergewicht der spontanen Migranten in der Siedlung deutlich. Denn 175 der 184 Haushalte kamen im Rahmen einer spontanen Zuwanderung nach Mekarsari.

Die spontane Zuwanderung begann bereits im Jahr der Umsiedlung der Transmigranten (1992) nach Mekarsari und hielt bis zum Jahr 2001 mit einigen Schwankungen in den jährlichen Zuwanderungsraten an (s. Tab. 2). Bei den Haushalten handelt es sich mit großer Mehrheit um javanische und balinesische Haushalte. Bei der Form der Wanderung dieser spontanen Migranten handelt es sich um Kettenmigration. Die überwiegende Zahl der befragten javanischen Migranten gab an, dass sie sich für Mekarsari als Siedlungsort entschieden hatten, da hier bereits Familie oder Freunde lebten. Auch die meisten der befragten Balinesen gaben an, auf Zuraten von Bekannten und Verwandten nach Mekarsari gekommen zu sein.

Zwei Tatsachen sind bei der Ortsauswahl zu beachten: Einerseits kamen die meisten der spontanen, balinesischen Migranten aus derselben Region nach Tamadue – wobei es sich hierbei nicht um Bali selbst handelt. Andererseits waren das Bestehen einer balinesischen Gemeinschaft und die Verfügbarkeit von Land in der Destination für die Zuwanderung von Bedeutung. Etwa 90 % der balinesischen spontanen Zuwanderer in Mekarsari lebten zuvor bereits in Zentral-Sulawesi, die übrigen kamen direkt aus Bali. Ca. 58 % aller balinesischen Migranten waren vor dem Umzug nach Mekarsari in den beiden Distrikten Parigi und Sausu des Bezirks Donggala zu Hause. Dieser nördlich des Untersuchungsgebiets gelegene Bezirk war schon seit den späten 1960er Jahren Zielregion von Transmigration und spontaner Migration. Seit jener Zeit entwickelte sich eine intensive Kettenwanderung zwischen Bali und der Region um Parigi und Sausu. Balinesische Gemeinden außerhalb Balis entwickelten sich auch in anderen Teilen Sulawesis und zu Beginn der 1990er Jahre erreichte die Migration schließlich Mekarsari.

---

[39] Das Vorhandensein eines Haushalts aus Süd-Sulawesi ist darauf zurückzuführen, dass es möglich war, sich nachträglich als Transmigrant in einer bestehenden Siedlung einzuschreiben. Für gewöhnlich wurde hiermit ein nicht besetzter Platz vergeben.

Tab. 2: Jahr der Ankunft in Mekarsari und Migrationstyp der Haushalte (n=252)

| Jahr der Ankunft | Migrationstyp | | | | |
|---|---|---|---|---|---|
| | Transmigrasi bandep | Spontane Migration | Flucht | Behördliche Ansiedlung[a] | Gesamt |
| 1990[b] | | 1 | | | 1 |
| 1991[b] | 9 | 3 | | 1 | 13 |
| 1992 | 56 | 29 | | | 85 |
| 1993 | | 17 | | | 17 |
| 1994 | 1 | 16 | | 3 | 20 |
| 1995 | 1 | 18 | | 1 | 20 |
| 1996 | 1 | 11 | | | 12 |
| 1997 | | 19 | | 1 | 20 |
| 1998 | | 28 | | | 28 |
| 1999 | | 14 | | | 14 |
| 2000 | | 8 | 2 | | 10 |
| 2001 | | 11 | 1 | | 12 |
| Gesamt | 68 | 175 | 3 | 6 | 252 |

a) Lehrer und andere Beamte
b) Die Angaben betrifft Zuwanderer, die bereits vor den Transmigranten nach Tamadue kamen und im Kampung lebten. Einige konnten sich nachträglich transmigrasi bandep anschließen.

HOPPE 2002

Bei den javanischen Migranten, die sich aufgrund dieser Aussagen nach Mekarsari begaben, bestand der Kontakt wohl ausschließlich zu den bereits dort lebenden Migranten innerhalb der Transmigrationssiedlung. Deutlich wird der Hintergrund der Migrationsbewegungen, betrachtet man die Herkunft der javanischen Migranten genauer. Von den insgesamt 77 javanischen (spontan migrierten) Haushalten kommen 67 Haushalte aus Ost-Java, während lediglich je 5 Haushalte aus West- bzw. Zentral-Java stammen. So spiegelt sich auch in der Zusammensetzung der spontanen Migranten die zahlenmäßige Dominanz der Ost-Javaner wieder. In den 10 Jahren seit Bestehen der Transmigrationssiedlung war eine starke Abwanderung von Transmigranten aus West- und Zentral-Java zu verzeichnen. Nur wenige Migranten dieser Herkunft kamen jedoch spontan nach Mekarsari. Dem steht eine geringere Abwanderung und hohe Zuwanderung gegenüber. Zusammengefasst bedeutet dies: Die Ost-Javaner stellen mit 105 aller Haushalte die zahlenmäßig stärkste Gruppe im Dorf, gefolgt von den Balinesen mit 73 Haushalten. Dies ist vor allem Ergebnis der spontanen Migration in Form von Kettenwanderung.

### 3.1.3.2 Gesellschaftliches Zusammenleben

**Gesellschaftliches Zusammenleben in Siliwanga**

Es waren vor allem Balinesen und Javaner, die den Nassreisanbau vorantrieben. Im Rahmen eines Zusammenschlusses von Bauern, die sich gegenseitig bei der Feldarbeit unterstützen, sorgen sie für die Anlage und Instandhaltung der Wasserkanäle. So finden sich heute ausschließlich Reisfelder von Balinesen und Javanern in dem Areal auf Höhe von Block E, westlich der Asphaltstraße. Lokale Transmigranten, von denen ohnehin nur noch wenige in Siliwanga leben, sind an dieser Zusammenarbeit nicht beteiligt. Dies liegt einerseits daran, dass sie in ihren Herkunftsdörfern nach wie vor über Reisfelder verfügen. Andererseits herrscht über die ihnen zugewiesenen Landflächen bis heute Unklarheit. Wie von Befragten in Siliwanga zu erfahren war, waren die APPDT durchaus bereit die ihnen zugewiesenen Parzellen, LU 1 und LU 2, zu bewirtschaften, doch insbesondere die Transmigranten aus dem Nachbarort Wanga wüssten bis heute nicht, wo sich diese Areale befänden. Im Rahmen des Lotterieverfahrens wurde ihnen die Nummer einer Parzelle zugewiesen, doch das Gelände wurde weder abgesteckt noch erfuhren sie den genauen Standort. Dieser Umstand ist Teil eines Problems der Grenzziehung zwischen Wanga und der Transmigrationssiedlung.

Die geschilderte Problematik ist ein Grund für das Ausweichen der Bewohner Siliwangas auf andere potentielle Agrarflächen innerhalb der Siedlung. Ein Befragter unter den lokalen Transmigranten führte dies zumindest als Grund an. Der Hauptgrund, aus dem die Bauern in Siliwanga auf bis dato ungenutzte Flächen auswichen, ist allerdings erneut die geringe Bodenfruchtbarkeit. Im Mittelpunkt der Bemühungen, geeignetes Agrarland zu finden, stand hierbei das reservierte Gemeindeland. Die Verteilung der Landreserven erfolgt im Wesentlichen nach dem Prinzip: „Wer zuerst kommt, malt zuerst". Die Landnahme ist abhängig von der individuellen Bereitschaft und Fähigkeit der Bauern, Neuland zu erschließen. Eine Regelung vonseiten der Dorfregierung findet nicht statt. In Einzelfällen nimmt sie bei Streitigkeiten vermittelnde Position ein. Die Größe der bewirtschafteten Flächen lässt sich anhand der Daten nicht angeben. Betrachtet man die Ergebnisse der Haushaltsbefragungen und die Angaben zu der Frage, woher die Bewohner das Land bekamen, so wird deutlich, dass bis heute überwiegend das von der

Transmigrationsbehörde zugewiesene Land von den verbliebenen Transmigranten genutzt wird.

Die Landvergabe und der Landzugang führen zu Spannungen unter der Bevölkerung von Siliwanga, aber auch zu Spannungen mit der Nationalparkbehörde. Bei der Betrachtung der Landnutzung und der Neulanderschließung in den Waldarealen des Gemeindelandes und somit der Erweiterung auf Waldgebiete, deren Böden im Allgemeinen fruchtbarer sind, kommt es zu Rodungen innerhalb der Grenzen des Lore Lindu Nationalparks. Das Problem hierbei beginnt schon bei der Frage nach der Grenze des Nationalparks. Sie nähert sich auf Höhe von Block D auf wenige Meter der Asphaltstraße an und folgt von Süden nach Norden dem weiteren Verlauf der Straße. Weiter nördlich begrenzt sie die Flur nach Westen hin zum Waldrand.

**Gesellschaftliches Zusammenleben in Mekarsari**

Der überwiegende Teil des Siedlungsareals Mekarsaris war vor der Gründung der Dorfteile Mekarsari I & II von Wald bedeckt. Seitdem die Rodungs- und Aufbauarbeiten für die Transmigrationssiedlung begannen und die ersten Transmigranten die Kultivierung ihrer Felder aufnahmen, bestehen Streitigkeiten darüber, wem bzw. welcher Gemeinde (Tamadue oder Maholo) das Siedlungsareal zuzurechnen ist. Es war die Dorfregierung Tamadues, welche gegen Ende der 1980er mit den zuständigen Stellen eine Vereinbarung über die Ansiedlung von Transmigranten traf, was die intensive Nutzung des Waldgebiets zwischen Tamadue und Maholo zur Folge hatte. Damals bestand nach Aussagen von Bewohnern Mekarsaris Einigung zwischen den Regierungen Tamadues wie Maholos über die Anlage der Transmigrationssiedlung. Das änderte sich als der Bürgermeister Maholos durch einen neuen ersetzt wurde. Dieser erhob im Namen Maholos Anspruch auf einen Teil des Siedlungsgebiets. Vor der Rodung des Waldgebiets existierte keine eindeutige Grenzziehung durch dieses Areal, welches von beiden Seiten als Gemeindeland bezeichnet wird. Der Wald sei nach Aussagen von Vertretern Tamadues ausschließlich von den Einwohnern ihrer Gemeinde genutzt worden. Wasserbüffel und Pferde haben dort geweidet und die Bewohner Tamadues haben den Wald als Quelle für Holz und Rattan genutzt. Maholo hingegen habe damals keinerlei Nutzung mit dem Waldgebiet verbunden.

Folgt man den Ausführungen vonseiten eines Vertreters Maholos, ergibt sich ein anderes Bild: 80 % des Landes, welches von den Transmigranten bewirtschaftet und bewohnt wird, gehöre zu Maholo. Lediglich die verbleibenden 20 % seien Tamadue zuzurechnen. Die Regierung habe die Entwicklung der Dörfer durch die Ansiedlung von Transmigranten versprochen. Maholo habe jedoch keine Transmigranten „bekommen", aber zugleich Land unentgeltlich abgegeben. Es habe zuvor keine Abmachung zwischen Maholo und Tamadue gegeben. Auch eine Absprache zwischen Vertretern Maholos und der Regierung hätte es nicht gegeben.

Fakt ist, dass ca. 69 ha[40] des Landes, welches den Transmigranten zugewiesen wurde, von Maholo beansprucht wird. Dieses Gebiet ist heute von der Nutzung durch die ‚eigentlichen Besitzer' ausgeschlossen. Um einer offenen Auseinandersetzung mit Maholo und den Lokalen zu entgehen, zogen sich die betroffenen Bauern Mekarsaris zurück und sahen von einer Bewirtschaftung der Felder ab. Die beiden Bürgermeister Tamadues und Maholos erzielten eine Einigung, welche einen Großteil des Areals der Gemarkung Maholos zuschrieb. Die betroffenen Bauern in Mekarsari erhielten von der Dorfregierung Tamadues andere Agrarflächen als Ausgleich für das verlorengegangene Land. Allerdings befinden sich diese Flächen in teilweise sehr steilen Hanglagen nördlich der Transmigrationssiedlung.

Die Meinungsverschiedenheiten über die Zugehörigkeit des Landes sind einerseits Teil grundlegender Unklarheiten darüber, ob ein Stück Land Staatsland oder Gemeindeland ist. Andererseits drängt sich der Eindruck auf, dass die Regierung Tamadues wesentlich aktiver nach Möglichkeiten zur effektiven Nutzung der natürlichen Ressourcen suchte und sich schließlich zur Ansiedlung von Transmigranten entschied, während sich die Verantwortlichen aus Maholo eher zurückhielten. Als die positiven Aspekte der Ansiedlung in Form der frisch gerodeten und fruchtbaren Felder sichtbar wurden, erinnerten sich die Verantwortlichen im Nachbarort an althergebrachte Landrechte und wollten ebenfalls ‚ein Stück des Kuchens' abbekommen.[41]

Die Ab- und Zuwanderung der verschiedenen ethnischen Gruppen hatte nicht nur einen Einfluss auf die Veränderung der Bevölkerungsstruktur, sie erzeugte auch ein neues räumliches Verteilungsbild der ethnischen Gruppen in Mekarsari. Es wird deutlich, dass sich die Wohnorte der zahlenmäßig stärksten Gruppen – Balinesen und (vor allem Ost-)Javaner – auf bestimmte Nachbarschaftseinheiten (RT) beschränken. Die Balinesen bestimmen das Bild in den RT 0 bis 2, während die (Ost-)Javaner in den RT 3 bis 9 die größte Gruppe stellen. Obgleich die balinesischen spontanen Migranten in allen RT vertreten sind, lässt sich bei der Verteilung der Gruppen über die Nachbarschaftseinheiten Mekarsaris von einer segregierten Wohnlage sprechen. Unterstützt wird diese Aussage durch die Tatsache, dass die ursprüngliche Vergabe der Hausgärten samt Wohnhaus im Lotterieverfahren vonstatten

---

[40] Diese Zahl bildet in etwa die Differenz zwischen der gegenwärtig bewirtschafteten Gesamtflur in Mekarsari (ca. 313 ha) und den ursprünglich ausgewiesenen 400 ha (200 HH x 2 ha).

[41] Dies wird u.a. darin deutlich, dass Verantwortliche in Maholo einen Teil des erstrittenen Landes aus der Transmigrationssiedlung umgehend an buginesische Migranten verkauften.

ging. Somit war die anfängliche Verteilung der verschiedenen Gruppen – Ost-, West- und Zentral-Javaner sowie Umsiedler aus der Provinz Lampung – zufällig, wie bei Betrachtung der Verteilung der ethnischen Gruppe der „sasak" (vorherrschende Ethnic auf der Insel Lombok) ersichtlich wird. Nachdem viele der Transmigranten Mekarsari verlassen hatten und ihre Wohnhäuser sowie ihr Land zum Verkauf anboten, zogen die spontanen Migranten nach. Dies erfolgte jedoch selektiv. Die überwiegende Zahl der pendatang aus Ost-Java zog in Nachbarschaftseinheiten des Dorfes, in denen bereits (Ost-) Javaner lebten. Dasselbe galt für die spontanen Migranten mit balinesischer Abstammung.

### 3.1.3.3 Landnutzung und Landbesitz

**Landnutzung und Landbesitz in Siliwanga**

Neben der monatlichen Nahrungsmittelunterstützung, den Utensilien für den Haushalt wie auch Werkzeugen erhielten die Umsiedler von der Transmigrationsbehörde Samen und Setzlinge für verschiedene Nutzpflanzen. Sie erhielten Saatgut für Erdnüsse, Mais, Reis, Zitrusfrüchte, Mango, Sojabohnen, Kidney-Bohnen und Cassava. Bevor sie ihr Rodungsland erhielten, begannen die meisten Umsiedlerhaushalte bereits mit der Kultivierung des Hausgartens. Die Art der Pflanzungen unterschieden sich von Haushalt zu Haushalt, überwiegend wurde jedoch das vergebene Saatgut angebaut. Die landwirtschaftlichen Aktivitäten waren nur in wenigen Fällen von Erfolg gekrönt. Viele Pflanzen schienen zunächst gut zu wachsen, doch später stellte sich heraus, dass sie keine Früchte trugen. Am Anfang der landwirtschaftlichen Aktivitäten stand die aufwendige und zeitintensive Urbarmachung der ausgedehnten Grasareale, welche z.T. mit dem sehr widerspenstigen „alang-alang"-Gras und anderen hochwachsenden Gräsern bedeckt waren. Als die ersten Ernten eingefahren werden sollten, zeigte sich deutlich, dass sich die Urbarmachung der Flächen nur eingeschränkt gelohnt hatte, da die Ernten von Mais, Erdnüssen oder auch Maniok nicht den Erwartungen entsprachen. Die Erträge variierten zwar in Abhängigkeit von Standort und Anbauprodukt, doch allgemein erwies sich der Boden als nicht besonders fruchtbar.

Eine Alternative zum bisherigen Anbau zeigte sich im Anbau von Tee. Im Rahmen eines Abkommens mit P.T. Hasfarm, einem indonesienweit operierenden Plantagenunternehmen, sollte die Anlage einer Teeplantage in Siliwanga ermöglicht werden. Es wurde vereinbart, dass Siliwangas Bauern mit Unterstützung durch P.T. Hasfarm zukünftig Tee anbauen sollten. Das Plantagenunternehmen beteiligte sich an der Vorbereitung des Agrarlandes und lieferte die Setzlinge. Auch ein Abnahmepreis für die Ernten wurde vereinbart. Die gesamte Ernte aus der Transmigrationssiedlung sollte von

P.T. Hasfarm aufgekauft werden. Viele Haushalte in Siliwanga ließen sich auf das Geschäft ein, so dass 1996 die erste Tee-Ernte eingebracht werden konnte. Die Erträge waren gut, denn die Böden schienen für den Anbau von Tee geeignet zu sein. Doch zur großen Enttäuschung der beteiligten Bauern wollte P.T. Hasfarm die Ernten nur zu einem weitaus geringeren als dem zuvor vereinbarten Preis abnehmen, welcher dem Aufwand der beteiligten Bauern nicht gerecht wurde. Den Bauern gelang es nicht, sich gegen das Unternehmen durchzusetzen.

Viele der Haushalte, welche über finanzielle Mittel (für Setzlinge und Dünger) verfügten, entschieden sich für die Bewirtschaftung der Reisfelder auch ohne eine adäquate Bewässerungsanlage. Im Areal gegenüber von Block E wurde der Anbau durch das Vorhandensein eines kleinen Wasserlaufes, der während der Regenzeit ausreichend Wasser zur Bewirtschaftung bereitstellt, begünstigt. Ein System von Bewässerungskanälen wurde von den Bauern angelegt, sodass eine Bewirtschaftung möglich war. Bis zum heutigen Tag sind die Reiskulturen jedoch abhängig von der Regenhäufigkeit und -intensität. Bleibt der Regen aus, können die Kanäle austrocknen. Dennoch sind die Erträge seit Beginn des Reisanbaus gestiegen. Im Vergleich zu umliegenden Dörfern – oder gar den Erträgen in einigen Region Javas und Balis – sind sie allerdings noch immer gering.

**Landnutzung und Landbesitz in Mekarsari**

Im Jahre 1995 wurde der Anbau von Kaffee in Mekarsari eingeführt. Die Einwohner Mekarsaris, zu denen zu diesem Zeitpunkt schon etliche spontane Migranten balinesischer und ost-javanischer Abstammung zählten, erhielten vom „Dinas Perkebunan"[42] junge Kaffeebäume. Die Vergabe der Pflanzen wurde über das Plantagenunternehmen P.T. Hasfarm abgewickelt. Durch diese Unterstützung vonseiten der Regierung wurde die Entwicklung des Anbaus von mehrjährigen Kulturen wie Kaffee und Kakao in Mekarsari vorangetrieben. Bis zum heutigen Tage sind diese Anbauprodukte die dominierenden „Cash Crops" in der Transmigrationssiedlung. Von den 313 ha, die insgesamt landwirtschaftlich genutzt werden, entfallen auf den Kaffeeanbau etwa 135 ha, während Kakao auf insgesamt 68 ha angebaut wird. Nur 49 der 252 Haushalte in Mekarsari bauen Nassreis an, auf den damit eine Anbaufläche von etwa 45 ha entfällt. Die verbleibende, z.Zt. kultivierte Flur wird mit anderen Nahrungsmitteln bestellt. Besondere Bedeutung kommt hier verschiedenen Gemüsesorten zu, die den Bauern in Mekarsari nicht nur zur Eigenversorgung, sondern auch als „Cash Crop" dienen.

---

[42] Teil des *Departmen Kehutanan dan Perkebunan*, des Ministeriums für Forst- und Plantagenwirtschaft

Bei der Betrachtung der Bezugsquelle des Agrarlandes in Mekarsari zeigt sich erneut der Einfluss der spontanen Zuwanderung in die Siedlung. Es leben heute nur noch verhältnismäßig wenige Transmigranten in Mekarsari. Demnach wurde für nur etwa 20 % der Flächen angegeben, dass ihre Besitzer sie direkt von der Transmigrationsbehörde erhielten. Weit über die Hälfte der Agrarflächen hingegen wurde von den Einwohnern käuflich erworben. Für die übrigen Flächen gilt überwiegend das Pachtsystem. Bei allen ethnischen Gruppen[43] dominiert der Anbau von Kaffee. Die Hälfte aller javanischen Bauern baut als erstes Anbauprodukt dieses „Cash Crop" an. Auch bei den Balinesen und Sundanesen nimmt Kaffee eine wichtige Rolle ein. Dieses Bild bestätigt sich bei der Betrachtung des zweiten Anbauprodukts. Ca. 30 % der Pflanzungen entfallen auch hier auf Kaffee. Nassreis hingegen wird überwiegend – sieht man von den Lokalen einmal ab, die lediglich mit drei Haushalten vertreten sind – von den Balinesen angebaut, die etwa 30 ha der insgesamt 45 ha Nassreisflächen bewirtschaften.

Beim Anbau von Kakao sind die Balinesen führend. Zu nennen sind hier jedoch auch die 11 Haushalte der Buginesen, welche einen Großteil ihrer Nutzflächen auf den Anbau von Kakao verwenden. Auffallend ist außerdem, dass alle Gruppen, die Balinesen ausgenommen, zur Deckung des Eigenbedarfs und zum Verkauf verschiedene Gemüsesorten anbauen. Zusammenfassend lässt sich sagen, dass Kaffee und Kakao die wichtigsten „Cash Crops" in Mekarsari sind. Verschiedene Gemüsesorten stellen die Selbstversorgung mit Nahrungsmitteln sicher und dienen darüber hinaus als Einkommensquelle.

## 3.2 Der Handlungsrahmen auf der Mikroebene: Kulturation als Teilaspekt der sozialen Integration in den Untersuchungsdörfern

Die Prozesse der sozialen Integration in Migrantengesellschaften und die daraus resultierenden Konsequenzen für die Entwicklung der Kulturlandschaft bilden neben der Betrachtung des regionalgeographischen Kontextes und der Analyse der Strukturdaten den dritten Untersuchungsschwerpunkt dieser Arbeit. Durch den politischen Kontext der staatlichen Förderungen und Umsiedlungsprogramme sind die umfangreichen Binnenmigrationen und die Agrarkolonisationsräume entstanden. Die Klärung der sozialen handlungsorientierten Prozesse, die sich in den Kolonisationsdörfern vollziehen, macht

---

[43] Die Darstellung beschränkt sich auf die zahlenmäßig stärksten ethnischen Gruppen und die ‚Lokalen': Bali (73 HH), Java (128 HH), Sasak (17 HH), Bugis (11 HH), Sunda (8 HH), Napu (3 HH).

eine Auseinandersetzung mit der Integration der individuellen Akteure notwendig. Anhand des Integrationsschemas von Hartmut ESSER (2001, vgl. Kap. 1.2.2.3) werden diese Prozesse analysiert. Im Mittelpunkt der Betrachtung stehen dabei die Teilaspekte dieses Integrationskonzeptes, also die Kulturation, die Platzierung, die Interaktion und die Identifikation der zugewanderten Akteure. Zwischen den vier Teilaspekten bestehen Beziehungen und die Einzelaspekte sind nicht unabhängig voneinander, aber in der folgenden Analyse der Mikroebene werden sie getrennt behandelt.

### 3.2.1 Kulturation der Bewohner von El Progreso und San Martín

Die einzelnen Aspekte der Integration bestimmen, inwieweit die Voraussetzungen für eine starke Einbindung in die Gesellschaft erfüllt sind. Das heißt für die Dimension Kulturation, ob eine Übernahme von Wissen und Kompetenzen der anderen Kultur tendenziell stattfindet. Die Sprache ist einer der wichtigsten Aspekte der Kulturation. Die kulturelle Fähigkeit dieselbe Sprache wie das Umfeld zu beherrschen, ist von fundamentaler Bedeutung für das Gelingen der sozialen Integration von Migranten. Jede Platzierung und Interaktion ist in höchstem Maße davon abhängig, ob der Akteur die kulturellen Fähigkeiten und Kompetenzen zum Sprachgebrauch besitzt.

**Sprache und Religion**

In El Progreso ist dies auf einem mehr als durchschnittlichen Niveau erreicht, da bei der Bevölkerung eine grundlegende Schulbildung sowie Kenntnisse der gemeinsamen Sprache Spanisch (Lesen, Schreiben, Sprechen) vorhanden sind. Aber die überwiegend in Haushalt verwendete Sprache ist das im ethnisch relativ homogenen El Progreso vorwiegend gesprochene Quechua.

In San Martín ist das Bildungsniveau zwar relativ niedrig, doch trotzdem sind die Sprachkenntnisse in Spanisch so, dass der überwiegende Teil der Bevölkerung in spanischer Sprache Lesen und Schreiben kann. Die verwendete Umgangssprache ist bei denjenigen, die eine indigene Sprache als Muttersprache haben, überwiegend Spanisch. Insbesondere die Internalisierung der fremden Sprache, die sich im alltäglichen Gebrauch widerspiegelt, belegt für die Bevölkerung von San Martín ein hohes Maß an Integration in die neue Umgebung durch persönliche Kulturation. Die Unterschiede zwischen den Dörfern fallen in Bezug auf die Alphabetisierung und die Sprachkompetenzen in Spanisch gering aus. Signifikant sind hingegen die Differenzen des Bildungsniveaus und der Umgangssprache. Bezüglich der Schulbildung lässt sich annehmen, dass die Homogenität und geringe Größe von El Progreso die soziale Kontrolle zwischen den Dorfbewohnern dahingehend verstärkt, dass der Großteil der Bevölkerung zumindest die Primärschulausbildung abschließt. Darüber hinaus fehlt jedoch in dem agrarisch noch stärker geprägten Raum als in San Martín die Notwendigkeit und z.T. das Geld, die Schullaufbahn fortzusetzen. Schon früh werden die Nachkömmlinge in die elterliche Landwirtschaft einbezogen, da in dem einkommensschwachen El Progreso jede Arbeitskraft benötigt wird.

Das aktuell reformierte Bildungsgesetz wird mehr Kindern und Jugendlichen die Chance eröffnen, Schule und Heimarbeit miteinander zu vereinbaren. In San Martín ist das Bildungsniveau auf einer niedrigeren Stufe, was durch die Heterogenität des Dorfes determiniert wird. An einem Ort mit Bedeutungsüberschuss für das Umland, der Arbeitsmöglichkeiten bietet, der Marktort ist, der über weiterführende Schulen verfügt und noch immer Zuwanderung verzeichnet, ergibt sich eher eine „Normalverteilung" der Kompetenzen einer Bevölkerung als in einem homogenen Ort, in dem nur eine soziale Schicht vorherrscht. Zum einen kommen in San Martín Angehörige aller Bildungsschichten zusammen, so dass die Streuung der Fälle größer ist; zum anderen verlieren sich kleinräumige soziale Kontrollmechanismen in dem einwohnerstärkeren und diversifizierteren Ort, weil die Dominanz einer spezifischen Gruppe – zumindest in San Martín – fehlt. Hinsichtlich der überwiegend verwendeten Sprache spielen ähnliche Ursachen eine Rolle. In El Progreso fehlt die Erfordernis für die Anwendung des Spanischen, wenngleich es grundsätzlich beherrscht und außerhalb des Dorfes benutzt wird. In San Martín dagegen ist bei zahlreichen Veranstaltungen – Dorfversammlungen und Festen, beim Gottesdienst, in der Schule sowie in der Landwirtschaft – die Dringlichkeit geboten, die eigene Sprache, sofern sie nicht Spanisch ist, zu verlassen und sich den regionalen Gegebenheiten anzupassen. Sukzessive wird aus dem momenthaften der gewohnheitliche Gebrauch, so dass heute der überwiegende Teil nicht mehr die Ursprungssprache im Alltag spricht.

Zur Bestimmung des Integrationsniveaus über Kulturation finden sich nur wenige Indikatoren, die eine Differenzierung nach ethnischer Zugehörigkeit zulassen. Das liegt daran, dass sich trotz der ethnisch-kulturellen Pluralität der Kolonisationsgesellschaft, in der keine Ethnie faktisch dominant ist, die Sprache einer Gruppe durchgesetzt hat. Spanisch ist die Amtssprache, die sich auf andere Gesellschaftsbereiche ausdehnt. Folglich lässt sich in Hinblick auf die Aneignung einer fremden Sprache als Zeichen der (Ak-) Kulturation nur messen, inwieweit die indigene Bevölkerung des Hoch- und Tieflandes die Hispanisierung mitträgt. Von den Spanischsprachigen wird diesbezüglich keine Anpassung erwartet, da sich Quechua, Aymará, Chiquitano oder Guarayo nicht gänzlich durchgesetzt haben. Lediglich das allgemeine Bildungsniveau bietet sich als analytische Vergleichsgrundlage an, da in diesem Fall sowohl Collas (Hochländer) als auch Cambas (Tiefländer) dazu aufgefordert sind, sich das in der Schule vermittelte Wissen sowie die gemeinsamen Werte und Normen anzueignen. Diesbezüglich sind allerdings keine signifikanten Unterschiede festzustellen. Im Durchschnitt verfügen Collas wie Cambas über eine Bildung, die nicht über einen Grundschulabschluss hinausgeht. D.h., die ethnische Zugehörigkeit hat keinen statistisch nachweisbaren Einfluss auf den Bildungsgrad einer Person.

**Wissen und Kompetenzen**

Als Ergänzung sollen an dieser Stelle zwei deskriptive Indikatoren für die Kulturation diskutiert werden, die einen interethnischen Vergleich ermöglichen. Dazu zählen einerseits die über religiöse Vereinigungen vermittelten gesellschaftlichen Werte und Normen, andererseits das regionalspezifische Wissen für den Umgang mit den landwirtschaftlichen Betriebssystemen. Hinsichtlich der Ausprägung von Religiosität und Spiritualität der lokalen Bevölkerungsgruppen lassen sich keine offensichtlichen Unterschiede erkennen. Sowohl bei Collas als auch bei Cambas dominiert der katholische Glaube, vermischt mit apokalyptischem und alttestamentlichem Gedankengut. Auf Seiten der Collas nimmt zudem die andine Geisteshaltung, mit „Pachakamaq" als Gott und Schöpfer sowie „Chakana" als dem Göttlichen, eine zentrale Bedeutung ein, die ebenfalls neben dem christlichen Glauben praktiziert wird. So verlieren trotz der Annahme der katholischen Kirchenlehre die andinen Bräuche, Rituale und die indigene Spiritualität nicht an Relevanz.

Die Kenntnisse in den regionalen landwirtschaftlichen Techniken und Produktionsmethoden sind bei den Cambas aufgrund ihrer Herkunft und Sozialisation eher gegeben als bei den allochthonen Collas, die überwiegend das für die andine Landwirtschaft bedeutsame Wissen mitbringen. Allerdings verbindet beide ethnisch-kulturellen Gruppen die relative Unkenntnis bezüglich moderner, insbesondere nachhaltiger Betriebssysteme. So verfügen sowohl Collas als auch Cambas mehrheitlich nur über Erfahrungen in der traditionellen Bearbeitung und Kultivierung des Bodens. Das Fehlen einer kompetenten Agrarberatung für kleinbäuerliche Betriebe im Untersuchungsgebiet hat zur Folge, dass unabhängig von der ethnischen Zugehörigkeit spezifisches Wissen und relevante Fertigkeiten nur marginal ausgeprägt sind. Der traditionelle Brandrodungsfeldbau, bekannt unter dem Namen „Corte y quema", ist die regional vorherrschende Betriebsform. Sie ist weder nachhaltig noch besonders ertragreich, jedoch – und das ist entscheidend – leicht anwendbar und v.a. kostengünstig. Ethnizität ist diesbezüglich nicht determinierend für die Integration des Einzelnen über Kulturation.

Alle verwendeten Indikatoren für Kulturation ermitteln signifikante Unterschiede zwischen der ersten und zweiten Immigrantengeneration hinsichtlich des Grades ihrer sozialen Integration. Bei der ersten Immigrantengeneration, d.h. bei denjenigen, die außerhalb des Agrarkolonisationsgebietes geboren und sozialisiert worden sind, ist das Bildungsniveau im Vergleich zum gesamten Ort unterdurchschnittlich, die Sprachkompetenz in Spanisch durchschnittlich und die Alphabetisierung in spanischer Sprache beim überwiegenden Teil der Bevölkerung vorhanden. Bei der zweiten Immigrantengeneration hat die Enkulturation innerhalb des Kolonisationsgebietes stattgefunden. Daher sind das Bildungsniveau, die Sprachkompetenz sowie die Alphabetisierung, und damit die partielle Integration, deutlich höher. Auch die überwiegend angewandte Sprache ist in der ersten Generation noch die indigene Sprache, in der zweiten jedoch schon überwiegend die gemeinsame Sprache Spanisch. Daraus geht hervor, dass der Geburtsort und die Umgebung der Sozialisation, bzw. exakter der Enkulturation, determinierend für den Grad der sozialen Integration einer Person ist. Im Agrarkolonisationsgebiet San Julián wächst die zweite Generation der Immigranten bereits in einem Umfeld auf, das die Integration des Einzelnen erleichtert. Das begründet sich darin, dass die im Treuhandsystem vermittelten Kompetenzen und Werte im Untersuchungsgebiet einerseits stärker an den Anforderungen einer plurikulturellen Gesellschaft orientiert sind und zum anderen die persönliche Ambivalenz, die durch das Aufeinandertreffen unterschiedlicher kultureller Verhaltensregeln (nämlich die der Herkunftsregion vs. die der Zielregion) entstehen kann, schwächer ausfällt.

Zusammenfassend lässt sich feststellen, dass die Dorfzusammensetzung einen Einfluss auf die kulturationsbezogene Integration ihrer Bewohner hat. Die Zentralität des Ortes ist hingegen nur bedingt ausschlaggebend: Während San Martín infrastrukturell deutlich besser erschlossen und zudem zentraler gelegen ist, ist dort eine für die Kulturation bedeutsame Kompetenz, das Bildungsniveau, niedriger als im peripheren El Progreso.

### 3.2.2 Kulturation der Bewohner von Azoumanakro

**Sprache und Religion**

Als Kommunikationssprachen zwischen den Gruppen des Dorfes werden hauptsächlich Französisch und Dioula verwandt. Während 25 % der Baoulé-Haushaltsvorstände kein Französisch sprechen, sprechen alle Burkinabé diese Sprache (s. Tab. 3). Denn anders als die Baoulé, die in den südlichen Landesteilen mit ihrer indigenen Sprache zurechtkommen, ist für die Burkinabé die Sprachkenntnis als Migrationsvoraussetzung zu sehen, da in der Elfenbeinküste als Verkehrssprachen Französisch und Dioula vorherrschen. Dioula ist als Handelssprache bekannt und wird v.a. für den Austausch organisatorischer Belange benutzt. Angaben der Bewohner zufolge geht die Kommunikationmöglichkeit in Dioula, auch wenn gute Sprachkenntnisse angegeben werden, meist nicht über das Alltagssprachliche hinaus (s. Tab. 4).

**Tab. 3:** Französischkenntnisse der Haushaltsvorstände von Azoumanakro

| Kenntnisstand Französisch | Burkinabé (%) | Baoulé (%) |
|---|---|---|
| sehr gut – gut | 32 | 41 |
| Mittel | 68 | 34 |
| gar nicht | 0 | 25 |

SACHAU 2003

**Tab. 4:** Dioulakenntnisse der Haushaltsvorstände von Azoumanakro

| Kenntnisstand Dioula | Burkinabé (%) | Baoulé (%) |
|---|---|---|
| sehr gut – gut | 45 | 53 |
| mittel | 33 | 14 |
| gar nicht | 22 | 33 |

SACHAU 2003

Die Bemühungen, die jeweils andere Sprache zu lernen, sind insgesamt gering. Es gibt keinen Zusammenhang zwischen Dauer des Aufenthalts und Kompetenz in der Sprache der jeweils anderen Ethnie. Der Spracherwerb findet vor allem während des Arbeitsverhältnisses statt, wobei die Baoulé als Arbeitgeber dominieren. Trotzdem geben 24 % der Baoulé an, die Sprache der Burkinabé Azoumanakros, Moré, „sehr gut" bis „schlecht" gelernt zu haben, die Mehrzahl jedoch gar nicht. Drei von zehn befragten Burkinabé-Haushaltsvorständen gaben an, auch Baoulé „mittel" bis „schlecht" zu sprechen und es somit zumindest in Grundzügen zu verstehen. Sie rechnen jedoch damit, dass die Kinder des Dorfes die Sprachen in Zukunft ebenso fließend voneinander lernen werden, wie jene Burkinabé, die schon in Bokanda aufgewachsen sind. Da die Kinder der in Azoumanakro lebenden Burkinabé noch nicht im schulfähigen Alter sind, beschränkt sich der interethnische Kontakt bislang auf Kinder jüngeren Alters. Sie sprechen zwar noch kein Französisch, lernen jedoch teilweise schon Baoulé. Die Sprache der autochthonen Bété des Nachbarortes Soubré 3 sprechen lediglich zwei Baoulé-Haushaltsvorstände auf niedrigem Niveau und keiner der Burkinabé.

Noch weniger Frauen als Männer sprechen Französisch und nur sehr wenige beherrschen Dioula. Da die Frauen weder interethnischen Austausch im Sozial-, noch im Arbeitsleben haben, haben sie auch wenig Chancen, die Sprache der anderen zu erlernen. Lediglich eine der Baoulé-Frauen gibt an,

Moré zu verstehen. In ihrem Haushalt hatte ein Arbeiter aus Burkina Faso gelebt. Insgesamt verläuft die interethnische Kommunikation zwischen den Haushaltsvorständen hauptsächlich über einfache Floskeln, meist auf Französisch oder Dioula. Einige können nur mit Hilfe von Übersetzern kommunizieren. Die Frauen, die fast ausschließlich nur ihre Muttersprache sprechen, haben kaum die Möglichkeit, sich auszutauschen. Schwierigere Kommunikation muss bei fast allen Bewohnern über einen Übersetzer laufen. Dieser Aufwand zeigt, wie wenig intensiv der Austausch zwischen den Gruppen sein kann. Die Bewohner nehmen diese Mühen nur auf sich, um wirtschaftliche und politische Organisationsfragen zu klären. Die Bemühungen beider Geschlechter der Burkinabé um einen adäquaten Spracherwerb werden durch die rein ökonomischen Motive des Aufenthalts, den politischen Ausschluss und die kurzfristige, arbeitsintensive Aufenthaltsplanung behindert.

Die Religionen stellen im Untersuchungsgebiet laut WIESE (1988:192) Übergangsformen zu den traditionellen Glaubensvorstellungen und –praktiken dar, da sowohl Christentum als auch Islam sich in den Außenzonen ihrer Verbreitung befinden würden (Christentum an seiner Nordgrenze, Islam an seiner Südgrenze). Das erleichtert die Akzeptanz der jeweils anderen Religion. Abweichungen von Traditionen und Glauben sind nicht zwingend zu überwinden, um eine integrierte Gesellschaft zu bilden, aber Akzeptanz und Rücksicht sind nötig. Dies ist, soweit es beobachtet werden konnte, in Azoumanakro der Fall. Die Religionszugehörigkeit ist gruppenübergreifend und keine der Religionen stellt einen Universalanspruch im Dorf. Alle Mitglieder der jeweiligen interethnischen Religionsgemeinschaften haben ein Interesse an einer funktionierenden Gemeinschaft. Die Religion hat somit eine integrierende Wirkung.

**Wissen und Kompetenzen**

Die Fähigkeit, mit der natürlichen Umgebung bzw. dem existierenden Wirtschaftsystem umzugehen, ist eine entscheidende Voraussetzung für die eigene Überlebenssicherung. Getrennt von autochthonen Siedlungen lebend, mussten die Baoulé Azoumanakros sich nicht einer bestehenden Wirtschaftsweise anpassen, sondern haben ihre schon während der französischen Kolonialisierung verinnerlichte Wirtschaftsweise isoliert weiterführen können. Für sie bedeutete das natürlich Umfeld lediglich eine räumliche Veränderung. Kaffee- und Kakaoanbau, bis zu den 1960er Jahren noch weitgehend unbekannt in der Region, sind heute dominant. Auch für jene, die in der Heimat Kaffee anbauten, war die Umstellung auf bzw. Erweiterung um Kakao nicht schwierig. Die Baoulé berieten und halfen sich untereinander.

Dem Wirtschaftssystem der Baoulé haben sich nicht nur viele Dörfer der Region, sondern auch die später zugezogenen Burkinabé Azoumanakros angepasst. Als ehemalige Savannenbewohner und Lohnarbeiter in abhängigen Verhältnissen kam ihnen die Aufgabe zu, die für das vorherrschende Wirtschaftssystem nötigen Fertigkeiten zu erlernen. Einmal in den Wirtschaftsprozess eingestiegen, wurde das Anbauprodukt auch bei eigenem Landerwerb nicht mehr gewechselt. Da die exportorientierte Wirtschaftsweise von allen selbstständigen Burkinabé von ihren ehemaligen Arbeitgebern erlernt wurde, ist davon auszugehen, dass die Anbaumethoden nicht von den Baoulé abweichen. Neue Wirtschaftsstrategien entwickelten die Burkinabé nicht. Trotz des Wissens, dass die Bodenfruchtbarkeit eine baldige Änderung verlangen wird, planen auch die befragten Baoulé in Zukunft keine Veränderungen.

Auch die Selbstversorgung divergiert trotz ethnischer Eigenheiten nicht wesentlich. Lediglich der Anpassungszwang der Gruppen unterscheidet sich. Während die Baoulé alle Ernährungsweisen beibehalten konnten, mussten die Burkinabé aus naturräumlichen Gründen sowohl den traditionellen Hirseanbau als auch die Viehhaltung aufgeben. Stattdessen adaptierten sie die Kulturpflanzen Kochbananen, Maniok und Yams und sind mit neuen Ernährungsformen konfrontiert. Eine homogene Versorgung, sowohl in Subsistenz als auch durch Marktwirtschaft, ist zwar nicht Voraussetzung für eine Integration, offenbart jedoch den Austausch von Wissen und Kompetenzen. Ein nicht stattfindender Austausch kann die Lebensfähigkeit zugezogener Gruppen aus anderen Umweltkontexten in erheblichem Maße einschränken. Dieser Austausch von Wissen und Kompetenzen hat auf wirtschaftlicher Ebene, zwischen Arbeitgeber (Baoulé) und Arbeitnehmer (Burkinabé), stattgefunden.

Die Möglichkeit der Platzierung in einem bestehenden Rechtssystem hängt unter anderem von der Kenntnis der wichtigsten Regeln ab. Während die ersten Ankömmlinge sich mit dem autochthonen Recht auseinandersetzen mussten, um Land zu erwerben, sind die folgenden Migranten diesem Prozess weitestgehend aus dem Weg gegangen. Die Möglichkeiten, die ihnen die Politik unter der Regierung von Houphouët-Boigny eröffnete, schöpften die Baoulé einhergehend mit der eigenen Segmentation von der autochthonen Bevölkerung aus. Nachdem die Pioniersiedler die autochthone Bevölkerung um Land gebeten und sich große Areale gesichert hatten, verselbstständigte sich der Landzugang im weiteren Verlauf der Besiedlung Azoumanakros. Die Pioniersiedler verteilten das Land selbst unter den zuziehenden Siedlern ihrer ethnischen Gruppe.

In diesem Sinne entwickelten die Baoulé in der folgenden Zeit ein eigenes Bodenrecht, so dass sie sich heute als Eigentümer des Landes verstehen und es an die Neuankömmlinge verkaufen. Das veränderte die Situation für die

Burkinabé Azoumanakros. Sie mussten sich als Zuziehende in einer Zeit ohne mögliche Neulanderschließung nicht mehr mit dem autochthonen, sondern mit dem von den Baoulé gestaltetem Rechtssystem auseinandersetzen, um als Arbeiter in den Wirtschaftsprozess integriert zu werden oder später Land erwerben zu können. Da sie nicht Teil an der Gestaltung des Systems hatten, sind sie darauf angewiesen, die jeweiligen Regelungen der Baoulé zu erlernen. Auch die Burkinabé scheinen mit dieser Rechtsregelung einverstanden zu sein, da sie sich selbst als Gäste und Zugezogene in diesem Dorf betrachten. Es gibt, anders als in Soubré 3, keinen zuständigen Baoulé, der Neuankömmlinge in das Recht des Dorfes einführt. Die Wissensvermittlung verläuft sowohl über das Netzwerk der ethnischen Gruppe der Burkinabé als auch über den Dorfchef und die Arbeitgeber. Im Zuge der zukünftigen Einführung eines zivilen Bodenrechts müssen sich allerdings beide Gruppen auf ein neues Rechtssystem einlassen. Eine Bereitschaft dazu konnte bislang noch nicht beobachtet werden.

### 3.2.3 Kulturation der Bewohner von Soubré 3

**Sprache und Religion**

Die Kommunikationssprachen zwischen den Bewohnern des Dorfes Soubré 3 sind hauptsächlich Französisch und Dioula. Beide Sprachen werden von den Bété allerdings besser beherrscht als von den Burkinabé. Französisch kann von einem Großteil der Burkinabé-Haushaltsvorstände nicht oder nur beschränkt als Kommunikationssprache genutzt werden (s. Tab. 5). Im Gegensatz zu den Burkinabé Azoumanakros sprechen nicht alle Burkinabé von Soubré 3 Französisch. Die Erklärung für diesen Unterschied könnte sowohl in ihrem ausgeprägten Netzwerk als auch in der politischen und größeren wirtschaftlichen Autonomie der Gruppe in Soubré 3 liegen. Es ist nicht für alle Burkinabé notwendig, mit den Bété zu kommunizieren. Obwohl auch die wenigsten Burkinabé angeben, Dioula gut zu beherrschen, kann ein Großteil der männlichen Bewohner die Sprache zumindest zur Basiskommunikation verwenden (s. Tab. 6).

**Tab. 5:** Französischkenntnisse der Haushaltsvorstände von Soubré 3

| Kenntnisstand Französisch | Burkinabé (%) | Bété (%) |
|---|---|---|
| sehr gut – gut | 6 | 72 |
| mittel | 24 | 19 |
| schlecht | 32 | 6 |
| gar nicht | 38 | 3 |

SACHAU 2003

**Tab. 6:** Dioulakenntnisse der Haushaltsvorstände von Soubré 3

| Kenntnisstand Dioula | Burkinabé (%) | Bété (%) |
|---|---|---|
| sehr gut – gut | 18 | 53 |
| mittel | 51 | 28 |
| schlecht | 26 | 16 |
| gar nicht | 5 | 3 |

SACHAU 2003

Nur wenige aller Dorfbewohner sprechen die Sprache der jeweils anderen Gruppe. So geben lediglich 34 % der Bété an, Moré „gut" bzw. „mittel" zu beherrschen (zusätzlich 13 % „schlecht") und sogar nur 4 % der Burkinabé-Haushaltsvorstände geben an, Bété „mittel", bzw. „schlecht" zu sprechen. Dabei ist auffällig, dass ungewöhnlicherweise eine größere Prozentzahl an „Alteingessesenen" die Sprache der Zugewanderten erlernt hat als umgekehrt.

Auch Baoulé und Agni werden von einigen Haushaltsvorständen gesprochen: 28 % der Bété und 19 % der Burkinabé geben an, Baoulé „sehr gut" bis „schlecht" zu sprechen und sowohl 9 % der Burkinabé als auch der Bété sprechen zumindest ein wenig Agni. Die Sprachen werden jedoch nicht zur Kommunikation innerhalb des Dorfes gebraucht. Lediglich für Gespräche mit den benachbarten Baoulé Azoumanakros sind sie nützlich. Für die Frauen gilt grundsätzlich, dass sie die Sprache der jeweils anderen Gruppe nicht beherrschen. Doch der Großteil der Bété-Ehefrauen spricht neben ihrer Muttersprache auch Französisch (75 %) und 38 % beherrschen Dioula. Da jedoch nur 7 % der Burkinabé-Frauen Französisch und 32 % Dioula sprechen, ist sowohl die interethnische Kommunikationsmöglichkeit der Frauen im Dorf selbst als auch die der Burkinabé-Frauen im Allgemeinen stark eingeschränkt. Die höhere Sprachkompetenz der Bété-Frauen ist auf ihre höhere Schulbildung zurückzuführen. Auch die Kinder der Bété im schulfähigen Alter sind besser ausgebildet. So sprechen sie alle, außer zweien, Französisch und 63 % auch

Dioula. Nur 19 % der Burkinabé-Kinder im schulfähigen Alter sprechen Französisch und 4 % Dioula. Vor allem jüngere Kinder sprechen allerdings die jeweils andere Sprache zumindest rudimentär. So können mindestens sieben der insgesamt 73 Bété-Kinder Moré.

Insgesamt sind die meisten Männer des Ortes in der Lage einfache organisatorische Fragen miteinander auf Dioula klären. Einige Burkinabé-Männer nehmen an einem selbstorganisierten Französisch-Kurs im Dorf teil, um diese Sprache besser verwenden zu können. Dass die Männer die Sprachen im Allgemeinen besser beherrschen als die Frauen, liegt an ihrer vergleichsweise höheren Bildung, der politischen Einbindung und ihrem größeren Kontakt mit der Umwelt durch die Arbeitssituation. Ein großer Teil der Burkinabé hat schon bei anderen Arbeitgebern in der Elfenbeinküste, in der Holzwirtschaft oder während ihrer Tätigkeit als Lohnarbeiter in Soubré 3 die Sprachen gelernt. Bei interethnischen politischen Treffen und schwierigeren Auseinandersetzungen müssen meist mehrere Übersetzer zwischen den Gruppen vermitteln. Die Sprache einer der Gruppen muss in Französisch übersetzt werden, damit sie ein Vertreter der anderen Gruppe in ihre Sprache übersetzen kann. Demnach gestaltet sich die Kommunikation in Soubré 3 teilweise noch komplizierter als in Azoumanakro. Das Wissen, dass der Aufenthalt rein wirtschaftlich motiviert ist, und die geplante baldige Rückkehr tragen vor allem bei den Frauen der Burkinabé nicht zur Motivation des Spracherwerbs bei.

Die religiöse Orientierung ist nicht ethnisch geprägt. Sowohl Burkinabé als auch Bété sind ebenso am Christentum wie auch am Islam orientiert und haben zusätzlich ihren animistischen Glauben. Auch wenn die Gruppen die jeweiligen animistischen Traditionen nicht teilen, wirken sie nicht störend darauf ein. Unter anderem die Angst vor den Geistern hält die Burkinabé davon ab, heilige Orte zu betreten und damit die spirituelle Welt der Bété zu verletzen. Das gemeinsame Wissen aller Bewohner über soziale Umgangsformen scheint größer als jenes in Azoumanakro. Das liegt sicher an den besseren Einweisungsstrukturen, der größeren Beteiligung am politischen Leben und der daraus resultierenden Interaktion auf einem breiteren Spektrum.

### Wissen und Kompetenzen

Die Bété kannten das Wirtschaftssystem des Kaffeeanbaus schon aus Loboville und mussten sich somit keine neue Wirtschaftsweise aneignen. Auch viele Migranten aus Burkina Faso hatten vor der Siedlung in Soubré 3 Kontakt mit dieser Wirtschaftsweise. Viele arbeiteten schon in anderen Teilen der Elfenbeinküste in der exportorientierten Pflanzungswirtschaft. Nicht nur für jene, die bis Anfang der 1980er in der Holzwirtschaft arbeiteten, auch für andere war die Landwirtschaft allerdings vollkommenes Neuland. Sie arbeiteten in Burkina Faso oder Abidjan als Handwerker oder in der Viehzucht und Subsistenzwirtschaft. In der Hoffnung, in der Region ein besseres Einkommen, zuerst in der Wald- und später in der Pflanzungswirtschaft, zu erzielen, waren alle Migranten darauf bedacht, am Wirtschaftssystem teilzunehmen, und die Motivation und Bemühungen zum Erwerb der dafür benötigten Fähigkeiten war entsprechend hoch. Heute arbeiten alle ansässigen Burkinabé hauptberuflich in der Pflanzungswirtschaft. Die Wissensvergabe verlief meist innerhalb des vorhandenen ethnischen Netzwerks. Jene, die entsprechende Fähigkeiten schon mitbrachten, teilten sie mit den Neuankömmlingen. Viele Ankömmlinge arbeiteten dazu während der ersten Jahre auf den Feldern der Burkinabé, um sich dann selbstständig zu machen. Die wenigen Arbeiter auf Bété-Pflanzungen erwarben dort ihr Wissen über die Anbaumethoden.

Beide sozialen Gruppen haben ihre traditionelle Subsistenzwirtschaft teilweise fortführen und durch neue Anbaumethoden und Ernährungsgewohnheiten erweitern können. Sowohl die Bété als auch die Burkinabé haben sich von neuen Essgewohnheiten der Ethnien der Region inspirieren lassen, um ihre Nahrung zu ergänzen. Heute nehmen beide Gruppen sowohl Kochbananen als auch Maniok und Yams zu sich. Weder haben die Bété allerdings den von den Burkinabé importierten Maisanbau adaptiert, noch haben die Burkinabé die traditionellen Ernährungsweisen der Bété übernommen. Auch beim Hausbau haben die Burkinabé sich an ihre Umgebung angepasst. Da die Materialien, die sie vorfanden, andere waren als jene, die in Burkina Faso gebraucht wurden, um die Behausung fertigzustellen, wurden lokale Methoden übernommen. Die Häuser der Gruppen unterscheiden sich nur teilweise. Die Bewohner leben entweder in sogenannten „banco"-Häusern[44] oder konstruieren ihr Haus selbst, indem sie ein Holzgerüst mit Lehm füllen. Die Dächer sind, entsprechend der finanziellen Mittel, aus Wellblech oder Palmstroh. Anders als in Burkina Faso sind die Häuser deshalb nicht rund, sondern ebenso eckig wie die der autochthonen Bevölkerung.

In Soubré 3 tragen die politischen Ämter der Situation des Dorfes als Einwanderungsdorf mit permanentem Zuzug Rechnung. Der „Chef du Village" (Bürgermeister) hat seine Rolle bei der Begrüßung von Fremden, der „Chef de Terre" (Chef über das Land / Boden) ist für die Zuweisung von neuen Flächen zuständig und der „Chef Coutumiér" (Vertreter des Gewohnheitsrechts) ist damit beauftragt, neue Bewohner in die Regeln des Zusammenlebens einzuweisen. Nicht nur die Autochthonen haben damit Möglichkeiten,

---

[44] Damit ist eine Art Stampfbau gemeint, bei der geschulte Bewohner oder Wanderarbeiter tonhaltigen Schlamm zum Bau der Mauern traditioneller Hütten benutzen.

die zugewanderte Bevölkerung in die Dorfgemeinde einzuweisen, auch die Burkinabé haben mit dem Burkinabé-Vertreter, vor allem aber mit den Provinz-Vertretern, Instanzen geschaffen, die Fremde in das Leben des Dorfes einweisen sollen. Somit ist sowohl für die erste Versorgung von Fremden, die keine sozialen Beziehungen im Ort haben, als auch für die weitere Möglichkeit, entweder über den „Chef de Terre" oder soziale Beziehungen zu den Burkinabé ins Wirtschaftsleben integriert zu werden sowie für die Vermittlung der Kompetenzen zum interethnischen und intraethnischen Zusammenleben durch beide Gruppen gesorgt.

### 3.2.4 Kulturation der Bewohner von Siliwanga

**Sprache und Religion**

„Bahasa Indonesia" (Indonesische Sprache) ist die Nationalsprache, welche bis auf wenige Ausnahmen vom überwiegenden Teil der Bevölkerung in Siliwanga und im Naputal gesprochen wird. Obgleich die Balinesen und Javaner in der Familie und im Umgang mit Mitgliedern ihrer ethnischen Gruppe Balinesisch bzw. Javanisch sprechen, verständigen sich die Gruppen untereinander in der Nationalsprache.

In Siliwanga leben vier unterschiedliche Religionsgemeinschaften. Ein konkretes Beispiel, was den Unterschied der Religionen im alltäglichen Leben zeigt, sind die Vorschriften zur Wahl der Nahrungsmittel. Der Koran verbietet den Muslimen den Verzehr von Schweinefleisch und sämtlichen Produkten aus Schweinefleisch. Die Nahrungsmittel sollten stets „halal" sein, d.h. nach den Essensvorschriften des Islam zubereitet und ausgewählt. Den anderen religiösen Gruppen ist der Verzehr von Schweinefleisch erlaubt. Die Bewohner Siliwangas einigten sich darauf, dass bei Festen und Feierlichkeiten, zu denen Anhänger anderer Religionen eingeladen sind, die entsprechende Nahrungstabus beachtet werden. Im Rahmen einer christlichen Hochzeit innerhalb der Gruppe der Flüchtlinge aus Poso konnte dies beobachtet werden. Es war zu verfolgen, dass die Speisen für die Muslime getrennt von denen der übrigen Gäste in einem separaten Raum aufgetragen wurden. Dieses Verfahren wurde in Siliwanga zur Regel, ist jedoch auch allgemein gängig. Ähnliches gilt für die Zeit des Ramadan, dem muslimischen Fastenmonat. Die Anhänger des Islam dürfen während dieser Zeit von Sonnenaufgang bis -untergang keine Speisen und Getränke zu sich nehmen. Auch das Rauchen ist ihnen untersagt. Christen und Hindus achten zu dieser Zeit darauf, dass sie nicht in Gegenwart der Muslime rauchen, essen oder trinken.

Ein anderes Beispiel berührt die lokalen Adat-Vorschriften. „Njepi" ist ein wichtiger balinesischer und zugleich staatlicher Feiertag, der „…vor allem mit der Furcht vor Dämonen und dem Versuch, keine Gemütsregungen zu zeigen" zu tun hat. Njepi ist ein unheimlicher Tag der Stille: man geht nicht auf die Straße, arbeitet nicht, entzündet weder Feuer noch Licht und unterhält sich selbst innerhalb der Höfe nur leise" (GEERTZ 1987:183). Während der Tag vor Njepi angefüllt ist mit verschiedenen religiösen Riten und Handlungen, die bis spät in die Nacht andauern und begleitet sind von Umzügen und lautem Trommeln, wird am Feiertag jeglicher Lärm vermieden. Auf der Insel Bali werden die Tätigkeiten des Alltags gänzlich eingestellt, Straßen werden abgeriegelt, kein Fahrzeug ist auf der Straße zu sehen und selbst der Flugverkehr nach Bali wird unterbrochen. In Siliwanga steht das Leben an diesem Tag nicht gänzlich still. Lediglich die Bereiche des Dorfes, in denen die Balinesen leben, unterstehen den Bestimmungen des Festes. Die Dorfteile, die zum Großteil von den Hindus bewohnt werden, dürfen nicht mit dem Motorrad befahren und jegliche Lärmbelästigung soll vermieden werden. Die Balinesen verständigten sich mit den anderen Gruppen innerhalb des Dorfes und die Regeln wurden bisher akzeptiert, denn Vertreter der Hindus gaben an, es habe bisher keine Störungen an diesem Feiertag gegeben.

**Wissen und Kompetenzen**

Im Gegensatz zu den Zugewanderten sind die Bewohner des Naputals und somit auch die lokalen Umsiedler mit dem Klima der Region vertraut und wissen, welche Kulturpflanzen unter diesen Bedingungen angebaut werden können. Die Transmigranten hingegen wussten vor ihrem Eintreffen nur wenig über die Verhältnisse in der Zielregion. Sie gingen davon aus, dass die Verhältnisse in der Zielregion weitestgehend mit denen in ihren Herkunftsgebieten übereinstimmen oder zumindest ähnlich sind, weshalb sie sich z.T. schon vor der Abreise nach Zentral-Sulawesi auf eine gewisse Form der Landnutzung, vor allem auf Nassreisanbau, einstellten.

Bei Ankunft und im Laufe der ersten Monate mussten die Migranten feststellen, dass ihre Erwartungen sich in vielen Bereichen nicht mit der Realität deckten. Viele entschieden sich, aufgrund der widrigen Umstände (keine Bewässerungsanlage, schwer kultivierbares Grasland, geringe Bodenqualität) Siliwanga zu verlassen. Diejenigen, die dort blieben, versuchten die Probleme vor Ort zu bewältigen. Einige schafften dies nur, indem sie zeitweise außerhalb Siliwangas zusätzliches Einkommen erwirtschafteten, während sich andere ausschließlich auf die Arbeit auf ihren Feldern konzentrierten. Einige eröffneten zusätzlich einen kleinen Laden, um ihren Lebensunterhalt zu sichern. Ein großer Teil der Bewohner Siliwangas sah darüber hinaus im Sammeln von Rattan aus dem nahegelegenen Lore Lindu Nationalpark eine gewinnbringende Ergänzung ihres Einkommens. Demnach lassen sich verschiedene Strategien aufzeigen, anhand derer die Bauern in Siliwanga versuchten, ihre wirtschaftliche Situation zu verbessern. Die Entwicklung dieser Anpassungsstrategien ist Teil des Prozesses der Akkulturation. Die Umsiedler erlangen Kenntnisse über die örtlichen Gegebenheiten und versuchen daraufhin, Kompetenzen für den Umgang mit der neuen Situation zu entwickeln.

Ein Beispiel hierfür ist der Nassreisanbau. Besonders den Balinesen und Ost-Javanern war sehr an der Kultivierung von Nassreis gelegen. Das zeigt sich in der Tatsache, dass das gesamte Nassreisareal in Siliwanga nur von diesen beiden Gruppen bewirtschaftet wird. Seit der Siedlungsgründung fehlt zwar eine Bewässerungsanlage, die den Nassreisanbau unabhängig von Niederschlägen gewährleistet, doch die Balinesen entwickelten in Zusammenarbeit mit den Ost-Javanern ein System von Bewässerungskanälen, was die intensive Nutzung des Areals in Abhängigkeit von den Niederschlägen ermöglichte. Das System von Kanälen zur Kontrolle der Bewässerung wird auf Bali „subak" genannt. Unter diesem Namen ist es auch in Siliwanga bekannt. Die Balinesen und Ost-Javaner arbeiten gemeinsam in Arbeitsgruppen, die über eine feste Gruppe von Mitgliedern definiert wird und als Form landwirtschaftlicher Kooperation zu sehen ist, die eine ausreichende Bewässerung der Nassreisfelder der Gruppenmitglieder sichern kann.

Die wenigen verbleibenden lokalen Transmigranten bauen keinen Nassreis in Siliwanga an. Sie kannten das Siedlungsareal von Siliwanga mit seinen kargen Böden und den ausgedehnten Grasflächen bereits vor der Umsiedlung. Als sie sich zur Teilnahme am Umsiedlungsprogramm entschieden, hofften sie auf eine umfangreiche Unterstützung von der Regierung wie etwa eine adäquate Bewässerung, die den Anbau erleichtern würde. Befragte unter den interinsularen Transmigranten gaben an, die Einheimischen würden das Land nicht bewirtschaften, da sie nicht hart arbeiten könnten. Dies lässt sich nur schwer überprüfen. Allerdings würde es die Ziele der Transmigration widerspiegeln, in denen die sogenannte hohe Arbeitsethik der Javaner und Balinesen als Vorbild für die Lokalen dienen sollte, die demnach angeblich eine vergleichsweise geringere Arbeitsethik an den Tag legen.

Die Kenntnis der gesellschaftlichen Regeln des lokalen Adat (Gewohnheitsrecht) und vor allem die Kompetenz im Umgang mit den örtlichen Bestimmungen sind ein Teil der Kulturation. Bei Ankunft im Umsiedlungsgebiet hatten die Transmigranten keine Kenntnisse über die lokalen Gegebenheiten. Sie wussten nicht, mit welchen Formen von Gewohnheitsrecht und kulturellen Fertigkeiten sie konfrontiert werden würden. Daher gab es Fehlverhalten von Transmigranten. Eine Tradition im Naputal besagt, dass beim Dahinscheiden eines Mitglieds der königlichen Familie des ehemaligen Königreichs besondere Bestimmungen zu befolgen sind. Diese Tradition und ihre Bestimmungen sind gemeinhin als „umbo" bekannt. Die Regeln des umbo besagen, dass während einer bestimmten Zeit nach dem Dahinscheiden der Person die Tätigkeiten des Alltags eingestellt werden sollen. Die Arbeit auf dem Feld ist untersagt, die Benutzung von Fahr- und Motorrädern oder gar Autos ist verboten und Lärm soll vermieden werden. Ein Mitglied der balinesischen Gemeinde in Siliwanga hielt sich seinerzeit nicht an diese Bestimmungen und durchquerte Wanga mit einem Fahrrad. Der Ältestenrat („Lembaga Adat Wanga") erließ eine Strafe für den Balinesen. In einem Gespräch zwischen einem Oberhaupt der Balinesen und den Lokalen wurde der Fall bereinigt.[45] Ein Befragter, der damals an der Klärung der Angelegenheit beteiligt war, sagt, die lokale Bevölkerung hätte die Bewohner Siliwangas nicht ausreichend über die Verbindlichkeiten des umbo informiert, weshalb ihnen kein direkter Verstoß gegen die Adat-Regeln zuzuschreiben sei. Der Fall führte nicht zu größeren Auseinandersetzungen zwischen der Gemeinde Siliwanga und Wanga und ihren Bewohnern, doch beeinflusst er bis zur Gegenwart das Bild der Transmigranten in der Sicht der lokalen Bevölkerung.

### 3.2.5 Kulturation der Bewohner von Mekarsari

**Sprache und Religion**

Was die Kenntnis der Regeln anderer Ethnien und Glaubensgemeinschaften in Mekarsari wie in Tamadue betrifft, zeigt sich ein mit den Ausführungen über das Zusammenleben in Siliwanga vergleichbares Bild. In Mekarsari sind sich die Akteure über die Unterschiede im Gewohnheitsrecht und den religiösen Vorgaben der einzelnen Akteursgruppen bewusst. Vertreter der Muslime in Mekarsari fordern dennoch, dass Regeln für das Zusammenleben verfasst werden. Die Regeln existierten bereits, doch seien sie bisher nicht niedergeschrieben worden. Das Interesse der Anhänger des Islam liegt besonders in der Beschränkung von alkoholischen Getränken, deren Konsum in der Vergangenheit für Probleme gesorgt habe, vor allem für das Verhalten der Jugendlichen. Einige unter ihnen würden sich hin und wieder betrinken und dann für Unruhe sorgen. Außerdem sollten in den Richtlinien religiöse Tabus der Gruppen festgehalten werden, die beispielsweise die Nahrung betreffen. Wenn Muslime beispielsweise bei christlichen Feierlichkeiten zu Gast sind, sollte auf die Nahrungsbeschränkungen der Anhänger des Islam

---

[45] Der Beschuldigte sollte dem *adat*-Rat in Wanga ein Schwein zur Begleichung seiner Schuld übergeben. Letztlich einigte man sich auf die Zahlung von RP 50.000, welche der Gemeindekasse der Hindus entnommen wurden, da der Beschuldigte selbst nicht in der Lage war, den Betrag zu begleichen.

Rücksicht genommen werden. Diese Regeln sind bereits bekannt, doch sollten sie nach Ansicht eines Vertreters der Muslime schriftlich niedergelegt werden.

Diese Beispiele zeigen, dass die verschiedenen ethnischen und religiösen Gruppen ihre Interessen geltend machen. Wie die Balinesen stellen auch die Muslime, die zumeist aus Ost-Java stammen, direkte Forderungen an die Dorfgemeinschaft, um ihre Gruppeninteressen innerhalb der Dorfgemeinschaft zu positionieren. Zugleich wird deutlich, dass die Dorfgemeinschaft von Mekarsari offenbar davon profitiert, in bereits zuvor existierende Strukturen eingegliedert worden zu sein. Die Handhabung des oben genannten Fallbeispiels läuft nach einem klaren Schema ab, welches den Bestimmungen der Gemeinde folgt, obwohl sich die Bewohner Mekarsaris in Eigenverantwortung um ihre Angelegenheiten innerhalb der beiden Dorfteile der Transmigrationssiedlung kümmern.

Das Interesse der Balinesen wie der Lokalen, ein gemeinsames Forum zum Austausch zu schaffen, hat verschiedene Gründe, doch einer ist von besonderer Bedeutung. Die Einäscherung der Verstorbenen ist ein wichtiger Bestandteil des hinduistischen Glaubens. Das balinesische Fest des „Ngaben" ist für die Hindus von großer Wichtigkeit, für die Lokalen verstößt es jedoch gegen das lokale traditionelle Recht und löst Unverständnis aufseiten der lokalen Bevölkerung aus. Im Interview mit dem Ältestenrat von Tamadue wurde dies sehr deutlich:

> „Die Balinesen besitzen ihr eigenes Adat. Es unterscheidet sich von unserem Adat [...]. Wenn jemand stirbt, verbrennen sie den Leichnam. Als sie damals einen Leichnam verbrannten, waren die Leute hier nicht damit einverstanden. Das liegt daran, dass dies im gesamten Naputal nicht normal ist. Als sie damals den Leichnam verbrannten, konnten die Leute hier wirklich nicht damit einverstanden sein. Sie setzten die Sache immer noch fort, als wieder jemand verstarb. Obwohl wir sie stoppen wollten, machten sie damit weiter."

Die Befragten gaben an, die Einäscherung hätte schlechte Auswirkungen auf die Felder. Der Nassreis und die Bananenpalmen würden darunter leiden, da dieser Brauch nicht Teil der lokalen Traditionen ist. Die Balinesen beteuern, das Adat der anderen Dorfbewohner nicht stören zu wollen, doch sie vertreten ihre Traditionen und wollen ihr Ngaben weiterhin zelebrieren. Dabei stehen sie nicht allein, denn die balinesische Gemeinschaft in Siliwanga verfolgt das gleiche Ziel.

In Mekarsari gibt es allgemein das Bemühen, gemeinsame Regeln für das Zusammenleben festzulegen. Dies zeigt sich einerseits darin, dass die Balinesen zukünftig stärker in die Angelegenheiten des traditionellen Dorfrates einbezogen werden sollen. Andererseits wird es an der engen Zusammenarbeit der verschiedenen Ethnien mit der formellen Dorfregierung deutlich. Die Bürgermeister übernehmen eine wichtige Rolle in Angelegenheiten, die das lokale Recht berühren. Zwar nimmt das lokale Gewohnheitsrecht eine vorrangige Stellung ein, doch im Rahmen der Interaktion der Akteure und Gruppen werden Kompromisse geschlossen, um Entscheidungen treffen zu können.

**Wissen und Kompetenzen**

Die Bevölkerung der Transmigrationssiedlung Mekarsari lässt sich anhand eines prägnanten Unterscheidungsmerkmals einteilen: der Form der Migration. In Mekarsari leben heute Teilnehmer des Umsiedlungsprogrammes und Haushalte, die spontan zugewandert sind. Für diese beiden Gruppen ergeben sich unterschiedliche Voraussetzungen. Die einen schlossen sich ohne genauere Kenntnis des Zielgebiets der Umsiedlung an. Sie bekamen lediglich Informationen der Transmigrationsbehörde und diese beschränkten sich zumeist auf den Ablauf des Programms. Ausführliche Informationen zu den natürlichen Gegebenheiten (Klima, Boden etc.) erhielten sie kaum. Ein vorbereitendes Training fand für die meisten Umsiedler nicht statt.

Die anderen sind die späteren Neuankömmlinge, die Informationen über Mekarsari von Freunden, Bekannten oder Verwandten erhielten. Die spontan zugewanderten Balinesen wie auch Ost-Javaner hatten somit andere Vorinformationen als die ursprünglichen Transmigranten. Noch dazu waren die Informationen verlässlicher, denn sie kamen größtenteils direkt von ihnen nahestehenden Personen. Während die Transmigranten somit faktisch nicht wussten, was auf sie zukommt, konnten sich diese Migranten besser auf ihr zukünftiges Umfeld und seine Gegebenheiten einstellen. Hiermit ergeben sich Unterschiede im Wissen und der Kenntnis des Zielgebiets und seiner Bedingungen. Außerdem machten sie ihre Entscheidung zur Migration direkt von den Bedingungen im Zielgebiet abhängig. Hätten die Bedingungen in der Destination nicht mit ihren Vorstellungen übereingestimmt, wären sie nicht migriert. Der überwiegende Teil der heutigen Bevölkerung von Mekarsari (175 HH von 252 HH) besteht heute aus Haushalten dieser spontanen Zuwanderer.

Bei der Betrachtung der Anbauprodukte in Mekarsari wird erneut die Vorliebe der Balinesen für Nassreis-Kulturen deutlich. Außerdem produzieren sie „Cash Crops", vor allem Kakao. Die Ost-Javaner kultivieren vergleichsweise wenig Reis, bauen hingegen vor allem Kaffee an, was wohl auf die Unterstützung seitens der Behörden zurückzuführen ist. Wichtig ist bei dieser Gruppe ebenso der Anbau von Gemüsesorten zur Eigenversorgung und zum

Verkauf. Bei Befragungen der lokalen Bevölkerung war immer wieder zu hören, dass die Landnutzungsmethoden der Zuwanderer großen Einfluss auf die Form der Landwirtschaft der Lokalen nehmen.

An allen diesen Äußerungen zeigt sich, dass der Prozess der Akkulturation in Mekarsari im Wesentlichen ein wechselseitiges Erlangen von Kenntnissen darstellt. Die Lokalen übernehmen Landwirtschaftsmethoden der Transmigranten und spontanen Zuwanderer. Sie versuchen somit, von den Landnutzungsmethoden der Zugewanderten zu profitieren, indem sie ihre Kenntnisse über den Landbau im Austausch mit den nicht-lokalen Migranten erweitern. Die Zugewanderten hingegen übertragen ihre Erfahrungen auf die lokalen Verhältnisse. Die Gründung der Transmigrationssiedlung in Mekarsari hat somit Auswirkungen auf die Kulturation beider Gruppen, der Lokalen und der Zugewanderten, wobei die Lokalen ihr Wissen erweitern und die Migranten ihre Kenntnisse den Umständen anpassen.

Zum Aspekt der Kulturation lässt sich für Siliwanga und Mekarsari abschließend zusammenfassen, dass sie sich grundsätzlich bereits auf einem hohen Niveau befindet. Dies ist bedingt durch gemeinsame kulturelle und gesellschaftliche Werte und Fertigkeiten der Bewohner, die sich durch die Enkulturation in einem gemeinsamen Nationalstaat ergeben. Denn letztlich handelt es sich bei der Transmigration um eine Form der Binnenmigration, die keine nationalen Grenzen überschreitet. Bei aller Vielfalt der indonesischen Nation und den Unterschieden, die sich aus ethnischer und religiöser Zugehörigkeit ergeben, existiert doch eine gemeinsame Basis. Gemeinsamkeiten in der Sozialisation finden sich etwa im Besuch der staatlichen Schulen. Das Wissen um die gemeinsame Staatsphilosophie „Panca Sila"[46] ist eine weitere Gemeinsamkeit – unabhängig davon, wie sehr sie diese selbst unterstützen oder sich mit ihr identifizieren, stellt sie doch einen gemeinsamen Hintergrund dar. Weitaus wichtiger noch ist die indonesische Nationalsprache, die bis auf wenige Ausnahmen von der überwiegenden Zahl der Menschen in Siliwanga gesprochen wird und Barrieren in der interethnischen Kommunikation gar nicht erst aufkommen lässt.

---

[46] vgl. hierzu SOEMARDJAN (1979:187ff.)

## 3.3 Der Handlungsrahmen auf der Mikroebene: Platzierung als Teilaspekt der sozialen Integration in den Untersuchungsdörfern

Die Verleihung bestimmter Rechte sagt viel über die Möglichkeiten der Positionierung in einer Gesellschaft aus. Für die tatsächliche gesellschaftliche und berufliche Positionierung spielen jedoch auch die Eröffnung von Angeboten und sozialen Gelegenheiten eine große Rolle, was von Vorurteilen oder Akzeptanz abhängig ist. So können Menschen rechtlich eingebunden sein, sozial jedoch keine Gelegenheit bekommen, ihre Rechte wahrzunehmen. Die Platzierung ist, ebenso wie die Kulturation, ein Prozess, der von allen Gruppen initiiert werden muss. Die Dimensionen sind stark miteinander verbunden und können sich gegenseitig fördern oder behindern. Einerseits können erst durch eine bestimmte Platzierung (z.B. im Wirtschaftssystem) bestimmte Kompetenzen erworben werden, andererseits können bestimmte Plätze nicht eingenommen werden, da Kompetenzen (z.B. zur Bestellung der Felder, Sprache) nicht vorhanden sind.

### 3.3.1 Platzierung der Bewohner von El Progreso und San Martín

In Bezug auf die soziale Integration über die Platzierung einer Person ergeben sich signifikante Unterschiede zwischen den Dörfern El Progreso und San Martín. In El Progreso sind alle befragten Haushalte vom landwirtschaftlichen Beschäftigungsstatus her selbständig, vom Besitzstatus fast ausschließlich Parzelleneigentümer und verfügen über umfangreiches Acker- und Weideland. Dagegen sind in San Martín die Anteile niedriger, d.h. Abhängige und Selbständige halten sich in etwa die Waage und nicht Eigentümer, sondern Pächter einer Parzelle dominieren. Der Umfang des Acker- und Weidelandbesitzes ist geringer. Vom monetären Einkommen her unterscheiden sich beide Dörfer nicht deutlich. In El Progreso, wo Tauschhandel noch stärker vorherrscht, liegt das Einkommen im unteren Durchschnitt, in San Martín ist das Einkommen etwas höher, was auf die große Zahl an Tagelöhnern, die ein monetäres Einkommen beziehen, zurückzuführen ist. Lediglich hinsichtlich des sozialen Status der Bevölkerung gibt es in El Progreso weniger Amtsinhaber und einflussreiche Personen als im Vergleichsdorf San Martín.

Die hohe Platzierung der Einwohner von El Progreso hängt unmittelbar mit ihrem Landbesitz zusammen. Zu Beginn der Kolonisierung des Gebietes angesiedelt und mit Wohn- und Ackerland versorgt, verfügen die Dorfbewohner über ein Gut, das nicht nur in der andinen Philosophie einen großen ideellen Wert besitzt, sondern in einer von der Landwirtschaft geprägten Region auch eine wichtige Existenzgrundlage darstellt. Wer Land hat, ist nicht zwangsläufig wohlhabend, jedoch in der Lage, sich selbst zu versorgen, also die Abhängigkeit von anderen zu mindern. Nach dem Konzept der sozialen Integration ist ein Landbesitzer damit höher platziert als ein Landloser, der z.T. über ein größeres monetäres Einkommen durch die Gelegenheitsarbeit verfügt, jedoch durch seine Abhängigkeit in Krisenzeiten weniger flexibel reagieren kann. In San Martín sind die Landbesitzer mittlerweile in der Unterzahl, so dass die durchschnittliche Platzierung niedriger ausfällt.

Die zahlreichen spontanen Migranten, die seit Mitte der 1980er Jahre in die ehemals semi-dirigierten Kolonien gekommen sind, bringen neben ihrer Arbeitskraft nur wenig materiellen Wohlstand mit. Der Großteil von ihnen bietet sich daher bei den Landbesitzern als Tagelöhner an. Verfügbare Flächen sind im Kolonisationsgebiet kaum noch zu haben, da die vormals unbesiedelte Zone bereits an ihre räumlichen und demographischen Grenzen gestoßen ist. Eine Ausdehnung der Agrarfront ist nicht möglich. Als Konsequenz dessen gelingt nur wenigen Migranten, die nicht in der ersten staatlichen Ansiedlungsphase mit kostenloser Landzuteilung nach San Julián gelangt sind, der Aufstieg zum Parzelleninhaber. Durch die geographische Lage und die Größe des Ortes San Martín hat sich allerdings ein breites Spektrum an Gremien, Organisationen und Vereinen entwickeln können, so dass ein im Verhältnis größerer Anteil an Bewohnern über ein Amt in der Dorfgemeinschaft verfügt und von daher platziert ist.

Die Zentralität des Ortes wirkt sich in zweierlei Hinsicht indirekt auf die Platzierung einer Person aus. Einerseits eröffnet ein gut erreichbares, und daher heterogenes und einwohnerstarkes Dorf wie San Martín einer größeren Menge an Menschen mit verschiedener Interessenslage den Zugang zu einer einflussreichen Position in einer beliebigen Vereinigung. Andererseits bewirkt die Abgeschiedenheit eines Dorfes wie El Progreso eine geringe demographische Fluktuation. Vollzieht sie sich dennoch, so handelt es sich fast ausschließlich um Abwanderung in andere Räume. Durch den Erhalt der ursprünglichen Dorfstruktur, bezogen auf die Besitzverhältnisse und die ethnische Zusammensetzung, hat sich ein hohes Maß an sozialer Integration durch die Platzierung der Dorfbevölkerung erhalten können. Eine derartige Konstellation wäre bei umfangreicher Immigration anderer sozialer, kultureller oder ethnischer Gruppen verwischt worden. Die Erreichbarkeit eines Ortes bzw. die damit zusammenhängende Migration determiniert die Siedlungsgenese und damit auch partiell die Positionierung des Einzelnen. In den beiden Untersuchungsdörfern bestätigt sich diese Erkenntnis, wie gesehen, auf unterschiedliche Weise.

Collas und Cambas sind unterschiedlich stark in die Kolonisationsgesellschaft integriert, zumindest dann, wenn es um ihre Platzierung geht. Die andinen Bevölkerungsgruppen, zusammengefasst unter dem Begriff Collas, sind überwiegend landwirtschaftlich selbstständig, vorwiegend Pächter oder Eigentümer einer Parzelle, und besitzen zwar überdurchschnittlich große Ackerflächen, jedoch unterdurchschnittlich große Weideflächen. Die Cambas, die im Tiefland heimisch sind, hingegen sind überwiegend landwirtschaftlich abhängig und vom Besitzstatus her vorrangig Landlose oder Pächter einer kleinen Parzelle. Dementsprechend fällt die Größe des in Besitz befindlichen Ackerlandes wie auch des Weidelandes gering aus. Auch hier ist die Siedlungsgenese maßgeblich. Der Großteil der Collas kam in den ersten Jahren der Gründung ins Agrarkolonisationsgebiet und erhielt nach kurzer Zeit ein Stück Land. Später nachkommende Verwandte konnten auf der 50 ha großen Agrarfläche, die jeder Familie vom INC zugeteilt wurde, problemlos untergebracht werden, da die regional durchschnittlich bearbeitete Fläche mangels Mechanisierung selten die 15 ha überschreitet und erst nach zwei bis drei Jahren ein parzelleninterner Wanderfeldbau einsetzt. Aus diesen Gründen liegt der Anteil der Collas, die als Tagelöhner arbeiten, unter 25 %.

Die Mehrzahl der Cambas kam erst ab Mitte der 1980er Jahre in die Kolonie, d.h. zu einem Zeitpunkt, als bereits sämtliche Nutzflächen vom Staat vergeben worden waren. Somit boten sich für die bleibewilligen Cambas neben dem Erwerb weniger Hektar für die Subsistenzwirtschaft nur zwei akzeptable Möglichkeiten: entweder in einem Abhängigkeitsverhältnis im primären Sektor zu arbeiten oder außerhalb der Landwirtschaft eine Beschäftigung anzunehmen. Diejenigen, die nicht abwanderten oder einer kleinen selbständigen Tätigkeit nachgingen, wurden meist Tagelöhner auf den Feldern der Collas, da andere Alternativen im sekundären und tertiären Sektor im Distrikt Brecha Casarabe fehlen. Mehr als 85 % der befragten und in der Landwirtschaft tätigen Cambas verdienen ihr Geld mit derartiger saisonaler Hilfsarbeit (v.a. Aussaat und Ernte).

Das verfügbare Einkommen der aus dem „Oriente" stammenden Bevölkerung ist daher auch signifikant höher als das derer, die eine andine Herkunft haben. Zwar verfügen die Collas als die mehrheitlichen Landbesitzer zur Ernte- und Verkaufszeit über höhere monetäre Einkünfte als die Cambas, doch bleiben ihnen durch die Ausgaben für den Warentransport und ggf. für den Ankauf von Saatgut und die Bezahlung der Lohnarbeiter nur geringe Summen für den Eigenbedarf. Somit verfügen sie durchschnittlich über ein Einkommen von 105 Bolivianos (Bs) pro Woche und Haushalt (ca. 14 US$), während Cambas auf einen Betrag von 135 Bs (ca. 18 US$) kommen. Bei einer mittleren Haushaltsgröße von fünf Personen stehen jedem Haushaltsmitglied statistisch betrachtet deutlich weniger als 1 US$ pro Tag zur Verfügung, womit die von der WELTBANK festgelegte Armutsgrenze von einem US-Dollar weit unterschritten wird. Auch wenn es sich nicht um kaufkraftbereinigte Werte handelt, so drücken die Zahlen zumindest die relative Armut der Region aus.

Insgesamt sind die Collas aufgrund ihres Besitz- und Beschäftigungsstatus höher positioniert als die Cambas, ohne allerdings dadurch einen größeren Einfluss in der Gemeinschaft zu erlangen. Das ist u.a. darauf zurückzuführen, dass der Landbesitz sowohl einen bedeutenden ideellen als auch einen materiellen Wert besitzt, jedoch unter den lokalen Bedingungen keine Quelle für eine überdurchschnittliche Rendite bildet. Dazu ist die Mechanisierung der Landwirtschaft, der Einsatz ertragssteigernder Maßnahmen (Dünger, Insektenbekämpfung etc.) und der nachhaltige Umgang mit den Ressourcen (v.a. Bodenschutz) zu wenig fortgeschritten und die Entfernung zum nächsten Marktort in Verbindung mit der schlechten Infrastruktur zu kostenintensiv. Stattdessen verfügen die meist landlosen Cambas im Mittel über ein größeres monetäres Einkommen, was ihre Position wiederum erhöht. Letztendlich egalisieren sich der territoriale und der finanzielle „Reichtum" weitgehend, so dass sich eine Konstellation aus zwei ethnischen Gruppen ergibt, die beide in relativer Armut nebeneinander und bisweilen miteinander leben.

### 3.3.2 Platzierung der Bewohner von Azoumanakro

In den quantitativen Befragungen gab lediglich einer der Baoulé-Haushaltsvorstände an, als Arbeiter auf einer Pflanzung tätig zu sein. Alle anderen sind Pflanzungseigner. Auch wenn die Baoulé den Schritt der Arbeitsmigration übersprangen, indem sie sofort Land erwarben, um als selbstständige Pflanzer zu arbeiten, mussten sie sich in der Zeitspanne bis zum ersten Pflanzungsertrag (drei Jahre) entweder als Lohnarbeiter verdingen oder in Subsistenz leben. Dass sie diesen Status so schnell überwanden, erklärt sich daraus, dass zum Zeitpunkt der Ankunft viel Land verfügbar war und die Baoulé gewohnt waren, in der Exportproduktion zu arbeiten. Eine weitere Erklärung sieht LÉNA (1984: 93) darin, dass in der Gesellschaft der Baoulé Prestige an Landbesitz gebunden ist. Lohnarbeit wird in diesem System als eine Abhängigkeit empfunden, die der untersten Stufe der sozialen Schichtung entspricht.

Für die Burkinabé stellt sich die Arbeitssituation anders dar: vier von zehn Haushaltsvorständen gaben an, in einem Lohnarbeitsverhältnis bei den etablierten Baoulé zu stehen. Zum Zeitpunkt ihrer Ankunft waren keine Landreserven mehr zu erschließen. Die Lohnarbeiter bekommen entweder ein Drittel des Ertrags oder einen niedrigen Lohn. Ihre vertikale Mobilität ist sehr eingeschränkt: Nur sechzig Prozent der Burkinabé haben den Status der Lohnarbeit im Laufe der Siedlungszeit überwinden und eine Parzelle erstehen können, um sich als eigenständige Pflanzer zu etablieren. Während alle Baoulé das Land entweder zugeteilt bekamen oder erbten, mussten die Burkinabé es von den Baoulé kaufen. Dazu mussten sie sich jedoch erst einige Jahre auf den Feldern der Baoulé als Lohnarbeiter verdingen. Um die Gelegenheit dazu zu bekommen, spielen allerdings nicht nur die sozialen Kontakte, sondern auch die Artikulationsmöglichkeiten eine Rolle. Auffällig ist außerdem, dass die Baoulé-Pflanzungseigner, die nach 1982 ankamen, noch bis zu 14 ha Land erstehen konnten, während die Burkinabé aus dieser Einwanderungszeit lediglich bis zu vier Hektar besitzen. Die gesicherte Vormachtstellung der Baoulé zeigt sich darin, dass die Burkinabé im Durchschnitt wesentlich kleinere Felder haben und zu mindestens 40 % als Arbeiter bei den Baoulé beschäftigt sind.

Die ethnische Trennung in Azoumanakro wird nicht nur in Land- und Arbeitszugang deutlich, sondern auch in der Positionierung im politischen System. An der Gestaltung des gemeinsamen Rechts sind die zugewanderten Burkinabé nicht beteiligt und obwohl sie sich dem bestehenden Recht unterordnen müssen, hat kein Burkinabé einen politischen Posten. Mit dem Argument, die Burkinabé seien lediglich die Arbeiter der Baoulé, wird die Möglichkeit einer Beteiligung von den Baoulé kategorisch ausgeschlossen. Auch die Unterscheidung zwischen Ausländern und ivorischen Zuwanderern spielt eine Rolle. Obwohl die Burkinabé an der Administration des Dorfes keinen Anteil haben, haben sie gewisse Pflichten. So tragen sowohl Burkinabé als auch Baoulé zur Ordnung des Dorfes bei und nehmen zum Beispiel an Reparaturen der Straße und am Bau der Schule teil. Nicht nur die Ausgrenzung aufgrund ihrer Stellung als Arbeiter und als Ausländer, sondern auch die sprachliche Barriere spielt bei der politischen Ausgrenzung eine Rolle. Bei einem Anteil von 92 % der Dorfbewohner, die dieselbe Sprache sprechen, wird es, zusätzlich zu der eigenen Einschätzung der Dominanz der Baoulé, schwierig sein, einen politischen Posten mit einem anderssprachigen Dorfbewohner zu besetzen.

Die Einschätzung der Burkinabé als Ausländer und Arbeiter durch die Baoulé ebenso wie die scheinbare Akzeptanz dieses Zustands durch die Burkinabé birgt zwar eine Reihe von Mobilitätshemmnissen. Aber die Tatsache, dass alle Burkinabé sowohl in der quantitativen als auch in der qualitativen Befragung das Verhältnis zu den Baoulé als positiv einschätzen, zeigt, dass sie trotz der gravierenden ethnischen Schichtung keine ernsthaften Ressentiments gegenüber den Baoulé haben. Auch die Baoulé sind mit dem Zusammenleben mit den Burkinabé zufrieden: Die Burkinabé seien zwar generell eher streitsüchtig, im Dorf gäbe es jedoch keine Probleme, da sie in der Minderheit seien.[47] So wurde in Azoumanakro das Bild eines friedlichen Zusammenlebens vermittelt, bei dem die Rollenverteilung zwar klar ist, der gegenseitigen Akzeptanz, solange die Burkinabé in ihrer Rolle verharren, jedoch kaum etwas im Wege steht.

Auf der einen Seite können Bemerkungen von Baoulé-Seite, die behaupten, Burkinabé arbeiteten sehr viel und seien ausschließlich an Wertschöpfung interessiert, weshalb sie sich nicht gut kleiden, als diskriminierend empfunden werden. Auf der anderen Seite eröffnet dieses Vorurteil den Burkinabé die Gelegenheit, in den Pflanzungen der Baoulé tätig zu werden, da ihnen Fleiß als große Tugend gilt. Die Bereitschaft, den Burkinabé nach einigen Jahren Lohnarbeit Land zur Gründung von eigenen Pflanzungen und Haushalten zu verkaufen, basiert nicht auf besonderer Akzeptanz der Gruppe durch die Baoulé, sondern auf wirtschaftlichem Interesse an preiswerten Arbeitskräften[48] und einem zusätzlichen Verdienst.

### 3.3.3  Platzierung der Bewohner von Soubré 3

Die Positionen von Migranten in einem System verraten viel über die sozialen Gelegenheiten, die ihnen eingeräumt werden. Die Tatsache, dass die Burkinabé den Bété im Anfangsstadium der Migration sehr willkommen waren, und ihre mittlerweile quantitative Größe eröffnete ihnen einen Zugang zu ganz anderen gesellschaftlichen Positionen als den Burkinabé in Azoumankro.

Die Migranten aus Burkina Faso, die in Soubré 3 leben, übersprangen im Vergleich zu Azoumanakro und anderen Siedlungen der Region unüblicherweise oft das Lohnarbeitsverhältnis und wurden sofort nach der Siedlung selbstständige Pflanzer. Für den Übergang von der Arbeitsmigration in eine Siedlungsmigration entscheiden sich die Burkinabé nicht nur wegen der größeren Unabhängigkeit und Verdienstmöglichkeiten, sondern auch wegen der Schwierigkeit, bei eventueller Rückkehr nach Burkina Faso frei über die erwirtschafteten finanziellen Mittel verfügen zu können, da das ausgeprägte familiäre Solidaritätsprinzip dagegen spricht. Trotzdem sind noch etwa 33 % der Haushaltsvorstände in einem lohnabhängigen Arbeitsverhältnis tätig, während keiner der Bété sich als Lohnarbeiter verdingt. Während die Bété

---

[47] Insgesamt fällt das Urteil damit allerdings genauso harsch aus wie über andere Gruppen der Region. Sowohl die Bété-Männer des Nachbardorfes Soubré 3 gelten unter den befragten Baoulé als faul, streit- und vergnügungssüchtig als auch die Bakwé genießen unter den Baoulé, die Fleiß und Arbeit als Maßstab für ihre Anerkennung benutzen, keinen guten Ruf: „il font rien".

[48] Ohne den Arbeitern die Aussicht auf einen späteren Landerwerb zu stellen, würden die Baoulé die Arbeiter nicht auf Dauer halten können.

den Tätigkeiten in der Landwirtschaft teilweise entgehen konnten, beschränken sich die Überlebensstrategien der Burkinabé speziell darauf. Auffällig ist, dass die selbständigen Burkinabé größere Flächen bewirtschaften als die Bété.[49] Somit sind die Burkinabé in der Landwirtschaft dominant. Die verhältnismäßig größere Investition in die Landwirtschaft zahlt sich im Vergleich zu den Bété allerdings geringer aus.

Die Bété geben ein wesentlich größeres Haushaltseinkommen als die Burkinabé an. Zum einen verpachten die Bété als Grundbesitzer die Felder zur Nahrungsmittelproduktion und bekommen somit von den Burkinabé Entschädigungen in Form von Naturalien oder Geld pro Jahr oder Monat; zum anderen erlaubt ihnen die zusätzliche Zweitbeschäftigung oder eine andere Hauptbeschäftigung weniger oder gar nicht in der Landwirtschaft zu arbeiten. Die Burkinabé sind somit zwar im Sinne ihrer Positionierung in der vertikalen Hierarchie des Arbeitsmarkts weniger benachteiligt als jene aus Azoumanakro, dennoch sind ihre Einkünfte niedriger und ein Drittel von ihnen steht noch in einem wirtschaftlichen Abhängigkeitsverhältnis.

In Soubré 3 fällt im Gegensatz zu Azouamankro sehr positiv für die Migranten auf, dass sie politisch nicht marginalisiert sind. Es ist in manchen Organisationsfragen sogar eine Abhängigkeit der Bété von den Burkinabé zu beobachten. In der aktuellen Diskussion um die Reparatur der Brücke über den Fluss Hana, die gemeinsam mit allen Bewohnern durchgeführt werden sollte, zeigten die Burkinabé zu diesem Zeitpunkt noch keine Bereitschaft, da sie noch viel auf den Feldern zu tun hatten. Somit konnte die Reparatur trotz des Wunsches der Bété nicht durchgeführt werden. Obwohl Artikulationsmöglichkeiten für alle Gruppen bestehen, werden die Migranten bezüglich des Landrechts von den Bété dominiert, dies wird durch die jüngere politische Entwicklung auch rechtlich untermauert. Mitbestimmungen der Burkinabé über die Bodenverteilungen sind für die Bété indiskutabel.

„C' est pas les étrangers, les autres Bété, pas les étrangers. Parce que c'est les Bété. Le Bété il est Ivorien. Et il est dans sa région ici. Ici c'est chez les Bété. C'est eux qui ont leur terre. Il peuvent pas décider avec un étranger sur leur terre. C'est eux qui décident sur leur terre les Bété. Si tu es Burkinabé tu peux décider sur la terre burkinabée." (Chef de Terre, Bété)

Konnten die Burkinabé die Bewirtschaftungserlaubnis bisher mit „Almosen" an ihre Besitzer sichern, so spüren sie mit der Ankündigung des neuen

---

[49] Die bestellten Landgrößen in Soubré 3 sind allerdings insgesamt wesentlich kleiner als die der Baoulé in Azoumanakro.

Bodenrechts nicht nur die Möglichkeit einer vertraglichen Abhängigkeit von deren Gunsten, sondern auch die gesetzliche Möglichkeit der Vertreibung von den Feldern. Dass die Burkinabé, im Zuge der zunehmenden Landknappheit und der damit einhergehenden Angst der Bété vor der eigenen Landsicherung, noch nicht von den Feldern vertrieben wurden, liegt, nach Aussage der Bété, lediglich an ihrer Quantität.

93 % der Bété geben in der statistischen Umfrage an, ein schlechtes Verhältnis zu den Burkinabé zu haben. Fast ebenso viele Bété behaupten, die Verbindung sei vor zehn Jahren besser gewesen. Nur 17 % der Burkinabé geben an, die Verbindungen zu den ivorischen Mitbewohnern seien schlecht, die Mehrzahl betrachtet sie als positiv. 43 % von ihnen finden, dass sich die Verhältnisse seit zehn Jahren nicht verändert haben, während auch 50 % der Burkinabé finden, die Verbindungen seien früher besser gewesen. Waren die Burkinabé früher als Bewirtschafter des Landes und als zur Sicherheit des Dorfes Beitragende willkommen, verschlechtert sich die Akzeptanz offensichtlich mit dem zunehmenden Gefühl der „Überfremdung", der Landknappheit und der wirtschaftlichen Rezession.

Die von den Bété beobachtete, zunehmende Verselbständigung der Burkinabé setzt die eigene autochthone Autorität teilweise außer Kraft und stiftet Angst um den Bodenverlust und die Sicherung der eigenen Zukunft.

> „Au temps du président Houphouët-Boignys, quand nous, les Bété, ont était dans notre forêt là, les étrangers nous respectaient, les Burkinabé etc. Ils nous respectaient. Ils étaient un peu strictes sur ces affaires. Voilà. Ce qu'on dit de faire là, ils faisaient ça. Mais maintenant à l'heure où je vous parle là, les étrangers qui sont ici là, ils veulent nous prendre nous mêmes notre propre terre. Pour que nous-mêmes sont étrangers sur notre propre terre, avec cette deuxième république. On peut le dire. Nous sont même plus en sécurité." (Chef de Terre, Bété)

Mancher Bété äußert den Wunsch, die Burkinabé sollen das Dorf verlassen. Es wird sogar der Vorschlag gemacht, die Burkinabé aus dem Land zu verjagen[50]:

> „Ça peut ce faire. Le gouvernement a les moyens de faire ça. Si le gouvernement a fait ça, vraiment, c'est très bien même. Il n'y a pas un Ivoiren qui peut nous dire que c'est une mauvaise idée. Parce que ac-

---

[50] Zur Untermalung der Umsetzungsmöglichkeit werden vom „Chef de Terre" die Vertreibung der Weißen in Zimbabwe oder Abschiebungen in Europa gebracht.

tuellement, moi déjà j'ai la place, mais mon fils, il n'a pas de place."
(Bété)

Die Bindung zu Grund und Boden zeigt sich nicht nur in der wirtschaftlichen Abhängigkeit von ihm, sondern auch in der spirituellen Art und Weise des Umgangs mit ihm, da er, so der „Chef de Terre", identiätsstiftend ist. Der Verlust dieses Bodens würde für die Bété heißen, „Fremde in ihrem Land" zu werden. Die Animositäten kommen demnach vor allem von Bété-Seite. Denn die Burkinabé betrachten das Leben mit den Bété weiterhin als durchschnittlich oder als „gut". In ihrer Position als Mehrheit und bei ihrer autonomen Stellung in Wirtschaft und Politik sind sie in der Lage, aus der Situation wirtschaftlichen Nutzen zu ziehen und bald wieder in ihre Heimat zurückzukehren.

### 3.3.4 Platzierung der Bewohner von Siliwanga

Wie bereits im Abschnitt zur Kulturation gezeigt wurde, sind die Vertreter Siliwangas offensichtlich bemüht, den Status und das Mitspracherecht der Gemeinde innerhalb des Distrikts zu verbessern. Eine Variante der Interessenvertretung gegenüber den lokalen Institutionen ist der traditionelle Dorfrat, eine andere ist die formale Dorfregierung Siliwangas. Die Institutionen der Dorfregierung und -administration sind ein Spiegel der zentralistisch und hierarchisch organisierten Verwaltungsstruktur, wie sie seit dem Beginn (1965) der Politik der Neuen Ordnung unter Präsident Suharto geschaffen wurde (BURKARD 2000: 46ff. & 193ff.). Seit dem Ende des Suharto-Regimes und dem Einsetzen des Demokratisierungsprozesses ist diese Struktur einem Wandel unterworfen. Einen Beitrag hierzu leistet die Politik der Dezentralisierung, die auf eine Stärkung der Autonomie der Regionen innerhalb der Republik Indonesien gerichtet ist.

Eine diesbezügliche Neuerung in den politischen Institutionen ist die Schaffung des „Badan Perwakilan Desa" (BPD), des Dorfparlaments. Die Aufgabe des BPD soll es sein, Dorfregeln zu erstellen und als Kontrollinstanz gegenüber der Dorfregierung, d.h. des Bürgermeisters, zu agieren. Gegenwärtig befindet sich das politische System in Siliwanga wie im gesamten Land in einer Umbruchphase.

Entsprechend des neuen Gesetzes sind die Funktionen des BPD „to protect local customs and traditions, make village regulations, gather and channel community aspirations, and supervise organization of village governance" (zit. n. BURKARD 2000: 14), womit eine umfangreiche Mitbestimmung und Einflussnahme der Dorfbevölkerung auf die Entscheidungen des Bürgermeisters gewährleistet werden soll. Das Dorfparlament, das in Siliwanga seit dem Jahre 2001 existiert, setzt sich aus fünf Mitgliedern und einem Vorsitzenden zusammen. Die Mitglieder des BPD gehören zur Gruppe der Balinesen, der Javaner und zur lokalen Ethnie der Napu. Der Vorsitzende ist ein Buginese. Damit sind die zahlenmäßig stärksten ethnischen Gruppen der Gemeinde im Dorfparlament repräsentiert. Die Verteilung der Ämter in Siliwanga ist ebenfalls ein Spiegel der Bevölkerungszusammensetzung. Die Balinesen stellen die größte ethnische Gruppe und besetzen wichtige Positionen in Politik und Verwaltung des Dorfes. Die übrigen Gruppen sind in etwa ihrer Größe entsprechend vertreten. Die Verteilung der Ämter ist Ausdruck des Bestrebens der Bewohner, Vertretern ihrer eigenen ethnischen Gruppe bestimmte gesellschaftliche Positionen innerhalb der Dorfgemeinschaft zukommen zu lassen. Zugleich zeigt sich jedoch, dass die Umsiedler (hier Balinesen und Javaner) die Notwendigkeit erkennen, den Lokalen ebenfalls gewisse Schlüsselpositionen zu überlassen.

Der Zugang zu Ressourcen ist für die Platzierung wichtig, da hierüber das Erlangen einer gewissen gesellschaftlichen Position erleichtert wird. In Bezug auf den Zugang zu Land spielen die Zugehörigkeit zu einer bestimmten Gruppe und die Beziehungen zwischen den Ethnien keine entscheidende Rolle, denn das verfügbare Land der Gemeinde, aber auch das Land innerhalb des Nationalparks wird von Vertretern aller ethnischen Gruppen genutzt. Das noch zur Verfügung stehende Gemeindeland wird nach dem Motto vergeben „wer zuerst kommt, ist der Glückliche". Ähnlich scheint es sich bei der Landnahme innerhalb des Nationalparks zu verhalten. D.h. die Erschließung dieses Landes ist im Wesentlichen abhängig von der Fähigkeit und der Bereitschaft des Einzelnen und wird nicht durch besonderen Status beschränkt. Wie sich die Vergabemechanismen bei zunehmender Knappheit des Landes entwickeln werden, bleibt abzuwarten. Erste Anzeichen für eine zukünftige Problematik sind in Aussagen zu vermuten, die beinhalten, dass es bereits schwieriger sei, freies Land zu finden, und dass es hin und wieder zu Streitigkeiten komme, wenn jemand Landareale nutzen wolle, die an Parzellen anderer grenzen. Grundsätzlich erübrigt sich gegenwärtig noch die Frage danach, ob Migranten gegenüber Lokalen in Siliwanga andere Rechte in Bezug auf den Zugang zu Land haben, denn in Siliwanga leben nun einmal ausschließlich Migranten. Auch die Transmigranten scheinen gegenüber den spontanen Migranten keine älteren Rechte geltend zu machen. Denn beispielsweise auch die erst seit kurzem in Siliwanga lebenden Flüchtlinge nutzen die Waldareale und legen dort Felder an. Der Zugang zu der Ressource „Land" lässt keine ethnische Schichtung erkennen. Vielmehr ergibt sich hier eine soziale Schichtung, die letztlich davon abhängt, wer welche Fähigkeiten, z.B. finanziell oder zeitlich, besitzt.

Bei der Platzierung in bestehenden Arbeitsgruppen in Siliwanga und den Möglichkeiten des Zugangs zu ihnen handelt es sich um eine Platzierung, die durch das Marktgeschehen bestimmt wird und nicht rechtlich geregelt ist. Eine Einschränkung in Bezug auf den Zugang ergibt sich nur dann, wenn andere Kriterien, wie etwa die Religion, für den Zugang eine Rolle spielen. Dies wiederum ist nur von Bedeutung, wenn von Außenstehenden überhaupt Interesse an einer Teilnahme in einer dieser Interessengemeinschaften besteht. Da dies in Siliwanga nicht der Fall ist, kann der Aspekt der sozialen Akzeptanz, im Sinne des Ausschlusses bestimmter (religiöser oder ethnischer) Gruppen, vernachlässigt werden. Ausschlaggebend sind überwiegend praktische und ökonomische Gesichtspunkte.

### 3.3.5 Platzierung der Bewohner von Mekarsari

Die Schlüsselpositionen in der Administration von Mekarsari werden von Ost-Javanern besetzt. Auch die Besetzung der Positionen der Bürgermeister der Dorfteile Mekarsaris ist Ausdruck der zahlenmäßigen Dominanz der einzelnen Gruppen. Die Stellung der jeweiligen Ortsteil-Bürgermeister ist nicht nur administrativ von Bedeutung, sondern diese sind zugleich für die Verhandlung von Verstößen gegen bestehende Regeln zuständig und fällen rechtsverbindliche Entscheidungen. Obgleich diese Urteilsfindung in Konsultation mit den beteiligten Parteien bzw. mit Vertretern der ethnischen und religiösen Gruppen erfolgt, obliegt den Ortsteil-Bürgermeistern das letzte Wort in der Sache. Rechtsgültige Entscheidungen werden somit in Mekarsari letztlich von den Ost-Javanern getroffen. Allerdings ist der Ortsteil Mekarsari wiederum zugehörig zum Dorf Tamadue, und dort sollen von den verschiedenen ethnischen Gruppen in Mekarsari zukünftig lediglich die Balinesen am gemeinsamen Dorfrat beteiligt werden. Dass nur sie daran teilhaben werden, ist auf die vermittelnde Stellung der Balinesen zurückzuführen, die in beiden Dorfteilen vertreten sind. Außerdem verhandeln die anderen ethnischen Gruppen in Mekarsari ihre Angelegenheiten untereinander auf der Ebene ihres Dorfteils und erheben offenbar keinen Anspruch auf eine Beteiligung im traditionellen Dorfrat.

Bisher ist die Dorfregierung von Tamadue im Wesentlichen mit Lokalen besetzt. Betrachtet man die Bevölkerungszusammensetzung des gesamten Dorfes, so zeigt sich, dass die Gemeinde in den vergangenen Jahren viele verschiedene Zuwanderergruppen aufnahm. Neben den Transmigranten und spontanen Migranten in Mekarsari (Ortsteile I u. II) siedelten sich weitere Balinesen in Tamadue an. Außerdem kamen seit dem Jahre 1999 viele Flüchtlinge aus Poso und den umliegenden Dörfern, die vor den dortigen Ausschreitungen zwischen Christen und Muslime flohen. Für sie wurde mit

Unterstützung einer Nichtregierungsorganisation ein separater Dorfteil angelegt. Alle fünf Ortsteile zusammengenommen beherbergen nach Aussagen des Bürgermeisters insgesamt 602 Haushalte. Die Balinesen stellen 126 Haushalte, 73 in Mekarsari und 53 in Tamadue. Die Gruppe der Javaner ist insgesamt mit 128 Haushalten vertreten. Hinzu kommen noch einmal 51 Haushalte der übrigen Transmigranten und spontanen Zuwanderer in Mekarsari. Wie viele Haushalte im neuen fünften Ortsteil mit Namen Kalimago leben, konnte nicht erhoben werden. Für die spontanen balinesischen Migranten im Dorf und die spontanen lokalen Zuwanderer sowie die Transmigranten in Mekarsari ergibt sich eine Summe von 305 Haushalten, wobei die Haushalte der Poso-stämmigen Flüchtlinge noch zu addieren wären. Die Zuwanderer stellen somit mehr als die Hälfte der Bevölkerung.

Für die Dorfgemeinschaft in Tamadue würde die Besetzung von zentralen politischen Positionen durch Migranten einen wachsenden Machtverlust bedeuten. Wichtig bei der Betrachtung der Platzierung ist die soziale Akzeptanz der Akteure und Akteursgruppen untereinander. Hier spielen instrumentelle und nicht-instrumentelle Beweggründe eine Rolle. Die Balinesen und andere Zugewanderte werden von den Lokalen stets für ihre Arbeitskraft und -weise sowie die positiven Einflüsse, die ihre Form der Landnutzung auf die Landwirtschaft und die Kenntnisse der Bauern in Tamadue hatte, gelobt. Obwohl die Lokalen Vorbehalte gegenüber gewissen Traditionen der Balinesen, z.B. der Verbrennung der Toten, haben, werden sie über ihre Arbeit sozial akzeptiert. Weitere Unstimmigkeiten zwischen den verschiedenen Gruppen im Dorf werden vom Bürgermeister als moralischen Ursprungs zusammengefasst. Ein Beispiel hierfür ist etwa der Umstand, dass balinesische Frauen und Männer mitunter gemeinsam ein Bad im Fluß nehmen, was sowohl den Lokalen als auch den Anhängern des Islam in Mekarsari ein „Dorn im Auge" ist. Wie sich die machtpolitische Situation in Mekarsari entwickeln wird und ob sich die Balinesen oder eine andere Gruppe überhaupt um das Amt des Bürgermeisters bemühen werden, bleibt abzuwarten.

Ein weiteres Thema, was die administrative und politische Platzierung in Tamadue direkt betrifft, sind die Bestrebungen im Rahmen der Autonomie-Politik der Nationalregierung. Ziel dieser Politik ist die Stärkung der regionalen und lokalen Autonomie. Die Dorfregierung in Tamadue und ihre Vertreter in Mekarsari erreichte zu Beginn des Jahres 2002 ein Schreiben von der Regierung des Regierungsbezirks Poso. Es besagt, dass die beiden Ortsteile von Mekarsari ein eigenständiges, autonomes Dorf werden sollen. Außerdem bestehen Pläne, einen weiteren Distrikt auszuweisen. Neben Lore Utara soll es dann Lore Timur geben. Zunächst kam es zu keiner intensiven Beschäftigung mit diesem Thema, denn der Konflikt in Poso drängte das Vorhaben der Bezirksregierung in den Hintergrund. Zu Beginn des Jahres 2002 wurde es jedoch wieder aktuell und sorgt seitdem für unterschiedliche Positionen der Akteure bezüglich einer zukünftigen Autonomie der Transmigrationssiedlung. Die Diskussion und Entscheidungsfindung wurde im Zeitraum der Erhebungen nicht mehr abgeschlossen.

Die Transmigration ist darauf angelegt, allen Migranten bei der Ansiedlung im Zielgebiet die gleiche ökonomische wie infrastrukturelle Ausgangsbasis zu geben. Betrachtet man aber die heutige Zusammensetzung der Bevölkerung, so wird klar, dass die Bewohner nicht über die gleiche Ausgangsbasis verfügten, denn der Ort wird im Wesentlichen von spontanen Zuwanderern dominiert. Zwar gab es vereinzelt Fälle, in denen diese Zuwanderer, die größtenteils später als die Transmigranten eintrafen, noch nachträglich als Transmigranten aufgenommen wurden, was bedeutete, dass sie Haus und Land gratis bekamen. Aber in der Regel erwarben die spontanen Zuwanderer das Land und die Häuser von registrierten Transmigranten käuflich. Dabei profitierten frühe spontane Zuwanderer beim Zugang zur Ressource Land von der Abwanderung der Transmigranten. Sie erwarben die Parzellen, die zuvor von der Transmigrationsbehörde ausgewiesen worden waren. Es gab keine Beschränkung beim Zugang zu Land. Spätere spontane Zuwanderer, die nach Mekarsari kamen, als der überwiegende Teil der ausgewiesenen Flächen bereits erneut vergeben worden war, konnten Land innerhalb des Gemeindelandes erwerben. In der Regel wurde den Neuankömmlingen ein Stück Land angeboten, wo sie ein Haus und je nach Größe des Areals einen Hausgarten anlegen konnten.

Der Zugang zu Land wird von den Verantwortlichen in Mekarsari und Tamadue reguliert. Die Ortsteilverwaltung sorgt für die Verteilung des Landes, die Dorfregierung von Tamadue erhält den Erlös. Die Regierung profitiert finanziell aber nicht von der Ansiedlung der Transmigranten, denn das Land, bei dem es sich je nach Sichtweise um eigenes bzw. Staatsland handelt, wurde gratis vergeben. Vom Zuzug der spontanen Migranten, die keine Parzellen von ehemaligen Transmigranten erwarben, profitierte die Dorfregierung Tamadues hingegen direkt über den Verkauf des Landrechts. Auch Areale außerhalb der Grenzen Mekarsaris und innerhalb der Gemarkung Tamadues sind auf diesem Weg für die Migranten zu erwerben.

Die finanzielle Unterstützung für die Dorfgemeinschaft Mekarsari-Tamadue vonseiten der Regionalregierung wird zunächst an die Dorfregierung, vertreten durch den Bürgermeister von Tamadue, ausgezahlt. Da dieser für die Weiterverteilung innerhalb der Gemeinde bzw. auf die verschiedenen Ortsteile und Nachbarschaftseinheiten zuständig ist, wird die Transmigrantensiedlung aus Sicht der Verantwortlichen in Mekarsari benachteiligt. Dringende Reparaturmaßnahmen, die die Erneuerung der Brücken und die Verbesserung der Wege innerhalb von Mekarsari betreffen, können nicht durchgeführt werden, da die nötigen finanziellen Mittel fehlen. Wenn die Aussagen bezüglich einer Benachteiligung Mekarsaris gegenüber Tamadue die tatsächlichen Umstände wiedergeben, hat dies Auswirkungen auf die Platzierung der Transmigrationssiedlung und seiner Bewohner innerhalb der Dorfgemeinschaft, denn sie werden bewusst ausgeschlossen. Dass dies passiert, ist im Falle Tamadues vor allem auf instrumentelle Vorteile (hier vor allem Finanzkapital) zurückzuführen. Nicht-instrumentelle Beweggründe, die aus der Tatsache erwachsen, dass es sich in Mekarsari um Zuwanderer oder Anhänger einer anderen ethnischen Gruppe handelt, spielen keine Rolle. Einzig die Tatsache, dass die Zugewanderten allgemein weniger Möglichkeiten besitzen, sich innerhalb der (lokalen) Gesellschaft zu behaupten, was durch ihren Status als Migranten bestimmt ist, wäre in diesem Zusammenhang als Ursache für die Benachteiligung anzuführen.

Eine Beschränkung des Zugangs zu Lohnarbeit für bestimmte Gruppen scheint es in Mekarsari nicht zu geben. Die Anstellung richtet sich nach dem Willen und der Leistung des Einzelnen. Beispielsweise arbeiten Balinesen auf Feldern von Ost-Javanern und umgekehrt. Allerdings ist davon auszugehen, dass nachgezogene Bekannte und Verwandte von den ihnen nahestehenden Personen, die zugleich derselben Herkunftsgruppe angehören, bevorzugt werden. Weiterhin ist für Gelegenheiten zum Kontakt zwischen den Akteuren die Wohnlage mitentscheidend. In Aussagen einiger Befragter, hieß es immer wieder, die Javaner würden „di atas" (da oben) leben, während die Balinesen und andere „di bawah" (da unten) wohnten. Hierin zeigt sich erneut die räumliche Segregation innerhalb der Siedlung.

## 3.4 Der Handlungsrahmen auf der Mikroebene: Interaktion als Teilaspekt der sozialen Integration in den Untersuchungsdörfern

Im Mittelpunkt der Interaktion stehen die sozialen Beziehungen zwischen den Akteuren. Die Interaktion meint vor allem die „alltäglichen, nichtformellen und nicht in Märkten verankerten Bereiche der Gesellschaft." Interaktionen berühren „die eingelebten alltäglichen Bezüge und die im Zuge der Enkulturation erworbenen Prägungen ganz besonders, und zwar in erster Linie auch in emotionaler Hinsicht" (ESSER 2001:11). Wie alle Dimensionen der sozialen Integration nach ESSER steht auch die Interaktion in kausalem Zusammenhang mit den anderen Aspekten. Über die Interaktion vollzieht sich die Platzierung, denn ohne soziale Beziehungen bzw. Kommunikation wird eine Platzierung auf gesellschaftlichen Positionen erschwert. Zugleich werden die Interaktionen zwischen den Akteuren bedingt durch die Identifikation der individuellen Akteure oder Gruppen mit gemeinsamen Werten und Orientierungen der Dorfgemeinschaft.

Über gemeinsame Orientierungen und Handlungen können soziale Beziehungen entstehen. Auf der einen Seite vollzieht sich die Platzierung in nichtformellen Bereichen der Gesellschaft über soziale Beziehungen, die wiederum zur Etablierung rechtlicher Möglichkeiten führen kann. Auf der anderen Seite sind bestimmte strukturelle und technische Gegebenheiten Vorbedingung für die soziale Interaktion: eine ethnische Segregation und Schichtung auf dem Arbeitsmarkt und die Nichtbeherrschung der Sprache behindern zum Beispiel die Interaktion. Auch in dieser Dimension müssen die Gelegenheiten von allen Gruppen angeboten und angenommen werden.

### 3.4.1 Interaktion der Bewohner von El Progreso und San Martín

Zwischen den beiden Dörfern El Progreso und San Martín bestehen deutliche Differenzen hinsichtlich des Interaktionsniveaus der Bevölkerung. So partizipieren die Bewohner von El Progreso überwiegend an den Festen im Dorf und engagieren sich in Vereinen, an deren Veranstaltungen sie häufig, durchschnittlich einmal monatlich, teilnehmen. Auch ihr soziales Netzwerk zu den Familienangehörigen im Kolonisationsgebiet ist eng gesponnen, d.h. es bestehen häufige Kontakte (monatlich). Im Vergleich dazu sind die Interaktionen der Einwohner von San Martín signifikant niedriger. So nehmen diese im Durchschnitt nur ab und zu (alle 3-6 Monate) an den Vereinsaktivitäten teil, ebenso bestehen nur sporadische Kontakte zu den Verwandten in der Umgebung (ebenfalls alle 3-6 Monate). Darüber hinaus halten sich die Teilnehmenden und Nicht-Teilnehmenden an Dorffesten die Waage. Die geringere Einheit bei der Ausübung von Aktivitäten in San Martín begründet sich in der Heterogenität des Dorfes. Die Interessen der unterschiedlichen Einkommensklassen, Altersgruppen, Schichten und ethnischen Gruppierungen lassen sich schwieriger vereinen als in El Progreso, wo die internen Disparitäten geringer, die Anzahl der zu berücksichtigenden Bewohner kleiner und die soziale Kontrolle über die Dorfmitglieder stärker ausfallen.

Für die Teilnahme an grundlegenden, z.T. verpflichtenden Veranstaltungen wie öffentliche Versammlungen und Gemeinschaftsarbeiten im Dorf trifft die o.g. Tendenz nicht zu. Die Zusammensetzung oder Lage des Dorfes spielt keine nachweisbare Rolle für die Intensität der Teilnahme. In beiden Untersuchungsdörfern nimmt die Bevölkerung ausnahmslos an den Sitzungen des Ortes teil und beteiligt sich ab und zu (mindestens halbjährlich, höchstens alle drei Monate), bisweilen häufiger, an öffentlichen Arbeiten und Diensten. Die Bevölkerungsstruktur des Dorfes ist für den Interaktionsgrad der Bevölkerung dann von Relevanz, wenn es um persönlicheren, ungezwungenen Austausch geht. Die Teilnahme im Verein und an Festen oder der Kontakt zur Familie fällt in einer traditionelleren und konservativeren Umgebung, wie sie in El Progreso noch vorherrscht, intensiver aus als in San Martín. Dort hat bereits ein Individualisierungsprozess in der Gesellschaft eingesetzt, so dass soziales Engagement für die Gemeinschaft nachlässt und vorrangig den verbindlichen Aufgaben wie der Partizipation bei Dorfversammlungen und Gemeinschaftsarbeiten nachgegangen wird. Wenn soziale Kontakte Bestand haben, dann überwiegend im vertrauten Umfeld, sprich innerhalb der eigenen Kultur, Ethnie oder Familie.

Die ethnische Zugehörigkeit beeinflusst das Interaktionsniveau der Bewohner in den Untersuchungsdörfern. So zeigt sich, dass die Häufigkeit der Teilnahme an Vereinsveranstaltungen sowie die Kontakte zu Verwandten in der Region bei Collas (Hochlandbevölkerung) höher liegen als bei Cambas (Tieflandbevölkerung). Die im andinen Raum traditionell bedeutsame gesellschaftliche Organisation in Gewerkschaftsverbänden, Basisorganisationen und Vereinen findet sich auch in der Kolonisationszone von San Julián wieder. Dort sind es vor allem die Syndikate, die von Collas dominiert werden. Während Cambas nur selten an den Vereinsveranstaltungen partizipieren, besuchen Collas diese im Durchschnitt alle drei bis sechs Monate, z.T. häufiger. Auch das soziale Netzwerk der Hochlandbevölkerung, bezogen auf die Kontakte zu Familienangehörigen in der Umgebung, ist ausgeprägter. Es findet ein häufiger Austausch (alle 1-2 Monate) statt, wohingegen bei der Tieflandbevölkerung nur selten Kontakt (jährlich) besteht. Die unterschiedliche Bedeutung des Familienverbandes ist dafür ausschlaggebend. Während die indigene Bevölkerung andinen Ursprungs in Problemsituationen mehrheitlich die Familie kontaktiert, vertrauen sich Cambas eher Freunden und Bekannten an, oder sie versuchen ihre Probleme selbständig zu lösen.

Zusammenfassend lässt sich für die analysierten Dörfer feststellen, dass die Bedeutung des Familienverbundes und die gesellschaftliche Organisation für die Hochlandbevölkerung nach wie vor einen hohen Stellenwert haben. Daher fallen das persönliche Engagement und die innerfamiliären Beziehungen bei Collas auch signifikant höher aus als bei Cambas. Bei Letztgenannten ist eine stärkere Loslösung von der Familie als die zentrale Bezugsgruppe zu verzeichnen. Anstelle dessen rückt einerseits der Freundes- und Bekanntenkreis als Auffangbecken in den Vordergrund, andererseits sind Tendenzen einer Individualisierung stärker zu erkennen (z.B. individuelle Problembewältigung,).

Für die Teilnahme an Dorffesten, an öffentlichen Sitzungen und Gemeinschaftsarbeiten ist die Ethnizität für den Grad der Interaktion dagegen nicht bestimmend. Collas wie Cambas partizipieren grundsätzlich an den Festen und Versammlungen im Dorf (Teilnehmer und Nicht-Teilnehmer jeweils mehr oder weniger ausgeglichen) sowie bei den öffentlichen Arbeiten. Wichtiger als ethnische Einflussfaktoren sind hier gruppenspezifische (soziale Kontrolle, d.h. erwartete Teilnahme an Gemeinschaftssitzungen und – arbeiten) und persönliche Motive (Abstinenz bei Festen, u.a. finanziell oder religiös bedingt) für die individuelle Handlungsentscheidung.

Die vorliegenden Ergebnisse führen zu dem Schluss, dass der Geburts- und Enkulturationsort keinen direkten Einfluss auf das Maß der Interaktion einer Person haben. Dies bedeutet, dass Immigranten ebenso ausgeprägt an dorfinternen Versammlungen, in Vereinen, bei Festen und bei Gemeinschaftsarbeiten partizipieren und v.a. interagieren wie die in der Region aufgewachsene Bevölkerung. Entscheidend ist in diesem Kontext vielmehr der Zuwanderungszeitpunkt. Jede dritte befragte Person, die zum Erhebungszeitpunkt nicht länger als drei Jahre in einem der Untersuchungsdörfer lebte, nimmt an keiner Veranstaltung eines beliebigen Vereins teil. Dagegen bleibt nur jeder zehnte Befragte, der während der Gründungsphase der Kolonien (1977-1984) einwanderte, jedweder Vereinsaktivität fern. Je früher also der Einwanderungszeitpunkt, desto höher das Interaktionsniveau der Person, bezogen auf Mitgliedschaft, Teilnahme und Engagement in Organisationen und Vereinen.

### 3.4.2 Interaktion der Bewohner von Azoumanakro

Da das Wirtschaftssystem das Dorfleben bestimmt, finden soziale Interaktionen in erster Linie auf dieser Ebene statt. Die Tatsache, dass alle Burkinabé in Azoumanakro als Arbeiter in Pflanzungen der Baoulé beginnen, macht eine Interaktion sogar zwangsläufig. Sie ermöglicht den Burkinabé nicht nur den Erwerb der Wirtschaftsweise und Sprache, sondern auch die Herstellung privater Kontakte zu den Baoulé. Der so hergestellte Kontakt hält auch häufig noch an, wenn das Arbeitsverhältnis zugunsten einer eigenen Pflanzung aufgegeben wurde.

Die Interaktionen sind allerdings sehr geschlechtsspezifisch. Haben die Männer durch ihre Wirtschaftsaktivitäten die Gelegenheit zu interethnischer Interaktion, arbeiten die Frauen tagsüber alleine im Haushalt. Dadurch ist ihr Kontakt vor allem innerfamiliärer Art und der Erwerb der notwendigen Sprachen wird ebenso wie die Gelegenheiten zur Kommunikation verhindert. Die Männer hingegen haben z.B. auch Zeit, nach der Arbeit Kontakte herzustellen. Auch wenn die Kommunikation aufgrund der sprachlichen Barrieren nicht intensiv sein kann, sitzen teilweise auch interethnische Männergruppen im eigenen Hof, vor den Kiosken und in der Bar zusammen oder spielen Fußball. Die Motivationslosigkeit zum Spracherwerb lässt allerdings kein besonders großes Interesse aneinander vermuten. Unregelmäßig wird Samstagsabends ein Fest organisiert, an dem sowohl junge Burkinabé als auch junge Baoulé teilnehmen. Auch die Religion ist in Azoumanakro ein interaktives Element: Alle Bewohner beteiligten sich gemeinsam am Bau und späterem Besuch der jeweiligen Gebetsstätten. Die politische Organisation im Dorf liegt allerdings ausschließlich in den Händen der Baoulé.

Da die Frauen meist aus der Heimat nach Azoumanakro nachziehen, gibt es im Dorf nur eine interethnische Ehe. Sie wurde zwischen einem Burkinabé und einer Agni-Frau eingegangen, die sich schon in Bokanda, wo der Burkinabé aufwuchs, kennenlernten. Die Ehe stellt wohl die offensichtlichste Verbindung der beiden Gruppen dar. Beide sprechen die jeweils andere Sprache, Agni ist Baoulé sehr ähnlich, und haben Kontakt zu beiden Gruppen. Da die Kinder der Burkinabé noch zu jung sind, ergaben sich auch in der zweiten Gerneration noch keine Ehen. Exemplarisch wurde im quantitativen Fragebogen gefragt, wer dem Befragten, im Falle eines Hausbaus, helfen würde. Das Ergebnis zeigt, dass die Interaktion vor allem auf innerfamilärer und intraethnischer Ebene stattfindet. Nur wenigen Baoulé wird von Burkinabé geholfen.

Obwohl die Dorfbewohner auch interethnisch agieren, spielt sich der Großteil des Alltags intraethnisch und vor allem auch innerfamiliär ab. Der Kontakt der Burkinabé zu anderen Burkinabé aus dem Dorf und Soubré 3 ergibt sich nicht nur aus der direkten Nachbarschaft und Verwandtschaft, sondern auch aus dem Ausschluss aus dem politischen Leben und der großen Identifikation der Burkinabé mit ihren Landsleuten. Auch in der weiteren Umgebung der Siedlung haben viele Burkinabé Verwandte und Bekannte. Die Aufnahme in das soziale Netzwerk der Burkinabé ist auch unbekannten Neuankömmlingen gewiss.

> „Il y a des frères qui ont nos adresses ici. Si il a décidé de venir, il peut prendre ton adresse même si tu n'es pas au courant de lui qu'il a ton adresse. Si il a besoin de toi, il peut venir. [...] Si il a besoin de faire son cours à lui-même, là on peut parler au chef du village, si il peut lui trouver une place à lui donner. Si il est venus comme ça, il reste dans nos maisons, là où nous on dort, il peut dormir." (Burkinabé)

Das Aufnahme-Netzwerk der Baoulé ist dagegen familiärer Art. Auch wenn die Interaktion der Baoulé sich vor allem innerhalb der ethnischen Gruppe des Dorfes abspielt, haben auch sie eine Orientierung sowohl zu anderen Baoulé-Siedlungen als auch nach Soubré. Dort wohnen einige der Frauen gemeinsam mit ihren Kindern, die dort zur Schule gehen.

### 3.4.3 Interaktion der Bewohner von Soubré 3

Burkinabé und Bété haben in Soubré 3 sowohl soziale als auch religiöse, politische und wirtschaftliche Beziehungen. Interethnische Heiraten zwischen Bété und Burkinabé sind im Ort allerdings nicht existent. Wenn 69 % der Bété angeben, dass in der Familie mindestens einmal eine interethnische Heirat, außerhalb von Soubré 3 auch mit Burkinabé, stattgefunden habe, muss dabei beachtet werden, dass es sich um zwei Großfamilien im Ort handelt und damit eine einzelne Hochzeit in der Familie den Schnitt für alle hebt. Bemerkenswert dabei ist, dass trotz dieser hohen Zahl im Dorf selbst nur zwei der Bété-Ehen[51] interethnisch sind, wobei keine mit einem Burkinabé eingegangen wurde. Die Mehrheit der Burkinabé gibt an, keine interethnische Ehe in der Familie zu haben (83 %).[52]

Freundschaften zwischen Einzelpersonen existieren zwar, trotzdem sind große Spannungen zwischen den beiden Gruppen, vor allem den Mitgliedern der jüngeren Generation, zu spüren. Auch wenn die Interaktion in der zweiten und dritten Generation ausgeprägter ist als zwischen den „Alten", entfacht sich gerade auf Seiten der jungen Bété eine teilweise enorme Wut und Abwehr gegen die Burkinabé. Sogar während der Interviews, bei denen im Regelfall eine außergewöhnliche Bereitschaft bestand, Ansichten auch vor unbeteiligten Umstehenden zu äußern, war in Soubré 3 ein sehr großes Bedürfnis vorhanden, intraethnisch zu bleiben.[53] Auch vom „Chef de Terre" werden die Freundschaften zwischen den Gruppen als sehr sensibles Thema über das nicht gesprochen werden könne, bezeichnet. Trotzdem werden von den jungen Bété und Burkinabé gemeinsame Aktivitäten genutzt und organisiert.[54] Diese Aktivitäten sind für die geringe Anzahl junger Bété in dieser einsamen Gegend oft einziges Mittel, überhaupt soziale Kontakte zu Gleichaltrigen zu bekommen. Dabei haben es die zahlenmäßig dominanten Burkinabé einfacher.

Dass an den Kindern ethnische Animositäten vorbeigehen, ist zu bezweifeln. Dass sie miteinander spielen und dabei häufig die Sprache der anderen Gruppe lernen, wird vor allem von den Bété immer wieder betont. Nur

---

[51] Einer der Bété ist mit einer Wobé und einer mit einer Frau aus Benin verheiratet.

[52] Zwei der Mossi sind mit einer Frau einer anderen Ethnie verheiratet: einer Dioula und einer Daphi. Beide kommen nicht aus der Elfenbeinküste.

[53] Die Gruppen hatten im Untersuchungsprozess ein großes Bedürfnis sich darzustellen und waren eifersüchtig auf die jeweils andere Gruppe. Auf ethnische Gleichgewichtung in der Interviewpartnerauswahl wurde stets sehr geachtet. Auch das Bestehen auf die namentliche Betitelung der Fragebögen zeugt von einer gewünschten Kontrolle.

[54] Die Jugendlichen schauen zum Beispiel die Musiksendung im über Autobatterie betriebenen Fernsehen am Samstagmorgen zusammen und spielen im Fußballteam des Dorfes gemeinsam.

wenige Gruppenmitglieder geben an, beim Hausbau Hilfe von der anderen Gruppe zu bekommen. Eine Örtlichkeit, wo sich die Dorfbewohner treffen, gibt es nicht. Die religiösen Feste werden in der Kirchengemeinde und Familie gefeiert, wobei sich die Gemeinde, wie bereits erwähnt, nicht an ethnische Grenzen hält. Gemeinsame politische Treffen finden auf dem Hof des Dorfchefs statt und stellen eine weitere Interaktion dar. Die Trennung der politischen Ämter bringt allerdings meist eine Diskussion innerhalb der Gruppen mit sich, deren Ergebnisse lediglich von den Schlüsselpersonen – zwischen den beiden Chefs, den Provinz- und Jugendrepräsentanten sowie den Alten – interethnisch kommuniziert werden. Im Wirtschaftsleben stehen die Gruppen in keiner so engen Interaktion wie in Azoumanakro. Die selbstständigen Pflanzer arbeiten meist alleine und die Lohnarbeiter aus Burkina Faso meist auf den Feldern der Burkinabé. Der Aktionsradius der Frauen beschränkt sich hauptsächlich auf den eigenen Hof und die Felder. Ihre Interaktion mit anderen Dorfbewohnern wird nicht nur durch die Sprache, sondern auch die Tätigkeit im Haushalt und den Auschluss aus politischen Entscheidungen erschwert.

Die intraethnische Orientierung der Bété über das Dorf hinaus geht vor allem nach Loboville und Buyo. Das soziale intraethnische Netzwerk der Migranten aus Burkina Faso ist viel größer. Sowohl die innerdörflichen Verbindungen als auch zu Azoumankro und anderen Siedlungen der Region lassen ein breites Netz an sozialen Beziehungen entstehen. Innerhalb der intraethnischen Gemeinschaft finden sowohl soziale als auch wirtschaftliche Interaktionen statt. Es werden Freundschaften gepflegt, Nahrungsmittel ausgetauscht und Austausche organisiert wie z.B. jener, dass ein junger Burkinabé, der die Schule besuchte Burkinabé aus Soubré 3 und Azoumanakro in Französisch unterrichtet.

Eine besonders große Rolle spielt das soziale Netzwerk bei der Ankunft von Migranten. Die dafür aufgebauten Strukturen garantieren die Aufnahme in die Gemeinschaft der Burkinabé. Die Ethnie des Neuankömmlings, die auch in Burkina Faso eine größere Rolle spielt, wird dabei unwichtig. Alle Burkinabé schätzen ihr Verhältnis zu den Mitgliedern der eigenen Gruppe unverändert „gut"[55] ein, während 33 % der Bété selbst das Verhältnis zur eigenen Ethnie heute als schlechter einstufen als vor zehn Jahren. Es wurde bei den Bété beobachtet, dass in Bezug auf die Landfrage ungern Antworten bezüglich der Verteilung innerhalb der eigenen Gruppe gegeben wurden und

---

[55] Im quantitativen Fragebogen gab es die übergeordneten Kategorien „heute" und „vor zehn Jahren", in denen die Beziehungen zur anderen Ethnie „heute" als „gut", „mittel" oder „schlecht" eingestuft werden konnten und im Vergleich dazu vor zehn Jahren als „besser", „schlechter" oder „unverändert".

vor allem auf staatliche Unterstützung bei der Lösung dieser Frage gehofft wird. Inwiefern dieses Phänomen Ursache für die schlechte Beurteilung der intraethnischen sozialen Situation ist, kann nur vermutet werden.

**Exkurs: Interethnische Konflikte in Soubré 3**

Der Boden birgt ein großes Konfliktpotential in Soubré 3. Anders als bei den autochthonen Bété bedeutet der Boden für die Zugewanderten nur eine ökonomische Grundlage. Er ist ausschließlich Mittel zum Zweck, maximalen materiellen Gewinn zu erwirtschaften. Die Migranten erkennen ihn zwar als Besitz der Bété an – im Gegensatz zu den Burkinabé und Baoulé in Azoumanakro –, trotzdem haben die Bété mittlerweile Angst, dass ihre zukünftigen Positionen als Pflanzer und Bauern gefährdet sind. Da der Boden auch eine wichtige rituelle Bedeutung in ihrem Leben einnimmt, sehen sie in der Zuwanderung zusätzlich eine Bedrohung ihrer Traditionen. Immer weniger sind bereit, Land abzugeben.

Die Burkinabé verhalten sich nach Ansicht der Bété in vielen Fällen nicht dem autochthonen Bodenrecht entsprechend. Landvererbungen innerhalb der Burkinabé-Gruppe ohne Absprache mit den Bété, Entschädigungen, die nicht mehr bezahlt werden und illegale Landnahmen lassen teilweise gewaltsame Konflikte entstehen.[56] Da sich die Bété vor der Überzahl der Burkinabé fürchten, die auch in Konfliktfällen Solidarität beweisen, fühlen sie sich gezwungen, Konflikten aus dem Weg zu gehen und deshalb traditionelles Recht nicht geltend machen zu können. Konflikte entstehen demnach infolge der größeren wirtschaftlichen Autarkie der Burkinabé und werden durch die Möglichkeit der Interessenartikulation und die größere Interaktion der Bewohner vermehrt ausgetragen. Die Burkinabé sind aufgrund der Macht der Masse in einer Position, in der sie Rechte einfordern oder einfach übergehen können.

Geschürt werden potentielle Konflikte im Dorf auch durch die oft schwierige Kombination von gemeinschaftlichem Eigentum und privaten Pflanzungen sowie die Zukunftsangst der Bété. Wenn das Land zurückgefordert wird, reagieren die Migranten mit Unverständnis darüber, Land, das sie „in Wert" setzten, aufgeben zu müssen. Das traditionelle Recht ist nicht mehr in der Lage, die Konflikte zu schlichten. Die Einsicht in das neue Recht ist bei den Bété existent und sie erhoffen sich viel davon.

Allerdings befürchtet die nicht-autochthone Bevölkerung zu Recht, dass die Bodenreform ihr „Certificat de Plantation", das sie bisher zur Beweisführung ihrer Pflanzungen benutzen, nicht anerkennt. Die Bemühungen, die

---

[56] Die Parteien gehen in diesen Fällen sogar mit Macheten aufeinander los.

noch kommunalen Ressourcen in individuelle umzuformen, sind zwar noch in den ersten Anfängen in der gesamten Elfenbeinküste, in Soubré 3 gibt es jedoch schon einen Bété-Vertreter („Président du Fonciér du Village"), der zwischen Dorfgemeinde und Landwirtschaftministerium vermitteln soll. Er wurde von den Bété auf Wunsch des Ministeriums nominiert, aber niemand kennt bisher seine Aufgabe. Es wird auf Entscheidungen und Durchführungen der Regierung gewartet.

„Parce que le moment nous on a pas les règlements intérieures, des décrets, ce que on doit faire, le travail que le Président de fonciér doit faire on a pas encore ça. Peut-être très prochainement dans les mois d' avenir on va avoir tout ça." (Président de Fonciér du Village, Bété)

Demnach ist die Verwirrung über das zukünftige Bodenrecht groß. Werden die Burkinabé landesweit rechtlich tatsächlich vom Landbesitz ausgeschlossen – im Zuge der aktuellen Krise wird eine Veränderung des Rechts zugunsten der Ausländer angedacht –, wird es in Soubré 3 nicht zu einer friedlichen Lösung kommen. Die Bewohner aus Burkina Faso haben das Gefühl, bei der Restriktivität der Gesetze zunehmend besser auf die nationalen Entwicklungen achtgeben zu müssen. Denn das Land wird nach ihrer Ansicht immer „ivorischer" und ihre eigene Stellung muss immer besser verteidigt werden. Die möglichen Konflikte zwischen den Gruppen im Dorf werden nur vage angedeutet, niemand möchte so richtig darüber sprechen.

### 3.4.4 Interaktion der Bewohner von Siliwanga

Die Religionszugehörigkeit spielt in Siliwanga neben der ethnischen Zugehörigkeit eine große Rolle und bildet ein klares Abgrenzungskriterium. Im religiösen Alltag beschränken sich die Kontakte der Akteure primär auf ihre eigene Religionsgemeinschaft. Vier Religionsgemeinschaften sind in Siliwanga vertreten: Muslime, Hindus, protestantische Christen und Anhänger der Pfingstkirche. Jede Gemeinschaft geht ihren regelmäßigen religiösen Aktivitäten nach. Von den javanischen Transmigranten war zu hören, dass sich der religiöse Alltag der Muslime nicht wesentlich von dem in Java unterscheide. Lediglich die Ausstattung mit Büchern sei schlechter. Die Moschee existiert schon seit 1993.

Die Ausstattung bereitet den Hindus in Siliwanga weitaus mehr Sorgen. Neben den heiligen Büchern fehlen vor allem rituelle Gegenstände, welche bei religiösen Zeremonien benötigt werden. Eine weitere Einschränkung in der Entfaltung des Hinduismus in Siliwanga gibt es bezüglich der Einäscherung der Verstorbenen. Hieraus ergeben sich Unterschiede im religiösen

Alltag im Vergleich zum Leben in Bali. Die Hindus in Siliwanga verfügen über insgesamt drei Tempel. Der Hinduismus ist in Siliwanga im Vergleich zu den anderen Glaubensrichtungen, was die Vielfalt und Art der Riten und Zeremonien betrifft, die prunkvollste Religion. Auch ist die interne Struktur und Organisation der Gemeinde komplexer als bei den anderen Glaubensgemeinschaften. Beispielsweise gibt es unter den hinduistischen Balinesen vier Lehrer, die für verschiedene Bereiche des religiösen Lebens verantwortlich sind. Sie regeln u.a. die Kooperation innerhalb der Gemeinde, z.B. bei den Reinigungsarbeiten der Tempel, die alle 14 Tage erfolgen müssen.

Die protestantische Kirchengemeinde der Lokalen ist eine ebenso klar abgrenzbare Gruppe von Gläubigen. Sie verfügen genauso wie die Anhänger der Pfingstkirche über eine eigene Kirche im Ort. Vertreter dieser beiden Gruppen beschreiben die Möglichkeiten der Ausübung ihres Glaubens in den Gemeinden als normal. Überhaupt war während der Untersuchungen stets zu vernehmen, dass die verschiedenen religiösen Gruppen einträchtig nebeneinander existieren. Bei Fragen danach, ob die Ereignisse in und um das nahegelegene Poso eine Auswirkung auf das Zusammenleben der religiösen Anhänger in Siliwanga gehabt hätten, wurde sich stets von den Unruhen in Poso distanziert und der Frieden im Dorf betont. Auch denjenigen, die durch die Vorfälle in Poso verängstigt worden seien und das Dorf verließen, habe man dies immer wieder versucht, klarzumachen.

Die Anhänger der verschiedenen Glaubensrichtungen identifizieren sich eindeutig und öffentlich mit ihrem Glauben. Die Interaktion und Wahrnehmung der Religionsgemeinschaften wird von allen Befragten als von gegenseitiger Achtung und Ehrung geprägt beschrieben. Die Bewohner laden sich gegenseitig zu religiösen Feiertagen und Festen (Weihnachten, Idul Fitri, Galungan)[57] ein. Auch bei Hochzeiten beschränkt sich die Auswahl der Gäste nicht auf Mitglieder der eigenen religiösen Gemeinschaft. Eheschließungen zwischen Anhängern unterschiedlicher Religionen gibt es aber nur in zwei Fällen. In einem Fall folgte eine hinduistische Balinesin ihrem christlichen Ehemann nach Wuasa. Die Eltern der Braut hatten zwar nichts dagegen einzuwenden, aber sie legten Wert auf eine Trauung im Sinne des Adat-Rechts. Grundsätzlich war immer wieder zu hören, dass die Entscheidung zur Eheschließung bei den Individuen liegt. Bestimmungen vonseiten der Eltern gäbe es nicht, was sicherlich im Einzelfall unterschiedlich sein kann.

In den ersten Jahren nach der Gründung (bis 1997), bevor ein Großteil der Bevölkerung begann den Ort zu verlassen, war die kooperative Zusammenar-

---

[57] Idul Fitri: Fest zum Ende des Fastenmonats Ramadan; *Galungan*: balinesisches Fest, das alle 210 Tage zu Ehren des Sieges von Dharma über Adharma stattfindet (für Näheres siehe GEERTZ 1987).

beit („kerja bakti") noch stärker ausgeprägt und strikter geregelt. Damals wurde ein Fehlen von einzelnen Akteuren bei den gemeinsamen Aktivitäten mit Geldbußen (ca. RP 2.500) belegt. Heutzutage existiert eine derartige Reglementierung nicht mehr. Allgemein wurde bei den Befragungen immer wieder formuliert, dass sich seit der umfangreichen Abwanderung und dem Ende der Unterstützung durch die Regierung das Dorfleben verändert habe. Es sei früher belebter gewesen, und es sei heutzutage eher ruhiger, äußerten einige Bewohner. Die Veränderungen hatten zur Auswirkung, dass das Engagement der Akteure für die Dorfgemeinschaft nachließ. Ein Informant führt dies auf die momentan intensiv betriebene Bewirtschaftung der Felder zurück. Die Menschen hätten aufgrund der aufwendigen Feldarbeit weniger Zeit, sich um die Belange des Dorfes zu kümmern. Andere Befragte bestätigten dies, doch spielte bei den Aussagen einiger Transmigranten aus Bali und Java oftmals ein Vorbehalt gegenüber den Lokalen mit; sie würden sich weniger an Aufgaben, die der gesamten Dorfgemeinschaft dienten, beteiligen.

Bei der Betrachtung individueller gegenseitiger Hilfestellungen zeigt sich, dass nicht-formalisierte Hilfestellungen die formalen Arbeitsgruppen ersetzen. Die Ergebnisse der Haushaltsbefragungen bestätigen dies: Nur 12 der 132 ständig in Siliwanga lebenden Haushalte gaben an, sie würden einer formalen Kooperationsgruppe angehören. In den qualitativen Interviews war allerdings zu erfahren, dass Haushalte und Akteure durchaus auch darüber hinaus kooperieren. Daraus folgt, dass das System der institutionalisierten Arbeitsgruppen in Siliwanga einer individuellen und zwischen den Haushalten organisierten Zusammenarbeit wich.

Die Entscheidungen zu gegenseitigen Hilfeleistungen zwischen den Akteuren und Haushalten orientieren sich in erster Linie an der räumlichen Nähe. Bei der Landnutzung ist es die Entfernung der Felder voneinander, bei Arbeiten, die das eigene Wohngrundstück oder das Haus betreffen, die unmittelbare Nachbarschaft. Die Zugehörigkeit zu der einen oder anderen ethnischen bzw. religiösen Gruppe sei nicht entscheidend. Die Fragen danach, wen die Haushalte um Hilfe bitten, wenn sie ein Haus bauen oder reparieren wollen, bzw. wen sie um Unterstützung bitten, wenn sie neues Agrarland urbar machen wollen, lieferten ein differenzierteres Ergebnis. Die klare Mehrheit der befragten balinesischen Haushalte gab an, sie würden nur Mitglieder der gleichen ethnischen wie auch religiösen Gruppe um Hilfe bitten (s. Tab. 7).

Die Antworten der Javaner und der Lokalen auf die Frage, wen sie um Hilfestellung bitten würden, sehen dagegen ganz anders aus. Um Hilfe bei der Renovierung des Hauses bzw. eines Neubaues würden 80 % der javanischen Haushalte auch Mitglieder einer anderen ethnischen Gruppe bitten, während sogar 96 % angeben, sie würden ebenfalls Anhänger einer anderen Religionsgemeinschaft um Hilfe ersuchen. Ähnlich ist das Ergebnis für die Lokalen. Hier sind es 75 % (auch andere Ethnie) und 85 % (auch andere Religionsgemeinschaft).

Die Landerschließung ist auch unter den javanischen Haushalten eine Angelegenheit, die eher individuell gehandhabt wird. Etwa 43 % gaben als erste Antwort, sie würden bei der Erschließung neuer Agrarflächen keine Hilfe in Anspruch nehmen. Der gleiche prozentuale Anteil von Haushalten würde auch Anhänger einer anderen ethnischen Gruppe um Hilfe ersuchen. Bei der zweiten Antwortmöglichkeit wählten ca. 86 % die Aussage: auch Anhänger einer anderen Religionsgemeinschaft. Diese Tendenz bestätigt sich erneut in den Antworten der Lokalen aus dem Naputal. 75 % geben an, auch Mitglieder einer anderen ethnischen Gruppe zu fragen, während etwa 85 % auch Anhänger einer anderen Religionsgemeinschaft bei der Erschließung von Agrarland um Hilfeleistungen bitten würden. Der Prozentsatz derer, die diese Arbeit allein verrichten, fällt bei den Lokalen wesentlich geringer aus.

Betrachtet man nach diesen Ausführungen noch einmal die Gruppenbildung in Bezug auf die Zusammenarbeit der Balinesen und Javaner auf den Nassreisflächen und die Kooperation der Lokalen in der Kirchengemeinde, mit der sie zugleich Land bewirtschaften, so fällt es schwer zu urteilen, ob nicht auch gewisse soziale und kulturelle Barrieren die Gruppenbildung beeinflussen. Letztlich sind die entscheidenden Faktoren praktischer und ökonomischer Natur. Die Lokalen überlassen den Balinesen und Javaner (z.B.) den Anbau von Nassreis, während sie sich auf andere Bereiche konzentrieren. Daraus folgt, dass jede Gruppe mit ihren Aktivitäten letztlich im Rahmen der Möglichkeiten zufrieden ist.

Es lässt sich nur schwerlich nachvollziehen, ob die räumliche Konzentration der Balinesen auf Segregationsbewegungen zurückzuführen ist. Sicherlich sind einzelne balinesische Haushalte im Laufe der Jahre in verlassene Häuser umgezogen, um in unmittelbarer Nachbarschaft zu anderen Balinesen zu wohnen. Letztlich waren jedoch die Transmigranten aus Bali von Beginn an die dominierende Gruppe in allen Blocks.

Tab. 7: Ersuchen um Hilfeleistungen von anderen Akteuren aus Sicht der Balinesen in Siliwanga (n=67)

| Wen würden Sie fragen, wenn Sie ein Haus bauen oder Ihres reparieren wollten? | |
|---|---|
| Balinesische Haushalte: Antwort 1 | |
| Gewählte Antwortmöglichkeit | Anteil in % |
| nur Mitglieder der gleichen Ethnie | 83,6 |
| auch Mitglieder einer anderen Ethnie | 10,4 |
| es gibt niemanden, der hilft | 3,0 |
| nur Familienmitglieder | 1,5 |
| nur Mitglieder der gleichen Religionsgemeinschaft | 1,5 |
| Gesamt | 100 |
| Antwort 2 | |
| Gewählte Antwortmöglichkeit | Anteil in % |
| nur Mitglieder der gleichen Religionsgemeinschaft | 88,9 |
| auch Mitglieder einer anderen Religionsgemeinschaft | 11,1 |
| Gesamt | 100 |

| Wen würden Sie fragen, wenn Sie neues Agrarland eröffnen wollten? | |
|---|---|
| Antwort 1 | |
| Gewählte Antwortmöglichkeit | Anteil in % |
| nur Mitglieder der gleichen Ethnie | 64,2 |
| keine Unterstützung | 19,4 |
| auch Mitglieder einer anderen Ethnie | 11,9 |
| nur Mitglieder der gleichen Religionsgemeinschaft | 3,0 |
| nur Familienmitglieder | 1,5 |
| Gesamt | 100 |
| Antwort 2 | |
| Gewählte Antwortmöglichkeit | Anteil in % |
| nur Mitglieder der gleichen Religionsgemeinschaft | 82,7 |
| auch Mitglieder einer anderen Religionsgemeinschaft | 15,4 |
| auch Mitglieder einer anderen Ethnie | 1,9 |
| Gesamt | 100 |

HOPPE 2002

### 3.4.5 Interaktion der Bewohner von Mekarsari

Die Bereitwilligkeit der Bewohner Mekarsaris, an der Entwicklung des Dorfes, vor allem der Infrastruktur, mitzuwirken, ist allgemein groß. Wege und Brücken sind in Mekarsari in sehr schlechtem Zustand. Eine Ausbesserung der Brücken, bei denen es sich zumeist nur um simple Holzkonstruktionen handelt, muss permanent erfolgen. Sie stellen eine wichtige Voraussetzung für den Zugang zum Markt dar. Einerseits verfügen die Bewohner selbst z.T. über Transportmittel, mit denen sie ihre Waren auf Märkte innerhalb des Distriktes oder bis nach Palu bringen. Andererseits kommen Zwischenhändler nach Mekarsari, um Cash-Crops wie Kakao und Kaffee aber auch Gemüse abzunehmen.

Die Beteiligung an organisierten Kooperationen in Mekarsari ist ausnahmslos gegeben. Die Organisation der Arbeitseinsätze erfolgt wie allgemein üblich durch eine Anordnung des Bürgermeisters, der Anweisungen an die Vertreter der Ortsteile weiterreicht, die für die anschließende Arbeitseinteilung innerhalb der Nachbarschaftseinheit zuständig sind. Bei der Wahl der Termine zur kooperativen Arbeit wird Rücksicht genommen auf die Verfügbarkeit der Akteure in Bezug auf Tage, die für die einzelnen Gruppen in religiöser Hinsicht von Bedeutung sind: Bei den Muslime ist dies der Freitag, bei den Christen der Sonntag und die Hindus betreffend sind es die Zeiten des Voll- bzw. des Neumondes. Alle 14 Tage kümmern sich die Anhänger des Hinduismus um die Pflege des Tempels. Was die freiwillige Nachbarschaftshilfe in Mekarsari betrifft, so ist die Intensität der Interaktion zwischen den Akteursgruppen nicht eindeutig. Die Aussagen der Befragten sind oft widersprüchlich. Außerdem wird der Begriff Nachbarschaftshilfe von einigen Informanten nicht im ursprünglichen Sinne einer freiwilligen, spontanen Zusammenarbeit angewandt, sondern auch im Zusammenhang mit der organisierten Kooperationsarbeit benutzt.

Die Zusammenarbeit beider Kooperationsformen wird meist über die Wohnlage bestimmt, sie findet überwiegend innerhalb der Nachbarschaftseinheiten statt. Allgemein war zu vernehmen, dass die Befragten mit allen Akteuren zusammenarbeiten würden, die innerhalb eines Blocks leben. Bei besonderen Aufgaben, die einen größeren Arbeitsaufwand erfordern, findet auch organisierte oder freiwillige Kooperation über die Grenzen der Nachbarschaftseinheit hinweg statt. Ein Beispiel, welches von einem Informanten angeführt wurde, betrifft die Instandsetzung eines Hauses, das abgebrannt war. An der Instandsetzung des Hauses nahmen Akteure aus verschiedenen Nachbarschaften teil. Die ethnische oder religiöse Zugehörigkeit spielte bei der Beteiligung keine Rolle. Wie der Befragte weiterhin angibt, waren er (ein

Hindu) und andere auch beim Bau der Kirche in Mekarsari behilflich. Von dem Oberhaupt der Kirchengemeinde in Mekarsari wird dies bestätigt. Neben einem muslimischen Zimmermann, den man für seine Arbeit entlohnt hätte, hätten andere Bewohner Mekarsaris in Form von Nachbarschaftshilfe bei Arbeiten, die mehrere Personen erforderten, mitgewirkt.

Durch die segregierte Wohnlage in Mekarsari, die sich in einen Bereich, in dem vorwiegend Javaner wohnen, und in einen anderen, der überwiegend von Balinesen bewohnt wird, teilt, ergibt sich jedoch ein differenzierteres Bild. Vor diesem Hintergrund sind Aussagen der Befragten zu verstehen, die angeben, sie würden nur innerhalb ihrer Herkunftsgruppe oder ethnischen Gruppe kooperieren. Die Ergebnisse der Haushaltsbefragungen in Bezug auf die beiden Hauptgruppen in Mekarsari bestätigen erneut die Annahme, dass eine wirtschaftliche Zusammenarbeit unabhängig ist von religiösen oder ethnischen Kriterien.

Auf die Fragen danach, wen die Haushalte der Javaner und Balinesen um Hilfe bitten würden, wenn sie ein Haus bauen oder renovieren wollten, gab der überwiegende Teil der Befragen an, dass sie auch Mitglieder einer anderen ethnischen wie religiösen Gruppe um Unterstützung ersuchen würden (s. Tab. 8, Tab. 9). Zugleich sagen jedoch 25 % Javaner und 27 % der Balinesen, sie würden nur Angehörige der gleichen Ethnie bitten, ihnen zu helfen. Diese Antworten sind wieder auf die räumliche Nähe der eigenen Ethnie zurückzuführen. Bei der zweiten Antwortmöglichkeit zeigt sich ein ähnliches Bild wie bei der ersten. Hier existiert eine Kooperation über religiöse Grenzen hinweg. Obgleich einige angaben, sie würden nur innerhalb ihrer Religionsgemeinschaft nach Unterstützung fragen, bezieht die Mehrheit andere Gruppen bei ihrem Ersuchen um Hilfeleistungen ein. Betrachtet man die Antworten in Zusammenhang mit der Unterstützung bei der Erschließung neuen Agrarlandes, wird ein differenzierteres Bild sichtbar. Die erste Antwortmöglichkeit zeigt, dass zu derartigen Arbeiten oft keine Unterstützung erfragt wird bzw. vonnöten ist. Insgesamt betrachtet, stimmen die Antworten beider Gruppen, der Javaner und der Balinesen, bei der Frage nach der Unterstützung zum Haus(aus)bau und der Beteiligung beim Erschließen von Neuland mit großer Annäherung überein. Hierdurch wird die These bestätigt, dass die Zusammenarbeit in der Nachbarschaftshilfe in Mekarsari unabhängig ist von ethnischen oder religiösen Kennzeichnungen der Akteure. Allerdings wird die Interaktion in der gemeinsamen Nachbarschaftsarbeit modifiziert durch die räumliche Verteilung der Akteure bzw. Akteursgruppen innerhalb der Siedlung.

**Tab. 8:** Ersuchen um Hilfeleistungen von anderen Akteuren aus Sicht der Balinesen in Mekarsari (n=71)

| Wen würden Sie fragen, wenn Sie ein Haus bauen oder ihres reparieren wollten? | |
|---|---|
| Balinesische Haushalte: Antwort 1 | |
| Gewählte Antwortmöglichkeit | Anteil in % |
| auch Mitglieder einer anderen Ethnie | 53,4 |
| nur Mitglieder der gleichen Ethnie | 27,4 |
| es gibt niemanden, der hilft | 11,0 |
| nur Familienmitglieder auch aus einem anderen Dorf | 4,1 |
| nur Familienmitglieder aus dem gleichen Dorf | 4,1 |
| Gesamt | 100 |
| Antwort 2 | |
| Gewählte Antwortmöglichkeit | Anteil in % |
| auch Mitglieder einer anderen Religionsgemeinschaft | 64,8 |
| nur Mitglieder der gleichen Religionsgemeinschaft | 35,2 |
| Gesamt | 100 |

| Wen würden Sie fragen, wenn Sie neues Agrarland eröffnen wollten? | |
|---|---|
| Antwort 1 | |
| Gewählte Antwortmöglichkeit | Anteil in % |
| auch Mitglieder einer anderen Ethnie | 42,5 |
| es gibt niemanden, der hilft | 37,0 |
| nur Mitglieder der gleichen Ethnie | 11,0 |
| nur Familienmitglieder aus dem gleichen Dorf | 5,5 |
| auch Familienmitglieder aus einem anderen Dorf | 4,1 |
| Gesamt | 100 |
| Antwort 2 | |
| Gewählte Antwortmöglichkeit | Anteil in % |
| auch Mitglieder einer anderen Religionsgemeinschaft | 79,5 |
| nur Mitglieder der gleichen Religionsgemeinschaft | 20,5 |
| Gesamt | 100 |

HOPPE 2002

**Tab. 9:** Ersuchen um Hilfeleistungen von anderen Akteuren aus Sicht der Javaner in Mekarsari (n=79)

| Wen würden Sie fragen, wenn Sie ein Haus bauen oder Ihres reparieren wollten? | |
|---|---|
| Javanische Haushalte: Antwort 1 | |
| Gewählte Antwortmöglichkeit | Anteil in % |
| auch Mitglieder einer anderen Ethnie | 51,6 |
| nur Mitglieder der gleichen Ethnie | 25,0 |
| es gibt niemanden, der hilft | 10,9 |
| nur Familienmitglieder aus dem gleichen Dorf | 10,9 |
| nur Familienmitglieder auch aus einem anderen Dorf | 0,8 |
| nur Mitglieder der gleichen Religionsgemeinschaft | 0,8 |
| Gesamt | 100 |
| Antwort 2 | |
| Gewählte Antwortmöglichkeit | Anteil in % |
| auch Mitglieder einer anderen Religionsgemeinschaft | 66,0 |
| nur Mitglieder der gleichen Religionsgemeinschaft | 29,9 |
| nur Mitglieder der gleichen Ethnie | 2,1 |
| auch Mitglieder einer anderen Ethnie | 2,1 |
| Gesamt | 100 |

| Wen würden Sie fragen, wenn Sie neues Agrarland eröffnen wollten? | |
|---|---|
| Antwort 1 | |
| Gewählte Antwortmöglichkeit | Anteil in % |
| auch Mitglieder einer anderen Ethnie | 44,5 |
| es gibt niemanden, der hilft | 29,7 |
| nur Mitglieder der gleichen Ethnie | 14,8 |
| nur Familienmitglieder aus dem gleichen Dorf | 10,2 |
| auch Bewohner anderer Dörfer | 0,8 |
| Gesamt | 100 |
| Antwort 2 | |
| Gewählte Antwortmöglichkeit | Anteil in % |
| auch Mitglieder einer anderen Religionsgemeinschaft | 75,0 |
| nur Mitglieder der gleichen Religionsgemeinschaft | 19,7 |
| nur Mitglieder der gleichen Ethnie | 5,3 |
| Gesamt | 100 |

HOPPE 2002

Wie auch in Siliwanga wurden in Mekarsari kurz nach der Gründung der Transmigrationssiedlung einige Kulturorganisationen gegründet. Hierzu gehört ein Sportverein, eine Jugendorganisation und ähnliches. Bei den Untersuchungen waren derartig organisierte Vereinigungen nicht mehr vorzufinden. Für Mekarsari gilt wie für Siliwanga, dass die staatlich geplanten Institutionen nur in begrenztem Umfang von den Migranten angenommen wurden. Dies bedeutet nicht, dass heutzutage keinerlei kulturelle oder auch sportliche Aktivitäten stattfinden, die einen gewissen Organisationscharakter aufweisen. Als Beispiel ist hier eine Gruppe unter den Javanern zu nennen, die zu speziellen Anlässen traditionelle javanische Tänze aufführt. Ähnliches gilt für die Balinesen.

**Exkurs: Poso-Konflikt**

Das Verhältnis zwischen den Anhängern der verschiedenen Glaubensgemeinschaften (Christen, Muslime und Hindus) in Mekarsari wird seit 1998 wesentlich von den Geschehnissen in Poso beeinflusst. Eine ausführliche Beschreibung der Hintergründe für die Ausschreitungen zwischen Muslime und Christen in dieser Region überschreitet den Rahmen dieser Arbeit. Hierzu empfiehlt sich die Lektüre des Beitrags von SCHULZE-HÖNIGHAUS (2002), der eine detaillierte Darstellung der verschiedenen Phasen des Konfliktes in Poso sowie der Hintergründe liefert. Es sei nur soviel gesagt: Mehrere hundert Menschen waren bis Ende des vergangenen Jahres [2001] den Unruhen zum Opfer gefallen, 27 Moscheen und 55 Kirchen waren zerstört und mehr als 7.000 Häuser niedergebrannt. Schätzungsweise 80.000 Menschen, mehr als ein Drittel der lokalen Bevölkerung, waren auf der Flucht. Viele dieser Menschen, die entweder vor christlichen Gruppen oder muslimischen Gruppen geflüchtet waren, kamen in das Naputal und wurden als Flüchtlinge aufgenommen. Wie bereits erwähnt, entstand für einige Flüchtlinge ein neuer Dorfteil südlich von Mekarsari.

Mit den Flüchtlingen kamen stets Neuigkeiten aus dem Krisengebiet. Im Naputal wurde eine Ausweitung des Konflikts auf Lore Utara vermutet, was aber bisher nicht eintrat. Dennoch hatte die Vermutung erhebliche Auswirkungen auf die Beziehungen zwischen den Akteuren innerhalb der Dorfgemeinschaft von Mekarsari. Die Ausschreitungen in Poso fanden in Phasen statt, weshalb allgemein von Poso I, Poso II etc. die Rede ist (SCHULZE-HÖNIGHAUS 2002). Zeitgleich mit diesen Phasen kamen neue Gerüchte nach Tamadue. Darüber etwa, dass sich islamische Kämpfer auf dem Weg nach Napu befänden. Daraufhin verließen viele der Bewohner, Muslime und Christen, die Gemeinde und gingen in die umliegenden Berge, wo sie sich sicherer fühlten. Nach einiger Zeit kehrten sie zurück. Erneute Nachrichten erreichten das Dorf, doch dieses Mal verließen lediglich die meisten Christen die Gemeinde, um sich in Sicherheit zu bringen. In den Augen der Geflüchteten erweckte dies laut Aussagen eines Mitglieds der Moslemgemeinde den Eindruck, die Anhänger des Islam würden sich nicht fürchten, da sie weiterhin im Dorf verweilten. Sie würden gar mit den Kriegern des heiligen (islamischen) Krieges gemeinsame Sache machen. Die Muslime halten dem entgegen, dass sie sich durchaus fürchteten, aber nach den Erfahrungen der Vergangenheit nicht auf die Gerüchte reagiert hatten. Das Zusammenleben der Bewohner von Mekarsari und Tamadue wurde dadurch erheblich gestört. Die Beschuldigungen und das Misstrauen in Mekarsari spielten sich nach Aussagen eines Befragten im Dorf vor allem zwischen einzelnen Akteuren und nicht zwischen den Glaubensgemeinschaften ab. Es kam keineswegs zu offenen Auseinandersetzungen zwischen den religiösen Gruppen, sondern lediglich zu einem generellen Misstrauen zwischen ihnen, das sich nicht nur auf Christen und Muslime beschränkte.

Die Hindus in Tamadue fürchteten sich ebenfalls vor einer Ausweitung der Unruhen nach Lore Utara und Tamadue. Mitglieder ihrer religiösen Gemeinschaft in Poso waren von den Ausschreitungen direkt betroffen. Trotzdem nahmen sie in dieser Zeit innerhalb der Dorfgemeinschaft eine Mittelstellung zwischen den Parteien der Muslime und der Christen ein. Laut Aussagen eines Oberhauptes der balinesischen Gemeinde waren es die Hindus, die sich als erstes für die Gründung des „Forum Rekonsiliasi" (Forum der Aussöhnung) einsetzten. Im Folgenden die ersten Worte der Erklärung des Aussöhnungsforums:

„In Anbetracht der bereits unendlich lang andauernden Konfliktsituation im Regierungsbezirk Poso, die bisher nicht bewältigt werden konnte und in dem Bewusstsein unserer Existenz als Dorf Tamadue innerhalb des Kecamtan Lore Utara. – Wir alle als Teil einer pluralen Gesellschaft müssen uns der Wichtigkeit der Einheit und Integrität aller ethnischen Gruppen bewusst sein und dem harmonischen Zusammenleben der Anhänger verschiedener Religionen höchste Priorität einräumen. Deshalb übergeben wir hiermit die gemeinsame Stellungnahme der religiösen Anhängerschaft des Dorfes Tamadue, Kecamtan Lore Utara, auf dass wir breites Gehör finden. Es ist unser Anliegen, das Gehör der Regierung zu bekommen, damit Schritte unternommen werden, die den Konflikt in Poso beenden. Das ist unsere Erklärung. Wir hoffen, dass sie nützlich sein und verstanden wird."

(Originaldokument des Forums in Tamadue, 2001)

Diese Erklärung ist Teil eines Briefes, der am 10. Dezember 2001 von den Mitgliedern des Forums unterzeichnet und an das Büro für Religiöse Angelegenheiten in Poso geschickt wurde. Das Forum wurde offiziell Anfang November 2001 gegründet. Hierzu fand ein Treffen zwischen den religiösen Oberhäuptern Tamadues im Haus des Bürgermeisters statt. Wenig später wurden ein Vorsitzender (ein Muslim), ein Stellvertreter (ein Christ) und ein Sekretär (ein Hindu) eingesetzt. Zusätzlich besteht das Forum aus 12 weiteren Mitgliedern, von denen drei dem Islam und weitere drei der Glaubensgemeinde der Hindus angehören, während es sich bei den übrigen um Christen handelt. Bei der Auswahl wurden ebenso verschiedene ethnische Gruppen (Java, Napu, Bali, Sasak, Kulawi, Manado, Besoa, Toraja, Bugis)[58] berücksichtigt. Die Initiative, ein Forum zur Verständigung zwischen den Religionsgemeinschaften zu gründen, ist keineswegs eine Besonderheit innerhalb des Naputals. Ein solches Forum existiert auch in Wuasa, dem Hauptort des Distrikts, von wo aus andere Gemeinden teilweise dazu aufgefordert wurden, eine derartige Plattform zu schaffen. Die Aufgabe des Forums bestand vor allem darin, einen Dialog zwischen den Glaubensgemeinschaften zu ermöglichen. Religiöse Vertreter der Muslime besuchten gemeinsam mit Repräsentanten der Hindugemeinde die Kirche und sprachen vor den Besuchern des Gottesdienstes. Ebenso gab es Gegenbesuche. Im Januar des Jahres 2002 fand ein Fest in Tamadue-kampung statt, welches durch das Forum organisiert wurde. Eingeleitet wurde diese Feierlichkeit durch Reden verschiedener Repräsentanten der Religionsgruppen, des Distrikts, der Polizei und der Dorfregierung. Viele Dorfbewohner aus allen Dorfteilen nahmen daran teil. Zum Abschluss der Reden fand ein gemeinsames Gebet der Anhänger unterschiedlicher Glaubensgemeinschaften statt, nach dem Speisen ausgegeben und sowohl nach lokaler als auch nach javanischer Tradition getanzt wurde.

Die überwiegende Zahl der Befragten unterstützt das Forum. Eine Ablehnung war nicht zu vernehmen. Viele gaben an, das Verhältnis zwischen den Religionen sei vor Beginn der Ausschreitungen und der Verbreitung des Konflikts stets gut gewesen, dann hätten sich die Beziehungen verschlechtert. Seit Bestehen des Forums wäre die Verständigung wieder besser und das Misstrauen sei ausgeräumt. Was passiert, falls der Konflikt in Poso erneut größere Ausmaße annehmen sollte, ist unklar. Jedenfalls besteht mit dem Forum nunmehr eine Plattform, auf der sich die Mitglieder der verschiedenen Ethnien und Religionsgemeinschaften treffen können.

---

[58] Außerdem ist ein Flüchtling aus Poso vertreten, dessen ethnische Zugehörigkeit nicht aufgeführt ist.

## 3.5 Der Handlungsrahmen auf der Mikroebene: Identifikation als Teilaspekt der sozialen Integration in den Untersuchungsdörfern

Die Identifikation der Akteure bedeutet, dass sie sich emotional und gedanklich mit dem sozialen Gebilde als Einheit sehen. In der theoretischen Diskussion gibt es jedoch divergierende Auffasssungen, sowohl über die Art und Weise als auch über das Maß eines notwendigen Konsenses. Im Folgenden wird die Bedeutung der ethnischen und nationalen Herkunft in den Zuweisungsprozessen und im Selbstbild erörtert. Zur Identifikation zählen Fremd- und Eigenzuweisung ebenso wie der Grad der Identifikation mit dem sozialen System, in dem sich die Akteure befinden. Soziale Grenzziehungen, bzw. die Identifikation mit dem sozialen System sind immer mit der Position der Akteure im sozialen Raum verbunden. Dabei spielen Macht und Interessen der Akteure eine besonders große Rolle.

### 3.5.1 Identifikation der Bewohner von El Progreso und San Martín

Die Identifikation mit der Aufnahmegesellschaft und der Region ist in El Progreso und San Martín unterschiedlich stark ausgeprägt. Während die Bereitschaft zur Teilnahme an den verbindlichen Ereignissen wie der Dorfversammlung und den gemeinschaftlichen Arbeiten in beiden Orten ähnlich ausfällt, zeigen sich signifikante Differenzen bezüglich der Teilnahme an den lokalen Festen und der überwiegend verwendeten Sprache. In El Progreso nehmen die Bewohner mehrheitlich an den Festivitäten teil, während sich in San Martín die Zahlen von Anwesenden und Abwesenden ausgleichen. Als Hauptgrund für das Fernbleiben von Dorffeiern wird in San Martín das mangelnde Interesse genannt. Es lässt sich vermuten, dass die Bereitschaft zur Geschlossenheit in einem größeren, heterogeneren und dadurch potentiell konfliktreicheren Dorf wie San Martín zurückgeht, zumal die soziale Kontrolle durch das Kollektiv aufgrund der Vielzahl an divergierenden Einflüssen auf das Individuum in Schule, Beruf und Freizeit nur unter großen Anstrengungen gelingen kann.

Die räumliche und soziale Nähe der Bevölkerung trägt in El Progreso hingegen zur größeren Einheit der Dorfgemeinschaft bei. Ob aus dieser Einheit auch eine Identifikation mit dem Umfeld hervorgeht, hängt u.a. von der Aufrechterhaltung der individuellen Entscheidungs- und Handlungsfreiheit ab. Denn ein solch dichtes Zusammenleben kann nicht nur Zusammenhalt stiften, sondern auch den Einzelnen in seiner Persönlichkeitsentfaltung einengen und soziale Zwänge entstehen lassen. Nimmt er sie hin, steigert er seine Integration. Lehnt er sich gegen sie auf, gefährdet er die gemeinschaftliche Geschlossenheit, fördert zugleich aber durch das in ihm entstehende Gefühl der Mitbestimmung seine persönliche Identifikation mit der neu geschaffenen Umgebung. Für El Progreso ist bisher die Hinnahme im Zusammenleben deutlich häufiger anzutreffen als individuellen Auflehnungen.

Die überwiegend verwendete Sprache als weiterer Indikator für die Identifikation mit der Aufnahmegesellschaft ist in San Martín bei der andinen Bevölkerung Spanisch. Bereits die Ausführungen zum Kulturationsniveau haben gezeigt, dass hierfür v.a. die Heterogenität des Ortes verantwortlich ist. Zunächst einmal ist die Anwendung der fremden Sprache eine Grundvoraussetzung für das Kommunizieren, das (sich) Platzieren und das Interagieren in der Aufnahmegesellschaft. Die Übertragung der ungewohnten Redeweise auf den Hausgebrauch symbolisiert die allmähliche Identifikation mit dem Fremden. In El Progreso hat eine solche linguistische Identifikation mit der Brecha Casarabe noch nicht stattgefunden, da Quechua nach wie vor die hauptsächlich verwendete Sprache ist. Das Spanische bleibt die nur sporadisch angewandte Sprache, während im Alltag die indigene Ausdrucksweise dominiert.

Auch die Ortsnamenwahl im Kolonisationsgebiet belegt eine zumindest anfänglich beibehaltene Verbundenheit mit der Herkunftsregion. So weisen zahlreiche Dorfbezeichnungen auf die andine Abstammung der dortigen Bevölkerung hin: Los Andes (Núcleo 22), Illimani (Núcleo 29) oder Villa Linares (Núcleo 42) sind Beispiele dafür. Andererseits tragen Siedlungen wie El Progreso (Núcleo 13), Nueva Vida (Núcleo 14) oder Nueva Esperanza (Núcleo 73) die Hoffnungen und Erwartungen ihrer Gründer auf ein besseres Leben im Ortsnamen und belegen eine zumindest zweckbestimmte Identifikation mit der neuen Umgebung.

Resümierend lässt sich sagen, dass die Zusammensetzung und die Lage eines Dorfes die Identifikation der Bevölkerung mit der Region beeinflusst. Allerdings ergibt sich keine allgemeingültige Tendenz für das Ausmaß dieser Verbundenheit. Die Untersuchungsfälle zeigen, dass die Bewohner eines peripher gelegenen und von seiner Zusammensetzung homogenen Dorfes signifikant häufiger an regionalen Festen teilnehmen, aber sich dadurch ihre emotionale Bindung zur Herkunftsregion nicht verringert. Im Gegenteil, nicht nur ihre Umgangssprache bleibt die gewohnte, sondern auch die Kontakte zu den in der Heimat Verbliebenen halten unvermindert an.[59] Demgegenüber sind die Einwohner eines zentraleren und heterogeneren Dorfes von der linguistischen Seite her stärker an den interkulturellen Austausch angepasst

---

[59] 85,7 % der in El Progreso befragten Personen haben noch Kontakt zu ihrer Herkunftsregion, während lediglich die Hälfte (47,8 %) der in San Martín interviewten Personen solche Verbindungen aufrecht hält.

und halten vergleichsweise weniger Verbindungen zur Herkunftsregion aufrecht. Darin spiegelt sich (unabhängig von den Motiven dieser Verbundenheit) ihre höhere regionale Identifikation wider. Dagegen belegt die signifikant niedrigere Häufigkeit der Teilnahme an lokalen Festen nicht nur die Diversität und Individualisierung der Bevölkerung, sondern auch die fehlende Identifikation mit gemeinschaftlich organisierten Veranstaltungen. Nicht grundlos lautete der Titel des 15. Festivals des Agrarkolonisationsgebietes, das vom 25. bis 27. Oktober 2002 in San Martín stattfand: „Por la integridad de San Julián"[60].

Ein Zusammenhang zwischen der ethnischen Zugehörigkeit und einem bestimmten Identifikationsniveau mit der Aufnahmegesellschaft ist für die Untersuchungsfälle nicht nachweisbar. Weder die grundsätzliche Teilnahme an Dorfversammlungen noch die Häufigkeit der Partizipation an Gemeinschaftsarbeiten und Festen unterscheiden sich bei Collas und Cambas signifikant voneinander. Es ist daher davon auszugehen, dass die Identifikation mit dem Umfeld nicht primär von der Ethnizität bestimmt wird, sondern stärker von anderen Einflussfaktoren wie z.B. den allgemeinen Rahmenbedingungen abhängig ist. So haben die vorangegangenen Ausführungen gezeigt, welchen Stellenwert der Landbesitz in der andinen Kultur hat. Demzufolge bezieht sich die Identifikation mit der neuen Umgebung vorrangig auf zwei Faktoren: Einerseits auf den funktionalen Raum, d.h. das Agrarkolonisationsgebiet San Julián, welches über die nötigen Ackerflächen zur Verwirklichung des Landbesitzes verfügt, andererseits auf das vorherrschende politisch-administrative System, das die Rahmenbedingungen für den Parzellenerwerb schuf (Durchführung der Umsiedlungsprojekte, Vergabe von Landtiteln etc.).

Im Einzelfall können die Enttäuschung und der Ärger über die mangelhafte Landtitulierung oder die Vernachlässigung der staatlichen Verantwortung bei der Schaffung einer leistungsfähigen Infrastruktur die Identifikation mit dem „System" verringern (s. Tab. 10, Tab. 11). Dennoch bleibt das Stück Ackerland ein wesentlicher integrativer Faktor zwischen Immigrant und Region. Umgekehrt kann der Ausschluss von derartigem materiellem Besitz die partielle Exklusion des Einzelnen zur Folge haben, und zwar dann, wenn der Zustand der Landlosigkeit nicht hingenommen, sondern beklagt wird. In diesem Fall sinkt die Identifikation der Person mit dem Umfeld, das sie marginalisiert.

---

[60] „Für die Integrität von San Julián".

**Tab. 10:** Bewertungen einzelner Gesellschaftsbereiche durch die befragten Haushaltsmitglieder (n=21) in El Progreso

| EL PROGRESO | Situation | Zustand | Anteil (in %) |
|---|---|---|---|
| | Arbeitssituation heute | gut | 9,5 |
| | | durchschnittlich | 66,7 |
| | | schlecht | 23,8 |
| im Vergleich mit vor 15 Jahren | | besser | 42,9 |
| | | schlechter | 38,1 |
| | | unverändert | 19,0 |
| | Einkommenssituation heute | gut | 4,8 |
| | | durchschnittlich | 81,0 |
| | | schlecht | 14,3 |
| im Vergleich mit vor 15 Jahren | | besser | 38,1 |
| | | schlechter | 9,5 |
| | | unverändert | 47,6 |
| | | keine Angabe | 4,8 |
| | Versorgungssituation heute | gut | 38,1 |
| | | durchschnittlich | 52,4 |
| | | schlecht | 9,5 |
| im Vergleich mit vor 15 Jahren | | besser | 42,9 |
| | | schlechter | 19,0 |
| | | unverändert | 33,3 |
| | | keine Angabe | 4,8 |
| | Landzugang heute | gut | 52,4 |
| | | durchschnittlich | 14,3 |
| | | schlecht | 33,3 |
| im Vergleich mit vor 15 Jahren | | besser | 57,1 |
| | | schlechter | 38,1 |
| | | unverändert | 0,0 |
| | | keine Angabe | 4,8 |

Fortsetzung Tab. 10

| EL PROGRESO | Situation | Zustand | Anteil (in %) |
|---|---|---|---|
| | Kreditzugang heute | gut | 14,3 |
| | | durchschnittlich | 57,1 |
| | | schlecht | 23,8 |
| | | keine Angabe | 4,8 |
| im Vergleich mit vor 15 Jahren | | besser | 52,4 |
| | | schlechter | 4,8 |
| | | unverändert | 33,3 |
| | | keine Angabe | 9,5 |
| | Partizipation heute | gut | 52,4 |
| | | durchschnittlich | 38,1 |
| | | schlecht | 9,5 |
| im Vergleich mit vor 15 Jahren | | besser | 66,7 |
| | | schlechter | 19,0 |
| | | unverändert | 9,5 |
| | | keine Angabe | 4,8 |
| | Beziehung zur eigenen Ethnie heute | gut | 57,1 |
| | | durchschnittlich | 33,3 |
| | | schlecht | 9,5 |
| im Vergleich mit vor 15 Jahren | | besser | 38,1 |
| | | schlechter | 23,8 |
| | | unverändert | 38,1 |

WINTER 2003

Da das Heranwachsen der zweiten Immigrantengeneration im Untersuchungsraum noch andauert, überwiegen zahlenmäßig noch jene Erwachsene, die nicht im Kolonisationsgebiet zur Welt gekommen sind und ihre Enkulturation außerhalb durchlaufen haben. Daher lassen sich Differenzen zwischen den Generationen nur sehr schwer nachweisen. Es ist allerdings zu vermuten, das belegen die Ergebnisse zur überwiegend verwendeten Sprache, dass partielle Unterschiede hinsichtlich des Grades der persönlichen Identifikation mit der Aufnahmegesellschaft existieren. Dies bezieht sich nicht so sehr auf die Identifikation mit dem Dorf über die Ausübung gemeinsamer Arbeiten oder die Teilnahme an öffentlichen Sitzungen, da diese Anlässe mehr oder weniger verbindlich für jeden sind. Offensichtlicher werden Unterschiede in der Anwendung der fremden Sprache, in der Ausprägung eines Verbundenheitsgefühls mit den naturräumlichen Gegebenheiten oder in der Internalisierung einer regionalen Identität.

Tab. 11: Bewertungen einzelner Gesellschaftsbereiche durch die befragten Haushaltsmitglieder (n=69) in San Martín

| SAN MARTÍN | Situation | Zustand | Anteil (in %) |
|---|---|---|---|
| | Arbeitssituation heute | gut | 11,6 |
| | | durchschnittlich | 63,8 |
| | | schlecht | 24,6 |
| im Vergleich mit vor 15 Jahren | | besser | 15,9 |
| | | schlechter | 66,7 |
| | | unverändert | 15,9 |
| | | keine Angabe | 1,4 |
| | Einkommenssituation heute | gut | 7,2 |
| | | durchschnittlich | 62,3 |
| | | schlecht | 30,4 |
| im Vergleich mit vor 15 Jahren | | besser | 39,1 |
| | | schlechter | 42,0 |
| | | unverändert | 17,4 |
| | | keine Angabe | 1,4 |
| | Versorgungssituation heute | gut | 24,6 |
| | | durchschnittlich | 68,1 |
| | | schlecht | 7,2 |
| im Vergleich mit vor 15 Jahren | | besser | 14,5 |
| | | schlechter | 65,2 |
| | | unverändert | 18,8 |
| | | keine Angabe | 1,4 |
| | Landzugang heute | gut | 18,8 |
| | | durchschnittlich | 20,3 |
| | | schlecht | 53,6 |
| | | keine Angabe | 7,2 |

Fortsetzung Tab. 11

| | | |
|---|---|---|
| im Vergleich mit vor 15 Jahren | besser | 11,6 |
| | schlechter | 53,6 |
| | unverändert | 27,5 |
| | keine Angabe | 7,2 |
| Kreditzugang heute | gut | 1,4 |
| | durchschnittlich | 27,5 |
| | schlecht | 49,3 |
| | keine Angabe | 21,7 |
| im Vergleich mit vor 15 Jahren | besser | 18,8 |
| | schlechter | 26,1 |
| | unverändert | 33,3 |
| | keine Angabe | 21,7 |
| Partizipation heute | gut | 62,4 |
| | durchschnittlich | 36,2 |
| | schlecht | 1,4 |
| | keine Angabe | |
| im Vergleich mit vor 15 Jahren | besser | 72,6 |
| | schlechter | 13,0 |
| | unverändert | 13,0 |
| | keine Angabe | 1,4 |
| Beziehung zur eigenen Ethnie heute | gut | 59,4 |
| | durchschnittlich | 33,3 |
| | schlecht | 7,2 |
| im Vergleich mit vor 15 Jahren | besser | 40,6 |
| | schlechter | 24,6 |
| | unverändert | 33,3 |
| | keine Angabe | 1,4 |

WINTER 2003

### 3.5.2 Identifikation der Bewohner von Azoumanakro

In der Elfenbeinküste spielt die ethnische Herkunft in der Zuweisung durch die jeweils andere Gruppe eine ebenso große Rolle wie die Stigmatisierung nach der Nationalität. Die Burkinabé werden von den Baoulé entweder als ethnographische Gruppe – daher die Bezeichnung Burkinabé – wahrgenommen oder als Mossi. Die Mossi sind die dominante Ethnie Burkina Fasos. Allgemein werden die in der Elfenbeinküste lebenden Burkinabé häufig verallgemeinernd als diese Ethnie begriffen. In Azoumanakro gehören tatsächlich alle Bewohner zu der Gruppe der Mossi. Die Burkinabé werden von den Baoulé, die aufgrund ihrer regionalen Herkunft keine eigenen Rechtsstrukturen oder Beteiligungschancen am System brauchen, explizit als Arbeiter und Ausländer in das Dorf integriert. Auch die Burkinabé ordnen die Baoulé nicht nur nach ihrer Ethnizität, sondern auch als Ivoren ein. Diese Tatsachen scheinen den Baoulé als Rechtfertigung, Arbeitgeber und Besitzer zu sein, auszureichen. Dem etablierten und vermittelten Selbstbild der Baoulé entsprechend, verwenden die Burkinabé nie die Bezeichnung Migrant im Zusammenhang mit den aus Bokanda zugewanderten Baoulé.

Die ethnische oder nationale Herkunft spielt auch bei der Eigenzuweisung der Bewohner die ausschlaggebende Rolle. Bei den Baoulé wird sich sehr stark über „wir, die Baoulé" als Gruppe identifiziert. Die Solidarität, die mit dieser Gruppe in Verbindung gebracht wird, äußert sich in dem Stellenwert, den intraethnische Freundschaften, die Familie und die Nachbarschaft haben. Kollektive ethnische Interessen stehen im Vordergrund. Das wird auch am Stellenwert des ethnischen Distriktvertreters („Chef de Canton")[61] deutlich. Obwohl administrativ obsolet, soll er in Soubré die Interessen der Baoulé der Region vertreten und hat im Leben der Baoulé des Ortes eine identifikative Bedeutung. Die Baoulé sehen sich selbst als sehr arbeitsame ethnische Gruppe mit einer gemeinsamen Kultur, die sich von anderen Afrikanern unterscheidet: „On est tous des Africains, mais ça là [die Traditionen] c'est différent, chez les Baoulé il y a différentes cultures, il y a beaucoup." (Baoulé)

In Azoumanakro legen die Baoulé Wert darauf, keine Migranten zu sein, da sie aus der Elfenbeinküste kämen: Migranten seien Menschen aus anderen Ländern. An ihrem Lebensstil hat sich mit der Migration nichts Erhebliches

---

[61] Der „Chef de Canton" ist ein Amt, das noch aus der kolonialen französischen Verwaltung stammt. Ein ethnischer Vertreter sollte in der Präfektur die Belange seiner Ethnie vertreten. Da die Bevölkerung ihn noch immer als Repräsentanten der ethnischen Gruppe betrachtet, ist er auch nach der Unabhängigkeit in einigen Regionen, so auch in Soubré, noch im Amt geblieben.

geändert.[62] Sie leben in einem Baoulé-Umfeld, in das die Integration nach eigenen Aussagen nicht schwierig war, da hier schon viele bekannte Baoulé wohnten und wohnen. Der stete Kontakt mit der Herkunftsregion offenbart die Bedeutung, die sie für die Zuwanderer noch hat. Die starke Bindung an die Herkunftsregion zeigt sich nicht nur in steten Besuchen und Korrespondenz, sondern auch in dem Verantwortungsgefühl der Migranten gegenüber der dort gebliebenen Familie und der Zukunftsplanung. Viele Baoulé überweisen noch Geld, fahren zu Hochzeiten und Beerdigungen, außerdem treffen sich traditionell zu Ostern alle Baoulé in Bokanda.

Einige Baoulé bauen Häuser in den Herkunftsorten, um selbst jederzeit zurückkehren zu können, aber auch, damit ihre Kinder die Gelegenheit haben, die Region kennzulernen und sich ihr weiterhin verbunden zu fühlen. In den Interviews wurde deutlich, dass auch die emotionale Identifizierung fast ausschließlich mit der Herkunftsregion stattfindet. Die Baoulé sind nur aufgrund der wirtschaftlichen Attraktivität in Azoumanakro: „Si il n'y a plus de forêt, plus de champs, donc ça n'a plus d'importance. Puisque moi je suis venu pour faire des plantations" (Chef du Village, Baoulé).

Somit planen viele ältere Baoulé eine Rückkehr nach Bokanda, sobald sie die Bestellung der Felder ihren Kindern überlassen können. Die jungen Baoulé wiederum sprechen weder davon, in Azoumanakro bleiben zu wollen, noch nach Bokanda zurückzukehren. Sie sehen ihre Zukunft wegen des Landmangels und der Perspektivenlosigkeit außerhalb der Landwirtschaft. Die jungen Frauen verlassen das Dorf meist zur Heirat und die Söhne zur Arbeitssuche oder zum Antritt des Wehrdienstes.

Auch die engen wirtschaftlichen und sozialen Wechselbeziehungen zwischen der Burkinabé-Gemeinde und ihren Verwandten in Burkina Faso sowie zu den Burkinabé in den Nachbardörfern zeigt die Bedeutung der Identifikation mit der Herkunft und die große emotionale Bindung an ihr Herkunftsland. Die Burkinabé Azoumanakros verstehen sich als ethnographische Gruppe und solidarisieren sich mit ihren Landsleuten in der Region. Dabei spielt die ethnische Herkunft keine bedeutende Rolle. Die Burkinabé geben noch expliziter als die Baoulé an, nur vorübergehend in Azoumanakro zu sein. Eine Rückkehr wird nicht erst im Alter geplant. Selbst ein Burkinabé, der mit einer Agni-Frau verheiratet ist, ist sich unsicher, ob er in der Elfenbeinküste bleiben will. Obwohl die Elfenbeinküste zu „seinem Land" gewor-

---

[62] Ein Befragter äußert zum Beispiel, dass er nicht das Bedürfniss habe, zurück nach Bokanda zu ziehen, da es keinen Unterschied mache, hier oder dort zu leben: Kultur, Tradition und Religion seien dieselben.

den sei und seine Kinder Ivoren seien[63], hat er selbst noch immer keinen ivorischen Pass (obwohl er es in Zukunft nicht ausschließt). Seine enge Identifikation mit der Elfenbeinküste zeigt sich auch am Umgang mit seinen Baoulé-Mitbewohnern: Er nennt sie „Brüder".

Entsprechend der kurzen Siedlungsdauer der Burkinabé hat kaum ein Haushaltsmitglied das Dorf schon wieder verlassen. Die Migration nach Azoumanakro fand genauso wie bei den Baoulé allein aus ökonomischen Gründen statt. Auch wenn die Akzeptanz ihrer Rolle als Ausländer in der Hinnahme ihrer Situation in Wirtschaft und Politik mündet, die politische Krisensituation, die sich während des Feldaufenthalts abzeichnete, führte bei wenigstens einem Burkinabé zu dem Wunsch, früher als geplant nach Burkina Faso zurückkehren zu wollen: „Si j'ai eu les moyens qui me suffisent de retourner chez moi, je veux retourner" (Burkinabé). Diese Aussage zeigt ein Gefühl der Unsicherheit, von dem nur schwer einzuschätzen ist, ob es auch im tatsächlichen Abzug der Burkinabé enden wird. Es beinhaltet auf jeden Fall nicht die Vorstellung, politische Rechte einfordern zu können.

Die Art der Unterstützung der Dorfgemeinschaft kann folgendermaßen eingestuft werden: Die Baoulé haben sich in der gesellschaftlichen Ordnung des Dorfes etabliert. Sie können ihr System unabhängig von autochthonen und anderen Gruppen gestalten. Da sich somit außer der räumlichen Verortung kaum etwas verändert hat, ist eine Identifikation mit dem betreffenden sozialen System über kollektive Werte nicht schwierig. Die Position der Baoulé als absolute Mehrheit im Dorf und die gemeinsamen Werte ihrer ethnischen Gruppe lässt sie eine emotionale Identifikation mit dem System empfinden.

Von einer solchen Identifizierung über Werte kann bei den Burkinabé sicher nicht gesprochen werden. Sie sind die Fremden, die politisch Unbeteiligten, die ihre Position in einer Form von Hinnahme akzeptieren, da sie wirtschaftlich davon profitieren, im Ort zu sein. Ihre Erwartungen sind erfüllt, wenn sie eine Arbeitsstelle gefunden haben und sogar übertroffen, wenn sie mit dem Erwerb eines Stück Landes der Lohnarbeit entkommen konnten (s. Tab. 12). Die Tatsache der Aussicht auf einen befristeten Aufenthalt in Azoumanakro lässt sie die Situation als temporären Übergang in ein „Wohlstandsleben" in Burkina Faso sehen bzw. erhoffen, der keine Initiative zur Forderung politischer Beteiligung verlangt.

---

[63] Eine sehr untypische Tatsache. Die Kinder übernehmen normalerweise die Staatsangehörigkeit des Vaters. Die Entscheidung fiel mit der Einsicht, dass es für die Kinder besser sei, die Staatsangehörigkeit des Landes zu haben, in dem sie leben.

Tab. 12: Eigene Einschätzung der Situation der befragten Personen in Azoumanakro (n=50)

| AZOUMANAKRO Situation | Zustand | Bété (in %) | Burkinabé (in %) |
|---|---|---|---|
| Arbeitssituation heute | gut | 41 | 73 |
|  | mittel | 15 | 9 |
|  | schlecht | 44 | 18 |
| Arbeitssituation früher | besser | 67 | 45 |
|  | schlechter | 31 | 55 |
|  | unverändert | 2 | 0 |
| Gehaltssituation heute | gut | 30 | 64 |
|  | mittel | 10 | 9 |
|  | schlecht | 60 | 27 |
| Gehaltssituation früher | besser | 69 | 73 |
|  | schlechter | 26 | 27 |
|  | unverändert | 5 | 0 |
| Ernährungssituation heute | gut | 20 | 82 |
|  | mittel | 14 | 9 |
|  | schlecht | 74 | 9 |
| Ernährungssituation früher | besser | 89 | 44 |
|  | schlechter | 6 | 33 |
|  | unverändert | 6 | 23 |
| Landzugang heute | gut | 3 | 36 |
|  | mittel | 8 | 9 |
|  | schlecht | 89 | 55 |
| Landzugang früher | besser | 94 | 80 |
|  | schlechter | 6 | 20 |
|  | unverändert | 0 | 0 |

SACHAU 2003

### 3.5.3 Identifikation der Bewohner von Soubré 3

Auch in Soubré 3 grenzen sich die ethnischen Gruppen sehr klar voneinander ab. Als Burkinabé werden kollektiv alle Ethnien bezeichnet, die aus Burkina Faso kommen (die häufigsten sind Mossi). Sie werden von den Bété also wenig differenziert betrachtet. Da die Gruppe sich auch selbst als nationale

Gruppe von ihrer Umwelt abgrenzt, gewinnt die Betrachtung der Burkinabé als Ausländer durch die Bété eine große Rolle in Hinblick auf eine potentielle Bedrohung für ihren Status und Besitz.

Auch bei der Identifizierung der Bewohner anderer Regionen spielt die Nationalität eine so große Rolle für die Bété, dass sie sie in Ausländer und Ivoren teilen. Das entspricht dem Prinzip der Ivoirité und soll die Gruppe der ausländischen Zuwanderer vom Landbesitz ausschließen.

> „Nous-mêmes on a nos frères qui sont là-bas, c'est la Côte d'Ivoire. Quand le Baoulé est chez le Bété où le Bété est chez le Baoulé, c'est la même Côte d'Ivoire: on ne se plaint pas. Mais maintenant, c'est que tu quittes ton pays, tu viens dans le pays de quelqu'un et la personne ne peut pas aller chez toi, parce que il y a rien qu'il peut faire là-bas, tu vois, c' estça. [...] Au début ce sont les étrangers qui doivent quitter et avec les Ivoriens on peut s'arranger. Déjà il y a déjà eu les conciliations en Côte d' Ivoire et ça a bien marché. Avec nous les Ivoriens, entre nous, réconciliation, et ça marchait bien. Mais qu'est-ce qui va nous empêcher de ne plus rester ensemble?" (Chef de Terre, Bété)

Die Burkinabé wiederum identifizieren ihre Mitbewohner als ivorische Ethnie und Besitzer des Bodens, nicht jedoch als politische Führer des Dorfes. Die verschiedenen Ethnien aus Burkina Faso identifizieren sich in Soubré 3 zwar in erster Linie mit ihrer jeweiligen eigenen ethnischen Gruppe, sie legen jedoch großen Wert darauf, dass sie sich in Abgrenzung zum Rest der Bewohnerschaft als „Burkinabé" verstehen. Auch für die Bété spielt die Nationalität eine Rolle, vor allem bei ihrer Abgrenzung gegenüber Ausländern. Hauptächlich identifizieren sie sich jedoch auch als Bété aus Loboville, als Besitzer des Bodens. Mit der Betonung der eigenen Traditionen, die sich vor allem in Organisationsformen äußern, grenzen sie sich sowohl stark von anderen Ethnien der Elfenbeinküste als auch anderen Bété-Gruppen ab. Die Identifikation mit Loboville ist demnach nicht emotional, sondern beruht auf dem Bestreben der eigenen Zuordnung und Abgrenzung von anderen Bété, denn die Traditionen innerhalb der großen Gruppe der Bété divergieren stark.

> „C'est pas toujours le même. Parce que les Bété chacun a sa coutume de faire. Le système des Bété n'est pas le même. [...] Loboville il n'y a rien là-bas. Actuellement c'est ici notre village. C'est ici où on va rester. Toujours. Quand on est vieux aussi." (Président des Jeunes, Bété)

Alle Burkinabé, mit denen gesprochen wurde, selbst wenn sie in der Elfenbeinküste geboren sind, sind stark verbunden mit Burkina Faso und haben den Plan, dorthin zurückzukehren. Getrieben werden sie dabei von dem

Gedanken an den Verlust der Familie und des traditionellen Lebens oder der Angst, dass die eigenen Kinder sich statt mit Burkina Faso mit der Elfenbeinküste identifizieren werden. Ihre Entfremdung in der Elfenbeinküste beschreiben sie mit der Metapher „Ein Holz im Wasser ist noch lange kein Kaiman".

Es wird jedoch, auch wenn die Trennung vom Ursprungsland als schmerzhaft empfunden wird, der Zeitpunkt abgewartet, an dem sich der Aufenthalt in der Elfenbeinküste wirtschaftlich gelohnt hat. Auch ist geplant, das bewirtschaftete Land an die Kinder weiterzuvererben. Einige hatten gehofft, viel früher den Zeitpunkt der Rückreise zu erreichen, wurden jedoch von dem eigenen langsamen wirtschaftlichen Aufschwung desillusioniert. Die Bété identifizieren sich mit den Bété als Kollektiv ebenso, wie die Burkinabé es in ihrer Gruppe tun. Von einem gemeinsamen Kollektivgefühl der Gruppen wird jedoch nicht gesprochen. Trotzdem beteiligen sich vor allem männliche Dorfbewohner an kommunalen Aufgaben wie Straßenbau, Bau von öffentlichen und sakralen Gebäuden, und sie haben Teil an der politischen Organisation des Dorfes. Die Trennung der politischen Macht muss die Trennung der Gruppen nicht unbedingt fördern, ist aber Ausdruck der Autonomiebestrebungen der Gruppen.

Keine der Gruppen ist allerdings an einem konfliktreichen Zusammenleben interessiert und Bemühungen um ein Zusammenleben, in dem die eigenen Interessen gesichert bleiben, ohne dabei die andere Gruppe in ihren Bestrebungen zu stören, sind vorhanden. Die Motivationen dafür sind unterschiedlich. Auch wenn die Bété eine Emmigration der Burkinabé befürworten, weil sie ihre Lebenssicherung durch deren Anwesenheit langfristig bedroht sehen und außerdem gewaltsame Auseinandersetzungen fürchten, profitieren sie momentan noch wirtschaftlich von deren Abgaben. Auch die Burkinabé profitieren vom Zusammenleben mit den Bété, so dass sie gar nicht an einer offenen Auseinandersetzung interessiert sind. Somit versuchen sie, die Gesetze der Bété in einem Rahmen, der ihnen noch ein autonomes Leben gewährleistet, zu respektieren. Mit einem Bodenrechtstitel, der als „vorläufig und widerruflich" bezeichnet wird, und dem neuen Bodenrecht wird sich allerdings auch niemand auf Dauer häuslich und betrieblich einrichten und die Motivation zur Identifikation mit der Entwicklung des Dorfes gering bleiben (s. Tab. 13).

Tab. 13: Eigene Einschätzung der Situation der befragten Personen in Soubré 3 (n=110)

| SOUBRÉ 3 Situation | Zustand | Bété (in %) | Burkinabé (in %) |
|---|---|---|---|
| Arbeitssituation heute | gut | 65 | 52 |
| | mittel | 16 | 37 |
| | schlecht | 19 | 7 |
| Arbeitssituation früher | besser | 28 | 24 |
| | schlechter | 38 | 70 |
| | unverändert | 34 | 6 |
| Gehaltssituation heute | gut | 40 | 55 |
| | mittel | 40 | 34 |
| | schlecht | 20 | 11 |
| Gehaltssituation früher | besser | 52 | 22 |
| | schlechter | 35 | 68 |
| | unverändert | 13 | 10 |
| Ernährungssituation heute | gut | 62 | 49 |
| | mittel | 27 | 23 |
| | schlecht | 11 | 37 |
| Ernährungssituation früher | besser | 32 | 53 |
| | schlechter | 10 | 32 |
| | unverändert | 58 | 15 |
| Landzugang heute | gut | 3 | 0 |
| | mittel | 21 | 3 |
| | schlecht | 76 | 97 |
| Landzugang früher | besser | 97 | 85 |
| | schlechter | 0 | 8 |
| | unverändert | 3 | 7 |

SACHAU 2003

Das Zusammenleben der Gruppen basiert momentan auf einer Konstellation von Interessen und Ängsten, die einer Hinnahme der Situation entspricht. Die Minderheitenposition der Bété und der Drang nach wirtschaftlicher Bereicherung der Burkinabé hindert beide Gruppen an einer Umwälzung der bestehenden Verhältnisse. Das zukünftige Recht der Bodenvertreibung gibt den Bété jedoch eine Möglichkeit, die Burkinabé mit gesetzlichen Argumenten zu vertreiben, was sie sicher in Anspruch nehmen werden. Die Burkinabé, noch in der Position, wirtschaftlichen Vorteil aus der Situation zu ziehen, könnten dann bei Landkonflikten ebenso aggressiv reagieren, wie es die Bété schon jetzt bei einer zahlenmäßigen Überlegenheit täten.

### 3.5.4 Identifikation der Bewohner von Siliwanga

Die Identifikation mit einer Gruppe über Eigenzuweisungen und Fremdzuweisungen ist in Indonesien schwer einzuschätzen, da das Zusammenleben geprägt ist von „den Prinzipien sozialer Harmonie". Dies gilt besonders für die javanische Kultur, die einen wesentlichen Einfluss auch außerhalb der Insel Java hat. Wichtige andere Prinzipien sind außerdem das der „sozialen Hierarchie" und des „Respekts vor Höhergestellten" (BURKARD 2000: 157ff). Dies sind Werte, an denen sich auch die Bewohner Siliwangas orientieren. Das Prinzip der sozialen Harmonie drückt sich vor allem in dem Ausspruch „harmoni sekali" (äußerste Harmonie) aus. Das war bei einer großen Zahl der Befragten die Antwort auf die Frage, wie sie das Zusammenleben der Bewohner Siliwangas und der verschiedenen ethnischen und religiösen Gruppen einschätzen. Des Weiteren werden die meisten Probleme bereits als gelöst dargestellt, sobald ein Treffen zwischen den beteiligten Parteien stattfand und eine höhergestellte Persönlichkeit wie etwa der Bürgermeister, ein religiöses Oberhaupt oder ein Vertreter des traditionellen Dorfrates zugegen waren.

Zur mehr oder weniger ausgeprägten Identifikation mit ihrer Siedlung tragen dennoch grundlegende Gemeinsamkeiten und Unterschiede aller Akteure in Siliwanga bei. Religiöse und ethnische Gemeinsamkeiten wurden bereits angesprochen. Eine Gemeinsamkeit in der Identifikation ist, dass sich die Akteure ausnahmslos als Indonesier bezeichnen, obgleich diese Gemeinsamkeit zunächst nur rein formell ist. Außerdem spielt sie keine entscheidende Rolle, da es sich hier um Binnenmigration handelt, an der nur indonesische Staatsbürger beteiligt sind.

Die Transmigranten aus Bali und Java sowie die Programmteilnehmer aus dem Naputal haben gemein, dass sie alle am staatlich geplanten Umsiedlungsprogramm teilgenommen haben. Sie alle erhielten hierzu Unterstützung von der Regierung. Jede dieser drei ethnischen Gruppen bzw. jeder Akteur innerhalb dieser Gruppen ist mit dem Ergebnis der Umsiedlung im gewissen Sinne konfrontiert. Die schwer zu bearbeitende Flur, die offenbar geringe Bodenqualität und das Fehlen der Bewässerungsanlage werden von Befragten unter den Javanern ebenso beklagt wie von Informanten unter den balinesischen und lokalen Transmigranten. Der gemeinsame Identifikationspunkt liegt darin, dass alle Migranten „Leidtragende" der ungenügenden Planung von Seiten der staatlichen Behörden geworden sind. Von einer Schicksalsgemeinschaft zu sprechen, ginge zu weit, aber es wird deutlich, dass die

Transmigranten auf dieser Ebene der Identifikation als eine Einheit angesehen werden können, obgleich das Gefühl der Gemeinsamkeit bei den einzelnen Akteuren unterschiedlich stark ausgeprägt ist. Für die spontanen Migranten ergeben sich andere Voraussetzungen. Ihnen wurden vor der Zuwanderung keine vergleichbaren Versprechungen gemacht. Man könnte somit von einer „in-group", den Transmigranten, und einer „out-group", den spontanen Migranten, sprechen.

Obwohl in den Kooperationen der Akteure und Akteursgruppen offenbar praktische Gesichtspunkte überwiegen, ist die gegenseitige Wahrnehmung der Gruppen wichtig, um die Identifikationen einschätzen zu können. Im Laufe der Jahre seit der Gründung des Dorfes haben sich in der Wahrnehmung der Akteure untereinander Stereotypen entwickelt, d.h. dem Vorurteil ähnliche, vorgefasste, schablonenhafte Meinungen, die bestimmten Gruppen gewisse Kennzeichen und Eigenschaften zuweisen. Diese Stereotypen entstehen nicht allein im Zusammenleben der Bewohner Siliwangas. Sie sind schon von vornherein verankert in der Programmatik der Transmigration. Ein Beispiel hierfür ist die Tatsache, dass den lokalen Bewohnern des Naputals durch die Ansiedlung von Transmigranten aus Bali und Java ein „example of high working ethics" (SUNITO 1999) gegeben werden sollte. Obwohl klar sein dürfte, dass nicht alle Balinesen und Javaner die gleichen Voraussetzungen mitbringen, werden ihnen von der Planungsseite prinzipiell bestimmte Eigenschaften zugeschrieben. Die Kennzeichnung der Balinesen und Javaner als einer Gruppe, die über eine hohe Arbeitsethik verfügt, schlug sich auch in der Wahrnehmung der Lokalen nieder. Bei einem Interview mit einem Lokalen war zu vernehmen, dass die interinsularen Transmigranten in der ersten Zeit dazu neigten, die Lokalen zu belehren:

„Am Anfang, als sie [die Balinesen und Javaner] gerade angekommen waren, waren sie der Meinung, dass sie die Leute hier bevormunden, belehren müssten, doch die Leute hier wollten das nicht."

Im Folgenden relativiert der Befragte diese Aussage und weist darauf hin, dass die verschiedenen Akteure zusammenkamen und diese Unstimmigkeiten aus der Welt schafften. Aus der Perspektive einiger Transmigranten aus Bali und Java wurde häufig geäußert, dass die Lokalen nicht in der Lage wären, hart zu arbeiten. Sie wären im Gegensatz zu ihnen eher faul. Außerdem bemerkte ein balinesischer Umsiedler, es existieren Unterschiede im alltäglichen Umgang mit der lokalen Bevölkerung. Aus Bali sei er es gewöhnt, dass man, sobald man sich auf der Straße träfe, einen kurzen oder längeren Plausch halte, während die Lokalen lediglich grüßten, um gleich weiterzugehen. Dies führte bei dem Befragten zu Unverständnis. Auch die landwirtschaftlichen Fähigkeiten der Lokalen seien im Vergleich zu denen der

Transmigranten aus Bali und Java geringer. Bei einer Befragung im Nachbarort Wanga war zu hören, dass die Balinesen den Animismus nach Napu zurückgebracht hätten. Damit war wohl der Hindu-Tempel gemeint und die Tatsache, dass die Hindus in Siliwanga für gewöhnlich ihre Verstorbenen einäschern. Dies wird von einigen Christen in Napu als unmenschlich betrachtet.

### 3.5.5 Identifikation der Bewohner von Mekarsari

Für dieses Kapitel gelten ebenso die Vorbemerkungen zur Harmonie des Zusammenlebens in Indonesien, die schon für Siliwanga gemacht wurden. Daher ist eine Identifikation über Eigen- und Fremdzuweisungen grundsätzlich schwierig zu ermitteln. Ein wichtiger Unterschied zu Siliwanga in der Zusammensetzung der Dorfgemeinschaft von Mekarsari besteht in der Art der Migration der Akteure. Während nur noch wenige Haushalte der ursprünglichen Transmigranten zu finden sind, besteht der überwiegende Teil der Bevölkerung aus spontanen Zuwanderern. Eine gemeinsame Identifikation als Transmigranten ist deshalb nur eingeschränkt gegeben. Vielmehr lassen sich innerhalb der Transmigrationssiedlung zwei Gruppen unterscheiden: Transmigranten und spontane Zuwanderer. Diese Gruppenidentitäten treten im Alltag nicht immer offen zu Tage, sind aber für die Identifikation von Bedeutung.

Die lokalen Bewohner aus Tamadue hingegen verallgemeinern die Bewohner der Transmigrationssiedlung oft als Transmigranten. Sie unterscheiden dabei nicht immer zwischen spontanen und staatlich geförderten Migranten. Insgesamt nimmt der Bürgermeister bei dem Versuch der Schaffung einer gemeinsamen Identität der Bewohner von Mekarsari bzw. ganz Tamadue eine starke Rolle ein. Das zeigt sich in der Äußerung seinerseits, alle Bewohner wären zunächst einmal „Bewohner Tamadues". In Indonesien sind derartige Äußerungen, besonders im Rahmen religiöser Veranstaltungen und anderer Anlässe, nicht ungewöhnlich, doch spiegeln derartige, offizielle Äußerungen häufig nicht die tatsächlichen Verhältnisse wieder. Was die Probleme im Zusammenleben im Rahmen des Poso Konflikts betrifft, sorgten offizielle Stellungnahmen nicht nur des Bürgermeisters, sondern auch der Repräsentanten der einzelnen Gruppen für eine Klärung der Unstimmigkeiten. Die Kommunikation der verschiedenen Parteien in Mekarsari ist ein Indiz dafür, dass eine Identifikation der Gruppen mit dem gemeinsamen Dorf leichter fällt, wenn die Transmigrationssiedlung an einen bestehenden Ort angegliedert wird.

Die spontan zugewanderten Ost-Javaner suchten nach dem Eintreffen in der neuen Umgebung zunächst den Kontakt und die direkte Nähe anderer

Ost-Javaner, da sie gemeinsame Werte (Adat, Glaube, Sprache) verbindet. Gleiches gilt für die Balinesen. Beim Eintreffen in der Siedlung werden von den Migranten auf der Ebene von traditionellen, religiösen, sprachlichen oder allgemein herkunftsbedingten Gemeinsamkeiten klare „in-„ und „outgroups" gebildet. Ein Befragter gab an, dass die Transmigranten bei Ankunft zunächst nur innerhalb ihrer Gruppen kooperiert hätten. Nach und nach hätten sie auch die Mitglieder anderer Gruppen kennengelernt, so dass heute eine interethnische oder interreligiöse Kooperation durchaus bestünde.

Vergleicht man die Intensität der Beteiligung an Kooperationen mit der in Siliwanga, wird deutlich, dass die ökonomischen Faktoren hier eine wichtige Rolle spielen. Die landwirtschaftlichen Aktivitäten der Bewohner Mekarsaris – Transmigranten und spontane Migranten – waren wesentlich erfolgreicher als die Bemühungen in Siliwanga, was allerdings wohl weniger auf die Identifikation als vor allem auf die Qualität der Agrarflächen zurückzuführen ist. Da ein gewisser wirtschaftlicher Erfolg gegeben ist, stellt sich aber sogleich eine höhere Identifikation mit dem Umsiedlungsort ein. In Siliwanga sind die Bewohner überaus unzufrieden mit den Bedingungen in ihrem Ort, während viele der Umsiedler, aber auch der spontanen Migranten in Mekarsari ihre Lebensumstände durch die Migration verbessern konnten.

Die Bewohner Siliwangas wie Mekarsaris bemühen sich um eine positive, zukünftige Entwicklung ihres Ortes. In Mekarsari können viele der Bauern auf einem breiteren ökonomischen Fundament aufbauen. Die Migranten, welche bis heute in Siliwanga geblieben sind, haben ihren Willen zum Durchhalten bewiesen und verschiedene Strategien entwickelt, um ihre Existenz zu sichern. Der Wille der Zuwanderer in Mekarsari, auch weiterhin die brauchbaren natürlichen Ressourcen des Ortes zu nutzen, drückt sich u.a. in der Haltung aus, die viele Bewohner unter dem Eindruck der Einflüsse des Poso-Konflikts an den Tag legten. Einige Befragte sagten, sie wollten auf keinen Fall ökonomische Einbußen erleiden, weshalb sie in der Siedlung blieben. Andere hingegen verkauften ihr Land gegen einen geringen Gegenwert und kehrten nach Java zurück oder gingen nach Palu. Dies wurde u.a. vom Bürgermeister Mekarsaris entschieden kritisiert. Er sagte, dass die Rückkehrer nur „ihr Glück" in Mekarsari suchten, aber Probleme nicht gemeinsam mit anderen bewältigen wollten.

Die Einrichtung des Forums ist ein Beispiel für das Bemühen der Bewohner Tamadues bzw. ihrer Vertreter, eine Kommunikation zwischen den verschiedenen Gruppen zu ermöglichen. Hier treten sie in Kontakt, interagieren und finden eine gemeinsame Identifikation. So wurde in den Reden der Vertreter des Forums immer wieder betont, dass die Bewohner von Mekarsari bereits alle „Bewohner Tamadues" seien. Besonders von Seiten des Bürgermeisters war dies zu hören.

## 3.6 Der Handlungsrahmen auf der Mikroebene: Soziale Integration im Vergleich

### 3.6.1 Zur sozialen Integration in den Untersuchungsdörfern

**El Progreso und San Martín in Bolivien**

Es wird deutlich, dass die ethnisch-kulturelle Zusammensetzung eines Dorfes einen besonderen Einfluss auf die soziale Integration der Dorfbewohner hat. Die Homogenität eines Ortes wie El Progreso trägt zur internen Geschlossenheit und zur Solidarität zwischen den Bewohnern bei. Dieser Zustand wird entscheidend durch die soziale Kontrolle erreicht, der die Funktion des kollektiven Bindeglieds und v.a. der latenten Druckausübung zukommt. Die starke Verbundenheit mit der Heimatregion und –sprache wirkt außerhalb des homogenen Gefüges desintegrierend, da sie die Identifikation mit der Aufnahmegesellschaft und den interkulturellen Austausch erschwert. Demgegenüber fördert die Heterogenität eines Ortes wie San Martín die Interkulturalität, bewirkt zugleich aber eine größere Individualisierung der Bevölkerung, verbunden mit einem Verlust an Solidarität und innerer Einheit.

Die ethnische Zugehörigkeit beeinflusst die soziale Integration einer Person hinsichtlich ihrer Interaktionen. Der traditionell hohe Stellenwert der Familie sowie die bedeutsame Rolle der zivilgesellschaftlichen Organisierung in der andinen Kultur sind zwei zentrale Elemente, die den hohen Grad der Interaktion der Collas erklären. Dagegen ist der Individualisierungsprozess, einhergehend mit dem Sich-Lösen aus dem engen Familienverband, bei den Cambas stärker fortgeschritten, was zugleich die Intensität ihrer Interaktionen herabsetzt. Der an Bedeutung gewinnende Freundes- und Bekanntenkreis ersetzt nur z.T. die Familie, da die Problemlösung häufiger individuell vonstatten geht. Nur scheinbar eine Konsequenz der ethnischen Zugehörigkeit ist die unterschiedliche gesellschaftliche Platzierung der Collas als Landbesitzer und der Cambas als Landlose. Diesbezüglich determinierend war die zeitlich frühere Immigration der Collas, die auf diese Weise in den Besitz von Land kamen und damit eine höhere Position einnahmen, während die spontan immigrierten Cambas mangels verfügbarer Flächen in die bezahlte Abhängigkeitsarbeit als Tagelöhner eintraten.

Für die Untersuchungsdörfer besitzt die ethnische Zugehörigkeit keinen nachweisbaren Einfluss auf den Grad der (Ak-) Kulturation ihrer Bewohner oder die Identifikation mit der Aufnahmegesellschaft. Die Enkulturation bestimmt die Kulturation einer Person. Das bedeutet, dass ein außerhalb der Aufnahmegesellschaft geborener und sozialisierter Immigrant größere Anpassungsprobleme hinsichtlich Sprache und Verhalten hat, als ein Angehöriger der zweiten, d.h. vor Ort geborenen Generation. Auslösend dafür ist, dass die vom Einwanderer internalisierten Werte und Normen, die auf seine externe Enkulturation zurückgehen, mit den regional vorherrschenden divergieren können. Darüber hinaus führen die sprachlichen Hindernisse zu einer anfänglich nur geringen Identifikation mit der neuen Umgebung. Die kulturelle Herkunft bestimmt aber das Ausmaß der persönlichen Interaktion nicht nachweisbar und die Platzierung einer Person nur randständig. Bestimmend für die Positionierung sind vielmehr die historisch bedingten Besitzverhältnisse. Lediglich bezüglich des sozialen Status ergibt sich eine Tendenz zur stärkeren Platzierung von Personen höheren Alters, die zudem vorwiegend außerhalb des Kolonisationsgebietes ihre Enkulturation durchlaufen haben.

**Azoumanakro und Soubré 3 in der Elfenbeinküste**

In Azoumanakro hat sich das soziale und natürliche Umfeld für die Baoulé kaum verändert, dagegen müssen sich die Burkinabé auf eine komplett neue Sprache, eine neue Wirtschaftsweise, ein neues Rechtsystem und soziales Umfeld einstellen. Mit Hilfe der Rechtslage der 1970er konnten die Baoulé das sozialökonomische und politische Gewicht zu ihren Gunsten etablieren. Die Burkinabé werden in das neu entstandene System vor allem als Lohnarbeiter und Ausländer integriert und stehen damit sozial und ökonomisch in einem direkten Abhängigkeitsverhältnis zu den schon länger ansässigen Baoulé. Diese Abhängigkeit von den Baoulé birgt große Mobilitätshemmnisse: Nur wenige Burkinabé haben eine soziale Mobilität von Arbeitern zu eigenständigen Pflanzern geschafft, viele sind deshalb abgereist. Ökonomisch nehmen sie demnach niedrigere Posten in der vertikalen Hierarchie ein, da sie, wenn überhaupt, lediglich kleinere Flächen Land erwerben könnten oder als Lohnarbeiter eine geringe Gewinnbeteiligung haben. Die Abhängigkeit von den Arbeitgebern gilt nicht nur für das Land und für die Exportwirtschaft, sondern auch für Hausbau und Nahrungsmittelproduktion. Mit Hilfe der Ethnisierung werden die Burkinabé des Ortes auch von der politischen Partizipation größtenteils ausgeschlossen. Allerdings haben auch junge Baoulé keine großen und Frauen gar keine Chancen, politische Macht zu erlangen, da die Alten des Dorfes regieren. Somit haben sich die Baoulé, obwohl selbst ursprünglich Migranten, in Abgrenzung zu den Burkinabé als nunmehr „Alteingessene" und Mehrheit des Dorfes eine Vormachtstellung ausgebaut, in der sie den Neuzugängen keine gleichberechtigte Chance zur Partizipation einräumen.

Die Burkinabé Azoumanakros scheinen trotz der augenscheinlichen ethnischen Schichtung nicht unzufrieden, da sie ihr Migrationsziel nicht gefährdet sehen: die Hoffnung auf finanziellen Wohlstand und baldige Rückkehr. In der subjektiven Einschätzung der Burkinabé hat sich ihre ökonomische Situation und Ernährungssituation im Vergleich zur Herkunftsregion verbessert. Auch für die Zukunft prognostizieren die Bewohner aus Burkina Faso deshalb eine Fortführung der Arbeitsmigration nach Azoumanakro. Auch wenn die Aussicht auf Landbesitz gering ist, sei die Siedlung sowohl wirtschaftlich als auch sozial noch sehr attraktiv. Die Aufnahme in das soziale Netzwerk der Burkinabé ist Neuankömmlingen gewiss. Die politische und höhere wirtschaftliche Partizipation wird aufgrund der geplanten, kurzen Siedlungsdauer und der Akzeptanz der zugewiesenen Rolle als Ausländer und Arbeiter nicht erwartet und eingefordert. Sollte sich dies ändern, ist mit einer Destabilisierung zu rechnen, in der die Burkinabé unterlegen wären, denn es ist nicht damit zu rechnen, dass die Baoulé einer solchen Einforderung gegenüber Verständnis aufbringen würden. Nicht nur ihr etabliertes Selbstbild, auch die von ihnen beklagte Verschlechterung in vielen Lebensbereichen innerhalb der letzten zehn Jahre trägt dazu bei.

Trotz der relativ geringen wirtschaftlichen und politischen, vertikalen, sozialen Ungleichheiten der beiden Gruppen in Soubré 3 sind soziale und politische Spannungen nicht zu übersehen. Die größere politische Partizipation, Interaktion und Einweisung ins Dorfgeschehen von einer Gruppe bedeutet demnach nicht automatisch konfliktloses Zusammenleben.

Soubré 3 befindet sich auf einem schmalen Grad konfliktfreien Zusammenlebens, das durch wirtschaftliche Interessen und eine soziale Vormacht der Bété als Bodenbesitzer gesteuert wird. In den letzten zehn Jahren hat sich aber die Arbeits- und Gehaltssituation der Burkinabé verbessert, für die Bété ist dagegen sowohl die Gehalts- als auch die Ernährungssituation schlechter geworden. Aus der daraus resultierenden Zukunftsangst wächst das Bestreben der Bété nach Abgrenzung gegenüber den Burkinabé. Dazu wird sowohl die Nationalität als auch die Rolle als autochthone Landbesitzer gebraucht. Mit dem neuen Bodenrecht wird die wirtschaftliche Teilnahme der Burkinabé stark eingeschränkt bzw. ausgelöscht werden. Die „Macht der Masse" wird rechtlich außer Kraft gesetzt und das Zusammenleben zumindest in einer Übergangsphase konfliktreich werden. Ob die politischen Instanzen des Dorfes dazu ausreichen, diese Konflikte gewaltfrei zu lösen, wird sich zukünftig zeigen. Die auf staatlicher Ebene zunehmende Fremdenfeindlichkeit und der momentane Konflikt werden die Auseinandersetzung nicht reduzieren. Entweder ist nach der Durchführung des Bodenrechts mit einer größeren ethnischen Schichtung zu rechnen, in der die Bété Landbesitzer und die Burkinabé Pächter sind, oder die Burkinabé werden – gezwungen oder freiwillig – den Ort verlassen.

**Mekarsari und Siliwanga in Indonesien**

In Mekarsari und Siliwanga wird deutlich, dass die soziale Integration verschiedene Ebenen und Bereiche berührt. In manchen Bereichen können die Zuwanderer in Mekarsari als sozial integriert angesehen werden, während dies in anderen nicht der Fall ist. Die (Trans-) Migranten werden von den Lokalen in Tamadue geschätzt, da ihr landwirtschaftliches Know-how einen positiven Einfluss auf die Agrarentwicklung von Tamadue hatte. Andererseits wird der Status der Migranten als Nicht-Lokalen gewissermaßen von den Lokalen ausgenutzt. Sie werden z.B. bei der Verteilung staatlicher finanzieller Zuweisungen übergangen. Dies geschieht nicht aufgrund von Diskriminierungen gegenüber den Mitgliedern der anderen ethnischen oder religiösen Gruppen. Die Lokalen können es sich vielmehr gegenüber den Migranten erlauben, materielle Unterstützung einzubehalten, da die Zuwanderer als Nicht-Lokale eine Konfrontation vermeiden wollen und wenig Möglichkeiten haben zu intervenieren.

Die Umsiedler wurden mit der Transmigration in ein administratives Regelwerk eingebunden, was u.a. die Landvergabe vorgab. Mit dem Status als Transmigranten erhielten die Umsiedler Staatsland. Hier ergibt sich eine grundsätzliche Diskrepanz zwischen der staatlichen, planerischen Perspektive und den lokalen Gegebenheiten. Was den Zugang zur Ressource Land betrifft, befinden sich die Transmigranten vor allem in Mekarsari inmitten eines Kräftespiels zwischen lokalen Strukturen und staatlicher Planung. Sie berufen sich auf den Status der Siedlung als Transmigrationssiedlung, deren Bewohnern von der Regierung Land zur Verfügung gestellt wurde. Die lokale Bevölkerung hingegen erkennt diesen Status nur eingeschränkt an und beruft sich auf gewohnheitsrechtliche Reglementierungen, die den Zugang zum Land regeln. Hiermit besteht eine Widersprüchlichkeit zwischen der staatlichen Planung sowie den mit ihr verbundenen Bestimmungen des Umsiedlungsprogramms und den lokalen Strukturen bzw. der Integration der Siedlungen und ihrer Bewohner in die Aufnahmegesellschaft.

In Mekarsari bleibt den Zuwanderern der Zugang zu ihrem zugewiesenen Land verwehrt. Sie sind gezwungen auf andere Areale auszuweichen, während die ausgewiesenen Flächen brach liegen oder bereits von anderen Akteuren genutzt werden. In Siliwanga erhielten die Umsiedler zwar staatliche Unterstützung, doch durch das Fehlen einer Bewässerungsanlage und aufgrund der geringen Bodenqualität, die nur durch intensive Düngung gesteigert werden könnte, blieb den Umsiedlern kaum eine andere Möglichkeit, als ebenfalls nach alternativen Agrarflächen zu suchen. Dabei beschränkten sich ihre Aktivitäten nicht nur auf Areale innerhalb der Siedlung. Sie griffen auch in erheblichem Umfang in die Randzonen des Lore Lindu Nationalparks ein.

In Mekarsari siedelten sich viele spontane Siedler an. Diese Zuwanderung beruhte auf bestehenden Netzwerken (Balinesen) oder Beziehungen (Ost-Javaner) zu bereits in Tamadue lebenden (Trans-) Migranten. Dadurch wurden die Neuankömmlinge von Beginn an weitestgehend sozial integriert. Zugleich fanden sie eine hohe soziale Akzeptanz unter den Lokalen, die vor allem die positiven Einflüsse auf die Landwirtschaft begrüßten. Ein Zugang zur Ressource Land war für die Zuwanderer möglich. Durch die Tatsache, dass die Migranten weitestgehend sozial integriert wurden, ergaben sich tief greifende Einflüsse auf die Kulturlandschaft. Indem die spontanen Migranten ihre mitgebrachten Kenntnisse in der Landwirtschaft anwendeten, nahmen sie selbst eine Veränderung in der Landwirtschaft im Zielgebiet vor. Zugleich kam es zur An- und Übernahme von Landnutzungstechniken durch die lokale Bevölkerung in Tamadue. Hierdurch veränderte sich die Form der Landwirtschaft. Eine solche Adaption geschieht im Rahmen von Interaktion zwischen den Akteuren und setzt einen gewissen Grad der sozialen Integration voraus, denn Gelegenheiten zum Austausch müssen gegeben sein.

Zugleich ist der Grad der sozialen Integration in einem anderen Bereich geringer. Die Bewohner Mekarsaris fühlen sich gegenüber Tamadue benachteiligt. Sie beklagen, dass materielle Unterstützung der Kommunalregierung die Transmigrationssiedlung nicht erreicht, sondern von den Vertretern der Dorfregierung einbehalten wird. In diesem Zusammenhang sind die Zuwanderer nur begrenzt in die Dorfgemeinschaft integriert. Die Akkulturation der (Trans-) Migranten ist noch nicht soweit fortgeschritten, dass sie in der Lage sind, bedeutende gesellschaftliche Positionen einzunehmen, die ihnen den Zugang zu dieser materiellen Unterstützung ermöglichen. Dies hängt mit ihrem Status als Nicht-Lokalen zusammen. Das Ausbleiben der materiellen Unterstützung schlägt sich in der infrastrukturellen Entwicklung von Mekarsari nieder.

### 3.6.2 Vergleich der Untersuchungsdörfer in Hinblick auf die soziale Integration

Bezogen auf die wesentlichen Aspekte der Kulturation im Prozess der sozialen Integration zeigt sich, dass die Sprachkompetenzen der Akteure in El Progreso und San Martín in Bolivien zwar unterschiedlich ausgeprägt sind, aber insgesamt als gut zu bezeichnen sind. Für die Prozesse der sozialen Integration stellen sie somit keine großen Hemmnisse dar. Für die Dörfer Mekarsari und Siliwanga in Indonesien trifft dies ebenfalls zu, denn obwohl die Migranten unterschiedliche Sprachen aus den Herkunftsgebieten mitbringen, ist die indonesische Nationalsprache, die so gut wie alle Migranten beherrschen, ein integrierendes Element. In der Elfenbeinküste gibt es ebenfalls verbindliche Verkehrssprachen, die ein großer Teil der Migranten beherrscht, aber die Verständigungen sind teilweise durch Übersetzer umständlicher und manche Gruppen sind in ihrer Sprachkompetenz deutlich benachteiligt, in den Dörfern Azoumanakro und Soubré 3 betrifft dies insbesondere die Frauen.

Die soziale Integration bezüglich sonstiger Kompetenzen der Migranten, beispielsweise im Anpassungsprozess an die natürliche Umgebung, ist in El Progreso und San Martín für die Zuwanderer aus dem andinen Hochland als sehr schwierig anzusehen. Die spontanen Zuwanderer aus dem Tiefland sind hingegen an die klimatischen Bedingungen gewöhnt. In Indonesien und in der Elfenbeinküste fallen die Anpassungsschwierigkeiten in der neuen Umgebung weniger auf. Die Zuwanderer aus Burkina Faso haben allerdings eine Umstellung von ihrer ländlichen Wirtschaftsweise mit Tierhaltung und ihren naturräumlichen Bedingungen im Savannenland hin zu Agroforstsystemen in der tropischen Regenwaldzone zu vollziehen.

Die Anpassungsanforderungen an lokale Regeln sind dagegen in Bolivien sehr gering, da die Organisationsformen sehr ausgeprägt und denjenigen der Herkunftsgebiete ähnlich sind. In der Elfenbeinküste gibt es Probleme im Bodenrecht und auch in Indonesien ist die Bodenrechtsfrage nicht eindeutig zwischen formalem Recht und Gewohnheitsrecht geklärt. Darüber hinaus gibt es traditionelle Regeln, die in allen Untersuchungsdörfern eine Rolle spielen, aber eher prinzipielle Generationenkonflikte widerspiegeln, als dass es sich um Regeln handelt, die zu Konflikten zwischen den ethnischen Gruppen führen. In Indonesien ist diese Situation zwar durch die Religionen stark beeinflusst, aber es zeigt sich auch dort, dass die Religionen nicht die Ursache der Konflikte sind, denn gerade die Vertreter der Religiongemeinschaften (Muslime, Christen und Hindus) treten für eine friedliche Lösung von Auseinandersetzungen ein und wehren sich gegen die wachsende Instrumentalisierung der Religionszugehörigkeiten.

Ethnische Zugehörigkeit spielt im Prozess der Platzierung in allen Untersuchungsdörfern eine wichtige Rolle. In Bolivien sind es die Differenzen zwischen Collas und Cambas, in der Elfenbeinküste die Stellungen und Netzwerke der Bété, Baoulé und Burkinabé, in Indonesien der Status der Javaner, Balinesen und lokaler ethnischer Gruppen aus Napu, die auf die Verläufe bei der Platzierung wirken. Die Zugehörigkeit zu einer Gruppe bestimmt entscheidend die rechtliche, politische, soziale und ökonomische Position und damit insgesamt den Status, der sich in allen Untersuchungsdörfern in einer ethnischen Schichtung widerspiegelt. Die Platzierung ist außerdem in allen Untersuchungsdörfern abhängig vom Landbesitz, dieser wiederum ist abhängig vom Zugang zu Land. Der Zugang zu Land aber ist häufig abhängig von der Zugehörigkeit zu einer ethnischen Gruppe. Es zeigen sich deutliche Differenzierungen zwischen den Platzierungen der Akteure aufgrund der Ethnizität und des Landbesitzes, diese werden allerdings in der Elfenbeinküste besonders deutlich, in Indonesien treten sie teilweise hervor und in Bolivien sind sie für die erste Zuwanderergeneration kein Kriterium, für die jüngeren spontanen Zuwanderer auch nur zum Teil.

Insgesamt sind für die ethnischen Schichtungen bezogen auf den Landbesitz in allen Untersuchungsräumen die Zeitpunkte bzw. die Reihenfolgen der Zuwanderungen von großer Bedeutung. Die Prozesse der Platzierung werden außerdem von der ethnischen Zugehörigkeit beeinflusst, wesentlich weniger von den Fähigkeiten und der (Aus-) Bildung der Akteure. Nur in Mekarsari und Siliwanga (Indonesien) ist ein Statusgewinn aufgrund der Kenntnisse in der Landbearbeitung bei Javanern und Balinesen festzustellen.

Die Interaktionen in den Untersuchungsdörfern sind in erster Linie aus wirtschaftlichen Gründen hoch, dies bezieht sich auf jegliche Märkte innerhalb und außerhalb der Dörfer. Besonders hoch ist die ökonomische Interaktion in Gemeinschaftsaufgaben und Kooperationen, z.B. in den organisierten Arbeitsgruppen in Indonesien, in der Lohnarbeit in der Elfenbeinküste und in den Kooperativen und Syndikaten in Bolivien. Die soziale Interaktion zwischen den ethnischen Gruppen ist gering, dies trifft auf Bété, Baoulé, Burkinabé in Azoumanakro und Soubré 3 ebenso zu wie auf Javaner, Balinesen und die Gruppe der Napu in Mekarsari und Siliwanga oder die verschiedenen Gruppen der Collas und Cambas in El Progreso und San Martín. Es besteht ein jeweiliger starker Zusammenhalt innerhalb der einzelnen Gruppen und ihrer Netzwerke sowie eine klare Abgrenzung nach außen, dies wird besonders bei Collas (Hochländer) und Balinesen (Hindus) deutlich. Andererseits zeigt sich beispielsweise eine größere Individualisierung bzw. Aufsplitterung bei den Cambas. Bei den Interaktionen bestehen zudem große Unterschiede zwischen den Geschlechtern, die Interaktionen zwischen Männern sind um ein Vielfaches höher als die der Frauen. Dies trifft aber nicht für alle Untersuchungsdörfer zu, denn in El Progreso und San Martín (Bolivien) sind die Interaktionen von Frauen in Märkten sowie politischen und sozialen Organisationen erheblich größer als in Mekarsari und Siliwanga (Indonesien), und dort sind sie wiederum deutlich höher als in Azoumanakro und Soubré 3 (Elfenbeinküste). Die relativ geringen sozialen und kulturellen Interaktionen zwischen den verschiedenen Zuwanderergruppen drücken sich zudem in allen Untersuchungsdörfern in der sozialräumlichen Segregation bzw. einer klaren räumlichen Segmentation der ethnischen Gruppen aus.

Zur Bedeutung der Identifikation im Prozess der sozialen Integration von Migranten ist festzustellen, dass sie in allen Dörfern relativ gering ausgeprägt ist. Zwar identifizieren sich die Siedler in gewisser Weise mit ihrem neuen Land und ihren neuen Dörfern, aber die Herkunft und die Bindungen an die Herkunftsregionen bleiben die prägenden Elemente der Identifikation. Dies ist durch die bisherige Dominanz der ersten Zuwanderergeneration zu verstehen. Allerdings sind die Identifikationen bei den spontanen Zuwanderern noch geringer als bei den Umsiedlern der ersten Generation. Die relativ hohe Fluktuation in den Agrarkolonisationsräumen mit vielen Rückwanderungen belegt die starke Prägung der Migration aufgrund von ökonomischen Motiven. Die Identifikation und Bindung an die Kolonisationsdörfer ist sehr stark abhängig vom erfolgreichen Verlauf der Agrarkolonisationen. Die hohen Rückwanderungen aus Siliwanga (Indonesien) belegen diese These.

# 4 DISKUSSION DER ERGEBNISSE

## 4.1 Hypothesen und Ergebnisse

Die erste Kernhypothese der Arbeit ging davon aus, dass die regionalgeographischen physischen und anthropogenen Aspekte sowie die historisch-politischen Rahmenbedingungen der Makroebene einen entscheidenden Einfluss auf die Prozesse der ökonomischen, politischen, gesellschaftlichen und kulturellen Systemintegration der Agrarkolonisationsgebiete ausüben.

> Es konnte dazu herausgearbeitet werden, dass diese Hypothese für die vertikale Integration der Agrarkolonisationsräume, insbesondere für ihre politische und ökonomische Integration, zutrifft. Besonders die Tatsache, dass die Agrarkolonisationsräume aufgrund von staatlichen Programmen und Subventionen entstanden sind, verdeutlicht den starken Bezug von Kolonisationsgebieten zu den Rahmenbedingungen der Makroebene. Es zeigen sich insgesamt große Parallelen zwischen den untersuchten Gebieten in der politischen Förderung der Kolonien. Sowohl mit materiellen Subventionen wie in Bolivien und Indonesien, als auch ohne materielle Subventionen wie in der Elfenbeinküste sind die nationalstaatlichen Einflüsse auf die Migrationsvorgänge sehr groß. Sie bilden die wesentlichen wirtschaftlichen, historischen und politischen Hintergründe der Entstehung der Agrarkolonisationsräume. Auch die horizontale Systemintegration in die Distrikte und Bezirke gelingt in erster Linie politisch und ökonomisch, die kulturelle und gesellschaftliche Systemintegration wird deutlich schlechter erreicht. Dennoch ist die Systemintegration der Agrarkolonisationsräume und ihrer Dörfer für alle drei Untersuchungsregionen insgesamt als relativ hoch zu bewerten.

Zweitens wurde angenommen, dass regionalgeographische Kontexte, also naturräumliche Grundlagen, sozioökonomische Bedingungen und politisch-historische Hintergründe, einen wesentlichen Einfluss auf die Prozesse der sozialen Integration auf der Mikroebene ausüben.

> Hierzu ließ sich aufzeigen, dass die regionalgeographischen Kontexte den Orientierungsrahmen für die Handlungsspielräume der Akteure bilden und auf die Prozesse der sozialen Integration einwirken, z.B. durch die Tatsache, dass sich die Regionalkulturen nicht ganz „neu" konstituieren, sondern aufgrund der Binnenmigration die kulturellen, gesellschaftlichen und ökonomischen Orientierungen der Nationalstaa-

ten widerspiegeln. Allerdings sind die Prozesse der sozialen Integration deutlich weniger vom regionalgeographischen Kontext und der Lage eines Dorfes determiniert als von der Größe und Bevölkerungsstruktur des Dorfes, insbesondere bezogen auf die Anteile verschiedener ethnischer Gruppen und ihrer kulturellen Herkunft. Dies zeigt sich deutlich für die Prozesse der Segmentation und ethnischen Schichtung der Zuwanderungsgruppen in den Dörfern sowie im Zugang zu Land und der damit verbundenen Nutzung von Land.

Drittens wurde angenommen, dass die Prozesse von Migration und ihre Auswirkungen auf die Landnutzung in den ausgewählten Regionen Boliviens, der Elfenbeinküste und Indonesiens ähnlich verlaufen, aber dass die Systemintegration aufgrund der nationalen und regionalen kulturräumlichen Rahmenbedingungen ungleich verläuft.

Es kann bestätigt werden, dass die Prozesse von Migration und ihre Auswirkungen auf die Landnutzung in den ausgewählten Regionen Boliviens, der Elfenbeinküste und Indonesiens ähnlich verlaufen, kulturräumliche Unterschiede spielen also kaum eine Rolle, sondern eher materielle Anreize, ökonomische Perspektiven und Aussichten auf eine Verbesserung der individuellen Lebenssituation. In Bolivien und Indonesien sind es staatliche Förderprogramme mit vergleichbarer Zielsetzung, die die Binnenmigrationen beförderten und Bewohner aus überbevölkerten Regionen in neu angelegte Agrarkolonisationen umsiedelten. Die Migranten wurden mit ökonomischen Anreizen angeworben und subventioniert. In der Elfenbeinküste verlief der Prozess der Migration ebenfalls ähnlich, obwohl sich die Rahmenbedingungen unterscheiden. Zwar gingen die Initiativen für die Migrationen und die Inwertsetzung des Kolonisationsgebietes vom Staat aus, allerdings gab es keine konkreten ökonomischen Unterstützungen und die Zuwanderungen und Ansiedlungen erfolgten ungeplant und ungelenkt. Hinzu kommt, dass es sich in der Elfenbeinküste nicht um eine reine Binnenmigration handelt, sondern auch Zuwanderer aus den Nachbarstaaten, insbesondere Burkina Faso, in die Kolonisationsräume kamen. Das bedeutet im Großen und Ganzen, dass sich nicht nur die Prozesse der Migration, sondern auch der Systemintegration in allen Kulturräumen ähneln.

Viertens stellte sich die zentrale Frage, inwieweit die Kulturräume die Prozesse der sozialen Integration bestimmen und ob sich die Migrantengesellschaften dadurch regional in ihrer Handlungsorientierung, zum Beispiel in der Landnutzung, unterscheiden. Dies führte zu der These, dass sich Prozesse der sozialen Integration und damit ihre Auswirkungen auf die Handlungsorientierung zwischen den Kulturräumen Südamerika, Westafrika und Südostasien unterscheiden.

Die zentrale Erkenntnis aufgrund der empirischen Analysen der Fallbeispiele besagt, dass diese These nicht bestätigt werden kann. Die Prozesse der sozialen Integration unterscheiden sich nicht wesentlich zwischen den Dörfern El Progreso und San Martín in Bolivien, den Azoumanakro und Soubré 3 in der Elfenbeinküste sowie Mekarsari und Siliwanga in Indonesien. Es konnte zudem aufgrund der empirischen Basis herausgearbeitet werden, dass sich weder die Auswirkungen auf die sozialen und ethnischen Stratifikationen noch auf die Landnutzung aufgrund der kulturräumlichen Zuordnung essentiell unterscheiden. Durch politische Vorgaben kommt es lediglich zu unterschiedlichen Ausprägungen, z.B. bezüglich des Rechtsstatus' der Zuwanderer oder des Bodenrechts. Dies zeigt sich in der relativ stärker ausgeprägten sozialen Desintegration in der Elfenbeinküste im Vergleich mit Bolivien und Indonesien.

Die ethnische Schichtung ist aufgrund der kulturellen Zugehörigkeit und gemeinsamen Herkunft der Migranten sowie durch den Zeitpunkt der Zuwanderungen in allen Untersuchungsgebieten ausgeprägt, in der Elfenbeinküste ist sie sogar sehr hoch, in Bolivien und in Indonesien ist sie ebenfalls als beträchtlich zu bezeichnen. Darüber hinaus finden sich in allen Untersuchungsdörfern soziale und räumliche Segmentationen der einzelnen ethnischen Gruppen. Eine Verschmelzung oder Assimilation findet erkennbar nicht statt. Die ethnische Schichtung spielt in allen Dörfern für den Zugang zu Land und die Landnutzungsentscheidung eine bedeutende Rolle.

Die kulturelle Orientierung, die zumeist mit der ethnischen Zugehörigkeit einhergeht, bleibt aufgrund der regionalen Herkunft der Migranten ein wichtiges Differenzkriterium auf der Mikroebene in den Zielgebieten. Die kulturelle Orientierung hat eine große Bedeutung für die Identität, insbesondere in Migrantengesellschaften, dies zeigt sich z.B. bei der Interaktion. Alle Untersuchungsdörfer beziehen einen großen Teil ihrer Identifikation aus ihren Herkunftsgebieten. Doch trotz dieser unterschiedlichen kulturellen Orientierungen gibt es auf der Mikroebene deutliche Parallelen zwischen den Prozessen der Migration, Integration und ethnischen Schichtung in allen Untersuchungsdörfern.

Die Differenzen in den Prozessen der sozialen Integration und ihren teilweise konfliktreichen Auswirkungen bestehen demnach nicht aufgrund der Unterschiede zwischen den großen Kulturräumen, sondern aufgrund lokaler, politischer, ökonomischer Ursachen sowie sozialer Zusammensetzung und kultureller Orientierung. Es zeigen sich viel eher Gemeinsamkeiten und Unterschiede zwischen den Untersuchungsdörfern aufgrund ihrer Lage in Bezug auf bestehende Siedlungen, ihrer Heterogenität oder ihrer Homogenität in der Bevölkerungsstruktur. Es lassen sich zum Beispiel größere Ähnlichkeiten zwischen El Progreso (Bolivien), Siliwanga (Indonesien) und Azoumanakro (Elfenbeinküste) bezüglich der Homogenität feststellen, zwischen Soubré 3 (Elfenbeinküste) und Mekarsari (Indonesien) bezüglich der Landnutzungskonflikte oder San Martín (Bolivien), Mekarsari (Indonesien) und Soubré 3 (Elfenbeinküste) bezüglich der Heterogenität als zwischen den jeweiligen Untersuchungsdörfern aus derselben Region.

Folglich lässt sich schließen, dass trotz einschränkender Rahmenbedingungen für die Prozesse der sozialen Integration auf der Mikroebene ein genügender Handlungsspielraum bleibt, der relativ unabhängig von den kulturräumlichen Kontexten ist. Außerdem ist im interkulturellen Vergleich für die Ebenen der Integration zusammenfassend festzuhalten, dass sich weder die Prozesse der Systemintegration (s.o. These 3) noch der sozialen Integration (s.o. These 4) aufgrund der kulturräumlichen Lage der Agrarkolonisationen wesentlich unterscheiden.

Die fünfte zentrale Arbeitshypothese ging davon aus, dass je größer die soziale und ökonomische Integration der zugewanderten Gruppen ist, desto nachhaltiger das Ressourcenmanagement ist. Es besteht demnach ein Zusammenhang zwischen dem Grad der sozialen Integration der Akteure und Akteursgruppen in die lokalen Strukturen des Zielgebiets und den Veränderungen in der Kulturlandschaft.

Diese Hypothese ist in Anbetracht der Ergebnisse der vorliegenden Untersuchung zu bestätigen. Es ließen sich in verschiedenen Bereichen Zusammenhänge zwischen der sozialen Integration und direkten oder indirekten Auswirkungen auf die Kulturlandschaft aufzeigen. Es gibt in nahezu allen untersuchten Dörfern konkrete Konflikte über den Landzugang. In Bolivien zwischen Hoch- und Tiefländern, in der Elfenbeinküste zwischen Autochthonen und Migranten aus Burkina Faso und in Indonesien zwischen den Zuwanderern aus Bali und den Einheimischen des Napu-Tales.

Grundsätzlich zeigte sich bei der Analyse des Zusammenlebens in den Dorfgemeinschaften, dass vor allem die materiellen Interdependenzen zwischen den Akteuren und die institutionellen Regelungen im Zusammenleben Auswirkungen auf die Landnutzung haben, während kulturelle Orientierungen der Akteure eher in den Hintergrund treten. Demnach haben jene Handlungen (der Akteure), die direkte Auswirkungen auf die Kulturlandschaft haben, eher instrumentelle, praktische und ökonomische Gründe als nicht-instrumentelle Beweggründe (wie z.B. Ethnozentrismus). Die im Zuge der Kolonisationsprozesse sich verschlechternde Wirtschaft und Lebensbedingungen in den drei Staaten bilden allerdings ein Geflecht, das sich in einer Grenzziehung in ethnische Gruppen äußert, bei dem es vor allem um Macht- und Ressourcenerhalt geht. Sowohl Ausdruck und Ursache als auch instrumentelle und nicht-instrumentelle Beweggründe sind dabei systemisch verbunden.

Es wird in allen Untersuchungsregionen deutlich, dass sowohl die Beherrschung des politischen Geschehens als auch die agrarorientierte Entwicklung in ihren Auswirkungen nicht nachhaltig sind. Die historischen und politischen Hintergründe zeigen, dass neue Siedlungsflächen vermeintlich gebraucht und dazu periphere Regionen erschlossen wurden. Um diese Regionen der Länder auf der Basis von Exportprodukten zu erschließen, wurden Arbeitskräfte gebraucht. Die Integrationsmechanismen des Wirtschafts- und Herrschaftssystems drücken sich folglich in der heutigen Kulturlandschaft aus. Die kurzfristig geplante Politik der Regierungen veränderte die Ressourcennutzung zum Beispiel durch die Politik des Bodenrechtswandels, besonders in der Elfenbeinküste. Es müssen sich heute autochthone und allochthone Ethnien bei wachsender Bodenknappheit das natürliche Produktionspotential teilen. Zusätzlich werden die Böden immer nährstoffärmer, Raum zum Ausweichen ist nicht mehr vorhanden. Schon heute müssen viele Siedler einen großen Teil ihrer Einkünfte für Düngemittel und Pestizide ausgeben. In einigen Jahren wird die Bevölkerung gezwungen sein, das Anbauprodukt zu wechseln oder den Raum zu verlassen.

Es konnte gezeigt werden, dass die Teilaspekte der sozialen Integration die ethnische Schichtung bestimmen und die Verteilung von Land damit beeinflussen. Sobald sich aus der ethnischen Stratifikation eine ungerechte Verteilung und ein ungleicher Zugang zu Ressourcen ergeben, kommt es zu einer negativen Beeinträchtigung der Landnutzung bezogen auf ihre Nachhaltigkeit, da es keine Kontinuität und wenig Bindung (Identifikation) gibt. Zudem wurde am Beispiel der Dörfer in der Elfenbeinküste, aber auch zum Teil für Mekarsari in Indonesien deutlich, dass eine ausgeprägte ethnische Schichtung eher zu dem Problem führt, dass kulturelle Faktoren wie Ethnizität oder Religion bis hinunter auf die Mikroebene durch den politischen Kontext instrumentalisiert werden können.

## 4.2 Schlussfolgerungen

Insgesamt besteht eine große Vergleichbarkeit in den Prozessen und Auswirkungen der Kolonisationen für alle untersuchten Regionalkulturen. Die regionalgeographischen Kontexte zeigen Ähnlichkeiten und Unterschiede auf und geben den Handlungsrahmen vor. Wie notwendig es ist, aber auch die Detailanalysen auf der Mikroebene herauszuarbeiten, zeigen die Parallelen zwischen den Dörfern aus unterschiedlichen Kulturräumen. Die Akteure sind somit zwar in ihre Kontexte auf der Makroebene eingebunden, dieser Handlungsspielraum wirkt sich zugleich jedoch auch auf den handelnden Akteur auf der Mikroebene aus. Diese Auswirkungen weisen ebenso Ähnlichkeiten und Unterschiede auf wie die Handlungsrahmen selbst, auch zwischen weit entfernten Kulturräumen.

Die ökonomischen, politischen und gesellschaftlichen Faktoren auf der Makroebene, die regionalgeographische Kontexte mit sowohl physischen als auch anthropogenen Aspekten spielen eine bedeutsame Rolle und beeinflussen auf der Mikroebene die ethnische Schichtung und Segmentation der Akteure erheblich. Der Kontext entscheidet folglich über den Zugang und die Verteilung von Land mit, beeinflusst die Mikroebene jedoch nicht vollkommen, da die Prozesse der Integration die konkrete Kulturlandschaftsentwicklung bestimmen. Das bedeutet, dieser Handlungsspielraum auf der Mikroebene kann zu deutlichen Unterschieden innerhalb der vorgegebenen Rahmenbedingungen führen. Die teilweise erheblichen lokalen Unterschiede zwischen nahe beieinander gelegenen Untersuchungsdörfern unterstreichen dieses Ergebnis. Lokale Differenzen finden sich in allen untersuchten Regionen, und die Auswirkungen unterscheiden sich nicht bedeutsam in den ausgewählten Kulturräumen Boliviens, der Elfenbeinküste und Indonesiens.

Nach der Analyse der regionalgeographischen Rahmenbedingungen sowie der sozialen Integrationsprozesse zur Einschätzung der Integration kann zusammenfassend festgestellt werden, dass in den Agrarkolonisationsräumen von Systemintegration, nicht jedoch von sozialer Integration gesprochen werden kann. Ob soziale Integration bzw. zu welchem Grad soziale Integration für ein Zusammenleben eine Notwendigkeit darstellt, hängt von den Zielen der Integrationsbestrebungen ab. Wenn die soziale Integration zur

Herstellung einer tatsächlichen gesellschaftlichen Einheit dienen soll, in der Unterschiede nicht länger wahrgenommen werden und dadurch soziale und kulturelle Gleichheit herrscht (Assimilation), dann ist sie notwendig. Wenn ein positiver Einfluss auf die nachhaltige Nutzung der Ressourcen erreicht werden soll, dann ist sie ebenfalls notwendig. Andererseits kann soziale Integration zur Förderung eines Multikulturalismus angestrebt werden, wenn ethnische Gruppen ihre kulturellen Eigenarten wie z.B. ihre Sprache beibehalten. Dann entwickelt sich bei fortschreitender sozialer Integration eine stärker pluralistische Gesellschaft und es kann lediglich von formeller Integration oder struktureller Assimilation gesprochen werden. Dabei dient die gegenseitige Anerkennung von Unterschieden als Voraussetzung für das Erreichen eines gemeinsamen Zieles. Diese Form des Zusammenlebens findet sich am ehesten in den untersuchten Dörfern.

Die analysierten Einzelfälle stehen in Zusammenhang mit dem allgemeinen regionalgeographischen Deutungsrahmen. Die Prozesse von Migration und ihre Auswirkungen auf die Landnutzung in den ausgewählten Regionen verlaufen ähnlich, die kulturellen nationalen und regionalen Rahmenbedingungen lassen im Wesentlichen wenige Unterschiede erkennen. Die Erwartung, dass die Prozesse der Integration aufgrund der nationalen und regionalen kulturräumlichen Rahmenbedingungen in Bolivien, der Elfenbeinküste und Indonesien unterschiedlich sind, wurde nicht bestätigt.

Die Bedeutung der Integration steht nicht in direktem, sondern indirektem Zusammenhang mit der Ressourcennutzung. Es zeigt sich deutlich, dass Desintegration negative Folgen für die Ressourcennutzung hat, dies ist in allen Untersuchungsdörfern deutlich geworden, besonders in der Elfenbeinküste und Indonesien. Die allgemeine Annahme, dass Homogenität integriert und Heterogenität desintegrierende Tendenzen initiiert, bestätigt sich in dieser Untersuchung. Dabei müssen trotz übergeordnetem Wertekonsens, z.B. einer allgemeinen Identifikation mit dem System oder eine Befolgung von Normen, kulturelle Unterschiede zwischen ethnischen Gruppen als nicht integrierend eingestuft werden.

Die Annahmen zu einem raumbezogenen Kulturalismus werden widerlegt, da einerseits gezeigt werden konnte, dass die Prozesse weder an idiographische physische noch an anthropogene Entwicklungen gebunden sind. Die Prozesse der Integration sind durch die Einflüsse der Makroebene ähnlich verlaufen; so auch die Prozesse der sozialen Integration auf der Mikroebene. Unterschiedliche Ausprägungen der Auswirkungen in Formen des Zusammenlebens und der Landnutzung werden durch die individuellen Handlungsspielräume der Akteure auf der Mikroebene bestimmt. Dieser bewegt sich zwischen rationalen, aber auch latent irrationalen Handlungen, unabhängig vom Kulturraum. Auf der Mikroebene wird daher auch deutlich, dass Dörfer nach ihrer Struktur, nach dem Prozess der Integration und ethnischen Schichtung typisiert werden können (z.B. integriert oder desintegriert, homogen oder heterogen, hohes oder geringes Konfliktpotential), weitestgehend unabhängig von ihrer Lage im „Kulturraum".

Eine vergleichende Kulturgeographie leistet aufgrund ihres generalistischen Blickwinkels einen außerordentlichen Beitrag zur Differenzierung von Räumen und komplexen sozialen Systemen. Die vergleichende Kulturgeographie bietet hilfreiche Ansätze bei der Dekonstruktion von Regionalkulturen und ihrer handlungsorientierten Prozesse, die sich auf die Kulturlandschaft auswirken. Regionalkultur ist ein Konstrukt, ein System von Einzelaspekten. Dieses System ist dekonstruierbar, z.B. anhand der Integrationskonzepte aus der Sozialwissenschaft und der regionalgeographischen Konzepte der Kulturgeographie. Es hat sich darüber hinaus gezeigt, dass vergleichende Kulturgeographie hervorragend für Mikrostudien geeignet ist, da dekonstruierte Teilaspekte von Regionalkulturen vergleichbar sind. Weitere integrative Ansätze der Kulturgeographie zu akteursbezogenen Fragestellungen sind denkbar, z.B. Konzepte zum Kulturvergleich aus der Ethnologie.

## 4.3 Reflexion der Ziele

### Ziel 1: Erfassung des Kontextes und der regionalen Prozesse von Migration und Integration

Anhand von sechs ausgewählten Siedlungen in Agrarkolonisationsgebieten von Bolivien, der Elfenbeinküste und Indonesien sind die Einflüsse der Kolonisation auf die Kulturlandschaftsentwicklung in erster Linie bezogen auf die Landnutzung nachvollzogen worden. Dieser Aspekt der Arbeit beinhaltet sowohl die Identifizierung demographischer, wirtschaftlicher, kultureller und sozialer Vorgänge als auch der daraus resultierenden Veränderungen durch die Aktivitäten der Migranten. Die Erläuterungen der nationalen und regionalen Kontexte, insbesondere der politischen und historischen Rahmenbedingungen sowie der lokalen administrativen und rechtlichen politischen Strukturen trägt entscheidend zum Verständnis der genannten Prozesse bei.

Es wird deutlich, dass sich Kulturlandschaftsentwicklung und räumliche Ordnung nicht ohne explizite Berücksichtigung der spezifischen gesellschaftlichen, insbesondere der politischen Rahmenbedingungen, die von Land zu Land, Region zu Region und Kommune zu Kommune variieren, erklären lassen. Trotz oder gerade wegen der zunehmenden Globalisierung und kulturellen Homogenisierung tritt die Idiographie von Regionen wieder in den Vordergrund. Die dynamischen kulturellen und sozialen Faktoren sind von zentraler Bedeutung bei der Betrachtung eines Raumes, der durch verschiedene Phasen spontaner und gelenkter Migration in zeitlich kurzer Abfolge geprägt ist, die zu hoher ethnischer, religiöser und zugleich kultureller Vielfalt der Bevölkerung geführt hat. Zugleich kommt der Interaktion der verschiedenen Gruppen und ihren individuellen Akteuren eine wesentliche Rolle bei der Analyse der Einflussfaktoren für die Veränderungen des Raumes zu.

Daher sind die geographischen Konzepte der Kulturgeographie grundlegend für das Verständnis der regionalen Kontexte. Das bedeutet, es werden sowohl anthropogene als auch physische Aspekte der Untersuchungsregionen berücksichtigt, die auf das Handeln der einzelnen Akteure einen Einfluss haben. Im speziellen führt die weiterführende Fragestellung der Untersuchung nach den Auswirkungen der Migration auf die Kulturlandschaftsentwicklung von den konkreten Individuen und Gruppen wieder zurück zum Kontext und zur Region, also zu einer abstrahierenden Untersuchung realer und potentieller Konsequenzen der Zuwanderung für den vom Menschen beeinflussten Raum. Die Kulturlandschaft des Untersuchungsgebietes ist als Resultat räumlichen Agierens der dortigen Bevölkerung einerseits wahrnehmbare Realität; andererseits bleiben die Konzepte der Kulturlandschaft hilfreich, diejenigen allgemeinen und abstrakten Merkmale der sozialen Umwelt darzustellen, die für den geographischen Forschungsgegenstand von Bedeutung sind.

Derartige Charakteristika sind etwa der Raum als Bezugssystem sozialen Handelns, die Naturlandschaft als umgebende Umwelt sowie die menschlichen Gruppen und Gesellschaften, die diese Naturlandschaft im Rahmen der Ausführung der Daseinsgrundfunktionen verändern. Das Konzept der regionalen Kulturgeographie abstrahiert also vom konkreten sozialen Akteur und wendet sich stattdessen seinen Grundbedürfnissen und kulturell beeinflussten Handlungsentscheidungen und deren Konsequenzen zu. Daher sind für die Forschungsfrage neben den Handelnden der Kolonisationsgesellschaften auch die durch jegliches menschliches Handeln beeinflussten Subsysteme Wirtschaft, Politik, Treuhandwesen und gesellschaftliche Gemeinschaft als systemische Teile der Kontexte von Relevanz.

## Ziel 2: Analyse der Integrationsprozesse

Die Analyse des gesellschaftlichen Zusammenlebens ist anhand der Integrationsprozesse für die ausgewählten Untersuchungsdörfer durchgeführt worden. Das Integrationskonzept von ESSER (2001) ist sehr gut geeignet, da es die Untersuchungsebenen kombiniert und klare, für die komplexe Untersuchung von Integration sinnvolle Orientierungen formuliert. Diesem Gerüst folgend sind quantitativ und qualitativ konkrete und detaillierte Primärdaten erhoben worden.

Die empirischen Untersuchungen dienen der Beschreibung der Regionalkulturen und beantworten differenziert die Frage, wie die Prozesse der Integration in den durch Zuwanderungen entstandenen Dorfgemeinschaften in unterschiedlichen Kulturräumen verlaufen. Die Beschreibung und Erklärung der Migrationsprozesse selbst bilden den Hintergrund der Untersuchung. Die Betrachtung der politischen und ökonomischen Rahmenbedingungen eines sozialen Gebildes in der Gesellschaft bzw. des Nationalstaates wurde über den regionalgeographischen Kontext erklärt und die Prozesse der Integration innerhalb des sozialen Gebildes anhand von vier Kategorien analysiert. Die Kulturation der Akteure, z. B. Wissen und Kompetenzen, sind ebenso dargelegt worden wie die Platzierung der Akteure, z. B. über Rechte, Positionen sowie Akzeptanz, die Interaktion zwischen den Akteuren, z.B. in Netzwerken und Arbeitsgruppen, und die Identifikation der Akteure mit ihrem Dorf und ihrer Region wurde reflektiert.

Die Analyse der sozialen Integration von Einwanderungsgruppen konzentrierte sich auf den Grad der Inklusion der Handelnden in die Aufnahmegesellschaft. Im Mittelpunkt der Betrachtung standen die Gruppenmitglieder der Kolonisationsgesellschaften. Dass zwischen den vier Elementen des Handlungssystems Interdependenzen bestehen, konnte klar aufgezeigt werden. Zudem konnten die Wirkungen der Einzelaspekte der sozialen Integration für die Untersuchungsdörfer bewertet und in Relation zueinander gessetzt werden.

**Ziel 3: Vergleich**

Die tropischen Untersuchungsregionen mit ihren Migrantengesellschaften sind drei potentiell vergleichbare Regionen, da sie sich in ihrer Genese, wie beispielsweise Größe, Lage, Besiedlungsdauer, sehr ähneln. Über den Vergleich der systemischen Rahmenbedingungen auf nationaler bzw. regionaler Ebene (Makroebene) sowie die Gegenüberstellung der sozioökonomischen Bedingungen auf Dorf bzw. Haushaltsebene (Mikroebene) sollte die Bedeutung von regionalen kulturellen Aspekten für die Integration und ihre Wirkungen auf die Landnutzung eingeschätzt werden.

Mit Hilfe der strukturierten Erfassung der wichtigsten physischen und anthropogenen regionalgeographischen Aspekte sowie der wesentlichen historisch-politischen Rahmenbedingungen der Untersuchungsdörfer in Hinblick auf die Prozesse von Migration und Integration wurde ein Vergleich der Untersuchungsregionen auf der Makroebene vorgenommen. Aspekte der politischen, kulturellen, sozialen und ökonomische Rahmenbedingungen sind ausführlich beschrieben worden und anhand von statistischen Sekundärquellen verglichen worden. Auf der Basis der empirischen Daten zu den Teilaspekten der Integrationsprozesse, Kulturation, Platzierung, Interaktion und Identifikation konnten die quantitativen und qualitativen Primärdaten aus den sechs Untersuchungsdörfern in Relation gesetzt werden. Der Vergleich erfolgte auf der Basis der Primärdatenerhebungen in den Haushalten der Untersuchungsdörfer. Die Datenerhebungen sind sowohl quantitativ durch standardisierte Haushaltsbefragungen als auch qualitativ durch Interviews mit Schlüsselinformanten in allen sechs Untersuchungsdörfern im Jahr 2002 durchgeführt worden.

Die Methode des Vergleichs setzt die Ergebnisse von Theorie und Empirie der Einzelfallstudien in ein Verhältnis, das über die Generalisierung der Einzelfälle hinausgeht. Der Vergleich der Kulturräume gelingt dadurch, dass Generalisierungen nicht nur durch die Auseinandersetzung mit dem partikularen Einzelfall und die theoretische Argumentation ermöglicht werden, sondern auch durch die Konfrontation partikularer Einzelfälle.

## 4.4 Summary

In many tropical countries, areas of natural forest are currently being further cleared and cultivated in order to offer opportunities for development to a growing population. The question arises as to how the migrants affect local structures within the context of their cultural, social and economic activities and hence influence the use of land. In order to examine this question, it is necessary to consider how socio-cultural coexistence and economic relations in the settlements between migrants of differing origins and ethnic groups manifest themselves. Therefore this article compares processes of integration in selected settlement areas in Bolivia, Ivory Coast and Indonesia. The comparative study is based on an empirical survey, which is geared to the sociological theory on integration. The approach follows ESSER´S concept of Integration (2001) which formulates clear criteria for the analysis. According to these criteria, aspects of systems integration (economy, politics, societal community, fiduciary system) are considered on the one hand, on the other hand, integration within the social structure is analysed on the basis of four categories (cultural adaptation, positioning, interaction, identification). It can be shown that the processes of migration in the selected areas are similar and the general cultural, national and regional conditions essentially reveal few differences. The expectation that the processes of integration would differ due to the general conditions of the national and regional cultural areas in Bolivia, Ivory Coast and Indonesia, has not been confirmed. Furthermore it has been clearly demonstrated that non-integration has negative consequences for the use of resources. The general assumption that ethnic homogeneity tends to have an integrating effect, while heterogeneity initiates non-integration is underlined by this study. It is explained that the research villages can be classified on the basis of their demographic structure, the processes of integration and ethnic stratification, largely independently of their location in a cultural area.

# LITERATURVERZEICHNIS

ACCIAIOLI, G. (1989): Searching for good fortune. The Making of a Buginese Migration to Lake Lindu, Central Sulawesi. Canberra.

ACHARD, F., EVA, H. D., STIBIG, H.-J. et al. (2002): Determination of Deforestation Rates of the World's Humid Tropical Forests. In: Science, Vol. 297, 9 August 2002, S. 999-1002.

ADLARD, S. (1995): El uso de árboles por pequeños productores: un diagnóstico en San Julián. Estudio de Campo, N° 8, 4/1995. Centro de Investigación Agrícola Tropical, Misión Británica en Agricultura Tropical. Santa Cruz de la Sierra.

AERNI, K., BUDMINGER, G., EGLI, H.-R. u. ROQUES-BÄSCHLIN, E. (1986): Der Mensch in der Landschaft. Festschrift für Georgs Grosjean zum 65. Geburtstag, 17.01.1986. Bern.

AGREDA, C. (1999): Ley INRA y tenencia de la tierra. In: ARCE, A. u. UZEDA, A. (Eds.): Desarrollo y nueva Ruralidad en Bolivia. La Paz.

ANHUF, D. (1994): Zeitlicher Vegetations- und Klimawandel in der Côte d'Ivoire. In: Erdwissenschaftliche Forschung, Bd. 30, S. 7-299.

ATTESLANDER, P. (1995): Methoden der empirischen Sozialforschung. New York.

AUGÉ, M. (1999): Die Côte d'Ivoire an der Schwelle zur Moderne. Das Leichenbegräbnis eines Kronprinzen. In: Le monde diplomatique, H. 5, 1999.

BABCOCK, T. (1986): Transmigration: The Regional Impact of a Miracle Cure. In: MACANDREWS, C. (Ed.) (1986): Central Government and Local Development in Indonesia. Oxford.

BADE, K. J. (Hrsg.) (1996): Migration, Ethnizität, Konflikt. IMIS-Schriften, Bd. 1. Osnabrück.

BÄHR, J. (1975): Migration im Großen Norden Chiles. Bonner Geographische Abhandlungen, 50. Bonn.

BÄHR, J. (1997): Bevölkerungsgeographie (3.Aufl.). Verteilung und Dynamik der Bevölkerung in globaler, nationaler und regionaler Sicht. Stuttgart.

BÄHR, J. (2003): Binnenwanderungen. Konzepte, Typen, Erklärungsansätze. In: Geographische Rundschau, Jg. 55, H. 6, 2003, S. 4-8.

BAHRENBERG, G. (1987): Über die Unmöglichkeit von Geographie als „Raumwissenschaft" – Gemeinsamkeiten in der Konstituierung von Geographie bei A. Hettner und D. Bartels. In: Bremer Beiträge zur Geographie und Raumplanung, 11, S. 225-239.

BAHRENBERG, G. (1996): Warum Länderkunde (Regionale Geographie)? In: MARGRAF, O. (Hrsg.) (1996): Theorie und Quantitative Methodik in der Geographie (Tagungsband). Beiträge zur Regionalen Geographie, Bd. 42. Leipzig. S. 25-30.

BAMBANG, M. (2002): Battle to save precious Lore Lindu park goes on, 02.04.2002. Verfügbar über: http://www.thejakartapost.com [letzter Zugriff: 20.10.2002].

BARATTA, M. (Hrsg.) (1997): Der Fischer Weltalmanach 1998. Frankfurt am Main.

BARATTA, M. (Hrsg.) (2002): Der Fischer Weltalmanach 2003. Frankfurt am Main.

BARATTA, M. (Hrsg.) (2003a): Der Fischer Weltalmanach 2004. Frankfurt am Main.

BARATTA, M. (Hrsg.) (2003b): Der Fischer Weltalmanach 2004. Aktuelles Wissen im Datenbankformat. Frankfurt am Main.

BARGATZKY, T. (1986): Einführung in die Kulturökologie. Umwelt, Kultur und Gesellschaft. Berlin.

BARRO, R.J./MCCLEARY, R.M. (2003): Religion and Economic Growth across Countries. In: American Sociological Review, (68), 760-781.

BARTELS, D. (1968): Zur wissenschaftstheoretischen Grundlegung einer Geographie des Menschen. Erdkundliches Wissen, 19. Wiesbaden.

BARTELS, D. (1969): Zum Tode Walter Christallers. In: Geographische Rundschau, Jg. 21, H. 9, S.1-358.

BARTH, F. (Hrsg.) (1969): Ethnic groups and boundaries. The social organization of cultural difference. Oslo.

BAYLISS-SMITH, T. u. OWENS, S. (1994): The Environmental Challenge. In: GREGORY, D. (Eds.) (1994): Human Geography. Society, Space and Social Science. London. S. 113-145.

BECKER, J., FELGENTREFF, C. u. ASCHAUER, W. (Hrsg.) (2002): Reden über Räume: Region – Transformation – Migration. Festsymposium zum 60. Geburtstag von Wilfried Heller. Potsdamer geographische Forschung, Bd. 23. Potsdam.

BELINA, B. (2003): Kultur? Macht und Profit! – Zur Kultur, Ökonomie und Politik im öffentlichem Raum und in der Radical Geography. In: GEBHARDT, H., REUBER, P. u. WOLKERSDORFER, G. (Hrsg.) (2003): Kulturgeographie. Aktuelle Ansätze und Entwicklungen. Heidelberg, Berlin. S. 83-97.

BENTON, J. (1999): Agrarian Reform in Theory and Practice. A study of the Lake Titicaca region of Bolivia. Brookfield, Vermont.

BERGHOLDT, A. (1999): „Cambas y Collas". Un estudio sobre identidad cultural en Santa Cruz de la Sierra, Bolivia. In: Occasional Papers 3, 1999. Universidad de Aarhus.

BERRY, J. (1996): Acculturation and Psychological Adaptation. In: BADE, K. J. (Hrsg.) (1996): Migration, Ethnizität, Konflikt. IMIS-Schriften, Bd. 1. Osnabrück. S. 171-186.

BLAIKIE, P. (1994): At risk: natural hazards, peoples vulnerability, and disasters. London, New York.

BLAIKIE, P. (1999): A Review of Political Ecology. Issues, Epistemology and Analytical Narratives. In: Zeitschrift für Wirtschaftsgeographie, Jg. 43, H. 3-4, S. 131-147.

BLAIKIE, P. u. BROOKFIELD, H. (1987): Land degradation and society. Methuen, London.

BLAIKIE, P. u. JEANRENAUD, S. (1996): Biodiversity and human welfare. United Nations Research Institute for Social Development. Discussion paper, 72. Geneva.

BLENCK, J. (1982): Entwicklungstheorien als Analyserahmen für bevölkerungsgeographische Mobilitätsuntersuchungen. In: MEYNEN, E. u. PLEWE, E. (Hrsg.) (1982): Beiträge zur Hochgebirgsforschung und zur Allgemeinen Geographie. Erdkundliches Wissen, Beihefte Geographische Zeitschrift, 59, S. 247-265.

BLEY, H. (1996): Migration, Ethnizität im sozialen, politischen und ökonomischen Kontext: die Mijikenda in Kenia. In: BADE, K. J. (Hrsg.) (1996): Migration, Ethnizität, Konflikt. IMIS-Schriften, Bd. 1. Osnabrück. S. 305-328.

BLOCH, M. (1928): Für eine vergleichende Geschichtsbetrachtung der europäischen Gesellschaften. In: MIDDLE, M. u. STAMMLER, S. (Hrsg.) (1994): Alles Gewordene hat eine Geschichte. Die Schule der Annales in ihren Texten 1929-1992. Leipzig. S. 121-167.

BLOTEVOGEL, H. H. (1996): Aufgaben und Probleme der Regionalen Geographie heute. Überlegungen zur Theorie der Landes- und Länderkunde anlässlich des Gründungskonzepts des Instituts für Länderkunde Leipzig. In: Bericht zur deutschen Landeskunde, 70, S. 11-40.

BLOTEVOGEL, H. H. (2003): „Neue Kulturgeographie" – Entwicklung, Dimensionen, Potenziale und Risiken einer kulturalistischen Humangeographie. In: Berichte zur deutschen Landeskunde 77 (1), 7-34.

BLUM, U., DUDLEY, L. (2001): Religion and economic growth: was Weber right? In: Journal of Evolutionary Economics, (11), 207-230.

BOBEK, H. (1948): Die Stellung und Bedeutung der Sozialgeographie. In: Erdkunde, Jg. 2, S. 118-125.

BOESCH, E. E. (1995): Action, champs d'action et culture. In: WERLEN, B. u. WÄLTY, S. (Hrsg.) (1995): Kulturen und Raum. Theoretische Ansätze und empirische Kulturforschung in Indonesien. Konkrete Fremde. Studien zur Erforschung und Vermittlung anderer Kulturen, Bd. 10. Chur, Zürich. S. 23-44.

BONNEHIN, L. (1994): Le milieu économique – Apercu général. In: RIEZEBOS, E.P., VOOREN, A.P u. GUILLAUMET, J.L. (Eds.) (1994): Le Parc National de Tai, Côte d' Ivoire. Synthèse des connaissances. La Fondation Tropenbos. Wageningen. S. 112-117.

BONNEHIN, L. (1994): Le milieu économique - L'infrastructure économique. In: RIEZEBOS, E.P., VOOREN, A.P u. GUILLAUMET, J.L. (Eds.) (1994): Le Parc National de Tai, Côte d' Ivoire. Synthèse des connaissances. La Fondation Tropenbos. Wageningen. S. 118-120.

BONNELL, V. E. u. HUNT, L. (Eds.) (1999): Beyond the cultural turn: new directions in the study of society and culture [papers presented at a conference held Apr. 26 - 27, 1996 in California]. Barkeley.

BORCHERT, G. (1972): Die Wirtschaftsräume der Elfenbeinküste. Pfaffenhofen, Ilm.

BORSDORF, A. (1999): Geographisch denken und wissenschaftlich arbeiten: Eine Einführung in die Geographie und in Studientechniken. Gotha, Stuttgart.

BREHM, K. (1986): Die räumliche Mobilität der Bevölkerung in Zentral-Java. Empirische Untersuchungen zu intra- und interregionalen Migrationsprozessen im Bereich des Oberzentrums Yogyakarta. Hamburg.

BREMER, H. (1999): Die Tropen. Geographische Synthese einer fremden Welt im Umbruch. Stuttgart.

BRONGER, D. (1984): Metropolisierung als Entwicklungsproblem in den Ländern der Dritten Welt: ein Beitrag zur Begriffsbestimmung. In: Geographische Zeitschrift, Jg. 72, H. 3, S.138-158.

BRUNOTTE, E., GEBHARDT, H., MEURER, M., MEUSBURGER, P. u. NIPPER, J. (2001): Lexikon der Geographie, Bd. 1. Heidelberg, Berlin.

BRYANT, R. L. (1992): Political ecology: an emerging research agenda in Third-World studies. In: Political Geography, 11, S. 12-36.

BRYANT, R. L. (1997): Third World political ecology. London.

BRYANT, R. L. (1998): Power, knowledge and political ecology in the Third World: a review. In: Progress in Physical Geography, 22, S. 79-94.

BRYANT, R. L. (1999): A Political Ecology for Developing Countries? Progress and Paradox in the Evolution of a Research Field. In: Zeitschrift für Wirtschaftsgeographie, Jg. 43, H. 3-4, S. 148-157.

BÜNGENER, U. (1990): Agrarräumliche Entwicklung in Ostbolivien am Beispiel der Koloniezentren Puesto Fernández und Yapacaní. (unveröffentl. Magisterarbeit). Geographisches Institut der RWTH Aachen.

BURKARD, G. (2000): Bauern, Kader und Migranten: Ländliche Modernisierungsprozesse am Beispiel einer Dorfgemeinschaft in der Sonderregion Yogyakarta, Indonesien. Herbolzheim.

CHANEY, D. (2001): Cultural change and everyday life. Basingstoke.

CHAUVEAU, J.-P. (2002): La loi ivorienne de 1998 sur le domaine foncier rural et l'agriculture de plantation villageoise: une mise en perspective historique et sociologique. In: Land reform, 2002, H. 1, S. 62-79.

CIA (2001): The Word Factbook. Bolivia. Verfügbar über: http://www.cia.gov/cia/puplications/factbook/geos/bl.html [letzter Zugriff 16.08.02].

CIA (2001): The Word Factbook. Indonesia. Verfügbar über: http://www.cia.gov/cia/puplications/factbook/geos/id.html [letzter Zugriff 16.08.02].

CIA (2002): The World Factbook. Côte d'Ivoire. Verfügbar über: http://www.cia.gov/cia/publications/factbook/geos/iv.html [letzter Zugriff 31.03.2003].

CLARKE, D. (2003a): Le cabinet d'union en Côte d'Ivoire se réunit sans les rebelles. Verfügbar über: http://fr.news.yahoo.com/030320/85/33ubv.html [letzter Zugriff 03.04.2003].

CLARKE, D. (2003b): Les rebelles ivoriens boudent une réunion du gouvernement. Verfügbar über: http://fr.news.yahoo.com/030320/85/33uyb.html [letzter Zugriff 03.04.2003].

CLAUß, G. (Hrsg.) (1995): Fachlexikon ABC Psychologie (5.Aufl.). Thun.

CLAUSS, W., EVERS, H.-D. u. GERKE, S. (1987): The Formation of a Peasant Society: Population dynamics, Ethnic Relations and Trade among Javanese Transmigrants in East Kalimantan, Indonesia. (= Working Paper, No. 2.) Bielefeld, Hamburg.

CNN.COM (12.10.2002): Ivory Coast army backs talks. Verfügbar über: http://www.cnn.com/2002/WORLD/africa/10/12/icoast/index.html [letzter Zugriff 12.10.2002].

CNN.COM (13.10.2002): Ivory Coast rebels enter key town. Verfügbar über: http://www.cnn.com/2002/WORLD/africa/10/13/ivory.coast/index.html [letzter Zugriff 13.10.2002].

CNN.COM (17.10.2002a): Ivory Coast rebels ‚Agree to truce'. Verfügbar über: http://www.cnn.com/2002/WORLD/africa/10/17/ivory.rebel/index.html [letzter Zugriff: 17.10.2002].

CNN.COM (17.10.2002b): Patriots rally in Ivory Coast's loyalist south. Verfügbar über: http://www.cnn.com/2002/WORLD/africa/10/17/ivory.coast.cease/index.html [letzter Zugriff: 17.10.2002].

COLCHESTER, M. (1986): Unity and Diversity: Indonesian Policy towards tribal peoples. In: The Ecologist, No. 16, S. 89-98.

CORPORACIÓN REGIONAL DE DESARROLLO DE SANTA CRUZ u. CENTRO DE INVESTIGACIÓN Y PROMOCIÓN DEL CAMPESINO (Eds.) (1995): Plan de desarrollo microregional del Municipio de San Julián. Resumen ejecutivo. Santa Cruz de la Sierra.

CORPORACIÓN REGIONAL DE DESARROLLO DE SANTA CRUZ, CENTRO DE INVESTIGACIÓN Y PROMOCIÓN DEL CAMPESINO u. SERVICIOS DE ASESORÍA A COOPERATIVAS AGRARIAS (Eds.) (1992a): Diagnóstico socioeconómico de la colonia San Julián. Vol. 1/ Población y Organización. Santa Cruz de la Sierra.

CORPORACIÓN REGIONAL DE DESARROLLO DE SANTA CRUZ, CENTRO DE INVESTIGACIÓN Y PROMOCIÓN DEL CAMPESINO u. SERVICIOS DE ASESORÍA A COOPERATIVAS AGRARIAS (Eds.) (1992b): Diagnóstico socioeconómico de la colonia San Julián. Vol. 2/ Economía. Santa Cruz de la Sierra.

COSTANZA, R., CUMBERLAND, J., DALY, H., GOODLAND, R. u. NORGAARD, R. (2001): Einführung in die Ökologische Ökonomik. Stuttgart.

COULIBALY, T. (2000): Entre coups d'état reportées et mouvements sociaux: La classe politique ivorienne se cherche. In: Le Monde diplomatique, Nr. 10/2000, S. 22-23.

COULIBALY, T. (2002): Bürgerkrieg im Namen der Ivoirité. Die Elfenbeinküste hat ihren eigenen Nord-Süd-Konflikt. In: Le Monde Diplomatique, Nr. 11/2002, S. 22-23.

CRANG, M. (1998): Cultural Geography. London, New York.

CRESSWELL, T. (2003): Landscape and the obliteration of practice. In: ANDERSON, K., DOMOSH, M., PILE, S. u. THRIFT, N. (Eds.): Handbook of cultural geography. London, New Delhi.

CROSSLEY, J. C. (1961): Santa Cruz at the Cross-roads. A study of development in Eastern Bolivia. In: Tijdschrift voor Economische en Sociale Geografie, Jg 52, S. 197-206.

DAHRENDORF, R. (1988): The Modern Social Conflict. An essay on the politics of liberty. London.

DAVIS, G. J. (1976): Parigi: A Social History of the Balinese Movement to Central-Sulawesi, 1907-1974. Michigan.

DEUTSCHE STIFTUNG FÜR INTERNATIONALE ENTWICKLUNG (2000a): Le gouvernement ivoirien tente de rassurer les Burkinabés, 6.11.2000. Verfügbar über:. http://www.dse.de/za/lis/ci/yahoo-15.htm [letzter Zugriff 10.03.2003].

DEUTSCHE STIFTUNG FÜR INTERNATIONALE ENTWICKLUNG (2000b): Les violences politiques ont radicalisé la fracture Nord/Sud, 7.12.2000. Verfügbar über: http://www.dse.de/za/lis/ci/yahoo_g.htm [letzter Zugriff 10.03.2003].

DEUTSCHE STIFTUNG FÜR INTERNATIONALE ENTWICKLUNG (2001): La Côte d'Ivoire, une mosaïque ethnique en danger, 29.01.2001. Verfügbar über: http://www.dse.de/za/lis/ci/yahoo_a.htm [letzter Zugriff 10.03.2003].

DICKHARDT, M. (2001): Das Räumliche des Kulturellen. Entwurf einer Kulturanthropologischen Raumtheorie am Beispiel Fiji. Göttinger Studien zur Ethnologie, Bd. 7. Hamburg.

DICKHARDT, M. (2003): Räume in Fiji: Kulturelle Räumlichkeiten aus der Perspektive ihrer Modi. In: HAUSER-SCHÄUBLIN, B. u. DICKHARDT, M. (Hrsg.) (2003): Kulturelle Räume – Räumliche Kultur. Zur Neubestimmung des Verhältnisses zweier fundamentaler Kategorien menschlicher Praxis. Göttinger Studien zur Ethnologie, Bd. 10. Münster, Hamburg, London. S. 221-260.

DICKHARDT, M. u. HAUSER-SCHÄUBLIN, B. (2003): Eine Theorie kultureller Räumlichkeit als Deutungsrahmen. In: HAUSER-SCHÄUBLIN, B. u. DICKHARDT, M. (Hrsg.) (2003): Kulturelle Räume – Räumliche Kultur. Zur Neubestimmung des Verhältnisses zweier fundamentaler Kategorien menschlicher Praxis. Göttinger Studien zur Ethnologie, Bd. 10. Münster, Hamburg, London. S. 13-42.

DICKHARDT, M. u. RÖSSLER, M. (2001): Politik und Räumlichkeit. Ein Kulturvergleich zwischen Fiji und Sulawesi. Abschlussbericht zum DFG-Projekt „Raumorganisation, Raumverhalten und Raumkognition im interkulturellen Vergleich" (1997-2001). Göttingen.

DIE TAGESZEITUNG (20.01.2003): Loyalisten glauben an Magie. Interview mit dem Schriftsteller Ahmadou Kourouma, S.6.

DIE TAGESZEITUNG (28.01.2003): Weitere Demos in Elfenbeinküste, S.11.

DIE TAGESZEITUNG (31.01.2003): Friedensprozess bricht zusammen, S.11.

DIE TAGESZEITUNG (10.02.2003): Entspannung in der Elfenbeinküste, S.11.

DIE TAGESZEITUNG (17.02.2003): Kein Frieden an der Elfenbeinküste, S.12.

DIEKMANN, A. (1998): Empirische Sozialforschung: Grundlagen, Methoden, Anwendungen (4. Aufl.). Hamburg.

DIRMOSER, D. u. LAUGA, M. (2000): Bolivien. In: NOHLEN, D. (Hrsg.): Lexikon Dritte Welt. Länder, Organisationen, Theorien, Begriffe, Personen (4.Aufl.). Reinbek b. Hamburg.

DORCE, F. (2002): La chienlit. In: Jeune Afrique Economie (30.09.-13.10.2002), Nr. 344.

DÖRING, L. u. PAPA, W. (1974): Die strategische Bedeutung der Landwirtschaft für die sozio-ökonomische Entwicklung der rückständigen Länder. Die Bolivianische Agrarreform. (unveröffentl. Diplomarbeit) Humboldt Universität, Berlin.

DRYGALSKI, E. (1926): Die Natur der Polarwelt. Zs. Ges. f. Erdk. Berlin.

DRYGALSKI, E. (1939): Arktis und Antarktis. Mitt. Geogr. Ges. Wien.

DURAND, F. (2001): Kalimantan: Ethnische Säuberung und wirtschaftliche Rivalität. Das Erbe des General Suharto. In: Le Monde Diplomatique, 04/2001.

DURKHEIM, E. (1965): Die Regeln der soziologischen Methode. Berlin.

DURKHEIM, E. (1992): Über soziale Arbeitsteilung. Studie über die Organisation höherer Gesellschaften. Frankfurt/M.

EHLERS, E. (1996): Kulturkreise – Kulturerdteile – Clash of Civilisations. Plädoyer für eine gegenwartsbezogene Kulturgeographie. In: Geographische Rundschau, Jg. 48, H. 6, S. 338-344.

EHLERS, E. (2005): Deutsche Geographie – Geographie in Deutschland: Wohin des Weges? In: Geographische Rundschau 57 (9), 51-56.

EISEL, U. (1979): Paradigmenwechsel? Zur Situation der deutschen Anthropogeographie. In: SEDLACEK, P. (Hrsg.) (1979): Zur Situation der deutschen Geographie zehn Jahre nach Kiel. Osnabrück. S. 45-58.

EISEL, U. (1980): Die Entwicklung der Anthropogeographie von einer "Raumwissenschaft" zur Gesellschaftswissenschaft. Urbs et Region, 17. Kassel.

EISEL, U. (1982): Regionalismus und Industrie. Über die Unmöglichkeit einer Gesellschaftswissenschaft als Raumwissenschaft und die Perspektiven einer Raumwissenschaft als Gesellschaftswissenschaft. In: SEDLACEK, P. (Hrsg.) (1982): Kultur- und Sozialgeographie. Beiträge zur ihrer wissenschaftstheoretischer Grundlegung. Paderborn. S. 125-150.

EISENSTADT, S. N. (1952a): The process of absorption of new immigrants in Israel. In: Human Relations – Studies towards the integration of the social sciences, Vol. 5, Nr. 3, S. 223-246.

EISENSTADT, S. N. (1952b): Institutionalization of immigrant behavior. In: Human Relations – Studies towards the integration of the social sciences, Vol. 5, Nr. 4, S. 373-395.

EISENSTADT, S. N. (1954): The absorption of immigrants. A comparative study. Based mainly on the jewish community in Palestine and the state of Israel. London.

EISLER, R. (1927-1930): Wörterbuch der philosophischen Begriffe (3 Bände). Berlin.

EL DEBER – DIARIO DE SANTA CRUZ (2003): 50 años y la tierra se concentra en pocas manos (02.08.2003).

EL DEBER – DIARIO DE SANTA CRUZ (2003): Campesinos toman tierras de los mayores soyeros del país (15.07.2003).

EL DEBER – DIARIO DE SANTA CRUZ (2003): Déficit boliviano de alimentos alcanza al 20% (03.08.2003).

EL MUNDO – DIARIO DE SANTA CRUZ (2002): Colonizadores de San Julián avasallan tierras de Guarayos (09.03.2002).

ELBERS, J. (2002): Agrarkolonisation im Alto Beni. Landschafts- und politische-ökologische Entwicklungsforschung in einem Kolonisationsgebiet in den Tropen Boliviens. Dissertation, Heinrich-Heine-Universität Düsseldorf.

ELIAS, N. u. SCOTSON, J. L. (1990): Etablierte und Außenseiter. Baden Baden.

ENDRUWEIT, G. (1989): Integration. In: ENDRUWEIT, G. u. TROMMSDORFF, G. (Hrsg.) (1989): Wörterbuch der Soziologie, Bd. 2. Stuttgart.

ESSER, H. (1980): Aspekte der Wanderungssoziologie. Assimilation und Integration von Wanderern, ethnischen Gruppen und Minderheiten. Eine handlungstheoretische Analyse. Soziologische Texte, Bd. 119. Darmstadt.

ESSER, H. (1993): Soziologie – allgemeine Grundlagen. Frankfurt am Main, New York.

ESSER, H. (2000): Soziologie – spezielle Grundlagen, Bd. 2. Die Konstruktion der Gesellschaft. Frankfurt am Main, New York.

ESSER, H. (2001): Integration und ethnische Schichtung. Arbeitspapiere des Mannheimer Zentrums für Europäische Sozialforschung, Nr. 40. Mannheim.

ESSER, H. (2003): Ist das Konzept der Assimilation überholt? In: Geographische Revue „Migration", Jg. 5, H. 2, S. 5-22.

ESSER, J. (1994): Politique de conservation. In: RIEZEBOS, E. P., VOOREN, A.P. u. GUILLAUMET, J.L. (Hrsg.) (1994): Le Parc National de Tai, Côte d' Ivoire. Synthèse des connaissances. La Fondation Tropenbos. Wageningen. S. 146-152.

ETZRODT, C. (2003): Sozialwissenschaftliche Handlungstheorien. Konstanz.

EVERS, H.-D. u. GERKE, S. (1992): The Culture of Planning: Transmigration Area Development in East Kalimantan, Indonesia. In: International Sociology, Vol.7, No.2 (June 1992), S. 141-151.

FAIRHEAD, J., LEACH, M. (1998): Reframing Deforestation. Global Analyses and Local Ralities: Studies in West Africa. Routledge, London u.a.

FASBENDER, K. u. ERBE, S. (1990): Towards a New Home: Indonesian Managed Mass Migration. Hamburg.

FAUST, H. (1996):Verstädterung in Fiji - Besonderheiten in den Stadt-Land-Beziehungen eines insularen pazifischen Entwicklungslandes. Aachen. (= Schriftenreihe der Arbeitsgemeinschaft für Pazifische Studien, Bd. 6, hrsg. v. W. Kreisel, C. Fensterseifer, F. Dickmann, J. Vossen)

FAUST, H. u. WINTER, J. (2003): Ursachen und Wirkungen ethnischer Konflikte im Pazifik: Gesellschaftliche Desintegration in Fiji. In: KREISEL, W., MARSDEN, P. H. u. WAIBEL, M. (Hrsg.) (2003): Aktuelle Entwicklungstendenzen im asiatisch-pazifischen Raum. Göttingen, S. 153-168 (= Schriftenreihe der Arbeitsgemeinschaft für Pazifische Studien, Bd. 8).

FAUST, H., MAERTENS, M., WEBER, R., NURYARTONO, N., RHEENEN van, T., BIRNER, R. (2003): Does Migration lead to Destabilization of Forest Margin Areas? Evidence from an interdisciplinary field Study in Central Sulawesi. STORMA discussion Paper Serie –Sub-program A, No. 11. Bogor, Göttingen, Kassel.

FEARNSIDE, P. M. (1997): Transmigration in Indonesia: Lessons from Its Environmental and Social Impacts. In: Environmental Management, Vol. 21, No. 4, S. 553-570.

FIEGE, K. (1991): Bäuerliche Exportproduktion in der Côte d'Ivoire. Fallstudien zu wirtschaftlichen und sozialen Auswirkungen der Kaffee- und Kakaoproduktion. Hamburg.

FIEGE, K. u. ZDUNNEK, G. (1993): Methoden – Hilfestellung oder Korsett? Erfahrungen mit empirischer Sozialforschung in Afrika, Asien, und Lateinamerika. Saarbrücken.

FIFER, V. (1982): The Search for a Series of Small Successes: Frontiers of Settlement in Eastern Bolivia. In: Journal of Latin American Studies, Vol. 14 (2), S. 407-432.

FINANZANTRAG SONDERFORSCHUNGSBEREICH 1687 (1999): Stabilität von Randzonen tropischer Regenwälder in Indonesien. Finanzierungsantrag für die Jahre 2000/2- 2003/1, Georg August Universität Göttingen u. Universität Gesamthochschule Kassel.

FISCHER, E. (2004): Einfluss der Landnutzung auf den Nährstoffhaushalt im Teileinzugsgebiet des Hana an der Grenze des Tai-Nationalparks (Côte d'Ivoire). Dissertation, Georg-August-Universität Göttingen.

FLICK, U. (1996): Qualitative Forschung. Theorie, Methoden, Anwendung in Psychologie und Sozialwissenschaften. Reinbeck b. Hamburg.

FLICK, U., KARDORFF von, E. u. STEINKE, I. (Hrsg.) (2000): Qualitative Forschung. Ein Handbuch. Hamburg.

FLITNER, M. (2003): Kulturelle Wende in der Umweltforschung? Aussichten in Humanökologie, Kulturökologie und Politische Ökologie. In: GEBHARDT, H., REUBER, P. u. WOLKERSDORFER, G. (Hrsg.)

(2003): Kulturgeographie. Aktuelle Ansätze und Entwicklungen. Heidelberg, Berlin. S. 213-228.

FOOD FIRST INFORMATIONS- & AKTIONSNETZWERK (Ed.) (2001): El Derecho de la Alimentación Adecuada en Bolivia. Informe Paralelo. Heidelberg.

FRANKFURTER ALLGEMEINE ZEITUNG (9.01.2001): Kaum jemand hat dem „Radio Trottoir" geglaubt.

FRANKFURTER ALLGEMEINE ZEITUNG (9.10.2000): Oppositionsführer in Elfenbeinküste von Wahl ausgeschlossen.

FRANKFURTER RUNDSCHAU (08.01.2003): Paris will Waffenruhe in Elfenbeinküste erzwingen.

FRANKFURTER RUNDSCHAU (11.11.2000): Der Ruf nach einer Mauer. Fremdenhass im Kakao-Musterland: Ein neuer Präsident, aber das Klima ist vergiftet.

FRANKFURTER RUNDSCHAU (15.01.2003): Vermittler Frankreich. Konferenz zu Elfenbeinküste.

FREMEREY, M. (1994): Indonesien, In: NOHLEN, D. u. NUSCHELER, F. (Hrsg.): Handbuch der Dritten Welt. Südasien und Südostasien, Bd. 7. Bonn. S. 384-415.

FREMEREY, M. (2000): Creating the future of village communities: Organizational learning in the Sundarban islands of West Bengal, India. In. OVERWIEN (Hrsg.) (2000): Lernen und Handeln im globalen Kontext. Frankfurt. S. 93-111

FREMEREY, M. (2002): Local Communities as Learning Organisations. The case of the village of Toro, Central Sulawesi, Indonesia. STORMA discussion Paper Serie –Sub-program A, No. 6. Bogor, Göttingen, Kassel.

FRIEDRICHS, J. u. JAGODZINSKI, W. (1999): Theorien sozialer Integration. In: FRIEDRICHS, J. u. JAGODZINSKI, W. (Hrsg.) (1999): Soziale Integration. Kölner Zeitschrift für Soziologie und Sozialpsychologie, Sonderheft 39, 1999. Wiesbaden. S. 9-43.

FRIEDRICHS, J. u. JAGODZINSKI, W. (Hrsg.) (1999): Soziale Integration. Kölner Zeitschrift für Soziologie und Sozialpsychologie, Sonderheft 39, 1999. Wiesbaden.

GANSER, K. (1970): Thesen zur Ausbildung des Diplomgeographen. In: Deutscher Geographentag Kiel, 21.-26. Juli 1969. Tagungsbericht und wissenschaftliche Abhandlungen. Wiesbaden. S. 183-190.

GEBHARDT, H., REUBER, P. u. WOLKERSDORFER, G. (2003): Kulturgeographie. Leitlinien und Perspektiven. In: GEBHARDT, H., REUBER, P. u. WOLKERSDORFER, G. (Hrsg.) (2003): Kulturgeographie. Aktuelle Ansätze und Entwicklungen. Heidelberg, Berlin. S. 1-27.

GEBHARDT, H., REUBER, P. u. WOLKERSDORFER, G. (Hrsg.) (2003): Kulturgeographie. Aktuelle Ansätze und Entwicklungen. Heidelberg, Berlin.

GEENEN, E. M. (2002): Integration. In: ENDRUWEIT, G. u. TROMMSDORFF, G. (Hrsg.) (2002): Wörterbuch der Soziologie (2.Aufl.), Bd. 2232. Stuttgart.

GEERTZ, C. (1987): Dichte Beschreibungen. Beiträge zum Verstehen kultureller Systeme. Suhrkamp-Taschenbuch Wissenschaft, Bd. 696. Frankfurt am Main.

GENDEREN STORT VAN, A. (2002): Homeless flee burning shanty towns again as refugees, 3.10.2002. Verfügbar über: http://www.hrea.org/lists/hrheadlines/markup/msg00647.html [letzter Zugriff 3.04.2003].

GEROLD, G. (2002): Geoökologische Grundlagen nachhaltiger Landnutzungssysteme in den Tropen. In: Geographische Rundschau, Jg. 54, H. 5, S. 4-10.

GEROLD, G. (2003): Die Yungas der Andenostabdachung im Spannungsfeld zwischen Kolonisation, nachhaltiger Landnutzung und Naturschutz. In: Welt der Alpen – Gebirge der Welt, S. 103-116 (im Druck).

GEROLD, G., FREMEREY, M., GUHARDJA, E. (eds.) (2004): Land Use, Nature Conservation and the Stability of Rainforest Margins in Southeast Asia. Berlin, Heidelberg.

GIDDENS, A. (1984): The Construction of Society. Outline of the Theory of Structuration. Cambridge.

GIDDENS, A. (1999): Soziologie. Graz, Wien.

GILBERT, A. (1988): The new regional geography in English and French-speaking countries. In: Progress in Human Geography, 12, S. 208-228.

GIRTLER, R. (2001): Methoden der Feldforschung. Wien, Köln, Weimar.

GLASER, B. G. u. STRAUSS, A. L. (1998): Grounded Theory. Strategien qualitativer Forschung. Bern.

GNAGO, L. (2003): Manifestation et coups de feu à Abidjan. Verfügbar über http://fr.news.yahoo.com/030329/85/34fih.html [letzter Zugriff 03.04.2003].

GOBIERNO MUNICIPAL DE SAN JULIÁN (Ed.) (2001): Plan de desarrollo municipal de San Julián (2002-2006). Centro de investigación y promoción del campesino (Cipca). Santa Cruz de la Sierra.

GORDON, M. M. (1964): Assimilation in american life. The role of race, religion, and national origin. New York.

GRANER, E. (1997): The political ecology of community forestry in Nepal. Saarbrücken

GRANER, E. (1999): Wälder für wen? Eine politische Ökologie des Waldzugangs in Nepal. In: Zeitschrift für Wirtschaftsgeographie, Jg. 43, H. 3-4, S. 202-121.

GRAUMANN, C. F, u. KRUSE, L. (2003): Räumliche Umwelt. Die Perspektiven der humanökologisch orientierten Umweltpsychologie. In: MEUSBURGER, P. u. SCHWAN, T. (Hrsg.) (2003): Humanökologie. Ansätze zur Überwindung der Natur-Kultur-Dichotomie. Erdkundliches Wissen, Bd. 135. Wiesbaden. S. 239-256.

GREGORY, D. (1994): Social Theory and Human Geography. In: GREGORY, D., MARTIN, R. u. SMITH, G. (Eds.) (1994): Human Geography. Society, Space and Social Science. Houndmills. S. 78-109.

GREGORY, D., MARTIN, R. u. SMITH, G. (Hrsg.) (1994): Human Geography. Society, Space and Social Science. London.

GRUGEL, A. u. SCHRÖDER, I. W. (Hrsg.) (1998): Grenzziehungen. Zur Konstruktion ethnischer Identitäten in der Arena sozio-politischer Konflikte. Frankfurt am Main.

GUINESS, P. (1976): Transmigration in South Kalimantan and South Sulawesi. Yogyakarta.

GUINESS, P. (1977): Changing focus of the Transmigration Program. Yogyakarta.

HAGGETT, P. (1991): Geographie – eine moderne Synthese (2.Aufl.). Stuttgart.

HAN, P. (2000): Soziologie der Migration. Erklärungsmodelle, Fakten, politische Konsequenzen, Perspektiven. Stuttgart.

HARD, G. (1973): Die Geographie. Eine wissenschaftliche Einführung. Berlin, New York.

HARD, G. (1982): Länderkunde. In: JANDER, L., SCHRAMKE, W. u. WENZEL, H.-J. (Hrsg.): Metzler Handbuch für den Geographieunterricht. Stuttgart. S. 144-160.

HARD, G. (1987): „Bewusstseinsräume" – Interpretationen zu geographischen Versuchen, regionales Bewusstsein zu erforschen. In: Geographische Rundschau, H. 75, S. 127-148.

HARDJONO, J. M. (1977): Transmigration in Indonesia. Kuala Lumpur, Jakarta, London.

HARTKE, W. (1959): Gedanken über die Bestimmung von Räumen gleichen sozialgeographischen Verhaltens. In: Erdkunde, Bd. 13, H. 4, S.426-443.

HAUG, S. (2000): Klassische und neuere Theorien der Migration. In: Arbeitspapiere des Mannheimer Zentrums für Europäische Sozialforschung, Nr. 30. Mannheim.

HAUSER-SCHÄUBLIN, B. (2003): Raum, Ritual und Gesellschaft. Religiöse Zentren uns sozio-religiöse Verdichtung im Ritual. In: HAUSER-SCHÄUBLIN, B. u. DICKHARDT, M. (Hrsg.) (2003): Kulturelle Räume – Räumliche Kultur. Zur Neubestimmung des Verhältnisses zweier fundamentaler Kategorien menschlicher Praxis. Göttinger Studien zur Ethnologie, Bd. 10. Münster, Hamburg, London. S. 43-87.

HAUSER-SCHÄUBLIN, B. u. DICKHARDT, M. (2003): Kulturelle Räume – Räumliche Kultur. Zur Neubestimmung des Verhältnisses zweier fundamentaler Kategorien menschlicher Praxis. Göttinger Studien zur Ethnologie, Bd. 10. Münster, Hamburg, London.

HEATH, D. B. u. CARBALLO, M. (1969): Bolivia's Law of Agrarian Reform. History of Land Tenure in Bolivia. In: HEATH, D. B., ERASMUS, C. J. u. BUECHLER, H. C. (1969): Land Reform and Social Revolution in Bolivia. New York, Washington D. C., London.

HECKMANN, F. (1992): Ethnische Minderheiten, Volk und Nation. Soziologie inter–ethnischer Beziehungen. Stuttgart.

HEIDEMANN, D. (1981): Migration und sozialer Wandel im ländlichen Raum Nordostbrasiliens. Mettingen.

HEIGL, A. u. SCHWARZ, J. (2000): Transmigration. Eine Mobilitätsstudie in einer Herkunftsregion. In: Erdkunde, Bd. 54/3, S. 250-262.

HEINRITZ, G. & MANGURI el, H. (1986): Abwanderung und Remigration in Süd–Darfur. In: Geographische Zeitschrift, Bd. 74, H. 4, S. 225-240.

HEINRITZ, G. u. R. WIESSNER (1994): Studienführer Geographie. Braunschweig.

HELMI (2001): Taman Nasional Lore Lindu: Draft Rencana Pengelolaan 2002-2007. Volume Empat: Ringkasan. Draft Management Plan Lore Lindu National Park, Vol. IV (unveröffentl.).

HENDERSON, G. S., WHITTEN, A. J. u. MUSTAFA, M. (1988): The ecology of Sulawesi. Bulaksumur, Yogyakarta.

HEROLD, D. (1972): Die weltweite Vergroßstädterung: ihre Ursachen und Folgen aus der Sicht der politischen Geographie. Berlin.

HESS, D. (1980): Pioneering in San Julián: a study of adaptive strategy formation by migrant farmers in eastern Bolivia. Dissertation, University of Pittsburgh.

HESSE, K. (2003): Kulturelle Räumlichkeit und Stadt. Das Beispiel Mandi (Himachal Pradesh, Indien). In: HAUSER-SCHÄUBLIN, B. u. DICKHARDT, M. (Hrsg.) (2003): Kulturelle Räume – Räumliche Kultur. Zur Neubestimmung des Verhältnisses zweier fundamentaler Kategorien menschlicher Praxis. Göttinger Studien zur Ethnologie, Bd. 10. Münster, Hamburg, London. S. 89-132.

HETTNER, A. (1923): Der Gang der Kultur über die Erde. Leipzig, Berlin.

HETTNER, A. (1927): Die Geographie. Ihre Geschichte, ihr Wesen und ihre Methoden. Breslau.

HEYDT-COCA, M. v. d. (1982): Die bolivianische Revolution von 1952. Eine Analyse unter besonderer Berücksichtigung des Agrarsektors. Hochschulschriften Gesellschafts- und Naturwissenschaften. Serie: Dritte Welt, Bd. 108. Köln.

HOFFMANN-NOWOTNY, H.-J. (1996): Soziologische Aspekte der Multikulturalität. In: BADE, K. J. (Hrsg.) (1996): Migration, Ethnizität, Konflikt. IMIS-Schriften, Bd. 1. Osnabrück. S. 89-101.

HOFFMANN-NOWOTNY, H.-J. (1998): Die Integration ethnischer Minoritäten. In: FRIEDRICHS, J., LEPSIUS, M. R. u. MAYER, K. U. (Hrsg.) (1998): Die Diagnosefähigkeit der Soziologie. Kölner Zeitschrift für Soziologie und Sozialpsychologie, KZfSS, Sonderheft 38. Opladen, Wiesbaden.

HOPPE, M. (2002): Auswirkungen der Transmigration auf Kulturlandschaft und soziokulturelles Zusammenleben im Naputal, Zentral-Sulawesi – eine kulturgeographische Untersuchung in drei Siedlungen am Rande des Lore-Lindu Nationalparks. (unveröffentl. Diplomarbeit) Geographisches Institut der Universität Göttingen.

HOPPE, M., FAUST, H., (2004): Transmigration and Integration in Indonesia: Impacts on Ressource Use in the Napu Valley, Central Sulawesi. Göttingen, Bogor. (= STORMA Discussion Paper Series Sub-Program A, No. 13, 25 p.)

HUMBOLDT VON, A. (1807): Ansichten der Natur. Hrsg. v. Adolf MEYER-ABICH (1992). Stuttgart.

HUNKE, H (1964): Standort und Gestalt der Raumforschung. Eine wissenschaftstheoretische Untersuchung zum Raumproblem in der Landesentwicklung. Veröffentlichung der Akademie für Raumforschung und Landesplanung, Abhandlungen, 44. Hannover.

HUNTINGTON, S. P. (1997): Kampf der Kulturen. Die Neugestaltung der Weltpolitik im 21. Jahrhundert. München, Wien.

INSTITUTO NACIONAL DE ESTADÍSTICA (Ed.) (2002): Censo nacional de población y vivienda 2001. La Paz. Verfügbar unter: http://www.ine.gov.bo [letzter Zugriff 20.10.2003].

INTERNATIONAL BANK FOR RECONSTRUCTION AND DEVELOPMENT u. WORLD BANK (Hrsg.) (2003): World Development Report 2003. Sustainable Development in a Dynamic World. IBRD/World Bank, Washington D. C.

ISSS-ISRIC-FAO (1998): World Reference Base for Soil Resources. World Soil Resources Reports 84. Food and Agriculture Organization of the United Nations. Rome.

JACKSON, P. (1989): Maps of Meaning: An introduction to cultural geography. London.

JAKOBEIT, C. (1993): Elfenbeinküste. In: NOHLEN, D. U. NUSCHELER, F. (Hrsg.) (1993): Handbuch der Dritten Welt. Westafrika und Zentralafrika. Hamburg. S. 192-211.

JAKOBEIT, C. (1998): Timing, Taktik, Kontrolle „von oben" und externe Einflussnahme: Blockierte Demokratisierung in der Côte d' Ivoire. In: SCHUBERT, G. u. TETZLAFF, R. (Hrsg.) (1998): Blockierte Demokratien in der Dritten Welt. Opladen. S. 135-163.

JAKOBEIT, C. u. HANISCH, R. (1991): Der Kakaoweltmarkt: weltmarktintegrierte Entwicklung und nationale Steuerungspolitik der Produzentenländer, Teil 2 Afrika. Schriften des Deutschen Übersee-Instituts Hamburg, 6. Hamburg.

JENSEN, S. (1980a): Talcott Parsons – eine Einführung. Studienskripten zur Soziologie, Bd. 48. Stuttgart.

JENSEN, S. (Hrsg.) (1980b): Talcott Parsons – Zur Theorie der sozialen Interaktionsmedien. Opladen.

JÖNS, H. (2003): Mensch-Umwelt-Beziehungen aus einer erweiterten Akteursnetzwerkperspektive. In: MEUSBURGER, P. u. SCHWAN, T. (Hrsg.) (2003): Humanökologie. Ansätze zur Überwindung der Natur-Kultur-Dichotomie. Erdkundliches Wissen, Bd. 135. Wiesbaden. S. 101-137.

KEBSCHULL, D. (1984): Transmigration – Indonesiens organisierte Völkerwanderung. Bonn.

KEBSCHULL, D. (1986): Transmigration in Indonesia. Hamburg.

KEBSCHULL, D. (1987): Transmigration – the Indonesian resettlement programme. Bielefeld.

KEBSCHULL, D. u. FASBENDER, K. (1987): Transmigranten in Indonesien – Ihre Motive und Erfahrungen. In: Internationales Asienforum, Vol. 18, No. 3-4, S. 279-290.

KEMPER, F.-J. (2003): Landschaften, Texte, soziale Praktiken – Wege der angelsächsischen Kulturgeographie. In: PGM – Zeitschrift für Geo- und Umweltwissenschaften, Jg. 147, H. 2, S. 6-15.

KLUGE, F. (1999): Etymologisches Wörterbuch der deutschen Sprache (23.Aufl.). Berlin, New York.

KLÜTER, H. (2005): Geographie als Feuilleton. In: Berichte zur Deutschen Landeskunde 79 (1), 125-136.

KNOX, P. L., MARSTON, S. A. et al. (Hrsg.) (2001): Humangeographie. Heidelberg, Berlin.

KOCH, V. (1994): Peuplement et ethnies. In: RIEZEBOS, E. P., VOOREN, A. P. u. GUILLAUMET, J. L. (Eds.) (1994): Le Parc National de Tai, Côte d' Ivoire. Synthèse des connaissances. La Fondation Tropenbos. Wageningen. S. 94-106.

KÖHLER, W. (Hrsg.) (1991): Naturressourcen und Landnutzung – Geoökologische Diagnosen und Prognosen. Nova Acta Leopoldina.,Bd. 64, Nr. 276. Leipzig.

KOHLHEPP, G. (1982): Bevölkerungswachstum und Verstädterung in Lateinamerika. In: Der Bürger im Staat, 32, S. 20-32.

KOHLHEPP, G. (1984): Strukturwandel und Beharrungsvermögen der Mennoniten im paraguayischen Chaco: zur wirtschaftl. Entwicklung religiöser Gruppensiedlungen a. d. agronomischen Trockengrenze. In: Paraguay, 1984, S. 255-286.

KOHLHEPP, G. (1986): Amazonien : Regionalentwicklung im Spannungsfeld ökonomischer Interessen sowie sozialer und ökologischer Notwendigkeiten. Köln.

KOHLHEPP, G. (Hrsg.) (1980): Geographische Forschungen in Südamerika. Geographische Schriften, Bd. 1. Berlin.

KOHLHEPP, G. u. COY, M. (Hrsg.) (1998): Mensch-Umwelt-Beziehungen und nachhaltige Entwicklung in der Dritte Welt. Tübinger geographische Studien, 119. Tübingen.

KOLB, A. (1962): Die Geographie und die Kulturerdteile. In: Hermann von Wissenmann Festschrift. Tübingen. S. 42-49.

KONDRATIEV, N. (1935): The Major Economic Cycles. In: Review of Economic Statistic, 18.

KONINCK de, R. u DERY, S. (1997): Agricultural Expansion as a tool of population redistribution in Southeast Asia. In: Journal of Southeast Asian Studies, No. 28, S. 1-26.

KÖSTER, G. (1987): Die Erschließung tropischer Tieflandgebiete und ihre Bedeutung für Migration und regionale Bevölkerungsverteilung. Das Beispiel Bolivien. In: AHNERT, F. et al. (Hrsg.) (1987): Beiträge zur Landeskunde Boliviens. Aachener Geographische Arbeiten, H. 19. Geographisches Institut der RWTH Aachen.

KOUADIO, A. (2000): Côte d'Ivoire - comment Gbagbo a conquis le pouvoir. In: Jeune Afrique Economique (20.11.-3.12.2000), Nr. 320.

KOUADIO, A. (2002): Une „drôle de guerre". In: Jeune Afrique Economie (30.09.-13.10.2002), Nr. 344.

KRAMER, R. (1968): Die rechtlichen Aspekte der Agrarreform in Ibero-America: dargestellt im Vergleich der Reformgesetze Boliviens, Perus und Chiles. Universität Kiel.

KREBS, N. (1966): Vergleichende Länderkunde. Stuttgart.

KREISEL, W. (2004): Die pazifische Inselwelt. Eine Länderkunde. Berlin, Stuttgart

KREISEL, W., WEBER, R., FAUST, H. (2004): Historical Impacts on Use and Management of Natural Resources in the Rainforest Margins of Central Sulawesi. In: GEROLD, G., FREMEREY, M., GUHARDJA, E. (eds.): Land Use Nature Conservation and the Stability of Rainforest Margins in Southeast Asia. Berlin, Heidelberg, 39-65.

KREKELER, G. (1987): Agrarkolonisation in Bolivien – Eine entwicklungspolitische Bewertung unter besonderer Berücksichtigung von zwei regionalen Fallstudien (Cuatro Ojitos und Yapacaní). (unveröffentl. Magisterarbeit) Geographisches Institut der RWTH Aachen.

KREMPIN, M. (1986): Bauernbewegung in Bolivien. Die Entwicklung der sozio-ökonomischen Lage sowie der politischen Haltung und Organisationsformen der ländlichen Bevölkerung in Bolivien unter besonderer Berücksichtigung der Bauernbewegung seit 1969. Frankfurt am Main.

KRENNERICH, M. (2000): Migration. In: NOHLEN, D. (Hrsg.) (2000): Lexikon Dritte Welt (4.Aufl.). Rowohlt, Reinbek b. Hamburg.

KRÜGER, F. u. MEYER, F. (2001): Kulturen in der Stadt. Das Verhältnis von Eigenem und Fremden als Spannungsfeld städtischer Gesellschaften. In: SCHMIDT, H., GEBHARD, H., HEINRITZ, G., MAYR, A. u. ZEPP, H. (Hrsg.) (2001): Die Zukunft der Stadt – Visionen der Stadtentwicklung. Bericht zur deutschen Stadtentwicklung, Bd. 75, H. 2-3. Flensburg. S. 113-123.

L´AGENCE-FRANCE-PRESSE (AFP) (2003): Affrontements et manifestations en Côte d'Ivoire: plus de dix morts, 26.01.2003. Verfügbar über: http://fr.news.yahoo.com/030128/202/2zm61.html [letzter Zugriff 30.01.2003].

LAMNEK, S. (2002): Status. In: ENDRUWEIT, G. u. TROMMSDORFF, G. (Hrsg.) (2002): Wörterbuch der Soziologie (2.Aufl.). Stuttgart.

LAURANCE, V. F., BARRETT, C. B. (eds.) (1996): Tropical forest remnants. The University of Chicago Press, Chicago.

LAUTENSACH, H. (1945): Korea. Eine Landeskunde auf Grund eigener Reisen und der Literatur. Leipzig.

LAUTENSACH, H. 81953): Der geographische Formenwandel. Studien zur Landschaftssystematik. Colloquium Geographicum, Bd. 3. Bonn

LE MONDE (11.01.2000): La poudrière ivoirienne.

LEE, D.R., BARRETT, C. B. (eds.) (2000): Tradeoffs or synergies? Agricultural intensification, economic development and the environment. Wallingford, UK.

LENA, P. (1984): Le développement des activités humaines. In: GUILLAUMET, J.-L., COUTURIER, G. u. DOSO, H. (Eds.) (1984): Recherche et aménagement en milieu forrestier tropical humide: Le Projet Tai de Côte d'Ivoire. MAB. Paris. S. 59-112.

LESER, H. (Hrsg.) (1998): Diercke Wörterbuch. Allgemeine Geographie. München, Braunschweig.

LEVANG, P. (1997): La terre d'en face: La Transmigration en Indonésie. Paris.

LEVANG, P. u. SEVIN, O. (1989): 80 ans de Transmigration en Indonésie (1905-1985). In: Annales de Géographie, No. 549.

LEYMARIE, P. (2000): Der französische Einfluss schwindet. In: Le monde diplomatique, Nr. 2, 2000, S. 19.

LIADÉ, D. (1997): Die Möglichkeiten und die Grenzen der Landwirtschaft im Entwicklungsprozess in der Republik Cote d' Ivoire. Bestandsaufnahme einer Agrarkolonisation. Kelkheim.

LOCKWOOD, D. (1964): Social Integration and System Integration. In: ZOLLSCHAN, G. K. u.. HIRSCH, W. (Eds.) (1964): Explorations in Social Change. London. S. 244-257.

LOCKWOOD, D. (1971): Soziale Integration und Systemintegration. In: ZAPF, W. (Hrsg.) (1971): Theorien des sozialen Wandels (3.Aufl.). Köln, Berlin. S. 124-137.

LOSSAU, J. (2003): Geographische Repräsentation: Skizze einer anderen Geographie. In: GEBHARDT, H., REUBER, P. u. WOLKERSDORFER, G. (Hrsg.) (2003): Kulturgeographie. Aktuelle Ansätze und Entwicklungen. Heidelberg, Berlin. S. 101-111.

LUHMANN, N. (1999): Soziale Systeme. Grundriss einer allgemeinen Theorie. Frankfurt am Main.

LUHMANN, N. (2002): Einführung in die Systemtheorie. Heidelberg.

MANSHARD, W. u. MÄCKEL, R. (1995): Umwelt und Entwicklung in den Tropen: Naturpotential und Landnutzung. Darmstadt.

MARGRAF, O. (Hrsg.) (1996): Theorie und Quantitative Methodik in der Geographie (Tagungsband). Beiträge zur Regionalen Geographie, Bd. 42. Leipzig.

MAULL, O. (1936): Allgemeine vergleichende Länderkunde. Festschrift Norbert Krebs zur Vollendung des. 60. Lebensjahres. Stuttgart.

MAULL, O. (1950): Wesen und Wege der vergleichenden Länderkunde. In: Geographische Rundschau, H. 5, S. 161-168.

MAYER, P.A. u. MACANDREWS, C. (1978): Transmigration in Indonesia – An annotated bibliography. Yogyakarta.

MAYR, A. (1996): Stellung, Entwicklung, Zielgruppen und Aufgabenfelder der Regionalen Geographie. In: MARGRAF, O. (Hrsg.) (1996): Theorie und Quantitative Methodik in der Geographie (Tagungsband). Beiträge zur Regionalen Geographie, Bd. 42. Leipzig. S. 19-24.

MAYR, A., GRIMM, F.-D. u. TZSCHASCHEL, S. (Hrsg.) (1996): 100 Jahre Institut für Länderkunde 1896-1996. Entwicklung und Perspektiven. Festschrift. Beiträge zur Regionalen Geographie, 40. Leipzig.

MAYR, A., MEURER, M. u. VOGT, J. (Hrsg.) (2002): Stadt und Region. Dynamik von Lebenswelten. Tagungsbericht und wissenschaftliche Abhandlungen. 53. Deutscher Geographentag Leipzig, 29. September bis 5. Oktober 2001. Leipzig.

MAYR, A., MIGGELBRINK, J. u. WARDENGA, U. (1996): Forschungsperspektiven zur Theorie, Methodik und Geschichte der Regionalen Geographie. In: MAYR, A., GRIMM, F.-D. u.. TZSCHASCHEL, S. (Hrsg.) (1996): 100 Jahre Institut für Länderkunde 1896-1996. Entwicklung und Perspektiven. Festschrift. Beiträge zur Regionalen Geographie 40. Leipzig. S. 128-132.

MENZEL, U. (1998): Globalisierung versus Fragmentierung. Frankfurt am Main.

MERCADO, R. (1996): Dezentralisierung und Participación Popular. In: Lateinamerika. Analysen-Daten-Dokumentation, H. 31 / Bolivien – Traumland der Reformen? Institut für Iberoamerika-Kunde. Hamburg.

MERKEL, W. (1999): Systemtransformation. Opladen.

MERTINS, G. (1987): Beiträge zur Stadtgeographie von Montevideo. Marburg an der Lahn.

MESA GISBERT, C. D. (2001): Bolivien im 20. Jahrhundert – eine historische Annäherung. In: SEVILLA, R. u. BENAVIDES, A. (Hrsg.) (2001): Bolivien – das verkannte Land? Edition Länderseminare. Bad Honnef.

MESSING, M. (2002): Soziales Handeln. In: ENDRUWEIT, G. u. TROMMSDORFF, G. (Hrsg.) (2002): Wörterbuch der Soziologie (2.Aufl.). Stuttgart.

MEUSBURGER, P. (2003): „Wissen" als Erklärungsvariable in den Mensch-Umwelt-Beziehungen. In: MEUSBURGER, P. u. SCHWAN, T. (Hrsg.) (2003): Humanökologie. Ansätze zur Überwindung der Natur-Kultur-Dichotomie. Erdkundliches Wissen, Bd. 135. Wiesbaden. S. 287-307.

MEUSBURGER, P. (Hrsg.) (1997): Anthropogeographie. Heidelberg, Berlin.

MEUSBURGER, P. (Hrsg.) (1999): Handlungszentrierte Sozialgeographie. Benno Werlens Entwurf in kritischer Diskussion. Erdkundliches Wissen, Bd. 130. Stuttgart.

MEUSBURGER, P. u. SCHWAN, T. (Hrsg.) (2003): Humanökologie. Ansätze zur Überwindung der Natur-Kultur-Dichotomie. Erdkundliches Wissen, Bd. 135. Wiesbaden.

MEYER, F. (2000): Methodologische Überlegungen zu einer kulturvergleichenden Geographie oder: „Auf der Suche nach dem Orient". In: Geographische Zeitschrift, Jg. 88, H. 1, S. 148-164.

MEYER, G. (1986): Arbeitsemigration und Wirtschaftsentwicklung in der Arabischen Republik Jemen untersucht am Beispiel der Beschäftigten im Bausektor von Sanaa. In: Jemen-Studien, Bd. 1, S. 119-146.

MEYER, G. u. THIMM, A. (2001): Ethnische Konflikte in der Dritten Welt. Ursachen und Konsequenzen. Mainz.

MIGGELBRINK, J. (2002): Der gezähmte Blick. Zum Wandel des Diskurses über „Raum" und „Region" in humangeographischen Forschungsansätzen des ausgehenden 20. Jahrhunderts. Beiträge zur Regionalen Geographie, Bd. 55. Leipzig.

MIKL-HORKE, G. (2001): Soziologie: Historischer Kontext und soziologische Theorie-Entwürfe (5.Aufl.). München, Wien.

MINISTERE DE L'ENVIRONNEMENT ET DU CADRE DE VIE, DIRECTION DE LA PROTECTION DE LA NATURE (Hrsg.) (2001): Aménagement du Parc National de Tai. Tome I: Etat actuel des écosystème et Environnement socioéconomique. San Pedro (unveröffentlichtes Manuskript).

MINTZEL, A. (1997): Multikulturelle Gesellschaften in Europa und Nordamerika: Konzepte, Streitfragen, Analysen, Befunde. Passau.

MITCHELL, D. (2000): Cultural Geography. A Critical Introduction. Oxford.

MONHEIM, F. (1965): Junge Indianerkolonisation in den Tiefländern Ostboliviens. Braunschweig.

MONHEIM, F. (1968): Agrarreform und Kolonisation in Peru und Bolivien. Ergebnisse einer Reise 1966. In: Beiträge zur Landeskunde von Peru und Bolivien. (= Geographische Zeitschrift, Beihefte Erdkundliches Wissen, H. 20) Wiesbaden.

MONHEIM, F. (1977): 20 Jahre Indianerkolonisation in Ostbolivien. (= Geographische Zeitschrift, Beihefte Erdkundliches Wissen, H. 48) Wiesbaden.

MONHEIM, F. (1982): Die Verkehrserschließung als Voraussetzung für die Entwicklung. In: MONHEIM, F. u. KÖSTER, G. (Hrsg.) (1982): Die wirtschaftliche Erschließung des Departement Santa Cruz (Bolivien) seit der Mitte des 20. Jahrhunderts. (= Geographische Zeitschrift, Beihefte Erdkundliches Wissen, H. 56) Wiesbaden.

MONHEIM, F. u. KÖSTER, G. (Hrsg.) (1982): Die wirtschaftliche Erschließung des Departement Santa Cruz (Bolivien) seit der Mitte des 20. Jahrhunderts. (= Geographische Zeitschrift, Beihefte Erdkundliches Wissen, H. 56) Wiesbaden.

MONTES DE OCA, I. (1997): Geografía y recursos naturales de Bolivia (3ra ed.). La Paz.

MORALES, J. A. u. PACHECO, N. (1999): Economía. El Retorno de los Liberales. In: CAMPERO PRUDENCIO, F. (Ed.) (1999): Bolivia en el Siglo XX – la Formación de la Bolivia Contemporánea. La Paz.

MOTTET, R. (2002): La Côte d'Ivoire sur le chemin de la guerre civile ou La Mondialisation assaillant avec succès les dernières parcelles du Pré Carré. Verfügbar über: http://www.supportmpci.org/roger_mot.htm [letzter Zugriff 30.03.2003].

MÜLLER, H. (1999): Das Zusammenleben der Kulturen. Ein Gegenentwurf zu Huntington. Frankfurt am Main.

MÜLLER, J. O. (1984): Rechtliche, soziokulturelle und ökologische Wirkungen unter dem Einfluss von Bodenrechtswandel im Zuge kapitalwirtschaftlicher Entwicklung. Fallstudie zur Problematik dualistischen Bodenrechts unter Bauerngesellschaften im tropischen Regenwald der Elfenbeinküste. (unveröffentlichtes Manuskript) Göttingen.

MÜLLER-MAHN, D. (2001): Fellchendörfer. Sozialgeographischer Wandel im ländlichen Ägypten. Stuttgart.

MÜLLER-WILLE, W. (1952): Westfalen. Landschaftliche Ordnung und Bindung eines Landes. Münster.

MUND, J. P. u. DOEVENSPECK, M. (2002): Waldbewirtschaftung in der Cote d'Ivoire. In: Zeitschrift für Wirtschaftsgeographie, Bd. 46, H. 1, S. 26-42.

MUND, J. P. u. SZÖCZ, A. (2000): Degradation tropischer Regenwaldböden als Folge der Exploitation. Bodenkundliche Untersuchungen an Ferralsols in der Region des Parc National de Taï (Côte d'Ivoire). In: Zentralblatt für Geologie und Paläontologie, Teil I., H. 3-4, S. 375-390.

NÄGELI-OERTLE, R. (1986): Von der Regionalgeographie zur räumlichen Entwicklungsforschung: Überlegungen zur Reformulierung des regionalgeographischen Paradigmas. In: AERNI, K., BUDMINGER, G., EGLI, H.-R., ROQUES-BÄSCHLIN, E. (Hrsg.) (1986): Der Mensch in der Landschaft. Festschrift für Georges Grosjean zum 65. Geburtstag, 17. Januar 1986. Liebefeld, Bern. S. 317-342.

NAUCK, B. (2002): Migration. In: ENDRUWEIT, G. u. TROMMSDORFF, G. (Hrsg.) (2002): Wörterbuch der Soziologie (2.Aufl.). Stuttgart.

NEPSTAD, D. C. et al. (1999): Large-scale impoverishment of Amazonian forests by logging and fire. In: Nature 398, 505-508.

NEUE ZÜRCHER ZEITUNG (11.10.2000): General Robert Guei: Ein potentieller Staatsmann demontiert sich.

NEUE ZÜRCHER ZEITUNG (14.10.2002): Neue Kämpfe im Westen der Côte d'Ivoire.

NEUE ZÜRCHER ZEITUNG (26.10.2000): General Gueis kurzes Interregnum.

NEWIG, J. (1986): Drei Welten oder eine Welt: Die Kulturerdteile. In: Geographische Rundschau, H. 5, S. 262-267.

NEWIG, J. (2004): Kulturerdteile. Verfügbar über: http://www.uni-kiel.de/Geographie/Newig/index.htm?projekte/deut/uebersicht.htm. [letzter Zugriff 19.04.2004].

NOHLEN, D. (2000): Encomienda. In: NOHLEN, D. (Hrsg.) (2000): Lexikon Dritte Welt (4.Aufl.). Rowohlt, Reinbek b. Hamburg.

NOHLEN, D. u. MAYORGA, R.A. (1995): Bolivien. In: NOHLEN, D. u. NUSCHELER, F. (Hrsg.): Handbuch der Dritten Welt, Bd. 2/ Südamerika (3. Aufl.). Bonn. S. 181-218.

NORTON, W. (2000): Cultural Geography: Themes, Concepts, Analyses. Oxford.

NÜSSER, M. (2003): Ressourcennutzung und Umweltveränderung: Mensch-Umwelt-Beziehungen in peripheren Gebirgsräumen. In: MEUSBURGER, P. u. SCHWAN, T. (Hrsg.) (2003): Humanökologie. Ansätze zur Überwindung der Natur-Kultur-Dichotomie. Erdkundliches Wissen, Bd. 135. Wiesbaden. S. 327-342.

OßENBRÜGGE, J. u. SANDNER, G. (1994): Zum Status der Politischen Geographie in einer unübersichtlichen Welt. In: Geographische Rundschau, Jg. 46, H. 12, S. 676-684.

OSTERHAMMEL, J. (2001): Geschichtswissenschaften jenseits des Nationalstaates. Studien zu Beziehungsgeschichte und Zivilisationsvergleich. Göttingen.

OTTEN, M. (1986): Transmigration: Myths and Realities – Indonesian Resettlement Policy 1965-1985. IWGIA Document, No. 57. Kopenhagen.

PACHNER, H. (1998): Dezentralisierung und nachhaltige Regionalentwicklung in Venezuela. In: KOHLHEPP, G. u. COY, M. (Hrsg.) (1998): Mensch-Umwelt-Beziehungen und nachhaltige Entwicklung in der Dritte Welt. Tübinger geographische Studien, 119. Tübingen. S. 241-274

PACHNER, H. u. SCHMID, A. (2004): Bolivien. Potentiale und Probleme eines südamerikanischen Entwicklungslandes. In: Geographische Rundschau, H. 3, 2004. S. 59-64.

PAINTER, M. u. W.L. PARTRIDGE (1989): Lowland Settlement in San Julián, Bolivia – Project Success and Regional Underdevelopment. In: SCHUMANN, D. A. u. PARTRIDGE, W. L. (Hrsg.) (1989): The Human Ecology of Tropical Land Settlement in Latin America. London.

PARSONS, T. (1951): The Social System. London.

PARSONS, T. (1961): An Outline of the Social System. In: PARSONS, T., SHILS, E. A. et al. (Eds.) (1961): Theories of Society. Foundations of Modern Sociological Theory. New York.

PARSONS, T. (1967): The structure of social action: A study in social theory with special reference. New York u.a.

PARSONS, T. (1976): Das System moderner Gesellschaften (2.Aufl.). Grundfragen der Soziologie, Bd. 15. München.

PARSONS, T. (1980): Zur Theorie der sozialen Interaktionsmedien. In: JENSEN, S. (Hrsg.) (1980): Talcott Parsons: Zur Theorie der sozialen Interaktionsmedien. Opladen.

PARSONS, T. u. BALES, R. F. (1981): The Dimensions of Action-Space. In: PARSONS, T., BALES, R. F. u. SHILS, E. A. (Hrsg.) (1981): Working Papers in the Theory of Action (Reprint). Connecticut.

PARSONS, T. u. SHILS, E.A. (2001): Toward a General Theory of Action. Theoretical Foundations for the Social Sciences. London.

PAULUS, I. et al. (1996): La gestion des ressouerces naturelles dans la périphérie du Parc National de Tai, Côte d'Ivoire – Possibilités d'appui au developement des capacités locales. Seminar für Ländliche Entwicklung. San Pedro, Berlin.

PEET, R. (1998): Modern Geographical Thought. Oxford.

PESCHEL, O. (1870): Neue Probleme einer vergleichenden Erdkunde als Versuch einer Morphologie der Erdoberfläche. Leipzig.

POHL, J. (1993): Kann es eine Geographie ohne Raum geben? Zum Verhältnis von Theoriediskussion und Disziplinpolitik. Erdkunde, 47, S. 255-266.

POPP, H. (1983): Geographische Landeskunde – Was heißt das eigentlich? In: Bericht zur deutschen Länderkunde, 57, S. 17-38.

POPP, H. (1996): Ziele einer modernen geographischen Landeskunde als gesellschaftsbezogene Aufgabe. In: HEINRITZ, G., SANDENER, G. u. WIESSENER, R. (Hrsg.) (1996): Der Weg der deutschen Geographie. Rückblick und Ausblick. Aufbruch im Osten 50. Deutscher Geographentag Potsdam 1995. Tagungsbericht und wissenschaftliche Abhandlung 4. S. 142-150.

POPP, H. (1997): Reiseführerliteratur und geographische Landeskunde. Geographische Rundschau, H. 49, S. 173-179.

POPP, H. (1999): Theoretische Reflexionen zur sozialgeographischen Forschung im Islamischen Orient. Einige einleitende Anmerkungen. In: Geographische Zeitung, Jg. 87, H. 3-4, S. 133-136.

POPP, H. (2003b): Kulturwelten, Kulturerdteile, Kulturkreise – Zur Beschäftigung der Geographie mit einer Gliederung der Erde auf kultureller Grundlage. Ein Weg in die Krise? In: POPP; H. (Hrsg.) (2003): Das Konzept der Kulturerdteile in der Diskussion – das Beispiel Afrikas. Wissenschaftlicher Diskurs, unterrichtliche Relevanz, Anwendung im Erdkundeunterricht. Bayreuth. S. 19-42.

POPP; H. (Hrsg.) (2003a): Das Konzept der Kulturerdteile in der Diskussion – das Beispiel Afrikas. Wissenschaftlicher Diskurs, unterrichtliche Relevanz, Anwendung im Erdkundeunterricht. Bayreuth.

PORTES, A. u. RUMBAUT, R. (1990): Immigrant America: A Portrait. Berkeley u.a.

PRETZSCH, J. (1986): Traditionelle Bodenbewirtschaftung, weltmarktorientierte Plantagen-Produktion und Tropenwaldzerstörung in der Republik Elfenbeinküste. Freiburg.

PRIES, L. (2001): Internationale Migration. Bielefeld.

PUDUP, M.B. (1988): Arguments within regional geography. In: Progress in Human Geography, 12, S. 369-390.

RATZEL, F. (1882): Anthropo-Geographie oder Grundzüge der Anwendung der Erdkunde auf die Geschichte. Stuttgart.

REDEPENNING, M. u. WARDENGA, U. (2004): Neue Kulturgeographie: Ein Forschungsfeld wird exploriert. Zusammenfassung der Tagung „Neue Kulturgeographie in Deutschland. Themen, Methoden, Perspektiven". Leibniz-Institut für Länderkunde, 29.-31. Januar 2004. Verfügbar unter: http://www.ifl-leipzig.com/index.php?id=116 [letzter Zugriff 23.06.2004].

REPETTO, R. (1990): Die Entwaldung der Tropen: ein ökonomischer Fehlschlag. In: MEUSBURGER, P. (Hrsg.) (1997): Anthropogeographie. Heidelberg, Berlin. S. 104-111.

REULER VAN, H., N'GORAN, K. u. WESSEL, M. (1994): L'agriculture. In: RIEZEBOS, E. P., VOOREN, A. P. u. GUILLAUMET, J. L. (Hrsg.) (1994): Le Parc National de Tai, Côte d' Ivoire. Synthèse des connaissances. La Fondation Tropenbos. Wageningen. S. 133-141.

REUTERS NACHRICHTENDIENST (2003): Les rebelles ivoriens d'accord pour siéger au gouvernement. Verfügbar unter: http://fr.news.yahoo.com/030402/85/34md9.html [letzter Zugriff 03.04.2003].

RIEZEBOS, E. P., VOOREN, A. P. u. GUILLAUMET, J. L. (Eds.) (1994): Le Parc National de Tai, Côte d' Ivoire. Synthèse des connaissances. La Fondation Tropenbos. Wageningen.

RIGG, J. (1991): Southeast Asia - A Region in Transition. London.

RITCHIE, D. (1992): A strategy for Asian forestry development. World Bank, Washington D. C.

ROBINSON, G.M. (1998): Methods and Techniques in Human Geography. New York, Weinheim.

ROCA, J. L. (2001): Economía y Sociedad en el Oriente Boliviano (Siglos XVI – XX). Santa Cruz de la Sierra.

ROCHA TORRICO, J. A. (1997): „Mit dem Blick nach vorn und zurück" – Ethnische Ideologie, die Macht und das Politische bei den Quechua in den Tälern und Gebirgsregionen Cochabambas (Bolivien, 1935-1952). Universität Ulm.

RODRIGUEZ, G. (1992): De las reciprocidades: Prestaciones y obligaciones en las estructuras familiares del Valle Alto. Universidad Católica Boliviana, Cochabamba.

RÖLL, W. (1979): Indonesien: Entwicklungsprobleme einer tropischen Inselwelt. Stuttgart.

ROPERS, N. (1996): Ethnopolitische Konflikte und ihre Bearbeitung in der Staaten- und Gesellschaftswelt. In: BADE, K. J. (Hrsg.) (1996): Migration, Ethnizität, Konflikt. IMIS-Schriften, Bd. 1. Osnabrück. S. 187-211.

ROSCH, E., MERVIS, C. B. et al. (1976): Basic objects in natural categories. Cognitive Psychology, 8, 382-439.

RÖSSLER, M. (2003): Landkonflikte und politische Räumlichkeit: Die Lokalisierung von Identität und Widerstand in der nationalen Krise Indonesiens. In: HAUSER-SCHÄUBLIN, B. u. DICKHARDT, M. (Hrsg.) (2003): Kulturelle Räume – Räumliche Kultur. Zur Neubestimmung des Verhältnisses zweier fundamentaler Kategorien menschlicher Praxis. Göttinger Studien zur Ethnologie. Bd. 10. Münster, Hamburg, London. S. 171-220.

SACHAU, N. (2003): Die Bedeutung der System- und Sozialintegration von Migranten für die Kulturlandschaft der Campements Azoumanakro und Soubré 3 im Südwesten der Côte d' Ivoire. (unveröffentl. Diplomarbeit) Geographisches Institut der Universität Göttingen

SAGE, C. (1996): The Search for Sustainable Livelihood in Indonesian Transmigration Settlements. In: PARNWELL, N. J. G. u. Bryant, R.L. (Eds.) (1996): Environmental Change in Southeast Asia. London.

SAHR, W.-D. (2003): Der Cultural Turn in der Geographie. Wendemanöver in einem epistemologischen Meer. In: GEBHARDT, H., REUBER, P. u. WOLKERSDORFER, G. (Hrsg.) (2003): Kulturgeographie. Aktuelle Ansätze und Entwicklungen. Heidelberg, Berlin. S. 231-249.

SAHR, W.-D. (2003): Zeichen und RaumWELTEN – zur Geographie des Kulturellen. In: PGM – Zeitschrift für Geo- und Umweltwissenschaften, Jg. 147, H. 2, 2003, S. 18-27.

SANABRIA FERNÁNDEZ, H. (1990): Geografía de Santa Cruz (3ra edición). La Paz.

SANGMEISTER, H. (2000): Technische Erläuterungen zur Tabelle 4: Soziale Indikatoren. In: NOHLEN, D. (Hrsg.) (2000): Lexikon Dritte Welt (4.Aufl.). Länder, Organisationen, Theorien, Begriffe, Personen (4.Aufl.). Reinbek b. Hamburg.

SAUER, C. O. (1925): The morphology of landscape. In: University of California Publications in Geography, Vol. 2, S. 19-53.

SCHAAF, T. (1987): Ungelenkte Agrarkolonisation und Regionale Disparitäten in Ghana und der Elfenbeinküste. Dissertation, Freiburg im Breisgau.

SCHAAF, T. u. MANSHARD, W. (1988): Die Entwicklung der ungelenkten Agrarkolonisation im Grenzgebiet von Ghana und der Elfenbeinküste. In: Erdkunde, Bd. 42, H. 1, S. 26-36.

SCHAAF, T. u. MANSHARD, W. (1989): The growth of spontaneous agricultural colonization in the border area of Ghana and the Ivory Coast. In: Applied Geography and Development, 1989, Vol. 34, p. 7-22.

SCHENK, W. (2002): „Landschaft" und „Kulturlandschaft" – „getönte" Leitbegriffe für aktuelle Konzepte geographischer Forschung und räumlicher Planung. In: PGM – Zeitschrift für Geo- und Umweltwissenschaften. Jg. 146, H. 6, 2002, S. 6-13.

SCHMIDT, M. G. (1995): Wörterbuch zur Politik. Stuttgart.

SCHMITTHENNER, H. (1951): Lebensräume im Kampf der Kulturen. Heidelberg.

SCHÖLLER, P. (1974): Die Problematik des Richtbegriffes „Landsmannschaftliche Verbundenheit" bei der Länder-Neugliederung. In: Westfälische Forschung, 26, S. 25-45.

SCHÖLLER, P. (1978): Aufgaben heutiger Landeskunde. In: Geographische Rundschau, 30, S. 296-297.

SCHÖLLER, P. (1983): Geographische Akzente in der Kulturraumforschung. Vortrag beim Arbeitsgespräch „Entwicklung und Möglichkeiten der Kulturraumforschung" des Instituts für vergleichende historische und geographische Regionalforschung in Nordwestniedersachsen e.V. (IRN) (Manuskriptdruck).

SCHOLZ, U. (1979): Die Vegetation und Fauna Indonesiens. In: KÖTTER, H et al. (Hrsg.) (1979): Indonesien. Tübingen, Basel. S. 54-61.

SCHOLZ, U. (1992): Transmigrasi – ein Desaster? Probleme und Chancen des indonesischen Umsiedlungsprogramms. In: Geographische Rundschau, H. 1, Jg. 44, 1992, S. 33-39.

SCHOOP, W. (1970): Vergleichende Untersuchungen zur Agrarkolonisation der Hochlandindianer am Andenabfall und im Tiefland Ostboliviens. Aachener Geographische Arbeiten, H. 4. Wiesbaden.

SCHULTZ, H.-D. (1980): Die deutschsprachige Geographie von 1800 bis 1970. Ein Beitrag zur Geschichte ihrer Methodologie. Abhandlungen des Geographischen Instituts – Anthropogeographie, 29. Berlin.

SCHULZE, CH. H., WEBER, R., FUEST, V. u. TJOA-BONATZ, M. L. (2001): Stabilität tropischer Waldrandzonen in Indonesien - Das Projekt STORMA. In: Südostasien, 1/2001, S. 50-52.

SCHWARZ, A. (1982): Grands projets de développement et pratique foncière en Côte d'Ivoire. L'exemple de l'Operation San Pedro. In: LE BUIS, LE ROY, LEIMDORFERK (1982): Enjeux foncier en Afrique Noir. ORSTOM. Karthala, Paris. S. 293-300.

SEDLACEK, P. (Hrsg.) (1979): Zur Situation der deutschen Geographie zehn Jahre nach Kiel. Osnabrück. S. 45-58.

SEDLACEK, P. (Hrsg.) (1982): Kultur- und Sozialgeographie. Beiträge zur ihrer wissenschaftstheoretischer Grundlegung. Paderborn.

SEDLACEK, P. u. WERLEN, B. (1998): Texte zur handlungstheoretischen Geographie. Jenaer Geographische Manuskripte, Bd. 18, 1998. Friedrich-Schiller-Universität Jena.

SEGALL, M.H. (1983): On the Search for the Independent Variable in Cross-Cultural Psychology. In: IRVINE, S.H./BERRY, J.W. (Eds.): Human Assessment and Cultural Factors. New York, 127-138.

SEGALL, M.H. (1984): More than We Need to Know about Culture, but are afraid not to ask. In: Journal of Cross-Cultural Psychology, 15, 153-162.

SEIFERT, W. (2000): Geschlossene Grenzen – offene Gesellschaften? Migrations- und Integrationsprozesse in westlichen Industrienationen. Frankfurt am Main, New York.

SERBSER, W. (2004): Humanökologie. Ursprünge - Trends - Zukünfte. Schriften der Deutschen Gesellschaft für Humanökologie, Bd. 1. München.

SEVILLA, R. u. BENAVIDES, A. (Hrsg.) (2001): Bolivien – das verkannte Land? Bad Honnef.

SMITH, C. T. (1983): The Central Andes. In: BLAKEMORE, H. u. SMITH, C. T. (Eds.) (1983): Latin America. Geographical Perspectives (2. ed.). London, New York.

SOEMARDJAN, S. (1979): Zur Identität der Indonesischen Gesellschaft. In: KÖTTER, H., ROEDER, R. O. u. JUNGHANS, K.H. (Hrsg.): Indonesien: Geographie, Geschichte, Kultur, Religion, Staat, Gesellschaft, Bildungswesen, Politik, Wirtschaft. Basel. S. 181-201.

SOEMARDJAN, S. u. BREAZALE, K. (1993): Cultural Change in Rural Indonesia. Impact of Village Development. Jakarta.

SORIA MARTINEZ, C. A. (1996): Esperanzas y Realidades. Colonización en Santa Cruz. Centro de investigación y promoción del campesino (Cipca) – Cuadernos de Investigación, 49. La Paz.

SPENCER, J.E. u. THOMAS, W.L. (1973): Introducing Cultural Geography. New York.

SPIEGEL-ONLINE (08.03.2003): Neue Chancen für den Frieden. Verfügbar unter: http://www.spiegel.de/politik/ausland/0,1518,239343,00.html [letzter Zugriff 03.04.2003].

SPONSEL, R. (2004): Vergleichen und Vergleichbarkeit. Zur Bedeutung und Geschichte eines grundlegenden Begriffs. Aufbereitung einer Messtheorie alltäglichen Lebens. Abstrakte Grundbegriffe aus den Wissenschaften –

Analogien, Modelle und Metaphern für die allgemeine und integrative Psychologie und Psychotherapie. IP-GIPT. Erlangen.

STAUBMANN, H. (2001): Handlungstheoretische Systemtheorie: Talcott Parsons. In: MOREL, J. et al. (Hrsg.) (2001): Soziologische Theorie, Abriss der Ansätze ihrer Hauptvertreter (6.Aufl.). München, Wien.

STBA (STATISTISCHES BUNDESAMT (Hrsg.) (2002): Datenreport 2002. Zahlen und Fakten über die Bundesrepublik Deutschland. Bundeszentrale für politische Bildung. Bonn, Berlin

STEARMAN, A. M. (1985): Camba and Colla. Migration and Development in Santa Cruz, Bolivia (2. ed.). Orlando.

STEINER, D. (2003): Humanökologie. Von hart zu weich. Mit Spurensuche bei und mit Peter Weichhart. In: MEUSBURGER, P. u. SCHWAN, T. (Hrsg.) (2003): Humanökologie. Ansätze zur Überwindung der Natur-Kultur-Dichotomie. Erdkundliches Wissen. Bd. 135. Wiesbaden, S. 45-80.

STEWARD, J. H. (1949): The Comparative ethnology of South American Indians. Handbook of South American Indians, Vol. 5. Washington D. C.

STEWARD, J. H. (1955): Theory of cultural change: the methodology of multinear evolution. Urbana.

STEWIG, R. (1977): Der Orient als Geosystem. (= Schriften des Deutschen Orient-Instituts). Opladen.

STEWIG, R. (1980): Bursa, Nordwestanatolien. Auswirkungen der Industrialisierung auf die Bevölkerungs- und Sozialstruktur einer Industriegroßstadt im Orient. Kieler Geographische Schriften, 51. Kiel.

STEWIG, R. (1983): Die Stadt in Industrie- und Entwicklungsländern. Paderborn.

STEWIG, R. (Hrsg.) (1979): Probleme der Länderkunde. Wege der Forschung, 391. Darmstadt.

STOORVOGEL, J. J. (1993): Gross inputs and outputs of nutrients in disturbed forest, Tai area, Côte d'Ivoire. Tropenbos series, 5. Wageningen.

STRAUB, J., THOMAS, A. (2003): Positionen, Ziele und Entwicklungslinien der kulturvergleichenden Psychologie. In: THOMAS, A. (Hrsg.): Kulturvergleichende Psychologie. 2. Aufl. Göttingen, Bern, Toronto, Seattle, 29-80.

STRAUSS, A.L. (1991): Grundlagen qualitativer Sozialforschung. München.

STRAUSS, A.L., CORBIN, J. (1996): Grounded theory: Grundlagen qualitativer Sozialforschung. Weinheim.

STURM, G. (2000): Wege zum Raum. Methodologische Annäherung an ein Basiskonzept raumbezogener Wissenschaften. Opladen.

SUCHANEK, W. (2001): Die sozialen und wirtschaftlichen Auswirkungen der Agrarreform in Bolivien. Orbis – Wissenschaftliche Schriften zur Landeskunde, Bd. 11. Hamburg.

SÜDDEUTSCHE ZEITUNG (31.10.2002): Der Aufstand der Ausgegrenzten.

SÜDDEUTSCHE ZEITUNG (5./6.1.2000): Das Kakaoland – von korrupten Politikern ruiniert.

SUNITO, S. (1999): Socio-economic Aspects of Village Communities in and around Lore Lindu National Park. Bogor (unveröffentl. Arbeit).

SZARZYNSKI, J. (1993): Inselberge im tropischen Regenwald: geländeklimatologische Untersuchungen im Tai-Nationalpark (Rep. Côte d'Ivoire). Diplomarbeit, Bonn.

TAI-NATIONALPARK (2003): Nachhaltige Nutzung natürlicher Ressourcen. Verfügbar unter: http://www.parc-national-de-tai.org/allm/gdrn_al.html; [letzter Zugriff 1.04.2003].

THE ASSOCIATE PRESS (AP) (2003): Laurent Gbagbo promet de faire "sa part de travail" pour la paix en Côte d'Ivoire, 26.01.2003. Verfügbar über: http://fr.news.yahoo.com/030126/5/2zca4.html [letzter Zugriff 30.01.2003].

THOMAS, A. (1996): Analyse der Handlungswirksamkeit von Kulturstandards. In: THOMAS, A. (Hrsg.): Psychologie interkulturellen Handelns. Göttingen, Bern, Toronto, Seattle, 107-135.

THOMAS, A. (1999): Kultur als Orientierungssysteme und Kulturstandards als Bauteile. In: IMIS-Beiträge, H. 10, 1999, S. 91-132

THRIFT, N. (1983): On the Determination of social Action in Space and Time. In: Society and Space 1, S. 23-57.

TIVY, J. (1993): Landwirtschaft und Umwelt. Agrarökosysteme in der Biosphäre. Heidelberg, Berlin, Oxford.

TÖNNIES, F. (1887): Gemeinschaft und Gesellschaft (Erstausgabe). Leipzig.

TREIBEL, A. (1997): Einführung in soziologische Theorien der Gegenwart. Opladen.

TREIBEL, A. (1999): Migration in modernen Gesellschaften: Soziale Folgen von Einwanderung, Gastarbeit und Flucht. München.

TROLL, C. (1941): Studien zur vergleichenden Geographie der Hochgebirge der Erde. Bericht der 23. Hauptversammlung der Gesellschaft von Freunden und Förderern der Rhein. Friedr.-Wilhelms-Universität zu Bonn. Bonn.

UHLIG, H. (1995): Bevölkerungsdruck, Landnot, und der Ausbau der Landnutzung in Indonesien (besonders auf Java). In: WERLEN, B. u. WÄLTY, S. (Hrsg.) (1995) Kulturen und Raum. Theoretische Ansätze und empirische Kulturforschung in Indonesien. Konkrete Fremde. Studien zur Erforschung und Vermittlung anderer Kulturen, Bd. 10. Chur, Zürich. S. 65-85.

UNDP (2001): Human Development Index. Bolivia. Verfügbar über: http://www.undp.org/hdr2001/indicator/cty_f_BOL.html, [letzter Zugriff 16.08.2002].

UNDP (2001): Human Development Index. Côte d'lvoire. Verfügbar über: http://www.undp.org/hdr2001/indicator/cty_f_CIV.html, [letzter Zugriff 16.08.2002].

UNDP (2001): Human Development Index. Indonesia. Verfügbar über: http://www.undp.org/hdr2001/indicator/cty_f_IDN.html, [letzter Zugriff 16.08.2002].

UNDP (UNITED NATIONS DEVELOPMENT PROGRAM) (ed.) (2002): Human Development Index 2002. New York, Oxford.

UNDP (UNITED NATIONS DEVELOPMENT PROGRAM) (ed.) (2004): Human Development Index. New York, Oxford.

URQUIDI MORALES, A. (1969): Bolivia y su Reforma Agraria. Cochabamba.

USAID (U.S. AGENCY FOR INTERNATIONAL DEVELOPMENT) (Ed.) (1985): Bolivia: Integrated Rural Development in a Colonization Setting. A.I.D. Project Impact Evaluation Report, No. 57. Washington D. C.

UT-LIBRARY (2002): Indonesia: Administrative Divisions (Political) U.S. Central Intelligence Agency, 1998. Verfügbar unter: http://www.lib.utexas.edu/maps/indonesia.html [letzter Zugriff 30.11.2002].

VOKOUMA, J. (2002): Querelle de la famille. In: Jeune Afrique Economie (30.09.-13.10.2002), Nr. 344.

VORLAUFER, K. (1984): Ferntourismus und Dritte Welt. (= Studienbücher Geographie). Frankfurt/M.

WARDENGA (1987): Probleme der Länderkunde? Bemerkungen zum Verhältnis von Forschung und Lehre in Alfred Hettners Konzept der Geographie. Geographische Zeitschrift, 75, S. 195-207.

WARDENGA (1997): Die Bedeutung des Regionalen in der Moderne. Rundbrief Geographie, 140, S. 7-11.

WAUTHIER, C. (2003): Chirac, der Afrikaner. In: Le Monde Diplomatique, Nr. 11, 2003.

WEBER, R., KREISEL, W., FAUST, H. (2003): Colonial Interventions on Cultural Landscape of Central Sulawesi by "Ethical Policy": Impacts of the Dutch Rule in Palu and Kulawi Valley 1905-1942. In: Asian Journal of Social Science, (31)3, 398-434.

WEICHHART, P. (1990): Raumbezogene Identität. Bausteine zu einer Theorie räumlich-sozialer Kognition und Identifikation. Stuttgart.

WEICHHART, P. (2003): Gesellschaftlicher Metabolismus und Action Settings. Die Verknüpfung von Sach- und Sozialstrukturen im alltagswestlichen

Handeln. In: MEUSBURGER, P. u. SCHWAN, T. (Hrsg.) (2003): Humanökologie. Ansätze zur Überwindung der Natur-Kultur-Dichotomie. Erdkundliches Wissen, Bd. 135. Wiesbaden. S. 15-44.

WERLEN, B. (1995): Von der Regionalgeographie zur Sozial-/Kulturgeographie. In: WERLEN, B. u. WÄLTY, S. (Hrsg.) (1995): Kulturen und Raum. Theoretische Ansätze und empirische Kulturforschung in Indonesien. Konkrete Fremde. Studien zur Erforschung und Vermittlung anderer Kulturen, Bd. 10. Chur, Zürich. S. 65-85.

WERLEN, B. (1997): Sozialgeographie alltäglicher Regionalisierung. Band 2: Globalisierung, Region und Regionalisierung. Erdkundliches Wissen, Bd. 119. Stuttgart

WERLEN, B. (1999): Zur Ontologie von Gesellschaft und Raum, Bd. 1. Sozialgeographie alltäglicher Regionalisierung. Stuttgart.

WERLEN, B. (2000): Sozialgeographie. Eine Einführung. Bern.

WERLEN, B. (2003): Kulturelle Räumlichkeit: Bedingungen, Elemente und Medium der Praxis. In: HAUSER-SCHÄUBLIN, B. u. DICKHARDT, M. (Hrsg.) (2003): Kulturelle Räume – Räumliche Kultur. Zur Neubestimmung des Verhältnisses zweier fundamentaler Kategorien menschlicher Praxis. Göttinger Studien zur Ethnologie, Bd. 10. Münster, Hamburg. S. 1-11.

WERLEN, B. u. WÄLTY, S. (Hrsg.) (1995): Kulturen und Raum. Theoretische Ansätze und empirische Kulturforschung in Indonesien. Konkrete Fremde. Studien zur Erforschung und Vermittlung anderer Kulturen. Bd. 10. Chur, Zürich.

WERLEN, B. u. WEINGARTEN, M. (2003): Zum forschungsintegrativen Gehalt der (Sozial)Geographie. Ein Diskussionsvorschlag. In: MEUSBURGER, P. u. SCHWAN, T. (Hrsg.) (2003): Humanökologie. Ansätze zur Überwindung der Natur-Kultur-Dichotomie. Erdkundliches Wissen, Bd. 135. Wiesbaden. S. 197-216.

WERNER, F. (1980): Territorialprinzip, Demokratie und regionale Geographie. In: BIRKENHAUER, J. et al. (1980): Länderkunde – Regionale Geographie. Ein Beitrag zur Diskussion. München. S. 41-44.

WHITING, B.B. (1976): The Problem of the Packaged Variable. In: RIEGEL, K. u. PEACHAM, J. (Eds.): The Developing Individual in a Changing World. The Hague, 303-309.

WIESE, B. (1988): Elfenbeinküste. Erfolge und Probleme eines Entwicklungslandes in den westafrikanischen Tropen. Darmstadt.

WILHELMY, H. (1980): Probleme der Urwaldkolonisation in Südamerika. In: KOHLHEPP, G. (Hrsg.) (1980): Geographische Forschungen in Südamerika. Geographische Schriften, Bd. 1. Berlin.

WILKE, H. (1995): Systemtheorie III: Steuerungstheorie. Grundzüge einer Theorie der Steuerung komplexer Sozialsystemen. Stuttgart.

WILLIAMS, R. (1988): Keywords. London.

WILSON, E. O. (1992): The Diversity of Life. Harmondsworth.

WINTER, J. (2001): Die Entwicklungspolitik im Wandel der Zeit. Ein kritischer Rückblick auf ein halbes Jahrhundert Entwicklungspolitik. In: DEUTSCHE GESELLSCHAFT FÜR AUSWÄRTIGE POLITIK (DGAP) (Hrsg.) (2001): Weltpolitik.net. Sachgebiete: Globale Zukunftsfragen / Entwicklungspolitik. Berlin. Verfügbar unter: http://www.weltpolitik.net/sachgebiete/zukunft/article/762.html.

WINTER, J. (2005): Integrationsprozesse im ländlichen Bolivien. Eine empirische Analyse der sozialen und systemischen Integration im Agrarkolonisationsgebiet San Julián (Oriente). Arbeitshefte des Lateinamerika-Zentrums/CeLa, 91, Münster.

WIRTH, E. (1979): Theoretische Geographie. Grundzüge einer theoretischen Kulturgeographie. Stuttgart.

WIRTH, E. (1987): Konzeptionelle Überlegungen für eine neue Regionale Geographie. In: 45. Deutscher Geographentag Berlin 1985. Tagungsbericht und wissenschaftliche Abhandlung. Verhandlungen des Deutschen Geographentages, 45, Stuttgart, S. 146-149.

WIRTH, E. (1998): Handlungstheorie als Königsweg einer modernen Regionalen Geographie? Was 30 Jahre Diskussion um die Länderkunde gebracht haben. In: Geographische Rundschau, Jg. 51, H. 1, 1998, S. 57-64.

WIRTHS, J. (2001): Geographie als Sozialwissenschaft!? Über Theorie; Probleme in der jüngeren deutschsprachigen Humangeographie. Urbs et regio, 72. Kassel.

WITZEL, A. (1989): Das problemzentrierte Interview. In: JÜTTEMANN, G. (Hrsg.) (1989): Qualitative Forschung in der Psychologie: Grundfragen, Verfahrensweisen, Anwendungsfelder. Heidelberg. S. 227-256.

WOHLFAHRT-BOTTERMANN, M. (1994): Anthropogene Veränderungen der Vegetationsbedeckung in Côte d'Ivoire seit der Kolonialisierung. In: LAUER, W. (Hrsg.): Veränderungen der Vegetationsbedeckung in Côte d'Ivoire. Erdwissenschaftliche Forschung, Vol. 30, S. 300-480.

WOOD, G. (1996): Regionale Geographie im Umbruch? Ansätze einer sozialwissenschaftlichen „New regional Geography" im angelsächsischen Sprachraum. Berichte zur deutschen Länderkunde 70. S. 55-72.

WOOD, G. (2001): Regional geography. In: SMELSER, N. J. u. BALTES, P. B. (Eds.) (2001): International Encyclopedia of the Social & Behavioural Sciences, Vol. 19. Oxford. S. 12908-12914.

WOOD, G. (2003): Die postmoderne Stadt: Neue Formen der Urbanität im Übergang vom zweiten ins dritte Jahrtausend. In: GEBHARDT, H.,

REUBER, P. u. WOLKERSDORFER, G. (Hrsg.) (2003): Kulturgeographie. Aktuelle Ansätze und Entwicklungen. Heidelberg, Berlin. S. 131-147.

WUNDER, S. (2004): Policy Options for Stabilising the Forest Frontier: A Global Perspective. In: GEROLD, G., FREMEREY, M., GUHARDJA, E. (eds.): Land Use, Nature Conservation and the Stability of Rainforest Margins in Southeast Asia. Berlin, Heidelberg, 3-26.

ZAGBAI, H. (2001): Enquete socio-économique de la pisculture, du riz irrigué et des cultures maraîchères à la péripherie du Parc national de Tai. Rapport final. Im Auftrag des Projet autonome de protection du parc national de Tai. Unveröffentlichtes Manuskript (PACPNT).

ZIERHOFER, W. (2003): Natur – das Andere der Kultur? Konturen einer nicht-essentialistischen Geographie. In: GEBHARDT, H., REUBER, P. u. WOLKERSDORFER, G. (Hrsg.) (2003): Kulturgeographie. Aktuelle Ansätze und Entwicklungen. Heidelberg, Berlin. S. 193-212.

ZIERHOFER, W. (2003): Schraubenzieher, Münzen und Kaugummis. „Humanökologisches Paradigma" oder „poststrukturalistische" Perspektiven für die Humangeographie? In: MEUSBURGER, P. u. SCHWAN, T. (Hrsg.) (2003): Humanökologie. Ansätze zur Überwindung der Natur-Kultur-Dichotomie. Erdkundliches Wissen, Bd. 135. Wiesbaden. S. 81-99.

ZIMMERMANN, G. R. (2003): Indonesien. Eine geographische Landeskunde. Nackenheim/Rh.

ZIMMERMANN, G.R. (1975): Transmigration in Indonesien. Eine Analyse der interinsularen Umsiedlungsaktionen zwischen 1905 und 1975. In: Geographische Zeitschrift, Jg.63, S. 104-122.

# ANHANG

Standardfragebogen englisch

Interviewer: _____  Village: _____
Interview No.: ☐☐☐☐  Date: ☐☐ ☐☐ ☐☐
Household code: ☐☐☐☐

**1.** To be answered by Interviewer:

What is the relation of the respondent to the head of household?

☐ (code a)   other:_____

**Note:** It is preferable to interview the head of household. If this is not possible, interview a member of the household who is available and ready to answer your questions.

**2. Individual data on respondent:**

Sex: M ☐  F ☐         Age: ☐☐ years

Place of Birth: ☐ (code c) other:_____

Ethnic group: ☐ (code d)   Religion: ☐ (code e)

other:_____         other:_____

Education: ☐ (code f)

other:_____

Primary occupation: ☐ (code g)  Secondary occupation: ☐ (code g)

other:_____         other:_____

if code 1: What is the main crop/land use?

_____

**3. Since when are you resident in this village?**

Since (year) ☐☐☐☐

**4. Where have you been living 10 years ago?**

☐ (code b)   other:_____

3.1 What was your occupation at this time?

Primary occupation:  ☐ (code g)  other:_____

Secondary occupation: ☐ (code g) other:_____

**5. Where have you been living 5 years ago?**

☐ (code b)   other:_____

5.1 What was your occupation at this time?

Primary occupation:  ☐ (code g)  other:_____

Secondary occupation: ☐ (code g) other:_____

**6. How did you come to this village** (type of migration)**?**

☐ (code h)   other:_____

**7. What were the main reasons for you to migrate?**

_____

**Note:** Try to figure out the main reasons. We will use the answers of the pre-test to build answer categories for this question.

**8. What did you expect from the new settlement before resettlement?**

_____

**Note:** Try to figure some main expectations. We will use the answers of the pre-test to build answer categories for this question.

**9. Have your expectations been met?**

    ☐ yes ☐ no ☐ don't know

**if *no*:** What was different from what you had expected?

_____

**Note:** Try to figure some main differences. We will use the answers of the pre-test to build answer categories for this question.

**10. Have members of your household left the village since the time of resettlement?**

    ☐ yes ☐ no ☐ don't know

**if *yes*:** why?

_____

**Note:** Try to figure out the main reasons. We will use the answers of the pre-test to build answer categories for this question.

    **if *yes*:** where did he/she/they go? ☐ (code b) other:_____

**11. Have the following things become better, remained the same or become worse in comparison with the time before resettlement?**

| | | | | |
|---|---|---|---|---|
| food availability | ☐ better | ☐ same | ☐ worse | ☐ don't know |
| if farmer: land productivity | ☐ better | ☐ same | ☐ worse | ☐ don't know |
| if employee: employment situation | ☐ better | ☐ same | ☐ worse | ☐ don't know |
| income | ☐ better | ☐ same | ☐ worse | ☐ don't know |
| education for children | ☐ better | ☐ same | ☐ worse | ☐ don't know |
| health facilities | ☐ better | ☐ same | ☐ worse | ☐ don't know |
| family affairs | ☐ better | ☐ same | ☐ worse | ☐ don't know |
| organization and celebration of traditional festivities | ☐ better | ☐ same | ☐ worse | ☐ don't know |
| neighbourhood relations | ☐ better | ☐ same | ☐ worse | ☐ don't know |
| other: _____ | ☐ better | ☐ same | ☐ worse | ☐ don't know |

12. **If a member of your household wanted to marry someone who belongs to a different ethnic group, would the head of household agree?**

    ☐ yes ☐ no ☐ don't know

13. **How many of the following social associations exist in the village and are you a member in one or more of these associations?**

    **If member: How often do you participate in this association?**

    **If association exists in the village: Are there also people from other villages participating in this association?**

    **Note:** Ask each question concerning one association slowly one after the other. Then go to next association.

| Type of association | How many? | Member? (yes=1, no=2) | How often do you participate? (use code i) | People from other villages participating? (code l) |
|---|---|---|---|---|
| religious groups | | | | |
| neighbourhood groups | | | | |
| farmers associations | | | | |
| business associations | | | | |
| women's associations | | | | |
| youth movements | | | | |
| sport clubs | | | | |
| other (specify): | | | | |

14. **Have people of the village worked together to build the following things?**

| | building a road | building mosque/ church/temple | establishing new agricultural land | other (specify): | use code |
|---|---|---|---|---|---|
| | | | | | l |
| if *yes*: Have you participated? | | | | | yes=1, no=2 |

15. **If you want to build a house, who would help to do this work?**

    ☐ (code k)   other: _____

    **Note:** More than one answer possible.

16. **Are there any events of the following kind or other kind together with other villages?**

| | Are there? (use code l) | How often do you participate? (use code I) |
|---|---|---|
| religious events | | |

316

| cultural events | | |
| --- | --- | --- |
| sport events | | |
| other (specify): | | |

**17. Do you go into the forest to do the following things?**

☐ hunting  ☐ collecting eggs  ☐ collecting rattan  ☐ cutting wood

☐ other:_____

**18. Please give more individual data on the other members of the household.**

Note: Members of a household are all people, who eat from the same pot and sleep under the same roof.

| person | 1 | 2 | 3 | 4 | 5 | 6 | 7 | 8 | 9 | code |
|---|---|---|---|---|---|---|---|---|---|---|
| relation to head of household | | | | | | | | | | a |
| sex | | | | | | | | | | b |
| place of birth | | | | | | | | | | c |
| age | | | | | | | | | | - |
| ethnic group | | | | | | | | | | d |
| religion | | | | | | | | | | e |
| education | | | | | | | | | | f |
| primary occupation | | | | | | | | | | g |
| secondary occupation | | | | | | | | | | g |
| primary occ. before resettlement | | | | | | | | | | g |
| secondary occ. before resettlement | | | | | | | | | | g |
| member in social associations | | | | | | | | | | j |

318

Fragebogen Bolivien

**INVESTIGACIONES RESPECTO A LA ESTRUCTURA DEMOGRAFICA, AL COMPORTAMIENTO MIGRATORIO Y LA INTEGRACION SOCIAL DENTRO DE LA ZONA DE COLONIZACION DE SAN JULIÁN-BRECHA CASARABE, BOLIVIA**

Declaración:

Somos investigadores de la Universidad de Goettingen (Alemania) y de la organización no-gubernamental SACOA (Bolivia). En el marco de una tesis de diploma, nos interesamos por la convivencia de la gente dentro de la comunidad. Todas las respuestas e informaciones de la encuesta se quedarán en el anonimato y son voluntarias. No trabajamos para el gobierno, ni para una organización lucrativa, empresa o partido político. Nosotros usamos los datos personales solamente para nuestra investigación. No vamos a dar los datos al gobierno u otras instituciones.

Entrevista N°: ☐

Fecha de Entrevista: ___/___/___

Entrevistador: _____

---

**INFORMACION DE IDENTIFICACION DEL ENCUESTADO**

Comunidad o núcleo: _____

Nombre del(a) encuestado(a): _____

Sexo: M ⬜ F ⬜   Edad: _____   Lugar de nacimiento (Dpto.): _____

Prov.: _____   Comunidad: _____

Educación escolar: _____   Lengua materna: _____   Confesión: ____

Ocupación principal: _____   Ocup. secund.: _____

*INFORMACION DEMOGRAFICA*

| 1 | ¿Sabe UD. leer y escribir? (Marque con una cruz) | | | 1. Leer y escribir ( )<br>2. Solo leer ( )<br>3. Ninguno (no sabe) ( ) | | | | | | | | |
|---|---|---|---|---|---|---|---|---|---|---|---|---|
| 2 | ¿Cuántas personas viven en el hogar? (La información posterior debe seguir las columnas y filas de abajo adecuadamente) | | | Número de personas (anote incluyendo al encuestado) _____ | | | | | | | | |
| 3 | Con quién estoy entrevistando?<br>Padre ( )<br>Madre ( )<br>Hijo/a ( )<br>Otro (anote quiénes) _____ | Sexo (anote si es Mujer F y si es Varón M) | Edad (anote los meses en niños menores de 1 año) | Lugar de nacimiento | | En su comunidad de origen que idiomas hablan? | Qué idiomas habla? (Anote los idiomas que habla bien) | Educación escolar (Anote hasta que curso estudio y que nivel) | Lee | Escribe | Ningu no | Ocupación | |
| | | | | Provincia | Comunidad | | | | | | | Principal | Secundaria |
| Padre de la familia | (M) | | | | | | | | | | | | |
| Madre de la familia | (F) | | | | | | | | | | | | |
| Hijo (a) 1 | ( ) | | | | | | | | | | | | |
| Hijo (a) 2 | ( ) | | | | | | | | | | | | |
| Hijo (a) 3 | ( ) | | | | | | | | | | | | |

I

| Hijo (a) 4 | ( ) | | | | | | | | | |
|---|---|---|---|---|---|---|---|---|---|---|
| Hijo (a) 5 | ( ) | | | | | | | | | |
| Hijo (a) 6 | ( ) | | | | | | | | | |
| Hijo (a) 7 | ( ) | | | | | | | | | |
| Otro/a (anote quién es): | ( ) | | | | | | | | | |

## DATOS MIGRATORIO

| | | |
|---|---|---|
| 4. | ¿Desde cuándo vive UD. en el núcleo? (Si el interrogado nació en el núcleo pasar a la pregunta 18) | _____ |
| 5. | ¿Desde cuándo vive UD. en la provincia? | _____ |
| 6. | ¿Donde vivió UD. antes de llegar a la provincia? | _____ |
| 7. | ¿Por qué se marchó de su región de origen? | _____ |
| 8. | ¿Usted vivió en otros lugares antes de llegar a la comunidad? | 1. Sí ( ) (Anote los lugares) <br> 2. No ( ) | ¿Dónde?_____ |
| 9. | ¿Todavía esta UD. en contacto con su lugar de origen? | 1. Sí( ) (Marque cada vez que viaja a su lugar o se comunica con sus parientes o amigos) <br> 2. No( ) | 1. Cada semana ( ) <br> 2. Cada mes ( ) <br> 3. Cada año ( ) <br> 4. Otros_____ |
| 10. | ¿Alguna organización o persona lo ayudó u orientó para venir aquí? | 1. Sí ( ) (Anote la organización / persona) <br> 2. No( ) | ¿Quién?_____ _____ |
| 11. | ¿Por qué vino UD. a este núcleo? (mencione el nombre de la comunidad) | (Anote todo lo que le indique) | |
| 12. | ¿Qué problemas tuvo cuando llegó al núcleo? | 1. Calor ( ) <br> 2. Inundaciones ( ) <br> 3. Faltaba educación ( ) <br> 4. No había agua ( ) <br> 5. Faltaban caminos ( ) | 6. Mosquitos ( ) <br> 7. Soledad/Nostalgia ( ) <br> 8. Extrañar a la familia/amigos ( ) <br> 9. Acostumbrarse a la región ( ) <br> 10. Otros_____ |
| 13. | ¿Quién lo ayudó a solucionar sus problemas? | 1. Familia ( ) <br> 2. Amigos/vecinos ( ) <br> 3. Sindicato ( ) <br> 4. Médico ( ) | 5. Iglesia ( ) <br> 6. INC Instituto de colonización ( ) <br> 7. Otros_____ |
| 14. | ¿Actualmente tiene problemas? | 1. Sí ( ) Anote cuales <br> 2. No( ) | ¿Cuales?: _____ |
| 15. | ¿Alguien del núcleo se ha ido a otro lugar? | 1. ¿Quién?_____ <br> 2. ¿Dónde?_____ <br> 3. ¿Por qué?_____ <br> 4. ¿Cuándo?_____ | |

II

| | | | |
|---|---|---|---|
| 16. | ¿Tiene UD. una parcela? | 1. Si, propietario ( )<br>2. Sí, arrendatario ( )<br>3. No ( ) Pase a la Pregunta 24 | ¿Dónde? _____ |
| 17. | ¿Cuántas hectáreas tiene UD.? | 1. 50 Has ( )<br>2. 100 Has ( ) | 3. Otro _____ |
| 18. | ¿Cuántas hectáreas están desmontadas y cultivadas? | 1. Desmontadas:_____Has | 2. Cultivadas:_____Has |
| 19. | ¿Qué siembra UD.? | 1. Soya ( )<br>2. Maíz ( )<br>3. Arroz( )<br>4. Yuca ( )<br>5. Papa ( )<br>6. Camote ( )<br>7. Maní ( )<br>8. Guineo ( )<br>9. Sandia ( )<br>10. Melón ( ) | 11. Fréjol ( )<br>12. Cebolla( )<br>13. Tomate ( )<br>14. Lechuga ( )<br>15. Repollo ( )<br>16. Remolacha ( )<br>17. Pimentón ( )<br>18. Arveja ( )<br>19. Zanahoria ( )<br>20. Otros _____ |
| 20. | ¿Qué árboles frutales tiene UD.? | 1. Naranja ( )<br>2. Limón ( )<br>3. Pomelo ( ) | 4. Mango ( )<br>5. Papaya ( )<br>6. Otros _____ |
| 21. | ¿Cuándo y de quién ha adquirido las parcelas? | ¿Qué año? _____ | a) Estado ( )<br>b) Sindicato ( )<br>c) Comunidad ( )<br>d) Particular ( )<br>e) Pariente (<br>f) Otro _____ |
| 22. | ¿Vende UD. sus productos?<br>a) Si ( )<br>b) No ( ) | ¿Qué productos vende UD.?<br>_____ | ¿Dónde vende sus productos?<br>_____ |
| 23. | ¿Qué productos siembra UD. para su consumo? | _____ | |
| 24. | ¿Qué productos compra UD. del mercado? | _____<br>_____ | |
| 25. | ¿Tiene UD. ganado u otros animales? | a) Si ( )<br>b) No ( ) | ¿Que tipo de ganado?<br>Vacas ( ) Otros<br>Caballos ( )<br>Ovejas ( ) _____<br>Chanchos ( ) _____<br>Gallinas ( )<br>Patos ( ) |
| 26. | ¿Tiene UD. pasto? | a) Si ( )<br>b) No ( ) | ¿Cuantas hectáreas? _____ |
| 27. | ¿Cuánto es su ingreso anual? | En Dólares<br>$US | En Boliviano<br>Bs._____ |

III

| 28. | ¿Ha pedido un préstamo? (¿tiene crédito en el banco?) | a) Si ( ) (Anote de quién y cuánto) b) No ( ) | Banco/Organización:_____ Valor:_____Bs. _____$US |
|---|---|---|---|

## INTEGRACION SOCIAL

| 29. | ¿Ocupa UD. un cargo en la comunidad? | a) Si ( ) b) No ( ) | ¿Qué cargo ocupa? _____ |
|---|---|---|---|
| 30. | ¿Participa en reuniones comunales en la comunidad? | a) Si ( ) b) No ( ) | ¿Qué tipo de reunión? _____ |
| 31. | ¿Participa UD. en el festival del núcleo 23 y en otras fiestas en Brecha Casarabe? | a) Si ( ) b) No ( ) (anote por qué no) | ¿Por qué no? _____ |
| 32. | ¿Pertenece UD. a alguna organización? | a) Si ( ) b) No ( ) | a) Cooperativa Agropecuaria ( ) b) Cooperativa de consumo( ) c) Sindicato/OTB ( ) d) Federación de colonizadores/FECSJ ( ) e) Organización comunal de mujeres ( ) f) Club deportivo ( ) g) Grupo/Banda de música ( ) h) Iglesia/Parroquia ( ) i) Otro_____ |
| 33. | ¿Asiste a reuniones de organizaciones de su comunidad? | a) Si ( ) (¿Cuántas veces y con qué frecuencia?) b) No ( ) | a) una vez a la semana ( ) b) una vez al mes ( ) c) una vez al año ( ) d) Otro_____ |
| 34. | ¿Participa en trabajos comunales? | a) Si ( ) (¿Cuántas veces con qué frecuencia?) b) No ( ) | a) una vez a la semana ( ) b) una vez al mes ( ) c) una vez al año ( ) d) Otro_____ |
| 35. | ¿Está UD. en contacto con gente de otras culturas? | a) Si ( ) (Anote qué tipo de relación y con qué grupo cultural) b) No ( ) | 1. Cultura: _____ 2. Tipo de relación: a) Amistad ( ) b) Comercio en el mercado ( ) c) Relación laboral (patrón/obrero) ( ) d) Otro _____ |
| 36. | a) ¿Tiene UD. familia en otros núcleos? b) ¿Dónde? _____ | c) Si ( ) (¿Cuántas veces y con qué frecuencia? ¿Dónde?) d) No ( ) | a) una vez a la semana ( ) b) una vez al mes ( ) c) una vez al año ( ) d) Otro_____ |
| 37. | ¿Cuáles son sus deseos respecto a su situación y su futuro? | | _____ _____ |

IV

| 38. | ¿Se debería modificar algo en la comunidad? a) Si ( )  b) No ( ) (anote qué) | |
|---|---|---|

## VALORACIÓN GENERAL

39. ¿Cómo ve Ud. su vida actual comparada con la situación hace quince años respecto a los ámbitos siguientes? (Marque lo que corresponde con una cruz)

| | *HOY* | | | *HACE 15 AÑOS* | | |
|---|---|---|---|---|---|---|
| | Bien | Regular | Mal | Bien | Regular | Mal |
| Situación de su trabajo y como era hace 15 años | | | | | | |
| Ingresos | | | | | | |
| Acceso a tierras | | | | | | |
| Acceso a créditos | | | | | | |
| Alimentación | | | | | | |
| Participación popular dentro del núcleo | | | | | | |
| Convivencia con gente de su propia cultura | | | | | | |
| Vida común (Convivencia) con gente de otras culturas | | | | | | |
| Atención y prevención de salud | | | | | | |
| Acceso al sistema de educación | | | | | | |

**Notas:** _____

V

Fragebogen Elfenbeinküste

Nom de l'intervieweur: _____  Village: _____
                                        Date: _____

_____

1. Combien de personnes vivent dans votre ménage? _____ personnes

2. Veuillez remplir le tableau à la page 7 !

3. Depuis quand habitez-vous dans le village?
   ☐ depuis toujours  *(veuillez passer à la question 8)*
   [____] (année)     *(veuillez passer à la question 4)*

*A répondre par les immigrants*

4. Où avez-vous habité avant?   1. _____ jusqu'a _____ (année)
                                2. _____ jusqu'a _____ (année)

5. Pourquoi avez-vous déménagé dans ce village? (plusieurs réponses possibles)

| | |
|---|---|
| Recherche d'emploi | ☐ |
| Possibilité d'acquérir une propriété foncière | ☐ |
| Dans l'espoir de gagner plus d'argent | ☐ |
| Pour rejoindre la famille | ☐ |
| Guerre dans la région d'origine | ☐ |
| Catastrophe naturelle dans la région d'origine (p. ex. sécheresse) | ☐ |
| Venue avec les parents | ☐ |
| Autres raisons | ☐: _____ |

6. Avez-vous gardé contact avec la région d'origine?
   ☐ oui    ☐ non
   *si oui, dans quel façon ? :*

| | |
|---|---|
| correspondance | ☐ |
| visites de vous-même dans la région origine | ☐ |
| visites de la famille de votre région origine dans ce village | ☐ |
| envois de l'argent | ☐ |
| autres : _____ | ☐ |

7. Une personne de votre famille a-t-elle déjà quitté le village ?
   oui ☐    non ☐
   *si oui :* Qui: _____  Quand: _____

Pourquoi: _____  Où: _____

8. *Si vous êtes salarié*, dans quelle village travaillez-vous ? Veuillez indiquer l'origine ethnique de votre employeur et le salaire mensuel, s'il vous plait !
village: _____
origine ethnique de l'employeur: _____
salaire mensuel : _____
CFA

9. Dans le passé, avez-vous déjà exercé une autre occupation que celle du moment ?
    oui ☐    non ☐
*si oui* : laquelle: _____
    dans quel village/ville et pays/région : _____
    quand : _____

10. Cultivez-vous la terre vous-même? (ouvriers agricoles exlus)
    oui ☐    non ☐

*Si oui: Veuillez continuer ici (question 11)*
*Si non: Veuillez passer à la question 15*

11. Quelle est la taille totale de la surface que vous cultivez ?
    _____ ha

12. A qui appartient la terre et comment avez vous l'acquise?
    propriété privée ☐    prises en ferme ☐
    autre : _____ ☐

    Acquisition *(plusieurs réponse possible)*:
    attribuée    ☐, par qui: _____
    achetée    ☐, de qui: _____
    héritée    ☐, de qui : _____
    défriché la terre    ☐
    autrement    ☐ : _____

13. Si vous êtes chef d'exploitation combien d'employés avez-vous?
    _____ personnes

14. Veuillez remplir le tableau suivante !
Quels produits cultivez-vous pour quel marché (auto-subsistance (as), exportation en Côte d'Ivoire (ecd), exportation dans le monde (edm))?
Quel est la taille de la surface cultivée pour chaque produit?
Quel est le totale des revenus que vous avez obtenu à la dernière récolte? Dans quels mois les récoltes se déroulent ?
Quel pesticide et engrais utilisez-vous pour chaque produits? Combien de pesticides et d' engrais donnez-vous et dans quels mois?

| | Pour quel Marché (as, ecd, edm) | Taille de la surface cultivée (ha) | Revenu de la dernière récolte (t) | Mois de récoltes | Quel pesticides sont utilisés ? | Combien de pesticides sont utilisés ? (boite/ha) (= indiquez le volume de la boite) | Mois des utilisations des pesticides | Quel engrais sont utilisés? | Combien des engrais sont utilisés ? (t/ha) | Mois des utilisations des engrais |
|---|---|---|---|---|---|---|---|---|---|---|
| Cacao | | | | | | | | | | |
| Café | | | | | | | | | | |
| Riz | | | | | | | | | | |
| Palmier à huile | | | | | | | | | | |
| Caoutchouc (l'hévéa) | | | | | | | | | | |
| Banane à cuire | | | | | | | | | | |
| Manioc | | | | | | | | | | |
| Arbre fruitière | | | | | | | | | | |
| l'igname | | | | | | | | | | |
| Autre | | | | | | | | | | |

15. Occupez-vous un poste administratif ou politique dans le village actuellement ou autrefois?

    ☐ Oui, lequel: _____

    ☐ autrefois, lequel: _____

    ☐ non

16. Quelles langues parlez-vous ? Veuillez indiquer le niveau de maîtrise.
(plusieurs réponses possible)

| Langue | Langue maternelle | excellent | Bien | moyen | mauvais | pas du tout |
|---|---|---|---|---|---|---|
| Français | ☐ | ☐ | ☐ | ☐ | ☐ | ☐ |
| Baoulé | ☐ | ☐ | ☐ | ☐ | ☐ | ☐ |
| Bété | ☐ | ☐ | ☐ | ☐ | ☐ | ☐ |
| Dioula | ☐ | ☐ | ☐ | ☐ | ☐ | ☐ |
| Mossi | ☐ | ☐ | ☐ | ☐ | ☐ | ☐ |
| Agni | ☐ | ☐ | ☐ | ☐ | ☐ | ☐ |
| _____ | ☐ | ☐ | ☐ | ☐ | ☐ | ☐ |
| _____ | ☐ | ☐ | ☐ | ☐ | ☐ | ☐ |

17. Prenez-vous part à une des activités suivantes ?

Veuillez ajouter des autre activité du village ou vous participez !

| Activité | Participation | |
|---|---|---|
| | oui | non |
| Soirée samedi | ☐ | ☐ |
| Jeux de foot | ☐ | ☐ |
| Fête d'année | ☐ | ☐ |
| | ☐ | ☐ |
| | ☐ | ☐ |
| | ☐ | ☐ |
| | ☐ | ☐ |

18. Si vous construisiez une maison, qui vous aiderait ?
(plusieurs réponses possibles)

    Des habitants du village de votre origine ethnique   ☐

    Des habitants du village d'une autre origine ethnique   ☐

    Famille   ☐

    Employés   ☐

    Autres: _____   ☐

19. Dans votre famille, a-t-il eu lieu un mariage inter-ethnique?
- ☐ Oui, une fois:     entre quels groupes ethniques: _____
- ☐ Oui, plusieurs fois:     entre quels groupes ethniques: _____
- ☐ non
- ☐ je ne sais pas

20. Avez-vous déjà participé à une des activité de village suivantes ?
- Réparation des routes     ☐
- Défrichement de terre     ☐
- Construction de bâtiment     ☐, lequel: _____
- Autres:     ☐, _____

21. Quelle est la somme moyenne des salaires de votre ménage par année?
_____CFA

22. Veuillez estimer votre situation personelle dans le village !
Veuillez marquer d'une croix la réponse qui décrit le mieux votre situation actuelle et la situation comme elle était il y a dix ans.

|  | Actuellement | | | il y a 10 ans | | |
|---|---|---|---|---|---|---|
|  | Bien | moyen | Mauvais | Mieux qu' aujourd' hui | Plus mauvais qu' aujourd' hui | n' a pas changé |
| Situation de travail | ☐ | ☐ | ☐ | ☐ | ☐ | ☐ |
| Récolte/salaire du ménage | ☐ | ☐ | ☐ | ☐ | ☐ | ☐ |
| Accès à la nouvelle terre | ☐ | ☐ | ☐ | ☐ | ☐ | ☐ |
| Alimentation assurée | ☐ | ☐ | ☐ | ☐ | ☐ | ☐ |
| Vie sociale entre les habitants du village : 1. du même origine ethnique | ☐ | ☐ | ☐ | ☐ | ☐ | ☐ |
| 2. d' origine ethnique différente | ☐ | ☐ | ☐ | ☐ | ☐ | ☐ |

23. Exercez-vous des relations avec votre village voisin (Soubré 3/Azoumanakrou)?
    Oui ☐       non ☐

*Si qui* : lesquels (travail, amis, échange des marchandises, etc.):
_____

## 2. Informations sur les membres du ménage

| Membre du ménage | Interviewé | 2 | 3 | 4 | 5 | 6 | 7 | 8 | 9 | 10 |
|---|---|---|---|---|---|---|---|---|---|---|
| Relation familiale avec le maître de maison (fille, fils, marié, oncle, etc.) | | | | | | | | | | |
| Sexe | | | | | | | | | | |
| Age | | | | | | | | | | |
| Lieu de naissance | | | | | | | | | | |
| Pays natale | | | | | | | | | | |
| Situation de famille | | | | | | | | | | |
| Formation scolaire | | | | | | | | | | |
| 1ière Occupation | | | | | | | | | | |
| 2ième Occupation | | | | | | | | | | |
| Origine ethnique | | | | | | | | | | |
| Religion | | | | | | | | | | |
| Langue | | | | | | | | | | |

Fragebogen Indonesien

    **Pewawancara:** _____     **Desa/RT:** _____ / _____
    **Tgl:** ☐☐ ☐☐ ☐☐      **Nama kepala rumah tangga :** _____
                                  **Nama responden:** _____

1. Dijawab oleh pewawancara:

    Apa hubungan responden dengan kepala rumah tangga?

        ☐ (kode a)      lain-lain: _____

**Note:** Di utamakan wawancara dengan kepala keluarga. Apabila tidak memungkinkan setelah dua kali datang, dapat mewancarai anggota keluarga yang ada dan bersedia menjawab pertanyaan.

2. **Data Individu responden:**

**Jenis kelamin:**     Lk ☐   Prp ☐        **Umur:** ☐☐ tahun

**Kelahiran:** ☐ (kode c) kecamatan: _____ ☐ kota ☐ desa: _____

**Suku:**      ☐ (kode d)        **Agama:** ☐ (kode e)

        lain-lain: _____        lain-lain: _____

**Pendidikan:** ☐ (kode f)

        lain-lain: _____

**Pekerjaan utama:** ☐ (kode g)   **Pekerjaan sampingan:** ☐ (kode g)

        lain-lain: _____        lain-lain: _____

3. **Jika petani: penggunaan lahan dan luas areal**

**Berapakah luas areal yang sementara digarap?** ☐☐ ha

| Nama tanaman | Luas areal (ha) | Bagaimanakah anda mendapatkan lahan? (kode k) |
|---|---|---|
| 1 | | |
| 2 | | |
| 3 | | |
| 4 | | |

3. **Berapa penghasilan rumah tangga dalam sebulan?**

Rp ☐ 0 – 100.000 ☐ 100.000 – 200.000 ☐ 300.000 – 400.000

☐ 500.000 – 600.000 ☐ 600.000 – 700.000 ☐ 700.000 – 800.000

☐ 900.000 – 1.000.000 ☐ 1.000.000 – 1.500.000 ☐ lebih dari 1.500.000

4. **Sejak kapan anda bertempat tinggal di desa ini?**

   Sejak (tahun) ☐☐☐☐

5. **Di manakah anda tinggal 5 tahun yang lalu?**

   ☐ (kode c) kecamatan:_____ ☐ kota ☐ desa:_____

   5.1 Apakah pekerjaan anda waktu itu?

   Pekerjaan utama: ☐ (kode g) lain-lain:_____

   Pekerjaan Sampingan: ☐ (kode g) lain-lain:_____

6. **Di manakah anda tinggal 10 tahun yang lalu?**

   ☐ (kode c) kecamatan:_____ ☐ kota ☐ desa:_____

   6.1 Apakah pekerjaan anda waktu itu?

   Pekerjaan utama: ☐ (kode g) lain-lain:_____

   Pekerjaan Sampingan: ☐ (kode g) lain-lain:_____

7. **Dimanakah anda tinggal sebelum pindah kedesa ini?**

   ☐ (kode c) kecamatan:_____ ☐ kota ☐ desa:_____

   Berapa lama anda tinggal disana? ☐☐ tahun ☐☐ bulan

8. **Bagaimana anda bisa datang ke desa ini** (type migrasi)?

   ☐ (baca kode h) lain-lain:_____

9. **Kenapa anda memilih desa ini dan bukan desa lain?**

   ☐ tidak dipilih ☐ punya kelurga didaerah tujuan ☐ tanahnya cocok

   ☐ saran pemerintah ☐ dekat ibukota kecamatan

   ☐ lain-lain:_____

   Note: Jangan memberikan kategori!

10. **Sejak kedatangan anda, apakah ada anggota keluarga yang meninggalkan desa ini?**

    ☐ ya ☐ tidak ☐ tidak tahu

    **jika ya: Kenapa?**

    ☐ iklimnya tidak cocok ☐ rindu keluarga ☐ tanahnya jelek ☐ penghasilan rendah

    ☐ punya kelurga didaerah tujuan ☐ isu konflik poso ☐ lain-lain:_____

    Note: Jangan memberikan kategori!

**jika ya:**

**Apa** hubungan dia/mereka dengan kepala rumah tangga? ☐ (kode a)

**Kemana** dia/mereka pergi?

☐ (kode c) kecamatan:_____ ☐ kota ☐ desa:_____

**Kapan** dia/mereka pergi? ☐☐☐☐ tahun

11. **Apakah hal-hal dibawah ini menjadi lebih baik, tetap sama atau menjadi lebih jelek dibandingkan dengan sebelum ditransmigrasikan?**

| | | | | |
|---|---|---|---|---|
| Ketersediaan makanan | ☐ lebih baik | ☐ sama | ☐ lebih jelek | ☐ tidak tahu |
| Produktivitas tanah | ☐ lebih baik | ☐ sama | ☐ lebih jelek | ☐ tidak tahu |
| Situasi pekerjaan (buruh) | ☐ lebih baik | ☐ sama | ☐ lebih jelek | ☐ tidak tahu |
| Pendapatan | ☐ lebih baik | ☐ sama | ☐ lebih jelek | ☐ tidak tahu |
| Pendidikan anak-anak | ☐ lebih baik | ☐ sama | ☐ lebih jelek | ☐ tidak tahu |
| Fasilitas kesehatan | ☐ lebih baik | ☐ sama | ☐ lebih jelek | ☐ tidak tahu |
| Keadaan keluarga | ☐ lebih baik | ☐ sama | ☐ lebih jelek | ☐ tidak tahu |
| Organisasi dan penyelenggaraan perayaan-perayaan khusus tradisional | ☐ lebih baik | ☐ sama | ☐ lebih jelek | ☐ tidak tahu |
| Hubungan bertetangga | ☐ lebih baik | ☐ sama | ☐ lebih jelek | ☐ tidak tahu |
| lain-lain: _____ | ☐ lebih baik | ☐ sama | ☐ lebih jelek | ☐ tidak tahu |

**Note:** Bacalah tiap-tiap poin dan tandai jawaban yang memungkinkan. Lain-lain hanya dapat diisi apabila disebutkan oleh responden.

12. **Apakah ada anggota rumah tangga yang telah/akan menikah dengan penduduk didesa lain?** ☐ ya, telah menikah ☐ ya, akan menikah ☐ tidak ☐ belum tahu

**Note:** Berikan kategori!

**jika ya:** Apakah istri/suaminya mempunyai  suku yang sama? ☐ ya ☐ tidak

agama yang sama? ☐ ya ☐ tidak

13. **Perkumpulan sosial apakah yang anda biasa ikut berpartisipasi?**

☐☐ (kode i)  lain-lain:_____

14. **Kepada siapa anda minta bantuan jika**

| | | |
|---|---|---|
| Anda ingin membangun atau memperbaiki rumah | ☐☐ | (baca kode j) |
| Anda ingin membuka lahan baru | ☐☐ | (baca kode j) |

**Note:** Jawaban dapat lebih dari satu

## 15. Mintalah data individu tentang anggota rumah tangga yang lain.

Note: Anggota rumah tangga adalah orang-orang yang makan, minum dan tidur di rumah yang sama, serta tidak meninggalkan rumah tangga dalam jangka waktu lebih dari tiga bulan dalam setahun. Mulailah dari yang tertua, responden tidak perlu dimasukkan.

| | Orang pertama | Orang ke 2 | Ke 3 | Ke 4 | Ke 5 | Ke 6 | Ke 7 | Ke 8 | Ke 9 | kode |
|---|---|---|---|---|---|---|---|---|---|---|
| Hubungan dengan kepala keluarga | | | | | | | | | | a |
| Jenis kelamin | | | | | | | | | | b |
| Tempat kelahiran | | | | | | | | | | c |
| Umur | | | | | | | | | | tahun |
| Suku | | | | | | | | | | d |
| Agama | | | | | | | | | | e |
| Pendidikan | | | | | | | | | | f |
| Pekerjaan utama | | | | | | | | | | gg |
| Pekerjaan sampingan | | | | | | | | | | gg |
| Waktu kedatangan di desa | | | | | | | | | | tahun |
| Type migrasi | | | | | | | | | | h |
| Pekerjaan utama sebelum bertransmigrasi | | | | | | | | | | gg |
| Pekerjaan sampingan sebelum bertransmigrasi | | | | | | | | | | gg |
| Anggota perkumpulan sosial | | | | | | | | | | i |

333